权威·前沿·原创

皮书系列为
"十二五""十三五"国家重点图书出版规划项目

Y

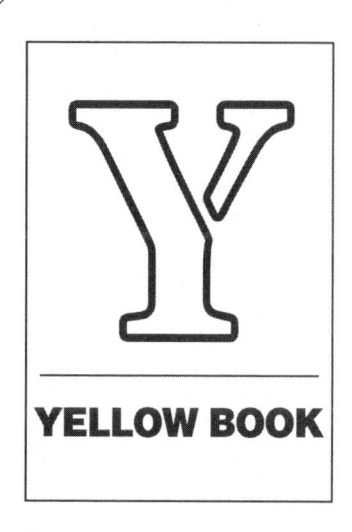

YELLOW BOOK

智库成果出版与传播平台

中国社会科学院马克思主义理论学科建设与理论研究工程项目资助出版

国际共运黄皮书
YELLOW BOOK OF INTERNATIONAL COMMUNIST MOVEMENTS

国际共产主义运动发展报告
（2020~2021）

ANNUAL REPORT ON DEVELOPMENT OF INTERNATIONAL COMMUNIST MOVEMENTS (2020-2021)

中国社会科学院马克思主义研究院

主编／姜　辉　潘金娥

社会科学文献出版社
SOCIAL SCIENCES ACADEMIC PRESS (CHINA)

图书在版编目（CIP）数据

国际共产主义运动发展报告. 2020~2021 / 姜辉，潘金娥主编. -- 北京：社会科学文献出版社，2021.6
（国际共运黄皮书）
ISBN 978-7-5201-8485-4

Ⅰ.①国… Ⅱ.①姜… ②潘… Ⅲ.①国际共产主义运动-发展-研究报告-2020-2021　Ⅳ.①D1

中国版本图书馆 CIP 数据核字（2021）第 103858 号

国际共运黄皮书
国际共产主义运动发展报告（2020~2021）

主　　编 / 姜　辉　潘金娥
出 版 人 / 王利民
责任编辑 / 王小艳

出　　版 / 社会科学文献出版社·马克思主义出版分社（010）59367004
　　　　　　地址：北京市北三环中路甲 29 号院华龙大厦　邮编：100029
　　　　　　网址：www.ssap.com.cn
发　　行 / 市场营销中心（010）59367081　59367083
印　　装 / 三河市东方印刷有限公司
规　　格 / 开本：787mm×1092mm　1/16
　　　　　　印张：24.75　字数：369 千字
版　　次 / 2021 年 6 月第 1 版　2021 年 6 月第 1 次印刷
书　　号 / ISBN 978-7-5201-8485-4
定　　价 / 168.00 元

本书如有印装质量问题，请与读者服务中心（010-59367028）联系

▲ 版权所有 翻印必究

国际共运黄皮书编委会

主　　　　编	姜　辉　潘金娥
专家指导委员会	（以姓氏拼音为序）

柴尚金　程恩富　崔桂田　樊建新　郭春生
胡振良　季正聚　姜　辉　李崇富　李慎明
林德山　林建华　刘淑春　吕薇洲　门晓红
蒲国良　王　瑾　王学东　吴恩远　辛向阳
徐世澄　许宝友　轩传树　于海青　虞少华
袁　群　赵　英　赵智奎

编委会主任	姜　辉
编委会副主任	辛向阳　林建华　龚　云
编　　　　委	（以姓氏拼音为序）

贺　钦　李凯旋　刘海霞　潘金娥　潘西华
谭晓军　邢文增　苑秀丽

课题主持人	潘金娥
秘　书　处	邢文增　刘鑫鑫

主编简介

姜　辉　中国社会科学院党组成员、当代中国研究所所长、马克思主义研究院院长，研究员，博士生导师。兼任中国社会科学院习近平新时代中国特色社会主义思想研究中心执行主任、中国特色社会主义理论体系研究中心主任、世界社会主义研究中心副主任。国家有突出贡献中青年专家，国务院政府特殊津贴专家，国家百千万人才，文化名家暨"四个一批"人才，中央马克思主义理论研究和建设工程咨询委员会委员，国务院学位委员会学科评议组成员，中国科学社会主义学会副会长、中国中共党史学会副会长、中华人民共和国国史学会副会长。长期从事马克思主义理论、科学社会主义与国际共产主义运动、中国特色社会主义、当代世界社会主义研究，出版专著、译著以及主编著作多部，发表专业论文200余篇。

潘金娥　中国社会科学院马克思主义研究院国际共产主义运动研究部主任、研究员，中国社会科学院大学教授、博士生导师。中国科学社会主义学会世界社会主义专业委员会副会长、北京市国际共运史学会常务理事。北京大学越南语专业毕业，中国社科院研究生院经济学硕士、法学博士。美国约翰斯·霍普金斯大学、越南综合大学访问学者。研究方向为当代世界社会主义与国际共产主义运动、当代越南问题、政党政治。主持完成中国社科院多个研究项目，目前担任"世界社会主义思潮与运动新进展研究"（2018~2022）创新工程首席研究员。主要著作有《马克思主义本土化的国际经验与启示》《越南革新与中越改革比较》《越南政治经济与中越关系前沿》等。在国内外杂志上发表论文百余篇。

摘 要

2020年,国际共产主义运动在世界的动荡变革中展现新的生机。

中共中央总书记、中国国家主席习近平指出:"当今世界正经历百年未有之大变局。新冠肺炎疫情全球大流行使这个大变局加速变化,世界进入动荡变革期。"2020年初以来,在世界正经历百年未有之大变局背景下,一场前所未有的新冠肺炎疫情席卷全球。全球保护主义上升,世界经济陷入衰退和低迷,国际环境发生深刻变化。中国、越南、老挝、朝鲜等社会主义国家率先取得了疫情管控的阶段性胜利,且实现了经济增长,社会主义制度的优越性得以彰显;以美国为首的西方资本主义国家疫情泛滥,经济陷入严重衰退,出现了严重的社会分裂。新冠肺炎疫情使得社会主义与资本主义两种制度的优劣凸显,两制格局和国际力量对比"东升西降"的态势更加明显。30年前曾经预言"人类历史将以资本主义方式走向终结"的美国政治学者福山(Francis Fukuyama)发表文章做出完全相反的判断:美国衰败已经腐烂入骨,特朗普时代让美国病入膏肓!

2020年也是国际共产主义运动史上许多重大事件的重要纪念年份。这一年适逢领导国际共产主义运动的伟大导师恩格斯诞辰200周年、列宁诞辰150周年,这一年也是印度共产党、南非共产党、法国共产党、英国共产党、土耳其共产党等一批世界共产党工人党成立百年的重要历史时刻,还是越南、老挝、朝鲜等社会主义国家共产党建立政权、实现统一的重要纪念年份。尽管在疫情背景下,许多活动受到限制,但各国共产党通过网络等各种形式举行了丰富多彩的庆祝和纪念活动。各党重温马克思主义导师、革命家

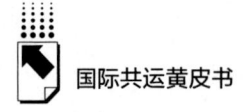

的历史性贡献和伟大人格，坚定共产主义理想信念和走社会主义道路的决心，传承和发展了马克思主义。与此同时，2020年也是越南、老挝、朝鲜、古巴等现有世界社会主义国家即将举行新一届党的代表大会之前一年，各国执政党表达了继续以马克思主义为指导、坚定社会主义发展道路的决心和信心，擘画了新时期的国家发展蓝图。

2020年，在中国共产党的坚强和统一领导下，中国艰难克服疫情冲击，继续按照原计划取得了脱贫攻坚最后胜利，全面建成小康社会，创造了世界发展史上的奇迹。《习近平谈治国理政》第三卷的出版发行，标志着中国特色社会主义理论体系再上新的高度，续写了21世纪马克思主义的新篇章。中国特色社会主义的成就，对世界的发展和国际共产主义运动具有重要的理论与现实意义。

2021年初，在新冠肺炎疫情继续在西方蔓延的背景下，社会主义国家基本控制住疫情，朝鲜、老挝、越南、古巴先后举行新一届党的代表大会，选举产生新一届党和国家领导集体；中国进入"十四五"规划的开局之年，启动社会主义现代化建设新征程，喜迎中国共产党百年华诞。美国新一届政府在年初开始执政，新总统拜登虽然有意改变特朗普时期的单边主义路线，却致力于推动所谓"民主联盟"，发动"新冷战"意图明显。在这样的背景下，社会主义国家纷纷表达了加强团结以共同应对新的挑战的愿望。国际共产主义运动机遇与挑战并存。

关键词： 国际共产主义运动　社会主义制度优越性　两制斗争　新冠疫情

目　录

Ⅰ 总报告

Y.1 动荡变革期的国际共产主义运动
　　——2020～2021年国际共产主义运动发展形势分析与预测
　　……………………………………… 姜　辉　潘金娥 / 001

Ⅱ 热点聚焦篇

Y.2 国际共产主义运动视域中的恩格斯：世界各国的视角
　　……………………………………… 苑秀丽　李　娟 / 034
Y.3 列宁及其思想的历史贡献和当代价值
　　——世界各国共产党和左翼党纪念列宁诞辰150周年
　　………………………………………………… 王子凤 / 050
Y.4 习近平新时代中国特色社会主义思想的新发展 ……… 林建华 / 064
Y.5 社会主义国家成功管控新冠肺炎疫情彰显社会主义
　　制度优越性 ……………………………………… 潘西华 / 083
Y.6 国外左翼视域下的疫情与资本主义制度危机 ………… 邢文增 / 098

Y.7　新冠肺炎疫情背景下世界格局与两制关系的新态势
　　　　……………………………………………… 刘海霞 / 114

Ⅲ　改革发展篇

Y.8　中国全面建成小康社会在世界社会主义发展史上的
　　　重大意义 ……………………………………… 雷晓欢 / 130
Y.9　越南共产党：在传承与守正中踏上新征程
　　　　………………………………………… 潘金娥　韦丽春 / 143
Y.10　新冠肺炎疫情考验下的古巴模式更新与古共八大
　　　　………………………………………………… 贺　钦 / 166
Y.11　金正恩执政以来的朝鲜社会主义新发展 ……… 方浩范 / 183
Y.12　新冠疫情背景下老挝社会主义革新：坚守与突破
　　　　………………………………………… 方　文　海　贤 / 201

Ⅳ　思潮运动篇

Y.13　欧洲共产党和工人党的"绿色化"调整及其前景
　　　　………………………………………………… 李凯旋 / 218
Y.14　新冠疫情背景下美国社会主义思潮和
　　　运动评析 ……………………………………… 禚明亮 / 234
Y.15　法国共产党百年兴衰与新探索 …………………… 遇　荟 / 248
Y.16　土耳其共产主义运动的百年回顾与未来展望
　　　　…………………………………………… 袁群　王恩明 / 265
Y.17　英国共产党的百年历程及其对国际共产主义运动的贡献
　　　　…………………………………………………… 刘　健 / 282
Y.18　未竟的革命：印度共产党百年成败得失 ………… 王　静 / 298
Y.19　不断发展壮大的南非共产党 …………………… 刘向阳 / 314

Ⅴ 资料篇

Y.20 2020年国际共产主义运动重大事件（50项） …………… / 331

Abstract ………………………………………………………… / 359
Contents ………………………………………………………… / 362

皮书数据库阅读**使用指南**

总报告
General Report

Y.1 动荡变革期的国际共产主义运动
——2020~2021年国际共产主义运动发展形势分析与预测

姜辉 潘金娥*

摘 要： 2020年，在新冠疫情和百年未有之大变局叠加影响下，世界进入动荡变革期。中国、越南等世界社会主义国家有效地管控疫情并实现经济增长，彰显了社会主义制度的优越性；与此同时，西方各国疫情泛滥，社会运动频发，贫富分化差距拉大，社会不平等更加突出，暴露了资本主义制度的种种弊端。国际格局"东升西降"趋势更加明显。2021年初，新冠肺炎疫情继续在西方蔓延，而社会主义国家顺利举行新一届党的代表大会。中国共产党在迎接百年华诞的喜庆中领导中国开启社会主义现代化国家建设新征程。美国拜登政府上台后致力于推动所谓"民主联盟"，发动"新冷战"意图明显。国

---

* 姜辉，中国社会科学院党组成员、当代中国研究所所长、马克思主义研究院院长，研究员；潘金娥，中国社会科学院马克思主义研究院国际共产主义运动研究部主任，研究员。

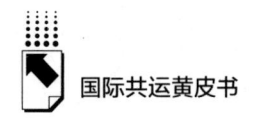

际共产主义运动机遇与挑战并存。

关键词： 国际共产主义运动　社会主义制度优越性　两制斗争　新冠疫情

2020年8月24日，中共中央总书记、中国国家主席习近平指出："当今世界正经历百年未有之大变局。新冠肺炎疫情全球大流行使这个大变局加速变化，世界进入动荡变革期。"2020年初以来，在新冠疫情大流行背景下，全球保护主义上升，世界经济陷入衰退和低迷，国际环境发生了深刻变化。中国、越南、老挝、朝鲜等世界社会主义国家率先取得了抗击新冠疫情的阶段性胜利，且实现了经济增长，彰显了社会主义制度的优越性；相比之下，以美国为首的西方资本主义国家疫情泛滥，经济陷入严重衰退，出现了严重的社会分裂甚至动乱。新冠疫情犹如X光透视机，透过它可以更清晰地观察到资本主义社会内部的病灶，社会主义与资本主义两种制度孰优孰劣一目了然。在新冠疫情和百年未有之大变局叠加影响下，两制格局和国际力量对比"东升西降"态势更加明显。30年前曾经预言人类历史将以资本主义方式走向终结的美国知名政治学者福山（Francis Fukuyama）发出完全相反的断言：美国衰败已经腐烂入骨，特朗普时代让美国病入膏肓！[①]

2020年也是国际共产主义运动史上许多重大事件的纪念年份。这一年适逢领导国际共产主义运动的伟大导师恩格斯诞辰200周年、列宁诞辰150周年，各国共产党通过网络和其他渠道举行了丰富多彩的庆祝和纪念活动，重温马克思主义导师、革命家的历史性贡献和伟大人格，坚定共产主义理想信念和继续走社会主义道路的决心；这一年也是印度共产党、法国共产党、英国共产党、土耳其共产党等一批共产党成立100周年的重要历史时刻，各

[①] *Rotten to the Core? How America's Political Decay Accelerated During the Trump Era*, https://www.foreignaffairs.com/articles/united-states/2021-01-18/rotten-core.

国共产党回顾了百年走过的坎坷经历，总结历史经验与教训，为新的历史条件下继续坚持理想信念挖掘新的动力；这一年还是越南、老挝、朝鲜等社会主义国家共产党创建、建立政权或实现国家统一等重大历史事件的重要纪念年份，各国都举办了隆重纪念活动，回顾党的历史和社会主义革命、建设、发展历程，同时为2021年初举行新一届党的代表大会做好领导干部换届选举、布局国家未来发展规划等各方面的准备。尤为值得庆贺的是：2020年，在中国共产党的坚强领导下，中国人民齐心协力，迅速控制了新冠疫情的蔓延，克服国内外重重困难，继续按照原计划夺取了脱贫攻坚最后胜利，实现全面建成小康社会的第一个百年目标，创造了世界发展的奇迹，谱写了社会主义发展史的亮丽篇章。

2021年1月，朝鲜、老挝、越南先后举行了新一届党的代表大会，古巴于4月举行第八次党的代表大会，中国则在3月顺利召开了"两会"，启动"十四五"规划的开局之年和社会主义现代化建设新征程，喜迎中国共产党百年华诞。美国新一届政府在年初开始执政，新总统拜登虽然有意改变特朗普的单边主义路线，却将特朗普政府的国务卿蓬佩奥2020年7月在尼克松图书馆发表反华演说时提出的所谓"民主联盟"付诸实践，针对中国等社会主义国家发动"新冷战"意图明显。在这样的背景下，社会主义国家纷纷提出加强团结合作，共同应对新的挑战。

一 重温、传承与发展马克思主义——世界各国共产党和左翼力量纪念恩格斯诞辰200周年、列宁诞辰150周年

（一）各国以多种形式纪念恩格斯诞辰200周年，高度评价恩格斯的不朽贡献和伟大人格

恩格斯和马克思共同创立了马克思主义，为世界无产阶级争取自身彻底解放提供了科学的理论指导和行动指南。2020年11月28日是恩格斯诞辰

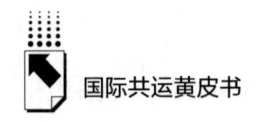

200周年纪念日，世界各国马克思主义政党组织了丰富多彩的活动，纪念恩格斯并颂扬他对马克思主义和国际共产主义运动的不朽贡献。

由于受到新冠疫情的影响，有关恩格斯的生平展览、学术会议及其他活动不得不缩小规模，但是从中仍能感受到恩格斯的强大影响力。在恩格斯的故乡德国，在中国、越南和其他一些国家，世界各国共产党、工人党和左翼力量以多种方式纪念这位伟人，其中包括发表重要讲话、声明、纪念文章以及举办研讨会等，表达对恩格斯的敬意并对他的历史贡献作出高度评价。中国出版了多部著作纪念恩格斯，包括《恩格斯思想年编》、《恩格斯画传》（恩格斯诞辰200周年纪念版）、《永远的恩格斯》等。越共中央举办了"恩格斯遗产：时代价值与生命力"国家级研讨会。总体来看，世界各国主要从以下几个方面对恩格斯及其思想贡献做出评价和新的阐释。

一是重新肯定恩格斯的伟大人格。恩格斯的故乡德国伍珀塔尔市举办了名为"弗里德里希·恩格斯——一个在欧洲的幽灵"的特别展览，从历史的角度展现了恩格斯作为企业家、哲学家、社会评论家、作家和记者、革命者的立体形象。各国共产党和左翼认为，恩格斯知识渊博、思想深邃，集思想家、革命家、实践家于一身，他的思想和行动是时代丰碑。越南学者认为，恩格斯为创立马克思主义做出巨大贡献，恩格斯在生前和马克思始终同改良主义、教条主义等错误思潮进行斗争，以达成共产主义运动在认识上和行动上的统一。他是国际共产主义运动伟大领袖和博学家。[①] 学者们认为，恩格斯虽然出身资产阶级家庭，却毅然走上了革命道路，不愧为一位彻底的革命家。

二是重新认识恩格斯的理论贡献及其现实意义。中国社会科学院党组成员、马克思主义研究院院长姜辉撰文指出，恩格斯对马克思主义系统深刻阐

[①] Hà Đức Long, Ph. Ăngghen chống quan điểm sai trái để bảo vệ, phát triển chủ nghĩa Mác, http://tapchiqptd.vn/vi/phong-chong-dbhb-tu-dien-bien-tu-chuyen-hoa/ph-angghen-chong-quan-diem-sai-trai-de-bao-ve-phat-trien-chu-nghia-mac/16358.html.

述、马克思主义理论体系精心构建以及马克思主义创立创新、诠释传播做出巨大贡献，这使他成为坚持和发展马克思主义的光辉典范。① 中国社会科学院马克思主义研究院党委书记辛向阳在《恩格斯对科学社会主义的贡献》中指出，恩格斯对马克思主义的发展是全面系统的，他提出了工人阶级理论，使社会主义从空想变成科学有了阶级基础；起草了第一个世界性无产阶级政党的纲领和宣言，为科学社会主义奠定政治基础；阐明了两大基石论，使社会主义从空想到科学有了客观的判断标准。他不仅撰写了被马克思称为"科学社会主义的入门"的《社会主义从空想到科学的发展》，而且阐发了科学社会主义的内涵、原则以及未来社会的特征等。② 越南学者陈厚新认为，恩格斯是运用唯物辩证法来认识自然规律的第一人，解释和概括了自然科学的最新成就，批判了神秘的机械的唯心主义观点。③

各国学者重温了恩格斯围绕经济、社会和历史各领域所阐发的丰富的思想理论，并结合时代问题做出新的阐释。各国学者指出，恩格斯通过对资本主义制度的批判，揭示了资本主义必然灭亡的历史规律，提出了共产主义思想的基础；当今世界全球治理面临系统性危机，当代资本主义出现历史性衰落，政治极化、贫富分化以及各种社会认同危机不断引发混乱与动荡，我们需要向恩格斯请教，像他那样时刻关注国际共产主义运动，对人们普遍关心的问题给予科学的回答。

三是肯定和盛赞恩格斯对国际共产主义运动的历史贡献。世界各国共产党一致认为，恩格斯对推动国际共产主义运动的发展做出卓越贡献。恩格斯和马克思1848年共同撰写了国际共产主义运动第一个纲领性文献《共产党宣言》，创立了国际共产主义运动学说，推动国际共产主义运动的发展，为

---

① 姜辉：《恩格斯的马克思主义观及其时代意义——纪念恩格斯诞辰200周年》，《马克思主义研究》2020年第11期。
② 辛向阳：《恩格斯对科学社会主义的贡献》，《马克思主义研究》2020年第10期。
③ Trần Hậu Tân, Những cống hiến vĩ đại của Ph. Ăng-ghen với sự ra đời và phát triển Chủ nghĩa Mác-Lê-nin, https://nhandan.com.vn/tin-tuc-su-kien/nhung-cong-hien-vi-dai-cua-ph-ang-ghen-voi-su-ra-doi-va-phat-trien-chu-nghia-mac-le-nin-625962/.

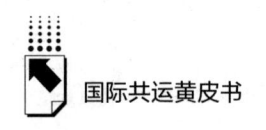

国际工人运动大联合创造了条件。恩格斯在1885年10月发表的《关于共产主义者同盟的历史》一文，是对国际共产主义运动历史的首次总结，深刻阐释了无产阶级力量壮大的基本规律，那就是各国无产阶级坚如磐石的团结。恩格斯关心和指导一些国家社会主义政党的创建和发展，帮助和指导了一大批工人运动的革命家、活动家和理论家。正是在恩格斯和马克思共同创立的科学理论指导下，国际共产主义运动蓬勃发展，推动世界社会主义革命经历了从理论到实践、从一国实践到多国的历史进程，昭示了人类社会最终走向共产主义的历史趋势。恩格斯晚年继续坚持、捍卫马克思主义理论的科学性和真理性，在资本主义发展的新态势下，在同各种机会主义和反马克思主义的斗争中，立足无产阶级的革命实践，丰富和发展了马克思主义理论，推动国际共产主义运动进入新的发展阶段。

在恩格斯诞辰200周年之际，纪念他的人们表示不仅要认真学习恩格斯的思想理论，也要学习他的伟大人格和对共产主义的坚定信念，永远铭记恩格斯对国际共产主义运动的卓越贡献。

（二）各国共产党左翼党纪念列宁诞辰150周年，强调列宁主义的现实价值

2020年4月22日是无产阶级革命导师列宁诞辰150周年的日子，世界各国共产党和左翼党通过发表重要讲话和声明、组织纪念性活动、召开研讨会等多种形式进行了隆重的纪念。这些活动结合当今世界形势的新发展、新阶段和新变化，高度评价列宁对马克思主义的继承和发展，深刻阐释了列宁对国际共产主义运动的重要贡献，重新认识列宁思想的科学意义，肯定了列宁思想对于推动当前国际共产主义运动发展和世界社会主义建设的现实意义。在德国一个名叫盖尔森基兴的小城，马列主义党竖立起一座列宁雕像，这是柏林墙倒塌30余年之后，列宁的塑像再次出现在德国土地上。30多年前，随着东欧剧变，一部分共产党相继改旗易帜，放弃了马克思列宁主义。今天，越来越多的共产党认为，苏联、东欧社会主义的失败只是一种模式的失败，而不是社会主义的失败，人们主张科学地评价列宁及其思想，将列宁

思想作为科学社会主义的重要组成部分,并强调要把握列宁思想的精神实质,吸收列宁思想的精髓,捍卫列宁的理论遗产。

世界各国共产党左翼党主要从以下三个方面重新认识列宁及其贡献。

第一,列宁捍卫和发展了马克思主义,将马克思主义系统化并推向新的发展阶段。各国共产党和左翼党认为,列宁是马克思主义的坚定捍卫者。列宁坚决反对教条主义、宗派主义,反对一切机会主义和修正主义对革命理论和实践的歪曲,主张批判各种反马克思主义思潮和各种错误的理论观点,维护和捍卫马克思主义理论,并创造性地发展马克思主义。列宁把马克思主义概括为三个部分,即哲学、政治经济学和科学社会主义,并使马克思主义理论体系化。列宁立足于所处的时代背景,将马克思主义与工人运动结合起来,将马克思主义推向新的发展阶段。列宁提出社会主义在一国或数国首先胜利的理论、关于殖民地和民族解放运动的思想等,这些都是对马克思主义理论的发展;新经济政策是列宁对马克思主义关于社会主义和社会主义道路的补充、发展和创新。

第二,列宁为国际共产主义运动和第三世界民族解放运动做出历史性贡献。在列宁领导下取得胜利的十月社会主义革命开启了人类历史新纪元,创建了世界上第一个社会主义国家,不仅实现了社会主义从理想变为现实、从理论变为制度的飞跃,也用实践证明经济文化相对落后国家可以率先进行社会主义革命。越共中央党校校长阮春胜指出,列宁撰写的《论俄国社会民主工党的民族纲领》《论民族自决权》《社会主义革命和民族自决权》《民族和殖民地问题提纲初稿》等,构成了关于殖民地国家民族解放道路的科学理论体系,为殖民地国家民族独立斗争提供了宝贵的指导思想。① 越南共产党的创始人胡志明曾说,正是在读到列宁的《民族和殖民地问题提纲初稿》之后,找到了越南民族解放的"锦囊",从此他开始追随列宁的革命道路,并在马克思列宁主义的指导下,创立了越南共产党,领导越南民族

---

① 〔越〕阮春胜:《列宁思想遗产对世界革命和越南革命的理论与实践价值》,越南《共产主义杂志》2020年4月20日。

获得了独立和解放。列宁还创立和领导了共产国际,对殖民地半殖民地民族解放运动予以理论指导,并通过培养骨干力量、提供经费等方式给予援助,极大地推动了亚非拉殖民地半殖民地国家争取民族独立和解放运动的发展,为国际共产主义运动的发展壮大做出巨大的历史贡献。

第三,列宁在阐释帝国主义发展规律、无产阶级新型政党建设、国家理论等方面做出伟大的理论贡献。列宁全面系统科学地剖析了帝国主义的实质、特征、基本矛盾,揭示了帝国主义形成、发展和灭亡的规律,揭露了帝国主义垄断的、腐朽的、垂死的性质,科学研判垂死的帝国主义的历史结局,指出帝国主义是资本主义的最高阶段,是社会主义革命的前夜;列宁论证了帝国主义时期资本主义国家经济政治发展不平衡规律,并在这一规律的基础上得出无产阶级有可能在帝国主义链条的薄弱环节突破而取得革命胜利的科学结论。列宁的新型马克思主义政党理论是马克思主义政党理论的重要组成部分。在俄国建立共产党的过程中,列宁撰写了大量马克思主义政党建设的著作,内容丰富完整,包括加强党的领导,加强党的思想建设、组织建设、作风建设,坚持党的团结统一,坚持阶级斗争原则,维护党的领袖权威等,为创立新型无产阶级革命政党奠定了思想基础、组织基础、策略基础和理论基础,形成了完整的党建学说,丰富和发展了马克思主义的建党学说。列宁继承了马克思恩格斯的国家学说,并结合俄国的具体实际,发展了马克思主义国家本质论,他在《国家与革命》中提出,要成功实现从资本主义向社会主义的过渡,就必须进行社会主义革命,必须建立一个代表和捍卫工人阶级利益的无产阶级政权的国家。列宁创立的无产阶级专政学说,探索了社会主义国家执政规律,强调无产阶级政党是国家的领导力量,实现了马克思主义国家学说的创新发展。

各国共产党和左翼政党认为,当今世界已经进入和平发展的时代,但我们仍然处于并将长期处于列宁提出的帝国主义向社会主义过渡的时代,列宁的思想在今天依然具有现实指导意义。当前,在资本主义面临多重危机的背景下,开展反帝国主义、反资本主义斗争并推动资本主义向社会主义变革,需要以列宁思想为行动指南。尤其是,列宁主义依然是中国、越南、老挝等社会主义国家改革的重要指导思想，列宁主义对社会主义建设、改革和发展具有重要现实意义。

二 新冠疫情犹如 X 光透视机，透过它可以观察到潜藏在资本主义肌体内的各种病灶，也彰显了社会主义制度的优越性

2020 年，新型冠状病毒席卷了全世界。面对突如其来的疫情，中国、越南、古巴、老挝、朝鲜几个社会主义国家充分发挥社会主义制度的优越性，及时有效地管控疫情扩散并取得经济增长，而西方资本主义各国疫情泛滥成灾，经济社会陷入严重衰退。疫情就像一个 X 光透视机，透过它可以观察到不同社会制度肌体是否健康，观察治理模式的优劣。

（一）社会主义国家在管控疫情中充分彰显社会主义制度的优越性

2020 年，在新冠肺炎疫情防控过程中，中国、越南、老挝、朝鲜和古巴的执政党高度重视疫情管控，充分发挥党的集中统一领导作用，在疫情一开始就迅速作出部署，采取各种措施防止疫情扩散、维护人民生命安全，充分体现了社会主义国家人民至上的理念、党的集中统一领导和社会主义集中力量办大事的制度优势。多数国家实现了防止疫情扩散和经济增长双重目标。其中，中、越、老三国经济增长分别达到 2.3%、2.91%、3.3%，朝鲜人民的生活也继续有所改善。

中国作为世界上人口大国同时也最先发现疫情的国家，面对来势汹汹的新冠肺炎疫情，以习近平同志为核心的党中央统揽全局、果断决策，成立中央应对疫情工作领导小组，派出中央指导组，建立国务院联防联控机制，在全国迅速形成统一指挥、全面部署、立体防控的战略布局，及时有效地遏制了疫情大面积蔓延，最大限度保护了人民生命安全和身体健康。与此同时，党中央及时作出统筹疫情防控和经济社会发展的重大决策，要求全力以赴打赢疫情防控攻坚战，坚定不移落实"六稳"

"六保"任务①，在坚持依法防控、科学防控的同时，推动落实分区分级精准复工复产，最大限度保障人民生产生活。这些精准有力的措施，最终使中国成为2020年实现经济增长的唯一主要经济体。对于中国在此次疫情中的表现，各国左翼学者都进行了高度肯定。西班牙加利西亚国际关系研究院院长胡里奥·里奥斯指出，中国在地方层面和与世界卫生组织合作应对新冠肺炎疫情方面，充分履行了责任和义务，也带动了全球对新冠肺炎疫情的应对。中国在抗疫方面取得的成就获得了广泛认可。②俄罗斯"专家"网以《中国再次加速全球经济》为题报道称，中国经济不仅实现了令人瞩目的增长，而且为全球经济摆脱新冠病毒影响奠定了基础。就像13年前全球金融危机时期一样，中国这次也扮演着世界经济发动机的角色。③

在越南，自新冠肺炎疫情发生以来，越南党和政府迅速作出反应，以临战状态应对疫情，提出"抗疫如抗敌"的口号，多措并举狠抓疫情防控，同时统筹做好经济社会发展各项工作。在制定应对疫情的总体思路方面，实行党中央的集中统一领导，成立了副总理亲自指挥的疫情防控领导小组，以党政军全体干部、全社会全部参与的方式，调动全国资源进行统一集中抗疫，实现了疫情管控和经济发展双重目标：2020年底，越南新冠肺炎病例共计1548例，死亡35例；经济增长达到2.91%，成为16个新兴经济体中经济增长率最高的国家。

老挝医护力量不强、医疗物资紧缺、医疗条件比较薄弱，面对全球突发的新冠肺炎疫情，老挝人民革命党和政府高度警惕，在国内尚未发现确诊病例的情况下，就进行了积极防范。2020年1月20日，老挝卫生部发布紧急通知，要求机场、边境检查站、各级医疗机构提高警惕，加强疫情监测工

---

① 六稳：稳就业、稳金融、稳外贸、稳外资、稳投资、稳预期；六保：保居民就业、保基本民生、保市场主体、保粮食能源安全、保产业链供应链稳定、保基层运转。
② 〔西班牙〕胡里奥·里奥斯：《西方围绕"新型冠状病毒疾病"对中国的责难毫无道理》，载《中国战"疫"的国际贡献和世界意义——国外人士看中国抗疫》，当代中国出版社，2020，第165~169页。
③ 《外媒：2020年中国经济交出疫情下最好答卷》，环球网，https://oversea.huanqiu.com/article/41f2nmvR3pU。

作，防止在中国的疫情蔓延到老挝。1月27日，在老挝党的领导下，老挝发出《指导防控管理新型冠状病毒》特急98号总理令，成立了以副总理兼财政部长宋迪·隆迪为主席的老挝疫情防控委员会，负责疫情防控各项工作。老挝出现疫情后，积极配合中国医疗协助，成功抵制了疫情蔓延。2021年1月14日，老挝卫生部宣布，老挝41个新冠肺炎病例全部治愈，治愈率达100%。2020年，老挝扶贫工作继续推进，经济增长率达到3.3%。

在朝鲜，疫情发生后，朝鲜劳动党高度重视并迅速作出反应。朝鲜劳动党在2020年一年内共召开了3次政治局会议和6次政治局扩大会议、2次劳动党政务局会议，专门讨论疫情和国家防疫体系的建设和相关措施。出台了《针对全球病毒疫情，进一步切实采取国家措施，保卫我国人民生命安全》决议书，隶属内阁的中央人民保健指导委员会迅速将卫生防疫体系转为"国家紧急防疫体系"，后来又升级为"最大紧急体制"。在中央人民保健指导委员会的统一指挥下，设在中央和各道、市、郡的紧急防疫指挥部全面启动防范工作，并成立中央紧急防疫指挥部，制定了绝对服从中央紧急防疫指挥部指挥的纪律，启动了中央和地方的灾难管理应对常务组，指挥各级卫生防疫部门在全国迅速开展防疫，通过医学隔离、卫生宣传等工作，稳定防疫形势。朝鲜采取严厉措施，对境内所有外国人和出访回国人员全面进行严格排查和隔离，隔离期长达30天。朝鲜各级政府加大宣传力度，关注弱势群体，形成全民抗疫态势。此外，朝鲜的"预防医学理念"和"医生分区负责制"①等医疗保障制度，在本次新冠疫情预防中起到了关键的作用。在此次防疫中，朝鲜立足预防为主的医学理念，"家户责任医生"经常到居民区巡视和宣传防疫知识，发挥了重要作用。

---

① 朝鲜强调"预防医学理念"，认为为了保护人民生命和增进人民健康，与其得病之后进行治疗，不如做好预防工作，使人不得病更具有意义。朝鲜还在全国实行"医生分区负责制"，居民区医院医生被称为"家户责任医生"，有自己负责的住宅区，对其中每户每人的健康负责，除了治疗患者，还承担旨在预防疾病的健康常识及卫生知识宣传、消毒和预防接种等多项工作。转自李永春《朝鲜面对新冠肺炎疫情的防控措施》，《东北亚学刊》2021年第1期。

在古巴，2020年3月6日，古巴共产党发布了《新冠肺炎疫情防控计划》，在出现境外输入病例后正式启动了新冠肺炎疫情的防控与发布工作，关闭旅游业，由党和政府对疫情防控进行集中统一领导和全面部署，在全国范围内启动社区排查计划，确保城市、农村乃至偏远地区人口全覆盖。公共卫生部门根据古共中央和古巴国务委员会相关会议精神，紧急协同各党政机关及社会部门，针对疫情中的突出问题，出台了医患救治与医药研发、疫情披露与科教宣传、公共服务与社会疏导等措施，关键职能部门加紧落实并推进疫情防控工作。古巴医科大学积极响应古巴公共卫生部门的号召，对医学院学生进行防疫培训。这些医科学生在"家庭医生"机构及相关部门的组织下，通过入户走访，对古巴居民进行家庭排查和科教宣传，使古巴居民及时获取古巴政府的防疫政策和信息。自2020年10月起，古巴持续近半年的疫情严控阶段告一段落，一些经济社会部门逐步回归正常。截至2021年1月1日，古巴共有12056例确诊病例，死亡146例，感染病例数在南美地区最低。根据美国约翰斯·霍普金斯大学的统计数据，古巴每百万人中只有11人感染新冠病毒死亡，而其邻国多米尼加共和国为203人，美国为647人。① 此外，在新冠肺炎疫情全球肆虐的特殊历史时刻，古巴人民还向英国涉疫游轮伸出援手，并向全球多国派出医疗队，还在病患救治和疫苗开发等方面分享经验，赢得了广泛的国际赞誉。

在2020年新冠肺炎疫情阻击战中，社会主义国家表现突出，彰显了在管控公共卫生危机等非传统安全问题上的强大制度优势，为世界各国抗击新冠肺炎疫情提供了重要经验。中国、古巴还向多国伸出援助之手，弘扬国际主义精神，为世界各国抗疫做出重要贡献。

（二）新冠疫情暴露了西方新自由主义制度的种种弊端

新冠肺炎疫情暴发后，资本主义国家由于管控不力，疫情大肆蔓延。截

---

① 《古巴疫情受控 重启国际旅游》，新华网，http://www.xinhuanet.com/world/2020-10/10/c_1210834034.htm。

至2020年12月31日,全球累计确诊新冠肺炎病例已突破8300多万,死亡人数超过181.2万,其中,作为疫情重灾区的美国,累计确诊新冠肺炎病例超过2000万,累计死亡人数已超过35万(截至2021年4月10日,美国感染人数超过3100万,死亡人数超过57万)。疫情的大范围蔓延不仅使人们的生命面临威胁,而且重创了西方各国经济。2020年,欧洲多国经济降幅接近10%,美国经济降幅接近4%,西方各国普遍陷入危机状态,大批工人失业,贫困率快速上升,贫富差距进一步扩大。2021年初,疫情在英国、法国、西班牙、意大利等多个欧洲国家继续蔓延或出现反弹,一些国家实施"疫苗国家主义"政策,禁止出口疫苗或争抢囤积疫苗。据西班牙《先锋报》报道:加拿大囤积了超过其人口总数5倍的疫苗;英国囤积了超过其人口3倍的疫苗;欧盟的疫苗囤积量也超过其成员国人口多倍。为此,联合国秘书长古特雷斯呼吁阻止"疫苗国家主义",全球各地的穷人眼睁睁看着富裕国家正忙于为预防新冠病毒做准备,却无法得知自己什么时候能接种疫苗。①

　　新冠疫情席卷欧美引发各国左翼政党的集体反思和对资本主义制度本质、新自由主义政策的集中批判,他们认识到:正是以利润为目标的资本主义生产方式导致了疫情大肆蔓延;新自由主义政策不仅对西方国家的公共医疗卫生体系造成破坏,使其在疫情冲击之下陷入严重的公共卫生危机之中,而且造成资本主义国家经济政治社会问题不断加剧。西方左翼学者们认为,新自由主义导致的抗疫不力、政治腐败、经济金融脆弱和意识形态极化暴露出资本主义社会内部矛盾尖锐和价值沦丧。加拿大学者亨利·吉鲁指出,当前的冠状病毒大流行不仅仅是一场医疗危机,更是一场政治和意识形态危机;这是一场根源于新自由主义政府多年来忽视公共卫生和公共利益的危机,这些政府否认公共卫生和公共利益的重要性;新自由主义强调商业价值而不是民主价值,极端竞争和非理性自私的恶性意识形态,以及对道德、正义和真理问题的拒斥,削弱了批判性思维和知情判断

---

① https://baijiahao.baidu.com/s?id=1685796523395654882&wfr=spider&for=pc.

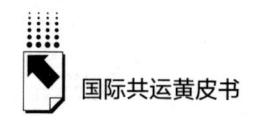

的力量；这种政治崇尚资本而非人类需求、贪婪而非同情、剥削而非正义、恐惧而非共同责任。①

疫情还暴露了西方多党制的弊端和社会的不平等。在西方多党制下，各种政治力量对立、分散，相互掣肘，执政党倾向于从自己的政党利益出发，以政党利益为中心，人民尤其是中下层人民的诉求被忽视，底层群众成为最大的牺牲品。在西方国家相继采取管控措施后，很多企业歇业或倒闭，大批工人下岗，生活陷入贫困；少数工人不得不超负荷工作，巨大的工作压力使其身体健康更加无法得到保障，在病毒面前不堪一击。在美国，特朗普政府在抗疫决策上，优先考虑资本市场的反应，既不对民众进行疫情的有效示警，也没有为疫情大流行所带来的潜在医疗资源消耗做准备，把美国民众推向感染和死亡的边缘。《华盛顿邮报》网站5月9日报道称，美国的抗疫行动"成了一场国家批准的屠杀""它故意牺牲老年人、工人、非洲裔和拉美裔人口"。② 这暴露了西方社会对待生命权和健康权的不平等。新冠肺炎疫情发生后，西方社会收入不平等加剧，美国最富有的1%的家庭拥有全国40%的财富，比最贫穷的90%家庭的财富总和还要多，不平等程度至少是1962年以来的最高水平，而且现在情况越来越糟。③

可见，西方国家抗疫失败的根源是其长期秉承资本主义利润至上的铁律，以及长期以来潜藏的种族不平等的价值观，它们捍卫的是资产阶级富人的利益而忽视普通大众的身体健康和生命安全。与资本主义制度形成鲜明对照的是，社会主义国家在抗击疫情中始终秉持人民至上生命至上原则，向全世界充分展现了社会主义制度的优越性和国家治理模式的高效性。

---

① Henry A. Giroux, "The COVID－19 Pandemic is Exposing the Plague of Neoliberalism", https：//socialistproject.ca/2020/04/covid19－pandemic－exposing－plague－of－neoliberalism/.
② 《中国人权研究会文章：新冠肺炎疫情凸显"美式人权"危机》，新华社，2020年6月11日。
③ Joseph Margulies, "COVID－19 Lays Bare the Cruelty of Neoliberalism", https：//verdict.justia.com/2020/04/03/covid－19－lays－bare－the－cruelty－of－neoliberalism.

三 中国全面建成小康社会实现中华民族伟大复兴中国梦第一个百年奋斗目标，为世界社会主义发展史增添了新的辉煌篇章

2020年，在遭遇疫情冲击和西方继续对华打压的背景下，以习近平同志为核心的党中央团结带领全党全国各族人民砥砺前行、开拓创新，战胜国内外各种风险挑战，按照原计划夺取了脱贫攻坚最后胜利，全面建成小康社会，实现了中华民族的百年梦想。2020年10月，中国共产党第十九届中央委员会第五次全体会议在北京召开，审议通过了《中共中央关于制定国民经济和社会发展第十四个五年规划和二〇三五年远景目标的建议》，开启中国社会主义现代化建设新征程。而《习近平谈治国理政》第三卷的出版发行，标志着习近平新时代中国特色社会主义思想的进一步丰富和完善，为21世纪马克思主义谱写新篇章。

（一）全面建成小康社会，为经济落后国家探索美好生活树立了新的标杆

自改革开放以来，中国共产党和几任领导人都把建设小康社会作为目标，并且结合每一阶段面临的社会主要矛盾不断发展和完善这一理念，提出更高的要求。党的十八大根据国内外形势新变化，提出了全面建成小康社会的新目标。2020年12月3日，中共中央总书记、中国国家主席习近平宣布："经过8年持续奋斗，我们如期完成了新时代脱贫攻坚目标任务，现行标准下农村贫困人口全部脱贫，贫困县全部摘帽，消除了绝对贫困和区域性整体贫困，近1亿贫困人口实现脱贫，取得了令全世界刮目相看的重大胜利。"① 这是向全世界宣告，中国如期全面建成小康社会、实现中华民族伟

---

① 《中共中央政治局常务委员会召开会议 听取脱贫攻坚总结评估汇报 中共中央总书记习近平主持会议》，新华网，http://www.xinhuanet.com/politics/2020-12/03/c_1126818856.htm。

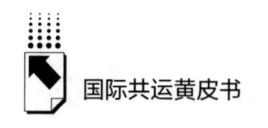

大复兴的第一个百年奋斗目标。全面建成小康社会，是中国到 21 世纪中叶全面建成社会主义现代化强国的新起点，起着承前启后、继往开来的作用，中华民族伟大复兴又向前迈进一步。

中国全面建成小康社会，对世界做出重大贡献，在世界社会主义发展史上具有重大意义，为经济落后国家探索发展道路和实现美好生活树立了标杆。消除贫困是人类的共同理想，中国全面消除贫困，对全球减贫事业贡献巨大。联合国秘书长古特雷斯称赞道："中国已实现数亿人脱贫，中国的经验可以为其他发展中国家提供有益借鉴。"① 英国牛津大学中国中心主任拉纳·密特表示，中国全面建成小康社会的巨大成就表明世界上并不存在单一的"普世"发展模式，为世界其他国家探索符合本国国情的发展道路提供了有益借鉴。从世界社会主义价值观来看，全面建成小康社会是社会主义的本质要求。中国共产党人根据中国的实际情况，将马克思主义基本原理同中国特色社会主义实践有机结合，摸索出一条中国特色社会主义的现代化之路、创造人民美好生活之路。中国全面建成小康社会的理论和实践经验，是对共产党执政规律、社会主义建设规律和人类社会发展规律的再一次总结和深化。意大利共产党中央委员马林焦表示，全面建成小康社会再一次证明，中国特色社会主义适合中国国情，是对马克思主义理论和实践的一次成功创新。② 俄罗斯联邦共产党中央委员会主席久加诺夫表示，中国共产党在迎来自己百年诞辰的前夕带领中国人民彻底消除贫困、全面建成小康社会，进一步彰显了社会主义在 21 世纪的强大生命力，或将促使世界更多国家选择社会主义道路。中国特色社会主义事业已成为 21 世纪世界社会主义最为重要的部分，已成为为人类探索更好社会制度贡献中国方案的伟大事业。③

---

① 《与世界共创美好未来——中国全面建成小康社会助力全球发展事业》，新华网，http://www.xinhuanet.com/politics/2020-05/20/c_1126011161.htm。
② 《中华民族和人类社会的历史丰碑——国际社会对中国决胜全面建成小康社会、决战脱贫攻坚的认识和评价》，《光明日报》2020 年 10 月 2 日。
③ 姜辉：《百年来中国共产党对世界社会主义运动的重大贡献》，《中国社会科学报》2021 年 1 月 15 日。

（二）《习近平谈治国理政》第三卷发行，续写21世纪马克思主义新篇章

2020年6月，《习近平谈治国理政》第三卷同步出版发行中、英文版，该书收录了习近平总书记在2017年10月18日至2020年1月13日的重要著作，生动记录了中共十九大以来以习近平同志为核心的党中央团结带领全党全军全国各族人民推动党和国家各项事业取得新的重大进展的伟大实践，集中展示了21世纪马克思主义中国化的最新成果。

《习近平谈治国理政》第三卷开篇就强调："不忘初心，方得始终。中国共产党人的初心和使命，就是为中国人民谋幸福，为中华民族谋复兴。"① 这个初心和使命的理论原点，就在于马克思主义"为人类求解放"的远大目标。一切为了人民，是中国共产党一以贯之的理念和行动。治国必先治党，且治党务必从严。全面从严治党是一场伟大的自我革命。在进行伟大社会革命的同时不断进行伟大的自我革命，是我们党区别于其他政党最显著的标志。《习近平谈治国理政》第三卷对中国特色社会主义的性质和历史由来进行了阐释，明确指出：中国特色社会主义是社会主义，而不是别的什么主义。"科学社会主义基本原则不能丢，丢了就不是社会主义。同时，科学社会主义也绝不是一成不变的教条。"② 中国走科学社会主义的道路，这是改革开放以来中国共产党全部理论和实践的主题。这一判断对世界社会主义和国际共产主义运动具有重要启示。全球各种新问题新挑战层出不穷，新冠肺炎疫情影响广泛深远，国际形势不稳定性、不确定性明显增加，国际社会要求变革全球治理体系、建立更加公正合理国际秩序的呼声高涨，习近平同志提出了各国共同构建人类命运共同体的倡议，"共同努力把人类前途命运掌握在自己手中"③。

习近平新时代中国特色社会主义思想是指导中国、影响世界的当代中国

---

① 《习近平谈治国理政》第三卷，外文出版社，2020，第1页。
② 《习近平谈治国理政》第三卷，外文出版社，2020，第76页。
③ 《习近平谈治国理政》第三卷，外文出版社，2020，第460页。

的马克思主义、21世纪的马克思主义。①《习近平谈治国理政》第三卷是习近平同志对以人民为中心理念、党的建设、治国理政、构建人类命运共同体等马克思主义理论的最新阐释,是习近平新时代中国特色社会主义思想的重要构成,它不但全面指导新时代中国特色社会主义的建设,也对世界社会主义和国际共产主义运动发挥引领作用,具有重要理论价值与现实意义。

四 世界社会主义国家筹备新一届党代会,坚持马克思主义和社会主义发展方向,描绘国家发展新蓝图

2020年,越南、老挝、朝鲜、古巴四个社会主义国家在积极抗击新冠肺炎疫情的同时,加紧筹备2021年召开的新一届党的代表大会。

(一)越南共产党精心布局地方各级领导干部轮换,制定国家中长期发展战略目标

2020年是越共十三大即将举行的前一年,年内最重要的任务有两项,一是在全国范围内召开党的各级代表大会,完成各级领导干部的换届,并向中央推选十三届中央委员;二是制定未来五年和"两个一百年"发展战略目标。

1. 精心布局干部换届工作

首先,越共中央从思想上强调选举德才兼备的领导人的重要意义。越共中央总书记阮富仲特别重视十三届人事选举工作,在多个会议上强调干部工作的重要性,并发表文章进行详细的阐释。阮富仲强调,干部工作是"关键的关键",关系到党的生死存亡、社会主义制度的命运以及国家的发展走向;十三届中央委员应在政治本领、道德品质和工作能力上成为党员干部的

---

① 姜辉:《百年来中国共产党对世界社会主义运动的重大贡献》,《中国社会科学报》2021年1月15日。

模范，德才兼备、以德为本。其次，越共中央制定详细的各级领导干部的选举规则，完善领导干部岗位标准和考核体系。越共十三届中央委员会、政治局战略干部规划工作按照"步步有序推进，层层稳扎稳打"方针，先规划中央委员会人选，再规划政治局、书记处人选，最后才提出总书记、国家主席、国会主席、政府总理等重要职务人选。

在2021年1月15~21日召开的越共十三大上，经选举产生了由180名中央正式委员、20名候补委员组成的第十三届越共中央委员会，18名政治局委员和由19人构成的中央检查委员会，阮富仲第三次当选越共总书记。从十三大确定的目标方向和新一届越南党和国家领导集体构成来看，越南将沿袭越共十二大以来的基本路线。

2. 确定国家未来发展方向和中长期目标任务

越共十三大政治报告在对国内外形势进行评估的基础上，提出越南未来五年和今后总体发展目标：提高党的领导能力、执政能力和战斗力；全面建设廉洁、坚定的党和政治系统，巩固人民对党和社会主义制度的信心；激发人民对国家繁荣幸福的渴望，全面发挥民族大团结的意志和力量，将之与时代的力量相结合；全面协调推进革新事业、工业化和现代化；建设祖国、捍卫祖国，维护和平稳定的环境；争取到21世纪中叶越南成为社会主义定向的发达国家。以上内容构成了越共十三大报告的主题。

越共制定了越南到21世纪中叶的发展目标，即"两个一百年"目标分"三步走"计划：到2025年即越南南北统一50周年时，成为拥有现代化方向工业的、跨越了中等偏低收入的发展中国家；到2030年即越共建党100年时，成为拥有现代化工业的中等偏高收入的发展中国家；到2045年即越南民主共和国（现名为越南社会主义共和国）建立100年时，成为高收入的发达国家。越共十三大吹响了越南向"两个一百年"奋斗目标进军的号角，标志着越南踏上了新的发展征程。

2021年是越共十三大召开也是启动新征程的第一年。3月底4月初已召开第十五届国会第一次会议，正式选举任命新一届国家领导人。预计，新一届越南党和国家领导集体的首要任务是克服年初袭来的第三波

新冠疫情的影响，力争完成年初制定的2021年度GDP增长率达到6.5%的目标。

（二）老挝经济社会稳步发展，党的队伍建设和理论建设加强

2020年，在取得防控疫情胜利的同时，老挝保持了经济社会和各方面平稳发展的良好势头，党的建设取得新进展，为老挝人民革命党十一大在2021年1月顺利召开做好充分准备。

1. 经济社会平稳发展，消除贫困成绩突出

2020年是老挝"八五"规划的收官之年，在新年伊始，老挝党就提出把发展经济和实现"八五"规划目标作为首要任务。通过全国上下齐心协力拼搏奋斗，经济建设稳步推进，全年经济增长率达到3.3%的高速度，"八五"规划总体目标得以基本实现，经济年平均增长率达到5.8%。2020年国内生产总值（GDP）达到176.6亿美元，人均GDP达到2664美元。①

作为世界上最不发达国家之一，老挝的贫困问题尤为突出。2020年，老挝党着力解决贫困问题，特别是解决高山地区、偏远农村地区和受灾地区的贫困问题。中老减贫合作示范技术援助项目在万象市版索村和琅勃拉邦省象龙村的实施取得成功，老挝政府及时总结项目实施的成功经验并在全国加以推广，取得了积极成效。截至2020年9月底，老挝实现1870户家庭脱贫，完成计划3234户脱贫目标的57.82%。② 老挝党和政府继续深入实施可持续发展战略，把生态环境保护融入经济社会发展，走低碳发展、绿色发展之路。截至2020年12月底，北部地区森林覆盖率已达到70%，全国森林平均覆盖率达到46%，可持续发展理念深入人心。

2020年，老挝在对华关系方面取得重要进展，有利于老挝搭上中国经济发展的快车。其中，中老铁路项目建设稳步推进，预计2021年底将顺利通车；中老电力合作成果辉煌，将老挝打造成为"东南亚蓄电池"的工程

---

① 〔老〕本扬·沃拉吉：《在老挝人民革命党第十一次全国代表大会上讲话》，老挝《人民报》2021年1月14日。
② http：//la.mofcom.gov.cn/article/jmxw/202011/20201103013507.shtml.

进展顺利，2020年9月1日，老挝国家电力公司与中国南方电网公司签署股东协议，共同出资组建老挝国家输电网公司。老挝还签署了区域全面经济伙伴关系协定（RCEP）。

2. 加强干部队伍建设、思想建设和社会治安管理，为顺利召开党代会奠定基础

2020年，老挝党召开十届十中、十一中、十二中全会，完成了从中央到地方三级代表大会（中央、地方与基层）党政领导班子的人事轮换工作，一大批德才兼备、领导能力强的领导干部和管理干部走上了新的重要岗位，为老挝党十一大顺利召开奠定了坚实的政治条件和组织基础。

2020年是凯山·丰威汉诞辰100周年。凯山·丰威汉思想研究指导委员会、老挝国家政治行政学院与凯山·丰威汉国防学院共同举办了研讨会，对凯山·丰威汉各领域的思想进行研讨，从党群关系、党的建设、经济管理、国防思想等方面丰富和完善凯山·丰威汉思想，为老挝党十一大确立党的思想基础做好准备。

为抵御西方"和平演变"的渗透和破坏，维护社会安全稳定，巩固人民政权，捍卫社会主义制度，2020年5月22日，老挝党中央政治局颁布了《关于新形势下加强治安工作的第111号决议》，有力预防和打击一切违法犯罪活动，保持社会稳定有序。为推进社会主义法权国家建设，老挝党2020年6月2日颁布了《关于按照正义运动的要求提高案件办理质量的第112号决议》，提高依法管理国家的水平。与此同时，加强司法体系与相关部门建设，持续加强法律与人才队伍建设以及国际法律交流合作。

2021年1月，老挝党召开了第十一次代表大会，原政府总理通伦当选新一届老挝人民革命党总书记，并在3月召开的新一届国会上当选国家主席。十一大总结了革新35年来的经验，提出将继续坚持有原则的全面革新路线，进一步完善社会主义定向的市场经济体制，制定了"九五"规划和未来经济社会发展战略，强调通过发挥自身的潜力和优势，加快推动绿色、协调、可持续、高质量、自主发展，目标是实现经济年均增长4%以上，到

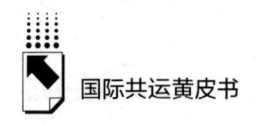

2025年人均GDP达到2887美元,摆脱欠发达国家状态,走向工业化、现代化发展道路。

(三)朝鲜劳动党举行建党75周年庆祝大会,党的八大提出新时期朝鲜社会主义建设新目标

在金正恩的领导下,朝鲜社会主义进入新时期并取得了新发展。进入2020年以后,朝鲜克服和战胜席卷全球的新冠疫情、国际制裁、洪涝灾害三重困难,坚定了朝鲜人民战胜一切困难的信心。

2020年朝鲜劳动党成立75周年,朝鲜举行阅兵仪式隆重庆祝。金正恩在讲话中高度肯定了人民群众是历史的创造者,对朝鲜劳动党的生存和发展具有重要作用。2020年8月,朝鲜召开了七届六中全会,分析国内外形势,承认"国家经济增长目标未能达到预期"[①]。七届六中全会后,朝鲜从基层开始自下而上征求意见,下派各小组到生产一线进行摸底调查,在此基础上中央再次下派各职能部门进行有针对性的调研,形成提案。

2021年1月5~12日,朝鲜劳动党召开了第八次代表大会。主要内容涉及以下几个方面。一是改革党的领导体系,加强党内监督。劳动党推举金正恩为党的总书记。通过修改党章,强化党中央检查委员会职能,显示了党要管党、治党的决心。二是继续将"人民群众第一主义"作为劳动党新的执政理念,"把人民群众第一主义确立为党的基本政治方式",取代了"先军政治"的内容。三是将以经济建设为中心作为朝鲜劳动党新时期的重要任务。劳动党八大重点讨论了发展朝鲜经济的新的五年计划。四是继续强调自力更生和自主性。劳动党八大把自力更生和自给自足确定为经济发展五年计划的核心。五是继续提升国防、科技和教育能力。劳动党八大公开表示"核力量建设是国家建设征程中必须首先攻占的战略性制高点"。六是大力开展群众性教育,加强对人民的反资产阶级、反自由主义的思想工作。七是在外交方面做出调整,朝鲜将发展同社会主义国家尤其是中国的友好关系;

---

① 朴东勋:《解读朝鲜劳动党八大》,《世界知识》2021年第3期。

对美关系则做出新判断，即"无论美国由谁掌权，美国这一实体和对朝政策的本心是绝不会改变的"，朝鲜将本着"以强对强、以善对善"的原则同美国打交道。

朝鲜劳动党八大的召开，标志着在金正恩领导下朝鲜社会主义进入新的时期。这一时期朝鲜将坚持金日成-金正日主义，继续强化党的唯一领导是劳动党的首要任务，高举"自主"和"自力更生"的旗帜，本着"人民群众第一主义"的原则，坚持把经济建设作为中心工作，坚持社会主义发展方向，为把朝鲜建设成强盛国家而继续努力。

（四）古巴调整了社会经济发展规划，筹备并召开党的八大以加大改革步伐

古共七大以来，古巴模式更新遇到了较大困难，新冠肺炎疫情进一步加剧了累积性和共时性矛盾。为应对新冠肺炎疫情，提振古巴经济，2020年，古巴政府调整了社会经济发展规划，出台了《新冠肺炎疫情下的社会经济发展战略》，推出促进粮食生产和销售、鼓励出口、国企改革和货币体系改革等经济政策。2020年10月13日，古巴政府宣布了包括统一货币与汇率体系、改革国家补贴体系和民众收入体系在内的货币整顿方案。根据这一方案，古巴将恢复单一汇率制，废除可兑换比索，保留古巴比索，并通过提高民众工资和退休金等收入，应对货币与汇率并轨后潜在的通货膨胀风险。与此同时，为迎接2021年4月召开的古共八大，古巴共产党围绕模式更新的阶段性成果与不足、加强党的建设等重大议题进行了广泛讨论。

美国对古巴长达半个世纪的经济封锁是羁绊古巴社会主义的一个致命因素。古巴积极寻求对外关系多元化，进一步加强同中国、越南、朝鲜、俄罗斯及西班牙等国的友好关系。近年来，中国和古巴两国不断加强治国理政经验交流，深化各领域双边合作。2020年，在中古两国建交60周年之际，双方举办了一系列庆祝活动。在对美关系方面，特朗普政府放弃了奥巴马时期对古宽松政策，2021年1月美国宣布将古巴国际金融银行列入制裁名单，将古巴重新列入"支持恐怖主义国家"名单。目前，古巴希望拜登政府兑

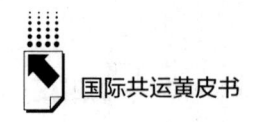

现其在竞选时所发表的演讲中的承诺，即上任后取消对美国公民访古的限制，放松对古巴的封锁禁运等，但拜登至今未采取改善对古关系的具体行动。

2020年，受新冠肺炎疫情和美国对古巴封锁加剧的冲击，古巴经济社会活动大幅收缩，旅游业和外贸等传统出口创汇产业遭受重挫，国内物资匮乏和能源短缺等问题进一步凸显。为了解决困难，实现经济恢复增长目标，2020年10月开始放宽旅游限制。然而，这一举措招致古巴疫情反弹和扩散。据古巴公共卫生部3月31日公布的数据，该国新增确诊病例1051例，累计确诊75263例，累计死亡424例。① 古巴政府正在自主研发的两款候选新冠疫苗"主权02"和"阿夫达拉"处于三期临床试验阶段，预计在2021年内为全民免费接种本土疫苗。

古巴共产党在2021年4月举行了第八次全国代表大会。大会选举迪亚斯-卡内尔为古共中央第一书记，并通过了《关于中心报告的决议》、《关于党干部政策的决议》、《关于六大以来党和革命社会经济纲要执行情况和2021~2026年更新计划的决议》、《关于党的职能、意识形态工作及党群关系的决议》及《关于古巴社会主义经济社会发展模式概念更新的决议》，古巴共产党领导层实现了新老更替。

五　多国共产党举行建党百年纪念活动，回顾坎坷历程总结革命经验，一些共产党加强左翼联合以应对疫情和新的挑战

在十月革命的影响下，尤其是在列宁领导的共产国际的帮助下，1920年，无产阶级政党纷纷在世界各国成立。经历了百年的历史沧桑，其中有些党已经发生裂变，有些已经停止活动，有些则在苏东剧变后艰难求生存，其

---

① 《综合消息：拉美多国疫情数据创新高 部分国家收紧防疫措施》，新华社，2020年4月1日。

中包括印度共产党、法国共产党、英国共产党、土耳其共产党、伊朗共产党、乌拉圭共产党、澳大利亚共产党和丹麦共产党等。在建党百年之际，各党回顾历史、总结经验教训，表达了对共产主义信念的执着追求，并积极探索适应新形势发展要求的斗争策略。

（一）多党举行活动庆祝建党百年

印度共产党1920年在塔什干成立，当时还主要是个海外流亡共产党。1925年印度共产党在本土成立。经过1964年和1969年发生的两次大分裂，形成三支共产党力量，分别是印度共产党、印度共产党（马克思主义）、印度共产党（马克思列宁主义），这三支分别为右翼、中左翼和极左翼代表。印共和印共（马）在后来的议会道路中取得了相当大的成就，而印共（马列）的武装斗争道路也对印度政治产生了深刻的影响。印共（马列）后来又多次出现分化重组，在21世纪重新整合为印度共产党（毛主义）。印共（马）是南亚地区最大的共产党组织之一，党员人数高达106万人，群众组织人数超过6000万，是走议会道路的典型代表，长期在西孟加拉邦、喀拉拉邦和特里普拉邦执政。在10月17日当天，印共（马）在其执政的喀拉拉邦召开在线会议，该党总书记亚秋里发表全国演讲庆祝党的百岁生日，与会人员围绕左翼运动诸方面问题如左翼替代、左翼如何对农民产生影响等展开讨论。

1920年12月25日至30日，以马塞尔·加香为首的多数派与法国社会党决裂，成立了法国共产党。在建党100周年之际，法共通过各种方式纪念并庆祝这一重大事件，先后出版了《法国共产党百年》《共产主义政党：1920年至今的法国共产党历史》等图书，在党刊《共同理由》上刊出多篇专题纪念文章，并在其总部举办了两次大型百年历史回顾展。法共在这些活动中，从三个层面展现了其百年兴衰历史。首先，在实践层面上，法共强调党通过工人运动、武装斗争和议会斗争等多种形式为广大工人阶级争取利益；其次，在理论层面上，法共在坚持马克思主义理论作为指导思想的同时，结合法国实际情况，提出"法国色彩的社会主义""新共产主义""以

人为先""共同法国"等理论纲领。法共总书记法比安·鲁塞尔接受媒体采访，积极宣传法共百年历史，并结合现实热点问题，提出供共产党人考虑的解决方案，让广大斗争者团结起来，继续为摆脱资本主义的桎梏、迎接人类幸福发展的新纪元而不懈奋斗。

1920年7月31日至8月1日，英国社会党、社会主义工党中的共产主义统一派及南威尔士共产主义委员会的157名代表在伦敦召开了"共产主义团结大会"，建立了英国共产党。英共在二战后不断分裂，并于1991年解散，1988年分裂出去的"晨星派"继承了英共的传统。2020年8月1日，英共举行了纪念建党一百周年大会，来自多个国家的50多位与会者就反种族主义与反法西斯主义、环境与气候危机、国家医疗服务体系与公共卫生、反对帝国主义与军国主义、科学技术与未来的工作等13个议题进行了发言。英共总书记罗伯特·格里菲斯做了"过去、现在和未来"主题报告，指出，"100年后，共产党仍然自豪地高举社会主义和共产主义的红色旗帜。20世纪最重要的政治经验就是，当共产党强大时，工人运动和进步运动就会更加强大，社会主义思想也会产生更大影响"。《晨星报》和《共产主义评论》都推出纪念英共诞辰一百年的特版、特刊，英共还计划出版一本名为《红色生命》（*Red Lives*）的图书，以传记的形式回顾100年中为革命做出牺牲的共产党员以及他们的成就。英国共产党还对1951年确立的新党纲《英国走向社会主义的道路》进行了再次修订，根据时代发展和形势变化，对资本主义、社会主义等问题作出更深入的分析和阐述。①

1920年9月10日，伊斯坦布尔、安纳托利亚和在苏俄活动的土耳其共产主义组织于巴库联合召开代表大会，宣布成立土耳其共产党。自成立以来，其经历了兴起与发展、分化与裂变、重建与复兴、变革与转型的百年发展历程，其间涌现出土耳其共产党、土耳其工人党、土共（马列）、土耳其联合共产党、新土耳其共产党等主要政党。2020年8月9日，继承了原土共所有遗产与经验的新土耳其共产党在伊兹密尔召开了第十三次代表大会。

① 于海青、陈爱茹：《新冠肺炎疫情下外国共产党的发展变化》，《当代世界》2021年第2期。

大会提出了在新冠肺炎疫情下党的主要斗争任务，并做出两个重要决定：一是建立"统一工会"，其目标是重建土耳其工人阶级的集体身份；二是筹组"团结大会"，旨在推动"土耳其爱国的、亲启蒙的、社会主义积累的集体行动"。会议强调，土耳其共产党将在国际主义的基础上加强与兄弟国家人民的关系，旨在实现本地区的和平。

伊朗共产党成立于1920年6月，在组建十余年后被迫解散。作为伊朗共产党继任党的伊朗人民党在2020年发表声明，庆祝伊朗共产党建立百年，回顾伊朗共产党发展历程，高度赞扬伊朗共产党在引入和推广马列主义科学世界观过程中发挥的作用，以及在推动土地改革，组织劳工和工会运动，维护政治和经济主权、社会正义、民主和自由、文化发展等基本和紧迫问题上的先锋作用。伊朗人民党表达了继承伊朗共产党遗志，高举捍卫民族和人民利益旗帜，与各进步、自由和革命力量联合行动，终结"独裁统治"的决心。

1920年，从乌拉圭社会主义党中分离出来的部分党员组建了乌拉圭共产党。2020年，乌拉圭共产党就国内外形势发表声明，认为新冠肺炎疫情的大流行表明资本主义不但无力满足人类需求，还加剧了贫困与两极分化，乌拉圭共产党对玻利维亚、智利、古巴、委内瑞拉、哥伦比亚和危地马拉等拉美人民为对抗资本主义和帝国主义的进攻而进行的斗争表示声援，并坚决捍卫各国人民的自决权和发展权。

（二）多国共产党和左翼力量呼吁加强团结以应对疫情和新的复杂局势

2020年3月30日，阿根廷共产党、玻利维亚共产党、巴西共产党（PCdoB）、巴西的共产党（PCB）、哥伦比亚共产党、智利共产党、厄瓜多尔共产党、巴拉圭共产党、秘鲁共产党、秘鲁共产党（红色祖国）、乌拉圭共产党和委内瑞拉共产党12个南美洲共产党发表了应对新冠肺炎疫情的联合声明。声明指出，各国应对新冠肺炎疫情的现实再次揭露了新自由主义的反社会性与寄生性，凸显了国家在重要领域不可替代的主导作用。声明还肯

定了中国、古巴和俄罗斯等国在抗疫中的积极作为,表达了对古巴、委内瑞拉和尼加拉瓜遭受制裁或不公对待的声援。

2020年5月8日,圣保罗论坛工作组围绕"新冠肺炎疫情下的复杂形势与协同合作"召开了视频会议,并发表了题为《疫情下的反帝国主义统一与团结》的会议宣言。会议宣言指出,新冠肺炎疫情是不分国界、意识形态和发展水平的全球性挑战;为应对当前危机,世界各国应摒弃政治分歧,加强国际团结与合作;各国政府应把人民生命健康置于市场之上,制定保障人民主权和粮食安全的国家政策;新自由主义再次证明其作为一种社会模式的失败,而国家在维护国家利益和保护弱势群体方面的领导力及有效性至关重要。

新冠肺炎疫情下,非执政的共产党意识到这是谋求自身发展壮大的契机,各党加强对资本主义的批判,深入总结历史经验,加强团结合作,谋划未来发展。

(三)多国共产党积极拓展议会斗争道路,"绿色化"和左翼联合趋势明显

2020年,多国共产党参加了地方选举。在印度,印共(马)领导的联合政府在12月8～14日举行的喀拉拉邦地方机构选举中大获全胜,在该邦1199个地方政府机构中,左翼民主阵线在670个机构中赢得多数。而在2020年举行的法国地方议会选举中,法共执行了"生态共产主义"绿色理论导向,加强了与法国绿党、"不屈法国"等左翼政党的合作,在选举中获得223个市长职位,并在马赛、里昂、波尔多等重要城市成为执政联盟成员。然而,法共虽然与绿党等联合竞选而使市政议员数增加,但失去了一些传统的"红色地带",如巴黎郊区的市镇,因此被认为"共产主义思想虽仍存在,但党却削弱了"。[①] 可见,法共的"绿色调整"及加强联合左翼策略,虽有新突破但同时带来新的隐忧,这也是近年来意大利、比利时、丹麦、葡

---

① 于海青、陈爱茹:《新冠肺炎疫情下外国共产党的发展变化》,《当代世界》2021年第2期。

萄牙等欧洲共产主义组织和欧洲左翼党普遍存在的问题。

2020年，奥地利共产党和劳动党在地方选举中取得突破性进展，东北部下奥地利州的四个城市获得近10个议会席位，在个别市镇的支持率甚至超过社民党。这是苏东剧变30年来，奥地利共产主义者第一次在下奥地利州获得议席。在2020年的选举中，俄罗斯联邦共产党向16个联邦主体推出候选人，在其中11个联邦主体收集到足够的城市人民代表的签名支持。从最终选举结果看，俄共的支持率略有提高：在立法机构中提高了1%，在市议会中提高了2%。在新冠疫情蔓延的背景下，美国共产党和左翼政党采取新策略，支持左翼政党参与美国大选等各类政治活动，通过联合参与方式来表达自己的政治立场，赢得了美国民众更多的关注和支持，实现了社会影响力和组织力量的提升，呈现稳中有进的良好态势。

与此同时，捷克波希米亚－摩拉维亚共产党（捷摩共）却面临发展困境，该党的支持率近几年持续下滑。在2020年10月举行的捷克共和国地区议会选举中，捷摩共遭遇惨败，支持率从2016年的10.6%（86个议席），直线减少至4.8%（13个议席），在各政党地区议会选举中的排名也从第三位迅速下降到第九位。[①] 此外，值得注意的是，受到国际力量角逐影响，已于2018年实现合并的尼泊尔共产党，2020年由于在党的领导职位分配等问题上争执不下，再次出现了走向分裂的趋势和可能性。

六 总结与展望

2020年，新冠疫情叠加百年未有之大变局，推动世界进入动荡变革期。新冠疫情犹如X光透视镜，透过它能够清晰观察到隐藏在资本主义制度内部的问题，凸显了两种制度的优劣比对。成功应对新冠疫情提振了社会主义国家集体的信心，尤其是中国，沉着应对疫情和西方的打压，继续按时完成小康社会建设并启动社会主义现代化建设新征程，书写了世界社会主义发展

---

① 于海青、陈爱茹：《新冠肺炎疫情下外国共产党的发展变化》，《当代世界》2021年第2期。

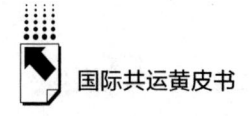

史上的辉煌篇章，提振了世界各国共产党的信心。世界格局"东升西降"趋势更加明显，国际共产主义运动迎来新的生机。

（一）新冠疫情加速了世界格局的动荡和演变

新冠肺炎疫情推动了大国关系的重构，进而加速推动世界格局的演变。英国媒体从经济角度探讨新冠疫情对全球经济带来的变化，认为逆全球化、供应链本地化趋势更加明显，国际关系特别是中美关系会发生深刻变化，这些都会影响世界政治经济格局；疫情将重塑世界经济，疫情过后，国家间经济和贸易联系会被削弱，各国经济也会更加内顾和封闭。① 有中国学者认为，新冠肺炎疫情将从三个方面影响国际格局的变化：一是使大国政治格局加快朝更加均衡的多极化方向演进，促进国际权力由"一超"向"多强"转移；二是增强非极化的发展动力，促进国际权力由大国向中小国家及非国家行为体转移；三是加快国际政治地理中心由欧美向东亚转移。三个方面国际格局的变化最终将促进更宏观层面的国际格局——非西方化——的生成。② 西班牙学者认为，新冠肺炎大流行后的全球地缘政治比以往任何时候都更加倚重中国的战术和行动。罗马更多地望向了北京，而不是布鲁塞尔或华盛顿。中国已经成为全球应对疫情的领导者，向各国援助医疗用品、派遣专家团队、分享经验信息、加快科学研究，从而"进一步提高了人们对中国在很大程度上逐渐占据美国地位的认识"。③

（二）新冠疫情暴露了资本主义制度的深层危机

世界各国应对新冠肺炎疫情的措施不尽相同，折射出不同社会制度对待人民生命权、生存权的本质差别，凸显了不同社会制度的本质差异。新冠肺炎疫情泛滥充分暴露了资本主义制度的深层弊端与危机。长期执行新自由主

---

① 〔英〕马丁·沃尔夫：《疫情催生世界经济三大变革》，参考消息网，2020年6月3日。
② 刘建飞：《新冠肺炎疫情对国际格局的影响》，《当代世界与社会主义》2020年第3期。
③ 〔西班牙〕胡利奥·里奥斯：《后新冠时代世界将更依赖中国》，参考消息网，2020年5月4日。

义政策造成资本主义制度性危机的不断深化,疫情使资本主义的社会不平等和种族歧视等问题愈发凸显。世界各国政党和学界面对疫情进行反思,进一步看清了以利润为目标的资本主义生产方式是导致疫情大肆蔓延的根源。新自由主义导致经济、政治、社会和文化等各方面的制度性矛盾进一步加深,世界资本主义体系的系统性危机正进入新阶段。[①] 正是不平等和贫困化加剧,引爆了美国反种族歧视、反资产阶级传统文化的社会运动。因弗洛伊德之死而引发的"黑人的命也是命"抗议活动和"推倒资产阶级代表人物雕像"运动已经席卷美国许多城市,这场运动甚至还蔓延至英国、巴西、澳大利亚等十几个国家,成为2020年世人瞩目的重大国际事件之一。俄共中央主席久加诺夫指出:"马克思、恩格斯的主要著作的创作至今已过去一个半多世纪。在这段时间里,资本主义变得更加残酷、不道德和具有破坏性。而资本主义制度深刻的、不可逆转的危机,从来没有像今天这样明显。"[②]

(三)国际共产主义运动在面临严峻挑战中孕育着新的希望

新冠肺炎疫情加剧了百年未有之大变局的不确定性和不稳定性,推动了世界格局和两制关系的加速演变。中国、越南等社会主义国家过去三四十年改革发展的成果,已经让资本主义和社会主义两种力量对比发生了革命性变化,而新冠肺炎疫情的暴发加剧了这一变局。社会主义国家成功应对疫情进一步提振了人们对社会主义制度的信心,引发了西方民众对社会主义替代资本主义方案的兴趣,左右翼力量此消彼长,世界范围内"东升西降"态势明显,国际共产主义运动逐渐走出苏联解体东欧剧变后的漫长低潮期。

中共中央对外联络部柴尚金研究员认为,在新冠肺炎疫情全球流行和大国竞争博弈等因素的影响下,"东升西降"之势不可阻挡。疫情危机成为西方国家怪象的照妖镜和社会主义优势的试金石,世界社会主义发展势头看

---

① 朱安东、孙洁民:《新冠病毒、新自由主义与资本主义的未来》,《马克思主义与现实》2020年第4期。
② 〔俄〕Г. А. 久加诺夫:《纪念恩格斯诞辰200周年:恩格斯的三大功勋》,《真理报》2020年第19~21期。

好。世界社会主义或将迎来发展"窗口期",应顺应时代潮流,抓住有利时机,推动世界社会主义振兴前行。① 对于当前局势,中共十九届五中全会做出如下判断:"当前和今后一个时期,我国发展仍然处于重要战略机遇期,但机遇和挑战都有新的发展变化。"② 这意味着,世界进入动荡变革期,中国面临的机遇和挑战前所未有;与此同时,危中有机,危可转机。这也是世界社会主义和国际共产主义运动所面临的机遇与挑战。如果能够把握好机遇,化危为机,世界社会主义将迎来振兴希望。

(四)中国特色社会主义将引领世界社会主义开启新征程

2021年是中国共产党成立100周年和实施"十四五"规划、开启社会主义现代化新征程的开局之年。自1921年成立以来,中国共产党领导中国人民经过浴血奋战,取得了民族独立和解放,把革命、建设、改革、复兴事业不断推向前进。中国共产党将全面总结百年艰辛发展历程和取得的辉煌成就,在新时代继续守正创新、开拓进取,团结带领中国人民迎来中华民族从富起来到强起来的伟大飞跃,迎接中华民族的伟大复兴。

中国特色社会主义的成功发展,为世界社会主义发展积累了重要经验。中国特色社会主义已成为苏东剧变以来,世界社会主义总体低潮中的最大亮点,成为社会主义国家建设和发展的引领旗帜,成为国际共产主义运动和世界社会主义运动的中流砥柱,极大促进了世界社会主义向前发展。③

2021年初,越南、老挝、朝鲜和古巴等国外社会主义国家先后召开新一届党的代表大会,选举产生新一届党和国家的领导集体,通过了未来五年中长期发展规划,启动新时期改革新征程。在西方,美国新一届政府在年初开始执政,虽然新总统拜登有意改变特朗普的单边主义路线,却推动上一任

---

① 柴尚金:《新冠肺炎疫情与世界社会主义的发展新动向》,《世界社会主义研究》2020年第9期。
② http://www.scio.gov.cn/xwfbh/xwfbh/wqfbh/42311/44101/zy44105/Document/1691000/1691000.htm。
③ 姜辉:《百年来中国共产党对世界社会主义运动的重大贡献》,《中国社会科学报》2021年1月15日。

国务卿蓬佩奥 2020 年 7 月在尼克松图书馆发表反华演说时提出的所谓 "民主联盟" 付诸现实，针对社会主义国家发动意识形态斗争和 "新冷战" 意图明显。

2021 年是巴黎公社成立 150 周年，预计各国共产党将以此为契机，开展纪念活动进行反思，总结革命的经验与教训。面对新冠疫情持续蔓延和西方的新挑战，社会主义国家将继续坚定对社会主义制度的信心，坚定走社会主义道路的信心、决心，加强彼此之间的团结，共同应对以美国为首的西方所谓 "民主联盟" 的挑战。正如古巴共产党所言："当今世界面临着严重危机，我们重申我们的坚定信念，只有社会主义才能拯救人类，并带领我们走向一个充满正义、平等和更加美好的世界。"[①]

[①] Partido Comunista de Cuba envía mensaje a Rusia por natalicio de Lenin, http://www.escambray.cu/2020/partido-comunista-de-cuba-envia-mensaje-a-rusia-por-natalicio-de-lenin/.

热点聚焦篇
Hot Spots in Focus

Y.2
国际共产主义运动视域中的恩格斯：世界各国的视角

苑秀丽 李 娟*

摘　要： 2020年，在恩格斯诞辰200周年之际，世界各国共产党和左翼举行多种多样的活动纪念恩格斯，重温恩格斯对国际共产主义运动的伟大贡献，肯定了恩格斯关怀和指导各国的马克思主义政党和社会主义政党的成立和发展，大大促进了国际共产主义运动力量的壮大。当代资本主义出现了系统性危机，社会两极分化与对立加剧，不断出现混乱与动荡，整个世界共同面临的风险挑战也日益增多。恩格斯的思想具有超越时代的伟大指导意义。

关键词： 恩格斯　马克思主义　国际共产主义运动　共产党　工人党

---

* 苑秀丽，中国社会科学院马克思主义研究院国际共产主义运动研究部副主任、研究员；李娟，内蒙古大学马克思主义学院教授。

2020年11月28日是马克思主义的创始人之一、世界无产阶级的伟大导师和领袖——弗里德里希·恩格斯诞辰200周年纪念日。由于新冠疫情的影响，世界范围内原本策划好的很多与其相关的生平展览、学术会议及其他活动不得不缩小规模甚至被取消，但是从中仍能感受到恩格斯的强大影响力。恩格斯的故乡——德国，以及中国和世界各国共产党、工人党及其领导人，世界左翼力量及民众以多种方式纪念这位伟人，通过开展纪念活动，发表重要讲话、声明、纪念文章，举办研讨会等，表达对恩格斯的贡献的高度评价和纪念。恩格斯知识渊博、思想深邃，集思想家、革命家、实践家于一身。他的思想和行动是时代丰碑。很多国家共产党、学者肯定了恩格斯在国际共产主义运动中的贡献。他们认为，恩格斯晚年对自由资本主义向垄断资本主义过渡的分析和概括，对于分析当前资本主义依然具有重要的启示。恩格斯诞辰200周年之际，在全球资本主义危机加深的21世纪，回顾和总结恩格斯的贡献及其现实影响非常有意义。

一　世界各国对恩格斯的纪念

世界各国以多种方式纪念恩格斯。人们认为，虽然恩格斯自称为"第二小提琴手"，但是，恩格斯也是一位伟大的思想家。恩格斯永远是共产主义者，是所有幸福劳动人民战士的标志。恩格斯在大量论著中的观点，不仅提供了研究资本主义的材料，也是向资本主义宣战的基础。今天，世界依然面临很多挑战和危机，我们应该以怎样的思想和精神取向来克服这些挑战？人们肯定了恩格斯与马克思一起对资本主义社会的发展的深入分析，对现实世界状况的解释力、穿透力，以及对国际共产主义运动的重要指导意义。在21世纪，恩格斯的著作和思想所具有的超越时代的伟大意义丝毫没有减少。恩格斯的故乡，中国以及世界其他国家，世界共产党、工人党及其领导人，以及世界各国左翼力量热烈纪念恩格斯，肯定恩格斯的贡献，展现了对恩格斯思想与精神的继承和发扬。

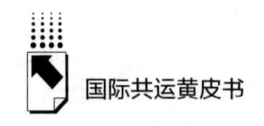

（一）德国对恩格斯的纪念

恩格斯的故乡——德国伍珀塔尔市将2020年2月~2021年2月定为"ANGEL 2020",开展了学术会议、展览、城市游览、阅读、戏剧表演等一系列庆祝活动以阐释恩格斯的思想,探讨恩格斯思想对认识和分析当代资本主义新发展、新变化的理论价值。伍珀塔尔市举办名为"弗里德里希·恩格斯——一个在欧洲的幽灵"的特别展览,从历史的角度展现了恩格斯作为企业家、哲学家、社会评论家、作家和记者、革命者的立体形象。[①] 伍珀塔尔市长穆克表示:"恩格斯诞辰200周年纪念日对于伍珀塔尔而言,不仅是纪念这位举世闻名的思想家和远见卓识者的绝好机会,也可以更好地使人们从恩格斯所处的时代去理解恩格斯,并对他的思想进行研讨。"伍珀塔尔市的民众认为:"作为思想家,恩格斯与马克思共同完成的《共产党宣言》,至今仍是全球范围内最具影响力的作品之一;作为实干家,恩格斯出版和推广马克思著作长达数十载,参与创建多个国际工人组织,同时还曾负责家族企业的经营。"[②]

德国各大媒体亦纷纷发文纪念恩格斯诞辰200周年。《时代周报》形容恩格斯是"十九世纪最具影响力、最多元的思想家之一,无产阶级革命理论家和实践家,最早的社会学家,一位杰出的记者"。《南德意志报》表示,恩格斯通过写作改变了历史的进程。德意志广播电台表示,恩格斯过着"双重人生",他既是企业家,也是哲学家、共产主义者和革命家。[③]

（二）中国对恩格斯的纪念

中国通过召开理论研讨会、出版和发表著作与文章等方式纪念恩格斯。

---

① https://www.wuppertal.de/microsite/engels2020/veranstaltungen/content/sonderausstellung.php.
② 彭大伟:《思想家的摇篮——探访恩格斯故乡德国伍珀塔尔》,中新社柏林,2020年9月4日。
③ 花放:《德国举办纪念恩格斯诞辰200周年系列活动——感受伟大思想的时代意义》,《人民日报》2020年12月7日。

2020年11月15日，北京大学召开"恩格斯思想与21世纪马克思主义——纪念恩格斯诞辰200周年学术研讨会暨《永远的恩格斯》新书出版"会议。11月21日，北京航空航天大学马克思主义学院举办"恩格斯与马克思主义：纪念恩格斯诞辰200周年学术研讨会"。11月28日武汉大学马克思主义学院召开"恩格斯的独特理论贡献和历史地位"学术研讨会。11月25日，中国国家行政学院与英国曼彻斯特市议会在线上举行研讨会纪念恩格斯诞辰200周年。11月26日，由中央党史和文献研究院承办，中央党校（国家行政学院）、中央党史和文献研究院、教育部、中国社会科学院联合举办的"纪念恩格斯诞辰200周年理论研讨会"召开。11月26日，中国驻曼彻斯特总领事馆举办线上纪念活动。大曼彻斯特副市长兼曼彻斯特市议长利斯爵士致辞时表示，恩格斯高度关注曼彻斯特当时出现的大量社会问题，这为他与马克思共同撰写《共产党宣言》奠定了坚实基础。英共曼彻斯特大区书记多尔蒂指出，恩格斯多次深入贫民窟了解工人阶级生存状况，撰写了深具影响的《英国工人阶级状况》，并与马克思共同酝酿完成了《共产党宣言》等经典著作。英共坚信恩格斯为发展马克思主义和推动人类历史进步所做出的贡献弥足珍贵，应为更多人所认识。[①] 2020年，中国学术界出版多部学术著作纪念恩格斯。中国社会科学院马克思主义研究院编撰出版了《恩格斯思想年编》，该书是国内首部关于恩格斯文献的年编。中央党史和文献研究院编纂的《恩格斯画传》（恩格斯诞辰200周年纪念版），由重庆出版社出版。顾海良的专著《永远的恩格斯》由华东师范大学出版社出版。此外，中国学者撰文纪念恩格斯。姜辉在《恩格斯的马克思主义观及其时代意义——纪念恩格斯诞辰200周年》一文中指出，恩格斯对马克思主义系统深刻阐述、马克思主义理论体系精心构建以及马克思主义创立创新、诠释传播做出巨大贡献，从而使他成为坚持和发展马克思主义的光辉典范。恩格斯的马克思主义观就是恩格斯对马克思主义的立场和态度、观点和看法。

---

① 《曼彻斯特各界隆重纪念恩格斯诞辰200周年》，中国驻曼彻斯特总领馆公众号，2020年11月27日。

重温和领会恩格斯的马克思主义观，有助于新时代对马克思主义的坚持和发展，深刻把握马克思主义的真谛和精髓，将使我们获得新的思想理论滋养。① 辛向阳认为，恩格斯对马克思主义的发展是全面系统的，他提出了工人阶级理论，使社会主义从空想变成科学有了阶级基础；起草了第一个世界性无产阶级政党的纲领和宣言，为科学社会主义奠定政治基础；阐明了两大基石论，使社会主义从空想到科学有了客观的判断标准；不仅撰写了被马克思称为"科学社会主义的入门"的《社会主义从空想到科学的发展》，而且阐发了科学社会主义的内涵、原则以及未来社会的特征等。② 曲青山在《学习和继承恩格斯的光辉革命遗产　谱写马克思主义中国化新篇章》一文中指出，今天，我们追忆恩格斯光辉的革命实践，重温恩格斯伟大的理论贡献，学习恩格斯崇高的精神风范，对于坚定马克思主义信仰，进一步深入学习贯彻习近平新时代中国特色社会主义思想，不断开辟马克思主义中国化的新境界，具有重要的理论意义和现实意义。③ 学术界围绕传承和弘扬恩格斯崇高科学精神，学习恩格斯的精神风范感悟真理力量，恩格斯对马克思主义哲学、政治经济学和科学社会主义的研究及其当代意义，恩格斯对国际共产主义运动的贡献及其当代价值，恩格斯的军事思想，恩格斯对马克思的科学评价及其当代启示等进行了广泛深入探讨。

这些纪念活动和著作、文章，重温恩格斯的丰富思想和历史功绩，缅怀恩格斯的伟大人格和崇高精神，高度评价了恩格斯与马克思为人类社会发展所创立的科学理论，肯定了恩格斯为无产阶级解放做出的丰功伟绩。

（三）世界各国共产党及左翼力量对恩格斯的纪念

2020年3月5日，俄罗斯联邦共产党萨拉托夫共产主义者为恩格斯诞

---

① 姜辉：《恩格斯的马克思主义观及其时代意义——纪念恩格斯诞辰200周年》，《马克思主义研究》2020年第11期。
② 辛向阳：《恩格斯对科学社会主义的贡献》，《马克思主义研究》2020年第10期。
③ 曲青山：《学习和继承恩格斯的光辉革命遗产　谱写马克思主义中国化新篇章》，《光明日报》2020年11月30日。

辰纪念活动开展了一系列准备工作。1931年，萨拉托夫地区波克罗夫斯克市更名为恩格斯市。恩格斯市与伍珀塔尔市弗里德里希·恩格斯之家建立了友好伙伴关系。2020年参加纪念活动的人们肯定了这些活动的意义，以及恩格斯对全人类的巨大作用。

2020年6月至12月，俄罗斯社会主义取向学者协会发表系列文章纪念恩格斯诞辰200周年，主席伊·伊·尼基特丘克发表了四篇文章，题目是：《马克思恩格斯论无产阶级专政》《弗里德里希·恩格斯和国家问题》《马克思主义经典作家论私有制》《再论工人阶级》。①

越南举办国家级研讨会进行纪念。2020年11月27日，越南胡志明国家政治学院、越共中央宣教部、越共中央理论委员会、越南社会科学翰林院联合主办"恩格斯遗产：时代价值与生命力"国家级研讨会。会议认为，恩格斯的思想和理论遗产照亮了全世界和平、民族独立、民主和社会主义斗争的道路，会议肯定了恩格斯和马克思在生活和事业上的联系，肯定了恩格斯对马克思主义形成和发展的过程所做出的重要贡献，肯定马列主义对世界革命和越南革命的时代价值和生命力。②

2020年11月27日，哥伦比亚共产主义工人联盟、意大利毛主义共产党等五个马列毛主义政党联合发表声明《纪念恩格斯诞辰200周年联合声明：恩格斯万岁！马列毛主义万岁！》。声明总结了恩格斯为人类文明发展和无产阶级革命斗争做出的伟大功绩，强调荣誉和光荣属于恩格斯，号召世界各地共产党人、无产阶级和被压迫人民在无产阶级国际主义下团结起来。声明回顾和肯定了马克思和恩格斯在世界各国革命的无产者团结斗争中的伟大贡献，认为俄国十月社会主义革命拉开了世界无产阶级革命时代的帷幕，

---

① 《弗里德里希·恩格斯和国家问题》，https：//csruso.ru/kino/uchebnoe/k－200－letiju－f－jengelsa－i－i－nikitchuk－fridrih－jengels－i－problemy－gosudarstva/。

② Di sản tư tưởng Ph. Ăng-ghen－giá trị và sức sống thời đại，https：//www.tapchicongsan.org.vn/web/guest/chi－tiet－tim－kiem/－/2018/820488/view＿content?＿contentpublisher＿WAR＿viettelcmsportlet＿urlTitle＝di－san－tu－tuong－ph.－ang－ghen－－gia－tri－va－suc－song－thoi－%C4%91ai。

中国革命的胜利，发展了马克思主义，形成马列主义毛泽东思想。声明表示，革命的实践表明，要用革命的方式推翻政权，也要以无产阶级专政和社会主义革命来巩固政权。当前，各国的无产阶级革命者都在推进政党建设，为新的共产国际团结而奋斗。新的组织将领导全世界无产阶级和人民打败帝国主义和反动分子，扫除一切形式的压迫和剥削，迈向共产主义。①

2020年12月5日，西班牙共产党旗下的马克思主义研究会、阿根廷共产党与"回到马克思"协会等机构，在YouTube上联合主办了纪念恩格斯诞辰200周年"恩格斯万岁"国际大会。② 前秘鲁共产党中央委员、前秘鲁国会议员古斯塔沃·埃斯皮诺萨·蒙特西诺斯（Gustavo Espinosa Montesinos）和委内瑞拉学者大卫·弗赖兹（David Freitez）分别以《恩格斯的历史里程碑》和《恩格斯在委内瑞拉无产阶级斗争中的遗产》为题发表了演讲。他们认为，马克思和恩格斯提出的科学社会主义理论无疑是世界无产阶级的灯塔和向导，世界无产阶级第一次拥有了科学武器，他们巨大的遗产永远不会被遗忘，马克思、恩格斯和列宁思想依然具有生机和活力。③

二 世界各国对恩格斯及其贡献的探讨和评价

世界各国对恩格斯进行了广泛纪念，肯定了恩格斯及其思想理论的贡献。恩格斯知识渊博，领域广泛，留下了丰厚深邃的思想遗产。恩格斯推动了马克思主义理论体系的构建与广泛传播，促进了自然科学与历史科学的有机融合。在马克思逝世后，恩格斯进一步继承、发展和创新了马克思主义，指导和推动了国际共产主义运动的发展。恩格斯一生中都铭记和践行着自己的诺言："我将以我还余下的有限岁月，和我还保有的全部精力，一如既往

---

① "Let's Celebrate the 200th Anniversary of Frederick Engels, Master of the World Proletariat! - Joint Declaracion", https://maoistroad.blogspot.com/2020/11/lets-celebrate-200th-anniversary-of.html.
② https://youtu.be/j2bOjYzvN2A.
③ http://www.fim.org.es/actividad.php?id_actividad=1104.

地完全献给我为之服务已近五十年的伟大事业——国际无产阶级的事业。"①恩格斯将自己的一生献给了全人类的解放事业。他为谋求人类解放、实现共产主义理想,奋斗一生,战斗不止。

(一)高度肯定了恩格斯的贡献

在纪念中,很多人认为恩格斯是全世界无产阶级和劳动人民的革命导师,是马克思主义政党的缔造者和国际共产主义运动的开创者与引路人,是坚持和发展马克思主义的光辉典范。恩格斯是历史上最杰出的思想家和领导人之一,是社会主义思想家和领袖。俄罗斯《政治教育》杂志主编弗·菲·格雷兹洛夫表示:"根据我们这个时代的记忆,我只关注这个天才的个人特征。他是怎么生活的,他是什么样的人?这似乎对年轻的共产主义者来说既有趣又有用。研究科学共产主义的伟大支柱——马克思和恩格斯、列宁和斯大林——激励和鼓励我们所有人,他们积极肩负起无私的工作,他们的经历是理解共产主义理论的基础。"②

越南《人民报》在社论中指出,一个世纪以来,鉴于其丰功伟绩,恩格斯被誉为工人阶级的杰出领袖。马克思和恩格斯的伟大思想是照耀着在共产党领导下的工人阶级革命运动的光亮,为实现消灭人剥削人的制度、解放劳动人民的崇高目标,创建使人民过上幸福生活、共谋平衡发展的民主、平等、文明的新社会制度而奋进。③ 社论指出,恩格斯关于哲学、政治经济学、科学社会主义的思想仍具有现实性,对越南革新事业具有重大意义,有利于认识和澄清越南革命的发展规律,也有助于人们更加充分地认识革命目标与经济发展方式之间的关系。

越南《政治理论》杂志2020年第11期设恩格斯诞辰200周年纪念专

---

① 《致伦敦德意志工人共产主义教育协会歌咏团》,《马克思恩格斯全集》第22卷,人民出版社,1965,第309~310页。
② 〔俄〕弗·菲·格雷兹洛夫:《巨人》,俄罗斯《政治教育》2020年第3期。
③ 越南人民网社论:《继续继承创新发扬恩格斯的伟大思想遗志》,2020年11月28日,https://cn.nhandan.org.vn/political/item/8314101。

栏,刊发了一系列文章,主要包括《恩格斯与杜林作斗争,极力捍卫了马克思主义的唯物辩证法》《恩格斯关于共产党的建设的理论贡献》《恩格斯是全世界文明中现代无产阶级最伟大的导师和博学者》《1883~1895年恩格斯对科学社会主义的捍卫和发展》《恩格斯对唯物辩证法的贡献》等。

越南学者就恩格斯对马列主义产生和发展所做的伟大贡献作了阐述,认为恩格斯是世界工人阶级的伟大领袖、导师和思想家,是阶级解放、人类解放、人的解放斗争阵线上的先锋战士。学者陈厚新认为,恩格斯对马列主义的贡献主要体现在其与马克思共同撰写的著作中,首先必须要肯定的是,恩格斯是运用唯物辩证法来认识自然规律的第一人,解释和概括了自然科学的最新成就,批判了神秘的机械的唯心主义观点。恩格斯对马列主义的产生和发展所做的贡献仍然具有价值,为了继承和发展恩格斯思想,越南应继续研究、发现、概括和补充以完善越南社会主义道路理论,从而建设和保卫国家,取得更多更新的成就。①

有英国学者指出,当前,恩格斯的作品仍然有价值,是无产阶级组织反对世界资本主义制度斗争的旗帜。他的遗产反映在他的深刻和分析性的著作中,这些著作仍然适用于当代世界各国人民和革命运动的社会、政治、经济和文化动态。他在英国担任家族企业的负责人,其间,他了解了工业革命时期工人阶级最恶劣的生活条件。通过对古典经济学的批判,他为人类最具象征意义的著作《资本论》做出贡献。英国学者认为,所有对历史和当代社会持批评态度的人都应该阅读恩格斯的著作,特别是《社会主义从空想到科学的发展》《家庭、私有制和国家的起源》《自然辩证法》《论住宅问题》《英国工人阶级状况》。②

---

① Trần Hậu Tân, *Những cống hiến vĩ đại của Ph. Ăng-ghen với sự ra đời và phát triển Chủ nghĩa Mác – Lê – nin*(陈厚新:《恩格斯对马列主义产生和发展的伟大贡献》),https://nhandan.com.vn/tin-tuc-su-kien/nhung-cong-hien-vi-dai-cua-ph-ang-ghen-voi-su-ra-doi-va-phat-trien-chu-nghia-mac-le-nin-625962/。

② https://www.telesurtv.net/news/friedrich-engels--obras-legado-historico-20190804-0031.html。

（二）对马克思、恩格斯之间关系的讨论

在纪念文献中，关于马克思、恩格斯的关系、恩格斯与《资本论》的关系依然是受到关注的热点问题。相当多的作者以不同的方式来解答这些问题，分歧依然存在。

牛津大学哲学博士、英国布里斯托大学（University of Bristol）政治系教授、国际著名马克思恩格斯学者、《马克思恩格斯全集》历史考订版（MEGA）编委会委员、英国学者卡弗在纪念恩格斯诞辰200周年之际谈到马克思和恩格斯的关系问题。《恩格斯：他的生平和思想》是卡弗教授1990年出版的著作，2020年，为了纪念该书出版30周年和恩格斯诞辰200周年，这一著作以《弗里德里希·恩格斯的生活和思想》[1]为名作为周年纪念书再版。卡弗教授提出，在过去这些年，"政治和思想环境发生了一些戏剧性的变化，正是这些变化使恩格斯重新活跃起来"[2]。时代的变化恰恰证明了恩格斯的思想依然有价值。卡弗建议重新审视和评价恩格斯在青年时期的文学评论和其他评论、19世纪50年代和60年代对中世纪战争和危机的分析和预测。他肯定了MEGA2的贡献，认为它提供了一个资料宝库，有助于探寻到一些真正属于恩格斯的想法。[3]

保罗·勒布兰科讨论了马克思主义的创始人以及他们所发展了的核心概念。他认为，马克思和恩格斯对科学社会主义的发展都是至关重要的。有些人认为他们的思维方式不同，赞美马克思是一位更深刻的思想家，赞美恩格斯是一位更清醒的思想家，但是，勒布兰科反对把他们分开。[4]

---

[1] http://link-springer-com-443.webvpn.fjmu.edu.cn/book/10.1007%2F978-3-030-49260-1.

[2] Carver, Terrell, *The Life and Thought of Friedrich Engels—30th Anniversary Edition*, Palgrave Macmillan, p. 1.

[3] Carver, Terrell, *The Life and Thought of Friedrich Engels—30th Anniversary Edition*, Palgrave Macmillan, pp. 25–26.

[4] 保罗·勒布兰科：《卡尔·马克思和弗里德里希·恩格斯》，http://www.rebelnews.ie/2020/05/05/4568/.

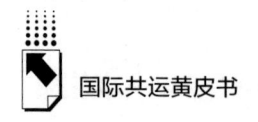

一些研究者认为，从《资本论》的创作史来说，恩格斯不仅亲自参与了出版修订，而且参与了创作。马克思极为重视恩格斯对《资本论》的意见和评价，自恩格斯与马克思建立合作关系开始，恩格斯就一直影响马克思。① 俄罗斯《政治教育》杂志主编弗·菲·格雷兹洛夫肯定了恩格斯在编辑出版《资本论》过程中的贡献。马克思在完成他关于"资本"的繁重工作之前就去世了。《资本论》第二卷和第三卷是马克思和恩格斯的作品。② 有研究者反对《资本论》体现了恩格斯与马克思对立的观点，并作出自己的分析，指出《资本论》这部巨著最终由恩格斯整理完成，从第二、三卷可以看到，"恩格斯并不只是一个单纯的手稿笔迹辨认者和成型章节的编排者，即解决的'只是技术性的'问题；更公允和客观的说法应该是，他也是这两卷所关涉的思想内容和理论体系的阐释者，或者从某种意义上讲是建构者"。③

（三）高度评价恩格斯对国际共产主义运动的领导和指导

在恩格斯诞辰 200 周年之际，很多研究者回顾马克思主义面对的时代挑战，重温恩格斯在国际共产主义运动中的独特贡献。世界各国共产党、工人党及其领导人，世界左翼力量及民众赞扬恩格斯是一位彻底的革命家。他出身资产阶级家庭，却深入现实考察工人阶级状况，走上了革命道路。恩格斯积极参加革命活动，加入正义者同盟、参加第一国际，并在马克思逝世后肩负起组织、帮助和培养各国社会主义活动家、理论家和革命家的重任。他们在纪念活动中指出，当今世界，全球治理面临系统性危机，当代资本主义出现历史性衰落，整个世界共同面临的动荡与挑战日益增多。我们要向恩格斯学习，像他那样关注世界各国工人运动，并对现实问题进行科学的探究和回答。

---

① 孙喜香、薛俊强：《恩格斯的马克思主义观及其当代启示》，《社会主义研究》2020 年第 4 期。
② 〔俄〕弗·菲·格雷兹洛夫：《巨人》，俄罗斯《政治教育》2020 年第 3 期。
③ 聂锦芳：《恩格斯的资本批判及其当代价值》，《哲学研究》2020 年第 12 期。

一些研究者肯定了恩格斯对资本主义制度的批判，认为恩格斯令人信服地证明了资本主义必然灭亡的论断，明确地提出了共产主义思想的基础。俄共中央主席久加诺夫指出："马克思、恩格斯的主要著作的创作至今已过去150多年。在这段时间里，资本主义变得更加残酷、不道德和具有破坏性。而资本主义制度深刻的、不可逆转的危机，从来没有像今天这样明显。""世界越来越清楚地认识到，恩格斯揭露的资本主义经济学说关于资本和劳动的利益、关于和谐以及人民的普遍福利的正确性，以及关于自由竞争会带来虚假的先见性。事实也是如此，资本主义暴利和剥削的大肆泛滥，在新型冠状病毒疫情的背景下其丑恶性更加明显，事物到了极点，总是要走向它的反面——社会主义的复苏也必然会随之而来。我们的任务就是，必须尽一切努力使它更接近，同时在马克思、恩格斯、列宁和斯大林的伟大旗帜下，在正义、团结和进步的光辉旗帜下，坚持不懈地朝着这个目标奋勇前进。"①

俄罗斯社会主义取向学者协会中央理事会主席伊·伊·尼基特丘克以恩格斯的思想为指导分析了俄罗斯的资本主义。他认为，在俄罗斯，资产阶级理论家和各种机会主义者试图说服俄罗斯人民，民主共和国是社会最好的政治外壳。实际上，俄罗斯是"现代帝国主义国家"。恩格斯早已揭露了国家和民主制度的阶级本质。恩格斯非常明确地称普选是资产阶级统治的工具。在资本主义国家，它不能也永远不会给予更多。但是，来自俄罗斯的小资产阶级民主主义者和他们的兄弟都希望从普选中得到更多。他们向人们灌输了一个错误的想法，即"在这个国家"的普选权能够体现和揭示大多数劳动者的意愿并巩固其实施。②俄联邦共产党莫斯科州列宁区委网站发布文章认为，资本主义国家的本质依然没有改变，恩格斯关于国家命运的阶级历史分析，至今仍具有科学意义。③

---

① 〔俄〕Г.А.久加诺夫：《纪念恩格斯诞辰200周年：恩格斯的三大功勋》，俄罗斯《真理报》2020年第19~121期。
② 〔俄〕伊·伊·尼基特丘克：《弗里德里希·恩格斯和国家问题》，https：//www.politpros.com/journal/read/？ID=8492&journal=260。
③ 《纪念恩格斯诞辰200周年——马克思恩格斯论无产阶级专政》，http：//lkprf.ru/library/9681.html。

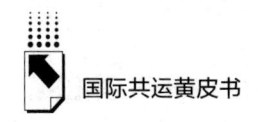

弗·菲·格雷兹洛夫肯定了恩格斯对俄国革命的指导。恩格斯与俄国革命运动的杰出参与者拉甫罗夫、洛帕廷、普列汉诺夫等保持联系，他们向恩格斯求助，总是能得到他的帮助和支持。恩格斯高度重视车尔尼雪夫斯基等革命者，同时也批评了他们对村社的幻想。他很高兴听到第一个马克思主义组织成立的消息。恩格斯与普列汉诺夫等保持密切的通信，帮助他们接受革命思想。恩格斯期待俄国沙皇制度的崩溃和社会主义革命胜利，认为俄国革命对世界革命的发展进程将产生巨大的影响。马克思和恩格斯对俄国的沙皇统治持批判态度，认为沙俄是欧洲反动力量的支柱。他们高度关注俄国的革命运动，也尊重俄国人民、俄国革命者。他们认为俄国是欧洲革命运动的先行者，俄国的革命将赋予欧洲革命以动力，将增加欧洲工人运动的力量。①俄共中央主席久加诺夫也指出，在国际工人运动的发展中，恩格斯的注意力越来越多地被吸引到俄国。为了原汁原味地熟悉俄国人的生活，他还学会了俄语。对俄国形势的了解使他产生了信心：俄国的革命将是世界社会主义全面改造的决定性阶段。久加诺夫表示，俄共的政治纲领直接继承了马克思、恩格斯《共产党宣言》中的主要精神。历史证明，共产党人在这本书中提出的要求，在今天仍然具有时代性和针对性。②

有学者指出，马克思和恩格斯出身富足的家庭，但强烈地认同不断壮大的工人阶级，包括工厂工人和其他通过向资本主义雇主出售自己的工作能力（劳动力）来谋生的人。他们成为资本主义制度下的多数阶级，有可能"赢得民主之战"。恩格斯认为，正是马克思在科学社会主义的形成过程中发挥了关键作用，因此，在1883年马克思去世后，它越来越多地被贴上马克思主义的标签。它提供了智力工具，多年来，无数的工人阶级活动家发现这些工具是有用的。③

---

① 〔俄〕弗·菲·格雷兹洛夫：《巨人》，俄罗斯《政治教育》2020年第3期。
② 〔俄〕Г. А. 久加诺夫：《纪念恩格斯诞辰200周年：恩格斯的三大功勋》，俄罗斯《真理报》2020年第19~21期。
③ 保罗·勒布兰科：《卡尔·马克思和弗里德里希·恩格斯》，http://www.rebelnews.ie/2020/05/05/4568/，2020年5月5日。

国际共产主义运动视域中的恩格斯：世界各国的视角

　　有学者指出："19世纪晚期是欧洲社会主义运动大踏步前进和马克思主义理论广泛传播的时期。大规模的社会主义群众性运动在西欧和中欧迅速兴起，社会主义政党不仅在工业化的西欧，而且也在落后的东欧纷纷建立起来。各国社会主义工人运动之间的联系不断加强，第二国际的建立，把全欧洲的运动联结成一个紧密的整体。马克思、恩格斯的学说取得对其他各种社会主义派别的优势，成为得到普遍接受的指导学说。在这个令人振奋的进程中，恩格斯作为最受尊敬的'顾问'所提出的各种主张和意见，直接影响着运动的全貌和方向。"①

　　越南国防部政治学院何德龙上将在题为《恩格斯为保卫和发展马克思主义而与错误观点作斗争》的文章提出，恩格斯在生前和马克思始终对改良主义、教条主义等错误思潮进行批判并加以斗争，以达成国际工人联合会在认识和行动上的统一。作者认为，当前，越南思想理论斗争十分激烈，敌对势力不断否定和反对马列主义。因此，研究和肯定恩格斯在反对错误和敌对观点方面所做的贡献，对运用、保卫和发展马克思主义具有重要意义。作者还提出了根据恩格斯的斗争精神批驳错误和敌对观点的策略，包括：认清错误、反动和敌对观点的主体，以便采取适当的斗争和批判方式；提高党员干部乃至整个政治系统的认识和责任心；发挥各组织和各方面力量的作用。②

　　可以看到，在纪念中，恩格斯对国际共产主义运动的指导受到高度的赞扬，在各国工人运动的发展中，马克思、恩格斯的学说已为各国工人和社会主义团体所接受和奉行。特别是恩格斯晚年对社会主义运动的指导受到高度肯定和赞扬。当时，许多国家工人运动的领导人、革命者、活动家与恩格斯

---

① 张光明：《恩格斯晚年：思想、时代及身后历史》，《中国浦东干部学院学报》2020年第4期。
② Hà Đức Long, Ph. Ăngghen chống quan điểm sai trái để bảo vệ, phát triển chủ nghĩa Mác, http://tapchiqptd.vn/vi/phong-chong-dbhb-tu-dien-bien-tu-chuyen-hoa/ph-angghen-chong-quan-diem-sai-trai-de-bao-ve-phat-trien-chu-nghia-mac/16358.html.

047

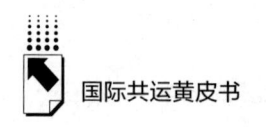

保持密切的往来，渴望得到恩格斯的建议和指导。恩格斯大力推动国际共产主义运动的发展，为国际工人运动大联合创造条件；恩格斯关心关怀且指导和帮助一些国家社会主义政党的创建和发展；关心、帮助和指导一大批工人运动的革命家、活动家和理论家。恩格斯对国际共产主义运动的发展做出卓越贡献。

结　语

1895年8月5日，恩格斯逝世后，全世界的社会主义工人政党和其他组织以各种方式举行了悼念活动。在恩格斯诞辰200周年之际，世界各国再次对恩格斯为帮助工人阶级和对人类社会所做出的卓越贡献致以崇高的敬意！

综观2020年世界各国的纪念，可以看到，虽然恩格斯身后的世界社会主义发展充满了新的变化和挑战，但是，越来越多的世界各国左翼力量，在纪念中表达了不仅要认真学习恩格斯的思想理论，也要学习他的伟大人格，永远铭记恩格斯在国际共产主义运动中卓越贡献的坚定决心。世界左翼力量认识到恩格斯关于经济、社会和历史的研究蕴含着丰富的思想理论，值得进一步研究和挖掘。恩格斯晚年对资本主义工业化的本质、资产阶级统治方式的变化、工人阶级状况改善的考察和分析，对当今时代依然具有启发意义。在过去这些年，政治和思想环境发生了一些戏剧性的变化，正是这些变化使得关于恩格斯的认识和研究重新活跃起来。时代的变化恰恰证明了恩格斯的思想理论对于解答那些困扰国际共产主义运动发展的历史问题是多么有用。恩格斯晚年坚持、捍卫马克思主义理论的科学性和真理性，在同各种机会主义和反马克思主义思潮的斗争中，在资本主义发展的新态势下，立足无产阶级的革命实践，丰富和发展马克思主义理论，推动国际共产主义运动进入新的发展阶段和新的历史时期。世界各国左翼力量认为，在当今时代，恩格斯为全世界劳动人民提供了思想和理论武器。今天，在经济危机迅速升级、资本家继续剥削劳动人民、全世界帝国主义强加于人民的现实下，人们对马克思主义的信奉一天天增加。社会主义是一个可以取代现状的制度。

参考文献

1. 《列宁全集》第 2 卷，人民出版社，2017。
2. 姜辉主编《恩格斯思想年编》，中国社会科学出版社，2020。
3. 顾海良：《永远的恩格斯》，华中师范大学出版社，2020。
4. 中央党史和文献研究院编《恩格斯画传》（恩格斯诞辰 200 周年纪念版），重庆出版社，2020。

Y.3
列宁及其思想的历史贡献和当代价值

——世界各国共产党和左翼党纪念列宁诞辰 150 周年

王子凤*

摘　要： 2020年是伟大的无产阶级革命导师列宁诞辰150周年，世界各国共产党和左翼党通过发表重要讲话和声明、组织纪念性活动、召开研讨会等形式进行了隆重的纪念。这些活动结合当今世界形势的新发展、新阶段和新变化，高度评价了列宁对马克思主义的继承和发展，深刻阐释了列宁对国际共产主义运动的重要贡献，重新认识了列宁思想的科学内涵，充分肯定了列宁思想对于推动当前国际共产主义运动发展的重要意义。

关键词： 列宁诞辰150周年　列宁主义　帝国主义论

列宁，原名弗拉基米尔·伊里奇·乌里扬诺夫，于1870年4月22日出生于沙皇俄国伏尔加河畔的辛比尔斯克。列宁是坚定的马克思主义者，是无产阶级革命的伟大导师和精神领袖，毕生致力于社会主义伟大事业，他领导的俄国十月革命取得伟大胜利，创立了世界上第一个社会主义国家。

2020年4月22日是伟大的无产阶级革命导师列宁诞辰150周年纪念日，如何看待和维护列宁的理论遗产，客观评价列宁在国际共产主义运动

---

* 王子凤，中国社会科学院马克思主义研究院助理研究员。本文审读专家：中共中央党校胡振良教授。

中的重要贡献，深刻阐释列宁思想的精神实质，正确把握列宁思想的当代价值，成为世界各国共产党和左翼政党的研讨主题和关注焦点。世界各国共产党和左翼党以发表主旨演讲和讲话、发表纪念性文章、发布声明、组织研讨会、举行纪念性活动、发行纪念邮票和出版物等形式纪念列宁诞辰150周年，对列宁同志致以最崇高的敬意，对列宁思想的历史贡献和时代意义做出科学评价。在中国，为纪念这位伟大的革命导师，中国列宁思想研究会、国内众多研究性机构和高校举办了纪念列宁诞辰150周年研讨会，专家学者纷纷发表相关文章，围绕列宁对马克思主义的发展和创新、落后国家如何建设社会主义、如何加强党的建设、如何看待帝国主义等进行了深入探讨。在俄罗斯，纪念列宁诞辰150周年是2017年纪念俄国十月革命胜利100周年的延续，该国再次掀起了学习、研究、宣传列宁思想的热潮。

一　高度评价列宁对马克思主义的继承和发展

各国共产党和左翼党认为，作为一名坚定的马克思主义者，列宁始终强调创造性发展马克思主义是非常重要和必要的。列宁立足于所处的时代背景，将马克思主义与工人运动结合起来，不断将马克思主义的发展推向新的阶段。

第一，批判错误思潮，坚定捍卫马克思主义。各国共产党和左翼党认为列宁是马克思主义的坚强捍卫者。美国共产党认为，列宁反对社会主义运动中的宗派主义和机会主义；希腊共产党认为，列宁一生都站在反对资产阶级理论家和各种歪曲马克思主义的机会主义分子的最前线。[①] 列宁坚决反对教条主义、宗派主义，反对一切机会主义和修正主义对革命理论和实践的歪曲，主张批判关于马克思主义的各种错误观点和反马克思主义思潮，为维护

---

① 参见袁群、王恩明《世界共产党和工人党纪念列宁诞辰150周年》，《当代世界与社会主义》2020年第6期。

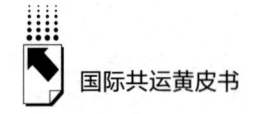

和捍卫马克思主义理论基础而进行了不懈斗争,列宁思想也是在批判不同错误思潮的基础上所形成的。

第二,维护理论严整性,推动马克思主义理论体系化。如何正确理解马克思主义理论体系及其组成部分,是一个重大的基本理论问题。马克思主义作为科学的世界观,是一种"完备而严密"的理论体系,列宁对马克思主义理论体系化做出了重要贡献。列宁在先后撰写的《论马克思主义历史发展中的几个特点》《马克思学说的历史命运》等著作中,尤其是在1913年3月为纪念马克思逝世30周年所撰写的《马克思主义的三个来源和三个组成部分》一书中,对马克思主义的三个理论来源、三个组成部分、理论特征等问题进行了详细阐述。其中,列宁认为哲学、政治经济学和科学社会主义是马克思主义的三个重要组成部分,展现了马克思主义在19世纪的历史背景下形成和发展的状况,从厘清整体和部分的关系中进一步发展了马克思主义,使马克思主义理论体系化。印度共产党总书记拉贾指出:"作为无产阶级革命的伟大组织者和领导者,列宁继承了马克思主义的精髓,深化了对马克思主义的理论阐释,强化了对马克思主义哲学、政治经济学和科学社会主义三大组成部分的理解。"[1]

第三,立足时代背景,将马克思主义推向新的发展阶段。19世纪末20世纪初,资本主义国家由自由资本主义阶段进入垄断资本主义即帝国主义阶段,资本主义时代和工人阶级状况都发生了新变化。列宁深谙资本主义发展出现的新变化,强调马克思主义的生命力在于顺应时代的发展而不断创新。列宁思想是对马克思主义的继承和发展,是帝国主义时代的马克思主义。列宁认为,要在始终坚持马克思主义的基础上,"沿着马克思的理论的道路前进,我们将愈来愈接近客观真理(但决不会穷尽它);而沿着任何其他的道路前进,除了混乱和谬误之外,我们什么也得不到"[2]。越共中央书记处书记、越南胡志明国家政治学院院长、越共中央理论委员会主任阮春胜指出,

---

[1] 参见袁群、王恩明《世界共产党和工人党纪念列宁诞辰150周年》,《当代世界与社会主义》2020年第6期。
[2] 《列宁选集》第2卷,人民出版社,2012,第103~104页。

"新经济政策"是列宁对马克思主义关于社会主义和社会主义道路理论的补充、发展和创新。① 还有学者指出，列宁用科学的帝国主义理论回答时代之变，用建立新型无产阶级政党的理论回答工人阶级"怎么办"问题，提出社会主义在一国或数国首先胜利的理论回答俄国革命道路在帝国主义战争爆发的情况下有无可能表现出新特点的问题，提出关于殖民地和民族解放运动的思想回答帝国主义条件下经济文化相对落后国家的出路问题，等等，这些对时代之问的回答都沿着马克思主义的理论道路前进，是对马克思主义理论在俄国的发展。②

二 深刻阐释列宁为推动国际共产主义运动和民族解放运动所做出的历史贡献

由列宁领导的俄国十月革命的胜利开启了人类历史的新纪元。十月革命的伟大胜利和世界上第一个社会主义国家的建立，使资本主义一统天下的世界格局被彻底打破，世界上逐渐形成了社会主义体系和资本主义体系两大体系并存和竞争的新格局。列宁和布尔什维克创立和领导的共产国际洞悉世界格局的重大变化，关注到日益凸显的民族和殖民地问题，并针对这一世界性问题制定了相关路线、方针和政策，进而推动了世界各国的民族解放运动，从而使民族解放运动成为世界社会主义运动的一部分。列宁无疑将历史的车轮转向社会解放，同时也推动其他国家共产主义政党如雨后春笋般不断成立。

一是列宁领导的十月革命开启了人类历史的新纪元。在列宁领导下取得胜利的伟大的十月社会主义革命开启了人类历史的新纪元，创造了世界上第一个社会主义国家，这不仅实现了社会主义从理想变为现实、从理论变为制

---

① 〔越〕阮春胜：《列宁思想遗产对世界革命和越南革命的理论与实践价值》，越南《共产主义杂志》2020年4月20日。
② 孙来斌：《列宁对马克思主义的伟大历史贡献——纪念列宁诞辰150周年》，《思想理论教育导刊》2020年第5期。

度的历史性飞跃,也向世人宣布经济文化相对落后国家可以率先进行社会主义革命,选择不同于西方的发展道路。习近平总书记早在纪念马克思诞辰200周年大会上的讲话中就对列宁予以高度评价,"列宁领导的十月革命取得胜利,社会主义从理论变为现实,打破了资本主义一统天下的世界格局"①。在2021年1月21日列宁逝世97周年之际,俄罗斯联邦共产党副主席瓦连京·库普佐夫在莫斯科红场发表演讲时强调,"列宁不仅能够从理论上证明俄国社会主义革命胜利的可能性,还能够付诸实践,创立了一个独特的政党。他不仅能够掌权,而且还能够建立一个新的国家"。英国共产党著名理论家、卡尔·马克思纪念图书馆负责人乔纳森·怀特认为:"列宁的伟大之处在于,他能够将马克思主义理论反映到他所处时代的伟大趋势和运动中,并将其转化为革命行动,使广大人民群众在革命的关键时刻理解现实,并使他们能够向前迈出一大步,从而推动了历史的发展。"②

二是指导各国共产党的建立和发动民族民主革命运动。为推动各国革命运动的发展,列宁和布尔什维克领导的共产国际在欧洲、美洲、亚洲帮助各国先进的工人阶级建立了马克思主义政党,许多共产党相继成立并加入共产国际。美国共产党指出:"列宁呼吁社会主义者努力开展反帝国主义斗争,并在工业资本主义国家之外的亚洲、非洲和拉丁美洲建立共产主义政党。共产国际在理论上发展这些原则,并在建立反法西斯主义与争取社会主义和民族解放的统一战线政策中实践这些原则。"③ 爱尔兰工人党强调:"十月革命的目的是废除一切形式的剥削和压迫,建设一个以社会主义思想为基础的新社会。十月革命打破旧的世界秩序,废除了生产资料私人占有制,为人类的

---

① 《习近平:在纪念马克思诞辰200周年大会上的讲话》,新华网,http://www.xinhuanet.com/politics/2018-05/04/c_1122783997.htm。
② 参见袁群、王恩明《世界共产党和工人党纪念列宁诞辰150周年》,《当代世界与社会主义》2020年第6期。
③ Communist Party USA, "Statement of the CPUSA on the 150th Anniversary of Lenin's Birth", http://solidnet.org/article/CPUSA-Statement-of-the-CPUSA-on-the-150thAnniversary-of-Lenins-Birth/.

政治、社会和经济解放奠定了基础。这些思想鼓舞了全世界的工人和被压迫者，描绘了真正的变革蓝图。"①"十月革命一声炮响，给中国送来了马克思列宁主义"，中国共产党应运而生。中国共产党团结带领全国各族人民取得了新民主主义革命和社会主义革命、建设、改革的伟大胜利，使中国发生了翻天覆地的变化，中国面貌焕然一新。

三是推动了殖民地半殖民地国家民族解放运动的发展。列宁撰写了大量关于殖民主义的文章，主张被压迫民族和人民争取自决权。列宁撰写的《论俄国社会民主工党的民族纲领》（1913年）、《论民族自决权》（1914年）、《社会主义革命和民族自决权》（1916年）、《民族和殖民地问题提纲初稿》（1920年）等，提出了关于殖民地国家民族解放道路的科学理论，为殖民地民族独立斗争提供了宝贵的指导思想。② 列宁创立和领导的共产国际通过相关决议，在政策上给殖民地半殖民地的民族解放运动以指导，同时在实践中通过培养骨干力量、提供经费等施以援助。这极大地推动了亚非拉殖民地半殖民地国家争取民族独立和解放运动的发展，为国际共产主义运动的发展壮大奠定了坚实的基础。塞浦路斯劳动人民进步党认为，"列宁为革命政党的辩证思维方式和行动留下了巨大的政治遗产。他对帝国主义的性质、人民自决权的理论贡献，激发了各国人民争取民族解放、摆脱殖民主义束缚的斗争热情，而这一切都可以从列宁主义的丰富理论宝库中汲取智慧财富"③。在南非，列宁被视为实现伟大共产主义理想的希望灯塔。正如南非社会主义革命工人党代表门伦科西·潘瓦在其撰写的文章《列宁主义与现代非洲革命运动的相关性》中所指出的："我们对列宁的致

---

① Workers Party of Ireland, "Statement on the 150th Anniversary of the Birth of Lenin", http：// solidnet. org/. galleries/documents/150th – anniversary – of – the – birth – of – Vladimir – Ilyich – Lenin – WPI. pdf.
② 〔越〕阮春胜：《列宁思想遗产对世界革命和越南革命的理论与实践价值》，越南《共产主义杂志》2020年4月20日。
③ AKEL Central Committee Press Office, "AKEL Honors Lenin the Great Thinker and Revolutionary 150 Years Since Lenin's Birth", https：//www. akel. org. cy/en/2020/04/22/akel – honors – lenin – the – great – thinker – and – revolutionary/#. XwB6YeXitnL.

敬,是由于他将反对俄国沙皇的人民斗争转变为阶级斗争,并推动了世界各地的许多斗争。"①

三 重新认识列宁思想的科学内涵

各国共产党和左翼政党认为,列宁能够领导俄国十月革命取得伟大胜利,对国际共产主义运动的发展做出巨大贡献,被全世界的共产主义者冠以"国际无产阶级革命的伟大导师和精神领袖"的称号,其原因之一在于列宁思想的科学性,列宁对帝国主义发展规律、无产阶级新型政党建设、国家理论等进行了深刻把握与科学阐释。

(一)列宁的帝国主义论揭示了帝国主义本质特征及其发展规律

19世纪60~70年代,随着生产和资本集中加剧,私人垄断集团逐渐在社会经济领域中占据统治地位,自由竞争的资本主义逐步过渡到垄断资本主义。在这样的背景下,列宁运用马克思主义的立场、原则和方法,对资本主义的最新发展进行了深入研究。列宁在全面、系统、科学地剖析了帝国主义的实质、特征、基本矛盾以及对世界的野蛮瓜分和深刻揭露了帝国主义的垄断的、腐朽的、垂死的性质的基础上,揭示了帝国主义形成、发展和灭亡的规律,科学研判了垂死的帝国主义的历史宿命,强调帝国主义是资本主义的最高阶段,是社会主义革命的前夜。列宁无疑科学论证了帝国主义时期资本主义国家经济政治发展不平衡规律,并在这一规律的基础上得出了无产阶级有可能在帝国主义链条的薄弱环节突破而取得革命胜利的科学结论。"欧洲共产党和工人党倡议"指出,列宁研究了19世纪与20世纪之交的资本主义发展,发现资本主义已经进入帝国主义阶段,也就是最高、最后的发展阶段,它的一切矛盾也已经发展到最尖锐的程度。(资本主义世界)经济政治

---

① Mandlenkosi Phangwa, "Lenin Inspired the Struggle for the Liberation of Africa", https://prometej.info/lenin-inspired-struggle-liberation-africa/.

发展的不平衡,为在其最薄弱环节打破国际帝国主义体系的链条创造了可能,这一意识形态和政治论断具有特别重要的意义。①

(二)列宁的新型马克思主义政党理论是马克思主义政党理论的重要组成部分

在俄国建立共产党的过程中,列宁清楚地认识到无产阶级政党自身建设的重要性,他围绕党的建设撰写了大量相关著作,内容丰富完整,包括加强党的领导,加强党思想建设、组织建设、作风建设,坚持党的团结统一,坚持阶级斗争原则,维护党的领袖权威等。列宁的这些思想成果为创立新型无产阶级革命政党奠定了坚实的思想基础、组织基础、策略基础和理论基础,形成了完整的党的建设学说,进一步丰富和发展了马克思主义的建党学说。"欧洲共产党和工人党倡议"指出:"对全世界工人阶级来说,无产阶级新型政党是列宁至关重要的思想和政治遗产。列宁率先认识到并明确提出了以马克思主义世界观武装起来的坚持革命的新型政党的必要性。列宁走在其最前沿的历史表明,只有新型的共产党——作为工人阶级的先锋队及其最高组织形式——才能组织和指导工人阶级推翻资本主义、建设社会主义的斗争。"②越南学者阮功勇在《列宁关于工人阶级新型政党的学说》一文中总结了列宁关于工人阶级新型政党的基本原则:一是马克思主义是党的思想基础和行动指南;二是党是工人阶级的一部分,是工人阶级有组织的政治先锋队和最严密、最有觉悟的组织;三是党取得政权之后,是社会主义政治体系的领导核心及其一部分;四是民主集中制是党的活动和生活组织建设的基本

---

① European Communist Initiative, "Statement of the European Communist Initiative for the 150th Anniversary of the Birth of V. I. Lenin", https://www.initiative-cwpe.org/en/news/Statement-of-the-European-Communist-Initiative-for-the-150th-anniversary-of-the-birth-of-VI-Lenin/.

② European Communist Initiative, "Statement of the European Communist Initiative for the 150th Anniversary of the Birth of V. I. Lenin", https://www.initiative-cwpe.org/en/news/Statement-of-the-European-Communist-Initiative-for-the-150th-anniversary-of-the-birth-of-VI-Lenin/.

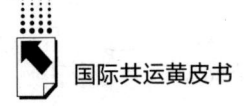

原则；五是党是政治、思想和组织的统一体，批评和自我批评是党的发展规律；六是党要积极吸收工人阶级和劳动人民的优秀代表入党，要经常将不达标的党员和机会主义分子开除出党；七是共产主义是工人阶级新型政党活动和组织建设的重要原则之一。①

（三）列宁的国家理论是废除资本主义制度、建立无产阶级政权的理论依据

列宁在探索无产阶级革命与社会主义国家建设中形成的国家理论是其重要的政治遗产。列宁在继承马克思恩格斯的国家学说的基础上，结合俄国的具体实际，发展了马克思主义国家本质论，创造了无产阶级专政学说，探索了社会主义国家执政规律，强调了无产阶级政党是国家的领导力量，实现了马克思主义国家学说的创新发展。智利共产党指出，列宁在他的著作《国家与革命》中强调国家是经济上占统治地位的阶级对工人阶级和社会其他阶层的专政的工具。② 希腊共产党指出，列宁在对国家的阶级本质进行深入分析之后，认为不仅要粉碎封建半封建主义，而且要粉碎资本主义国家。③ 美国共产党指出，列宁在《国家与革命》中主张要成功实现从资本主义向社会主义的过渡，就必须进行社会主义革命，必须建立一个代表和捍卫工人阶级利益的无产阶级政权的国家。④

---

① Nguyễn Công Dũng, Học thuyết về chính đảng kiểu mới của giai cấp công nhân của V. I. Lênin, https：//tulieuvankien.dangcongsan.vn/c－mac－angghen－lenin－ho－chi－minh/ph－angghen/nghien－cuu－hoc－tap－tu－tuong/hoc－thuyet－ve－chinh－dang－kieu－moi－cua－giai－cap－cong－nhan－cua－v－i－lenin－3510.

② CP of Chile, El homenaje del PC a Vladimir Ilich Lenin, http：//solidnet.org/article/CP－of－Chile－El－homenaje－del－PC－a－Vladimir－Ilich－Lenin/.

③ Party of Labour of Austria, "On the 150th Birthday of Lenin", https：//www.solidnet.org/article/Party－of－Labour－of－Austria－On－the－150th－birthday－of－Lenin/.

④ Communist Party USA, "Statement of the CPUSA on the 150th Anniversary of Lenin's Birth", http：//solidnet.org/article/CPUSA－Statement－of－the－CPUSA－on－the－150thAnniversary－of－Lenins－Birth/.

四 充分肯定列宁思想的现实意义

世界共产党和左翼政党认为，在当今时代尤其是后疫情时代，列宁思想仍然具有重要的指导意义。主要体现在以下几个方面。

（一）世界仍然处于列宁提出的由帝国主义向社会主义过渡的时代

列宁是继马克思恩格斯之后资本主义发展到帝国主义历史阶段的无产阶级革命导师。列宁对人类历史发展的总趋势和人类所处的历史方位进行了深入剖析，并在此基础上提出了"帝国主义是无产阶级社会革命的前夜"[1] 等一系列新论断。"从自由竞争中生长起来的垄断，是从资本主义社会经济结构向更高级的结构的过渡"[2]，这是"从资本主义到更高级的社会经济结构的过渡时代的特点已经全面形成和暴露出来的时候"[3]；"帝国主义是垂死的资本主义，向社会主义过渡的资本主义，因为从资本主义中成长起来的垄断已经是资本主义的垂死状态，是它向社会主义过渡的开始"[4]。十月革命之后世界发展进程进入由资本主义向社会主义过渡的历史阶段，尽管当今时代已经是和平与发展时代，但是时代主题并没有变。社会主义彻底取代"垂死的"帝国主义是一个长期的历史过程，资本主义向社会主义过渡是一个曲折和复杂的过程，社会主义取代资本主义的历史任务仍然没有实现，世界格局中垄断占主导地位的资本主义大国仍然占据主导地位，列宁所说的时代并没有结束。因此，当前我们仍然处于并将长期处于列宁提出的帝国主义向社会主义过渡的时代。

（二）列宁思想仍然是变革资本主义制度的行动指南

从西方资本主义国家的发展历程和未来趋势来看，资本主义发生新变化

---

[1] 《列宁专题文集·论资本主义》，人民出版社，2009，第105页。
[2] 《列宁专题文集·论资本主义》，人民出版社，2009，第208页。
[3] 《列宁选集》第2卷，人民出版社，2012，第650页。
[4] 《列宁选集》第2卷，人民出版社，2012，第706页。

并陷入多重危机无法自拔,尤其是 2008 年爆发的全球性金融危机和 2020 年新冠肺炎疫情席卷全球给资本主义国家造成巨大冲击,并且这一冲击仍然在持续发酵,资本主义制度已经出现"体质衰退"和"制度之乱"。各国共产党和左翼政党认为,在资本主义面临多重危机的背景下,反帝国主义反资本主义斗争更加需要列宁思想作为行动指南。伊朗共产党强调,资本主义国家制度存在严重缺陷,资本主义危机周期性发生并日益恶化,资本主义的财富两极分化加剧,发展中国家工人阶级和劳动人民受到冲击,世界和平受到威胁。鉴于此,有必要恢复列宁及其思想在捍卫工人阶级事业方面的历史作用。列宁的著作、思想、实践以及他对具体情况的具体分析和对革命运动力量平衡的研判,有其合理性和科学性,是每一代革命者意识形态和政治教育的"灯塔"。①"欧洲共产党和工人党倡议"在纪念列宁诞辰 150 周年的声明中指出,对全世界共产党的当前行动来说,对各国工人阶级及其盟友的斗争来说,列宁的著作是答案和指南。②

(三)列宁思想对现实社会主义国家改革具有指导意义

中国全面深化改革、越南和老挝的社会主义定向革新等都离不开列宁思想的指导。越共中央政治局委员武文赏提出,越南应结合世界革命和现代科学技术的成就,特别是越南革新、工业化、现代化和融入国际事业的巨大成就和历史意义,继续补充、发展和创造性运用列宁基本思想和马列主义。③越南学者阮志校认为,在新时期,越南共产党贯彻了列宁关于具体情况具体分析的观点,并将之作为党的科学和革命的方法论原理。越南共产党将列宁的思想与马克思主义一起,运用到本国社会主义的理论发展和建设实践之

---

① 参见 في الذكرى الـ 150 لميلاد قائد ثورة اكتوبر ومؤسس الدولة الاشتراكية الاولى, http://solidnet.org/.galleries/documents/Iraqi – CP – Statement – in – Arabic – on – 1st – of – May – International – Workers – Day – 30 – 4 – 2020.pdf。

② 参见袁群、王恩明《世界共产党和工人党纪念列宁诞辰 150 周年》,《当代世界与社会主义》2020 年第 6 期。

③ Di sản V. I. Lê-nin: Giá trị lý luận-Thực tiễn, http://www.tuyengiao.vn/nhip – cau – tuyen – giao/ban – tuyen – giao – tw/di – san – v – i – le – nin – gia – tri – ly – luan – thuc – tien – 12767。

中，主要体现在以下几个方面：一是列宁的思想是理论基础，根据越南的实际情况坚持、创造性运用，并逐步形成越南社会主义过渡时期的发展道路；二是列宁的新经济政策思想是越南共产党发展社会主义定向市场经济的基础，这是新背景下越南结合本国实践对马列主义的创造性发展；三是越南共产党运用和发展了马克思主义原理特别是列宁的思想，建设和巩固阶级联盟和全民族大团结，在社会主义建设事业中发挥人民的力量；四是越南共产党创造性地运用列宁关于新型政党的思想，使越南共产党在党的建设和巩固执政党地位方面取得了巨大成就，这是越南社会主义建设事业取得胜利的重要因素；五是越南共产党在社会主义法权国家建设特别是在处理党的领导、国家管理和人民做主的关系方面运用了列宁思想。①

结　语

在国际共产主义运动史上，世界各国共产党和左翼党高度认同列宁及其思想的地位和作用。随着苏联解体和东欧剧变，一部分共产党改旗易帜，放弃了马克思列宁主义，一部分共产党以教条主义的态度来对待马克思列宁主义，把列宁主义神圣化；但是大部分共产党始终认为，苏联、东欧社会主义的失败只是苏联模式的失败，不是社会主义的失败，主张科学评价列宁及其思想，将列宁思想作为科学社会主义的重要组成部分，并强调用创新发展的眼光对待列宁思想，把握列宁思想的精神实质，吸收列宁思想的精髓，捍卫列宁的理论遗产。

当今世界面临百年未有之大变局，国际共产主义运动的发展有赖于现实社会主义国家、世界各国共产党和左翼政党等主体力量的发展壮大。这些主

---

① Đảng Cộng sản Việt Nam kiên định vận dụng sáng tạo tư tưởng của V. I. Lê-nin vào sự nghiệp xây dựng chủ nghĩa xã hội ở Việt Nam thời kỳ đổi mới, https://www.tapchicongsan.org.vn/tin-tieu-diem/-/asset_publisher/s5L7xhQiJeKe/content/dang-cong-san-viet-nam-kien-dinh-van-dung-sang-tao-tu-tuong-cua-v-i-le-nin-vao-su-nghiep-xay-dung-chu-nghia-xa-hoi-o-viet-nam-thoi-ky-doi-moi-#.

体力量对作为指导思想的列宁主义的看法，决定了政党的性质和未来走向。从国际共产主义运动史来看，能否正确把握、坚持和创新马克思列宁主义，决定着一个政党的前途命运，也决定着国际共产主义运动的发展态势。各国共产党和左翼政党对列宁及其思想的历史贡献和现实价值的阐释与评价，说明列宁思想在当代仍然具有指导实践的意义。在百年未有之大变局和新冠肺炎疫情席卷全球的背景下，世界共产党和左翼党对列宁诞辰150周年的隆重纪念、重新认识和评价这位马克思主义理论创立者和继承者的历史地位，对于坚决捍卫马克思理论遗产以及更好地推动当代国际共产主义运动的发展和复兴，更好地坚持和发展中国特色社会主义，有重要意义。我们应该做到以下几个方面。

一是深刻领会列宁的思想，坚决捍卫列宁的政治遗产。国外一些学者别有用心地认为列宁主义背离了马克思主义，其根源也并非马克思主义，甚至在列宁主义的诞生地俄罗斯，列宁思想及其开创的社会主义事业已经在意识形态领域遭到否定。我们纪念列宁诞辰150周年的目的之一，就是坚决捍卫列宁的思想遗产。一方面，要立足于加强对列宁及其思想的研究，正确把握和科学理解列宁思想的深刻内涵、核心要义和价值意蕴；另一方面，要积极发声，坚决与抹黑和歪曲列宁及其思想的行为做斗争，客观评价列宁及其思想的地位和价值。

二是坚定社会主义信念，为实现共产主义目标而奋斗。不论是社会主义国家执政的共产党，还是资本主义国家中执政和参政甚至尚未进入议会的共产党和左翼政党，开展纪念列宁诞辰150周年的活动的主要目的之一，就是坚定社会主义信念，以列宁为榜样，以开放、创造性和非教条的方式发展马克思主义理论，不断为实现共产主义目标而奋斗。

三是传承列宁的思想和革命道路，更好地坚持和发展21世纪中国特色社会主义。在发展的视野中从革命和改革的双重逻辑出发反思中国现代性问题。传承列宁的思想和革命道路，要从列宁创造性探索社会主义建设道路的历程中深刻认识科学社会主义的基本原则和实践要求，更要着眼于在百年未有之大变局中进一步坚持和发展21世纪中国特色社会主义。

参考文献

1. 黄宗良、项佐涛：《热话题与冷思考——关于列宁和列宁主义若干重要问题研究的对话》，《当代世界与社会主义》2020年第2期。
2. 刘淑春：《列宁的英名永载史册——俄共纪念列宁诞辰150周年》，《世界社会主义研究》2020年第4期。
3. 俞良早：《关于列宁的东方社会发展理论》，《马克思主义与现实》2020年第5期。
4. 曲青山：《学习列宁的思想风范 坚持发展马克思主义——在纪念列宁诞辰150周年理论研讨会上的讲话》，《马克思主义与现实》2020年第5期。
5. 姜辉：《列宁对社会主义道路和建设的探索及其启示》，《马克思主义与现实》2020年第5期。
6. 谢春涛：《重温列宁关于党的建设的思想》，《马克思主义与现实》2020年第5期。
7. 袁群、王恩明：《世界共产党和工人党纪念列宁诞辰150周年》，《当代世界与社会主义》2020年第6期。

Y.4 习近平新时代中国特色社会主义思想的新发展

林建华*

摘　要： 为人类求解放，是马克思主义的主题。创立政党并推进政党建设，取得政权并推进政权建设，开展社会主义建设并推进社会主义改革，是国际共产主义运动的主题。在新时代坚持和发展中国特色社会主义，是《习近平谈治国理政》第三卷的主题。马克思主义执政党建设、以人民为中心的发展理念、建设社会主义现代化国家是续写中国特色社会主义新篇章的关键词。坚定中国特色社会主义道路自信、理论自信、制度自信、文化自信，实现中华民族伟大复兴，洞察世界百年未有之大变局，推动构建人类命运共同体，是习近平新时代中国特色社会主义思想不断发展的新时代意蕴和根本旨归。

关键词： 新时代　中国特色社会主义　马克思主义　国际共产主义运动

党的十八大以来，以习近平同志为主要代表的中国共产党人顺应时代发展，从理论和实践的结合上系统回答了"新时代坚持和发展什么样的中国

---

* 林建华，中国社会科学院马克思主义研究院副院长、教授。

特色社会主义、怎样坚持和发展中国特色社会主义"这一重大时代课题，形成了马克思主义中国化的最新理论成果。党的十九大把它命名为习近平新时代中国特色社会主义思想，并把它确立为党必须长期坚持的指导思想写入党章。2020年6月，《习近平谈治国理政》第三卷同步出版发行中文版、英文版，收录了习近平总书记在2017年10月18日至2020年1月13日的重要论著。如果说《习近平谈治国理政》第一卷、第二卷中的论著是习近平新时代中国特色社会主义思想创立的生动记录，那么《习近平谈治国理政》第三卷中的论著则是这一新思想新发展的深刻反映，它全面体现了这一新思想的实践性、时代性、创造性、开放性，集中彰显了这一新思想在马克思主义发展和国际共产主义运动发展中的原创性贡献和世界性意义。"振叶以寻根，观澜而索源。"1847年6月，世界上第一个共产主义政党——共产主义者同盟诞生。1848年2月，马克思、恩格斯为共产主义者同盟撰写的纲领性文件《共产党宣言》发表。这两大历史性事件，共同标志着国际共产主义运动的兴起和马克思主义的创立。1920年，列宁在《共产主义运动中的"左派"幼稚病》中指出："在将近半个世纪里，大约从上一世纪40年代至90年代，俄国进步的思想界在空前野蛮和反动的沙皇制度的压迫之下，曾如饥如渴地寻求正确的革命理论，专心致志地、密切地注视着欧美在这方面的每一种'最新成就'。俄国在半个世纪里，经受了闻所未闻的痛苦和牺牲，表现了空前未有的革命英雄气概，以难以置信的毅力和舍身忘我的精神去探索、学习和实验，经受了失望，进行了验证，参照了欧洲的经验，真是饱经苦难才找到了马克思主义这个唯一正确的革命理论。"[①] 列宁和其他布尔什维克党人不懈推进马克思主义俄国化，把马克思主义发展为马克思列宁主义。"中国人找到马克思主义，是经过俄国人介绍的。""十月革命一声炮响，给我们送来了马克思列宁主义。十月革命帮助了全世界的也帮助了中国的先进分子，用无产阶级的宇宙观作为观察国家命运的工具，重新考虑自己

---

① 《列宁全集》第39卷，人民出版社，1986，第5~6页。

的问题。"① 从1921年7月成立至今百年来，中国共产党人始终把马克思列宁主义写在自己高高举起的伟大旗帜上，并不断推进马克思主义中国化，在"解决中国问题，创造些新的东西"② 的过程中实现了实践创新和理论创新。新时代中国特色社会主义是中国特色社会主义、世界社会主义的最新、最重要内容，习近平新时代中国特色社会主义思想是当代中国马克思主义、21世纪马克思主义。读原著、学原文、悟原理、观时代、察国情、重实践，《习近平谈治国理政》第三卷是必须修读的最新教材、必须开启的重要窗口、必须掌握的正确钥匙。

一　为人类求解放是马克思主义和国际共产主义运动的主题

创立政党并进行政党建设、取得政权并进行政权建设、开展社会主义建设和改革是国际共产主义运动的关键词。

（一）马克思主义和国际共产主义运动是从资本主义向未来社会主义社会和共产主义社会发展的历史时代的产物

马克思主义和国际共产主义运动都不是从天上掉下来的，而是19世纪40年代资本主义社会发展到一定阶段的产物，是对资本主义社会制度性弊病、痼疾所必然带来的痛苦、代价的必然反应，是通过社会改革、社会革命等方式和路径实现社会公正、社会公平、社会进步的不断探索，且指向代替资本主义社会的未来理想社会。列宁曾指出，马克思恩格斯具有世界历史意义的伟大功绩，"在于他们用科学的分析证明了，资本主义必然崩溃，资本主义必然过渡到不再有人剥削人现象的共产主义"；"在于他们向各国无产者指出了无产者的作用、任务和使命就是率先起来同资本进行革命斗争，并

---

① 《毛泽东选集》第4卷，人民出版社，1991，第1470~1471页。
② 《毛泽东文集》第2卷，人民出版社，1993，第408页。

在这场斗争中把一切被剥削的劳动者团结在自己的周围"。① 马克思恩格斯在《共产党宣言》中指出:"代替那存在着阶级和阶级对立的资产阶级旧社会的,将是这样一个联合体,在那里,每个人的自由发展是一切人的自由发展的条件。"② 马克思主义和国际共产主义运动,归根到底一句话,就是为人类求解放。这也同时决定了实现这一目的的国际共产主义运动是一个不断延展的历史进程,指导这一运动的马克思主义是科学的理论、人民的理论、实践的理论、不断发展的开放的理论。习近平总书记强调:"时代在变化,社会在发展,但马克思主义基本原理依然是科学真理。尽管我们所处的时代同马克思所处的时代相比发生了巨大而深刻的变化,但从世界社会主义500年的大视野来看,我们依然处在马克思主义所指明的历史时代。这是我们对马克思主义保持坚定信心、对社会主义保持必胜信念的科学根据。马克思主义就是我们党和人民事业不断发展的参天大树之根本,就是我们党和人民不断奋进的万里长河之泉源。"③

(二)国际共产主义运动的兴起和马克思主义的创立,使"为人类求解放"具有了全新的内涵

国际共产主义运动的兴起和马克思主义的创立,使世界社会主义发生了根本性的、质的变化。围绕"为人类求解放"这个主题,国际共产主义运动演绎了建党、夺权、建设三部曲,书写了创立政党并进行政党建设、取得政权并进行政权建设、开展社会主义建设和改革的宏大叙事。

在人类社会发展的历史进程中,"为人类求解放"不是马克思主义和国际共产主义运动的独有命题,但只有马克思主义科学揭示了这一命题的真谛,并找到了国际共产主义运动这一实现目的的现实途径。马克思主义所阐释的"关于人的解放和自由全面发展的规律"④ 具有原理性意义

---

① 《列宁专题文集·论马克思主义》,人民出版社,2009,第81~82页。
② 《马克思恩格斯选集》第1卷,人民出版社,2012,第422页。
③ 《习近平谈治国理政》第二卷,外文出版社,2017,第66页。
④ 《习近平谈治国理政》第三卷,外文出版社,2020,第75页。

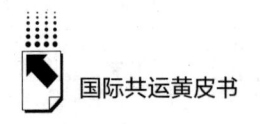

和恒久性价值。在马克思主义的视野中，人的解放或人类的解放是一个历史进程，大致包含着这样的意蕴：必须减少体力劳动对人的束缚，把人从繁重的或有害的体力劳动中解放出来；必须减少自然灾害对人的影响，减少人对自然的无序、无度侵掠，实现人与自然和谐共生；必须让一切创造社会财富的源泉充分涌流；必须使人们的精神境界极大提高，使全社会成员都具有高度的思想觉悟和道德品质；必须消灭剥削和压迫，实现人与人平等共存、和谐共处；必须建立自由人联合体，实现人的全面、自由发展。

（三）建立无产阶级政党或共产主义政党是国际共产主义运动兴起和发展的标志性内容

无产阶级要获得解放，进而解放全人类，首要的条件就是必须建立自己的政党，并通过政党代表整个阶级来行动。这样的党是马克思主义与工人运动相结合的产物，是在无产阶级反对资产阶级的斗争过程中产生和发展起来的。恩格斯指出："无产阶级要在决定关头强大到足以取得胜利，就必须（马克思和我从1847年以来就坚持这种立场）组成一个不同于其他所有政党并与它们对立的特殊政党，一个自觉的阶级政党。"[①] 这样的党应是无产阶级中最坚决、始终推动运动前进的部分，它必须以辩证唯物主义和历史唯物主义的科学世界观作为自己的行动指南，它必须维护自己的团结和统一，它应按照民主集中制的组织原则和领导原则开展活动，它应确立自己的革命纲领和战略策略，它应坚持"全世界无产者，联合起来"的国际主义原则。从1847年世界上建立的只有8个支部的第一个共产党，到19世纪下半叶世界上建立的一批无产阶级政党——以科学社会主义为指导的各国社会民主党，再到20世纪共产国际成立（1919年）前后世界上建立的一批共产党，今天世界上100多个国家里则存在和活动着130多个共产党；从最初的400余名党员到今天的1亿多党员，这样的党是推动各国无产阶级革命不断发

---

① 《马克思恩格斯选集》第4卷，人民出版社，2012，第592页。

展、促进社会主义建设和改革不断深入的领导核心，是无产阶级解放事业取得最终胜利的根本保证。为了更好地发挥无产阶级政党推动共产主义事业的重要作用，我们要不断总结无产阶级政党创立、建设、发展壮大、治国理政、执政兴国等活动的历程、经验和规律。无产阶级政党的创立是为人类求解放的重要里程碑，无产阶级政党的建设旨在不懈推进为人类求解放的伟大实践历程。

（四）对无产阶级来说，一切革命的根本问题是如何取得并牢固掌握政权问题

无产阶级革命是无产阶级获得解放的基本路径，无产阶级革命的根本问题则是国家政权问题。在阶级社会里，统治阶级与被统治阶级之间的斗争，主要是围绕政权展开的。政权是掌握和运用国家机器进行阶级统治的权力。列宁指出："一切革命的根本问题是国家政权问题。不弄清这个问题，便谈不上自觉地参加革命，更不用说领导革命。"① 无产阶级发动的历次革命，都是旨在夺取政权的行动，但是有的成功了，有的失败了，有的成功之后又失败了。1871年3月18日巴黎公社革命爆发，3月28日巴黎公社建立。巴黎公社的伟大意义在于，它是无产阶级推翻资产阶级统治、建立无产阶级专政的伟大尝试，是把人类从阶级社会中解放出来的社会革命的曙光。1917年俄国十月社会主义革命爆发，苏维埃俄国建立。十月革命的伟大意义在于，它真正创建了世界上第一个无产阶级领导的人民当家做主的新政权，社会主义作为一种崭新的社会制度出现在世界历史舞台上，引领着人类社会的发展方向。在20世纪的第二个十年，在苏维埃俄国之外建立了4个无产阶级政权，即1918年1月27~5月4日存在的芬兰社会主义工人共和国，1919年3月21~8月1日存在的匈牙利苏维埃共和国，1919年4月7~5月1日存在的巴伐利亚苏维埃共和国，1919年6月16~30日存在的斯洛伐克苏维埃共和国。在20世纪的第三个十年，德国、保加利亚、波兰等国在共

---

① 《列宁选集》第3卷，人民出版社，1995，第19页。

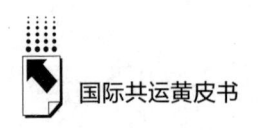

产党领导下相继爆发了无产阶级革命,建立了工农政权,但是它们同样在资产阶级残酷镇压下遭到失败。从二战结束前后一直到20世纪70年代中期,欧、亚、美14个国家的共产党先后取得了政权,建立了社会主义制度。这种状况一直持续到20世纪80年代末90年代初东欧剧变、苏联解体。连同此前的柬埔寨和此后的蒙古国,共产党人的执政地位在11个国家得而复失。无产阶级取得政权是为人类求解放的里程碑,政权建设则旨在不懈推进为人类求解放的伟大实践历程。这是因为取得政权并不是一劳永逸的,巩固执政地位、实现长期执政对无产阶级政党来说是更为严峻的考验、更为艰巨的任务。

(五)社会主义建设和改革是不断推动人类社会发展、实现人类的解放的历史性实践进程

人类的解放不是一句空话,必须以人类文明的不断进步为基础,社会主义建设则是不断推动文明发展、促进和实现人类的解放的历史的、实践的过程。建设,包括社会主义革命、社会主义建设、社会主义改革。列宁曾把建设社会主义比作攀登一座崎岖险阻、未经勘察、人迹罕至的高山。因此,社会主义建设的历程,注定是一个艰难曲折的探索历程。社会主义建设的道路,就是从没路的地方拓展出来的,从只有荆棘的地方开辟出来的。社会主义从一国实践到多国实践的发展,社会主义从初步探索改革到全面深化改革的发展,它们在时间上有交叉,在内容上有重叠。社会主义从初步探索改革到全面深化改革的发展,既有过启蒙式改革,如十月革命后不久列宁领导的从战时共产主义政策向新经济政策的转变;也有过难以为继的初步改革探索,如20世纪40年代末开始的五六十年代尤其令世人瞩目的东欧各国和苏联的改革;也有过从初步改革探索到剧变、解体的迷向、改向,如20世纪80年代末90年代初东欧剧变、苏联解体;更有着从初步改革探索到全面深化改革的破浪而行、踏浪而进,如从1978年开始的中国40余年的改革开放以及其他社会主义国家的革新和发展,特别是中国的改革开放这场中国的第二次革命,不仅深刻改变了中国,也深刻影响了世界。中国共产党人把改革开放推进到全面深化改革阶段，提出"将改革进行到底"①，并坚信中国改革开放必定成功。

全面深化改革，使社会主义建设、改革获得了新的自由和主动，推动中国特色社会主义进入新时代。2019年1月23日，习近平总书记指出，党的十一届三中全会是划时代的，开启了改革开放和社会主义现代化建设历史新时期。党的十八届三中全会也是划时代的，开启了全面深化改革、系统设计推进改革的新时代，开启了中国改革开放的全新局面。当今世界正经历百年未有之大变局，中华民族正经历伟大复兴之关键期，社会主义从初步探索改革到全面深化改革的发展，既是中国共产党人的新贡献，也是国际共产主义运动的新态势。

二 在新时代坚持和发展中国特色社会主义，是《习近平谈治国理政》第三卷的主题

马克思主义执政党建设，以人民为中心的发展理念，建设社会主义现代化国家是续写中国特色社会主义新篇章的关键词。围绕这一主题和这些关键词，中国共产党人不断深化对共产党执政规律、社会主义建设规律、人类社会发展规律的认识。

（一）着眼百年大计、千秋伟业锻造中国共产党、锻造马克思主义执政党

2021年是中国共产党成立一百周年。作为一个穿越百年历史风雨、拥有9000多万名党员的大党，作为一个在全世界最大发展中国家、最大社会主义国家执政70多年并将长期执政的世界第一大马克思主义执政党，胸怀千秋伟业，百年只是序章。习近平指出，"我们对于时间的理解，不是以十年、百年为计，而是以百年、千年为计"。在这个意义上，百年恰是风华正

---

① 《习近平谈治国理政》第三卷，外文出版社，2020，第193页。

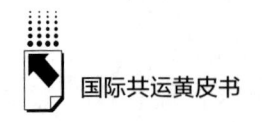

茂。习近平总书记强调,"中国共产党是中国特色社会主义事业的领导核心","中国共产党领导是中国特色社会主义最本质的特征","中国最大的国情就是中国共产党的领导","中国的事情要办好首先中国共产党的事情要办好",中国共产党"处在总揽全局、协调各方的地位","党政军民学,东西南北中,党是领导一切的,是最高的政治领导力量"①,等等。

办好中国的事情,关键在党。在新时代,中国共产党人一如既往地继承着前人的事业,进行着今天的奋斗,开辟着明天的道路。《习近平谈治国理政》第三卷开篇就强调:"不忘初心,方得始终。中国共产党人的初心和使命,就是为中国人民谋幸福,为中华民族谋复兴。"② "为中国人民谋幸福,为中华民族谋复兴",其理论根由和逻辑原点,就在于马克思主义"为人类求解放"的宏阔旨归和共产主义的远大理想。

中国共产党从建党那天起,就高度重视党的建设。使命呼唤担当,使命引领未来。中国特色社会主义进入新时代,习近平总书记明确提出党的建设总要求,即:"坚持和加强党的全面领导,坚持党要管党、全面从严治党,以加强党的长期执政能力建设、先进性和纯洁性建设为主线,以党的政治建设为统领,以坚定理想信念宗旨为根基,以调动全党积极性、主动性、创造性为着力点,全面推进党的政治建设、思想建设、组织建设、作风建设、纪律建设,把制度建设贯穿其中,深入推进反腐败斗争,不断提高党的建设质量,把党建设成为始终走在时代前列、人民衷心拥护、勇于自我革命、经得起各种风浪考验、朝气蓬勃的马克思主义执政党。"③ 我们党深刻认识到,党的执政地位不是与生俱来的,也不是一劳永逸的。党的自我革命没有休止符,党的建设永远在路上。

党的建设内涵丰富,但重在涵育理想信念、坚持全面从严治党。习近平总书记指出:"革命理想高于天。共产主义远大理想和中国特色社会主义共同理想,是中国共产党人的精神支柱和政治灵魂,也是保持党的团结统一的

---

① 习近平:《中国共产党领导是中国特色社会主义最本质的特征》,《求是》2020年第14期。
② 《习近平谈治国理政》第三卷,外文出版社,2020,第1页。
③ 《习近平谈治国理政》第三卷,外文出版社,2020,第48页。

思想基础。"① 全面从严治党则是一场伟大的自我革命。全面从严治党，核心是加强党的领导，基础在全面，关键在严，要害在治，目的在于实现党的自我净化、自我完善、自我革新、自我提高。习近平总书记指出："要把新时代坚持和发展中国特色社会主义这场伟大社会革命进行好，我们党必须勇于进行自我革命，把党建设得更加坚强有力。"② 党治国必先治党，且治党务必从严。这是历史的逻辑和实践的逻辑。

（二）坚持人民至上、坚持以人民为中心的发展思想，是中国共产党人基业长青的伟力之源泉

伟大的历史，由人民书写；科学的理论，由人民实践；梦想的宏图，由人民绘就。"我们党来自人民、植根人民、服务人民。"③ 在纪念马克思诞辰200周年大会上，习近平总书记强调，中国共产党"要始终把人民立场作为根本立场，把为人民谋幸福作为根本使命，坚持全心全意为人民服务的根本宗旨"④。经过长期努力，在新时代，"中国社会主要矛盾已经转化为人民日益增长的美好生活需要和不平衡不充分的发展之间的矛盾。以前我们要解决'有没有'的问题，现在则要解决'好不好'的问题"⑤。习近平总书记指出："全党同志一定要永远与人民同呼吸、共命运、心连心，永远把人民对美好生活的向往作为奋斗目标。"⑥ "我们的目标很宏伟，但也很朴素，归根结底就是让全体中国人都过上更好的日子。"⑦

纵观历史，一切为了人民，是中国共产党一以贯之的理念和行动。我们党干革命、搞建设、抓改革，都是为人民谋利益，让人民过上好日子。党领导人民打土豪、分田地，是为人民根本利益而斗争；领导人民开展抗日战

---

① 《习近平谈治国理政》第三卷，外文出版社，2020，第49页。
② 《习近平谈治国理政》第三卷，外文出版社，2020，第515页。
③ 《习近平谈治国理政》第三卷，外文出版社，2020，第135页。
④ 《习近平谈治国理政》第三卷，外文出版社，2020，第136页。
⑤ 《习近平谈治国理政》第三卷，外文出版社，2020，第133页。
⑥ 《习近平谈治国理政》第三卷，外文出版社，2020，第1~2页。
⑦ 《习近平谈治国理政》第三卷，外文出版社，2020，第134页。

争、赶走日本侵略者，是为人民根本利益而斗争；领导人民推翻帝国主义、官僚资本主义、封建主义三座大山、建立新中国，是为人民根本利益而斗争；领导人民开展社会主义革命和建设、改变"一穷二白"的落后面貌，是为人民根本利益而斗争；领导人民实行改革开放、推进社会主义现代化、实现中华民族伟大复兴，同样是为人民根本利益而斗争。我们党始终坚持"人民是历史的创造者"的唯物史观，始终坚定地认为中国人民是具有伟大创造精神、伟大奋斗精神、伟大团结精神、伟大梦想精神的人民，①"人民是党执政的最大底气，也是党执政最深厚的根基"。② 习近平总书记"始终把人民放在心中最高位置"，③ 深情宣示"我将无我，不负人民"，④ 坚毅笃信"江山就是人民，人民就是江山，人心向背关系党的生死存亡"⑤。在新时代，正是始终坚持"以人民为中心的发展思想"⑥毫不动摇，我们党团结带领全国各族人民砥砺前行、开拓创新，取得了令世人瞩目的辉煌成就。

在全面建设社会主义现代化国家新征程上，始终坚持以人民为中心的发展思想，必须将其贯穿于各项工作之中，落脚于把实现全体人民共同富裕作为评判实践成果的根本标准。党的十九届五中全会把坚持以人民为中心作为"十四五"时期经济社会发展必须遵循的原则之一，明确提出"坚持人民主体地位，坚持共同富裕方向，始终做到发展为了人民、发展依靠人民、发展成果由人民共享，维护人民根本利益"。"时代是出卷人，我们是答卷人，人民是阅卷人。"⑦ 新中国成立以来、改革开放以来、党的十八大以来特别是2020年以来，我们经历了一场场大考，考核的都是中国共产党一切为了人民的庄严承诺，解答的都是全心全意为人民服务的根本问题，交出的都是"以人民为中心""人民至上"的优异答卷。马克思恩格斯指出，"历史活动

---

① 《习近平谈治国理政》第三卷，外文出版社，2020，第140~141页。
② 《习近平谈治国理政》第三卷，外文出版社，2020，第137页。
③ 《习近平谈治国理政》第三卷，外文出版社，2020，第139页。
④ 《习近平谈治国理政》第三卷，外文出版社，2020，第144页。
⑤ 习近平：《在党史学习教育动员大会上的讲话》，《求是》2021年第7期。
⑥ 《习近平谈治国理政》第三卷，外文出版社，2020，第4页。
⑦ 《习近平谈治国理政》第三卷，外文出版社，2020，第70页。

是群众的活动",①"过去的一切运动都是少数人的,或者为少数人谋利益的运动。无产阶级的运动是绝大多数人的,为绝大多数人谋利益的独立的运动"。② 习近平总书记提出,我们要站在历史正确的一边。实际上,一部马克思主义发展史、一部国际共产主义运动史就是把为人类求解放、实现人的自由而全面发展作为重要理念、价值追求和实践行动的历史。

(三)中国共产党走出了一条人类社会发展史上、人类解放史上的现代化新路

建设社会主义现代化国家,是执政的中国共产党人在新中国成立之后特别是从第一个五年计划到第十四个五年规划一以贯之的主题。毛泽东指出:"我们能够学会我们原来不懂的东西。我们不但善于破坏一个旧世界,我们还将善于建设一个新世界。"③ 中国共产党人先是提出"要在不太长的历史时期内,把我国建设成为一个具有现代农业、现代工业、现代国防和现代科学技术的社会主义强国,赶上和超过世界先进水平"④,后来又使用了"中国式的四个现代化""中国式的现代化"的概念。最新修订、目前实施的《中华人民共和国宪法》依然保留着"自力更生,艰苦奋斗","逐步实现工业、农业、国防和科学技术的现代化"的内容,且其与"推动物质文明、政治文明、精神文明、社会文明、生态文明协调发展,把我国建设成为富强民主文明和谐美丽的社会主义现代化强国,实现中华民族伟大复兴"有序衔接、相得益彰。

"所当乘者势也。不可失者时也。"在2021年新年贺词中,习近平主席强调:"站在'两个一百年'的历史交汇点,全面建设社会主义现代化国家新征程即将开启。征途漫漫,惟有奋斗。我们通过奋斗,披荆斩棘,走过了万水

---

① 《马克思恩格斯文集》第1卷,人民出版社,2009,第287页。
② 《马克思恩格斯选集》第1卷,人民出版社,2012,第411页。
③ 《毛泽东选集》第4卷,北京:人民出版社,1991,第1439页。
④ 《周恩来选集》下卷,人民出版社,1984,第439页。

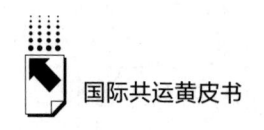

千山。我们还要继续奋斗,勇往直前,创造更加灿烂的辉煌!"① 现代化是人类社会发展进步的必由之路,走向现代化是不可移易的历史潮流。从中国近代以来社会发展的历史进程来看,社会主义是中国的唯一出路,现代化是中国的必然选择。各国现代化进程既有共性内容,也有不同之处。中国有自身独特的文化传统、历史命运、现实国情,中国的现代化"不是国外现代化发展的翻版"②,而是人类社会发展史上、人类解放史上的现代化新路。

这种新意在于,中国的现代化是充分体现基本国情和具体实际的现代化。所谓基本国情是指处在社会主义初级阶段,所谓具体实际是指作为世界上最大发展中国家,中国有14亿人口,要在这些现实条件和基础上真正做到大而强、富而强。

这种新意在于,中国的现代化是全体人民共同富裕的现代化,要聚力解决人民日益增长的美好生活需要和不平衡不充分的发展之间的矛盾。

这种新意在于,中国的现代化是物质文明和精神文明相协调的现代化,是物质文明、精神文明、政治文明、社会文明、生态文明全面发展的现代化。

这种新意在于,中国的现代化是人与自然和谐共生的现代化,要践行"绿水青山就是金山银山"的理念,守住自然生态安全边界。

这种新意在于,中国的现代化是坚持走和平发展道路的现代化,既要争取和平的国际环境发展自己,又要通过自身发展促进世界和平,推动构建人类命运共同体。

中国的现代化已经证明也必将继续证明,现代化没有千篇一律、普遍适用的教科书。

(四)举什么旗、走什么路,既是改革开放以来中国共产党全部理论和实践的主题,也是世界社会主义、国际共产主义运动全部理论和实践的主题

中国特色社会主义是科学社会主义理论逻辑、中国社会主义建设和改革

---

① 《人民日报》2021年1月1日。
② 《习近平谈治国理政》第三卷,外文出版社,2020,第76页。

开放实践逻辑、中国社会发展历史逻辑的辩证统一。习近平总书记强调，"中国特色社会主义是改革开放以来党的全部理论和实践的主题"①，"做到坚持和发展中国特色社会主义要一以贯之"②。习近平总书记对中国特色社会主义的意蕴和由来进行了历史性考察和阐释。他指出，中国特色社会主义是社会主义，而不是别的什么主义。"科学社会主义基本原则不能丢，丢了就不是社会主义。同时，科学社会主义也绝不是一成不变的教条。"③ 中国特色社会主义进入新时代，这个新时代，是中国特色社会主义新时代，而不是别的什么新时代。历史地看，"中国特色社会主义不是从天上掉下来的，而是在改革开放40年的伟大实践中得来的，是在中华人民共和国成立近70年的持续探索中得来的，是在我们党领导人民进行伟大社会革命97年的实践中得来的，是在近代以来中华民族由衰到盛170多年的历史进程中得来的，是对中华文明5000多年的传承发展中得来的"④。同时，中国特色社会主义也是对社会主义500余年特别是科学社会主义170多年的伟大成果的继承和创新。坚持这一主题，既不能走封闭僵化的老路，也不能走改旗易帜的邪路，而要走全面深化改革、自主深度开放的新途和高举旗帜的正道。坚持这一主题，习近平总书记号召中国共产党人，"团结带领全国各族人民奋力谱写全面建成小康社会、全面建设社会主义现代化国家新篇章"⑤，同时谱写世所罕见的经济快速发展奇迹和社会长期稳定奇迹这"两大奇迹"新篇章。

三 洞察中华民族伟大复兴战略全局

坚定中国特色社会主义道路自信、理论自信、制度自信、文化自信，铸

---

① 《习近平谈治国理政》第三卷，外文出版社，2020，第13页。
② 《习近平谈治国理政》第三卷，外文出版社，2020，第69页。
③ 《习近平谈治国理政》第三卷，外文出版社，2020，第76页。
④ 《习近平谈治国理政》第三卷，外文出版社，2020，第70页。
⑤ 《习近平谈治国理政》第三卷，外文出版社，2020，第62页。

牢中华民族命运共同体意识；洞察世界百年未有之大变局，推进"一带一路"建设，推动构建人类命运共同体，是习近平新时代中国特色社会主义思想不断发展的新时代意蕴和根本旨归。

（一）回答"世界怎么了、我们怎么办？"这样站在人类历史发展进程高度发出的世界之问、时代之问，最根本的就是推动构建人类命运共同体

一个时代有一个时代的问题。列宁指出，"在分析任何一个社会问题时，马克思主义理论的绝对要求，就是要把问题提到一定的历史范围之内"[1]。习近平一再强调："当今世界正面临百年未有之大变局，和平与发展仍然是时代主题，同时不稳定性不确定性更加突出，人类面临许多共同挑战。"[2]"大变局"就是在"一定的历史范围"发生的事态。

"大变局"既是机遇，也是挑战。近年来，世界大变局进入加速演变期，加速向纵深发展，各种新问题、新挑战层出不穷。特别是在新冠肺炎疫情的影响下，国际环境更趋复杂多变，国际形势不稳定性、不确定性明显增加，单边主义、保护主义、霸权主义对世界和平与发展的威胁凸显，国际社会要求变革全球治理体系、建立更加公正合理国际秩序的呼声高涨。

人类社会发展站在前行的十字路口，何去何从？这是必须面对的抉择。习近平认为："问题本身并不可怕，关键是采取正确的办法来解决问题。"[3]他倡导各国共同构建人类命运共同体，"共同努力把人类前途命运掌握在自己手中"。[4] 中国始终做世界和平的建设者、全球发展的贡献者、国际秩序的维护者，各国都应该有以天下为己任的担当精神，"坚持公正合理，破解治理赤字"，"坚持互商互谅，破解信任赤字"，"坚持同舟共济，破解和平

---

[1] 《列宁选集》第 2 卷，人民出版社，1995，第 375 页。
[2] 《习近平谈治国理政》第三卷，外文出版社，2020，第 460 页。
[3] 《习近平谈治国理政》第三卷，外文出版社，2020，第 456 页。
[4] 《习近平谈治国理政》第三卷，外文出版社，2020，第 460 页。

赤字"，"坚持互利共赢，破解发展赤字"，① 他呼吁国际社会从伙伴关系、安全格局、经济发展、文明交流、生态建设等方面作出努力，建设持久和平、普遍安全、共同繁荣、开放包容、清洁美丽的世界，从而回应了各国人民求和平、谋发展、促合作的普遍诉求，充分展现了大国领袖的世界情怀和责任担当，指引着中国和世界前进的方向，真正推动实现人类共同理想的历史进程。

"人类命运共同体，顾名思义，就是每个民族、每个国家的前途命运都紧紧联系在一起，应该风雨同舟，荣辱与共，努力把我们生于斯、长于斯的这个星球建成一个和睦的大家庭，把世界各国人民对美好生活的向往变成现实。"② 构建人类命运共同体，是真正胸怀全球、面向未来的思想，同时也完美诠释了"中国共产党是世界上最大的政党"，"大就要有大的样子"，"中国共产党是为中国人民谋幸福的党，也是为人类进步事业而奋斗的党"，"中国共产党所做的一切，就是为中国人民谋幸福、为中华民族谋复兴、为人类谋和平与发展"，③ 中国共产党将"一如既往为世界和平安宁作贡献""一如既往为世界共同发展作贡献""一如既往为世界文明交流互鉴作贡献"，④ 从而体现了坚持中国发展与谋求世界发展的高度统一。

2020年以来，新冠肺炎疫情与世界大变局交织叠加、相互影响，大道不孤，天下一家。经历了一年多的风雨，人们前所未有地认识到各国是如此休戚与共、命运相连，比任何时候都更加深切地体会到人类命运共同体的价值和意义。进入新发展阶段，我们要做的就是，贯彻新发展理念、以准确识变之智、科学应变之策、主动求变之能，构建新发展格局，实现高质量发展，在危机中育先机，于变局中开新局，为世界和平发展与人类进步事业做出新的、更大的贡献。

---

① 《习近平谈治国理政》第三卷，外文出版社，2020，第460~461页。
② 《习近平谈治国理政》第三卷，外文出版社，2020，第433页。
③ 《习近平谈治国理政》第三卷，外文出版社，2020，第436页。
④ 《习近平谈治国理政》第三卷，外文出版社，2020，第436~437页。

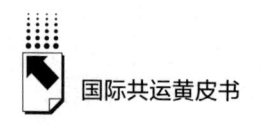

（二）坚定中国特色社会主义道路自信、理论自信、制度自信、文化自信，最根本的是铸牢中华民族共同体意识，实现中华民族伟大复兴

党的十九大以来，习近平总书记一再强调，"我国仍处于发展的重要战略机遇期"，我们"要胸怀两个大局，一个是中华民族伟大复兴的战略全局，一个是世界百年未有之大变局，这是我们谋划工作的基本出发点"。① "实现中华民族伟大复兴是近代以来中华民族最伟大的梦想。"② 历史地看，中华民族曾创造了辉煌灿烂的中华文明，为人类文明进步做出卓越贡献，成为世界上伟大的民族。近代以来，中华民族却成为世界资本主义、帝国主义列强瓜分豆剖、欺凌掠夺的对象。中国共产党一成立，就把实现共产主义作为自己的最高理想，义无反顾地肩负起实现中华民族伟大复兴的历史使命，团结带领人民进行了艰苦卓绝的斗争，谱写了气吞山河的壮丽史诗。从1840年到1921年，从1921年到1949年，从1949年到今天，在历史的接力跑中，我们实现了中华民族由近代不断衰落到根本扭转命运，再到走向繁荣富强的伟大飞跃。现在，中国人民和中华民族在历史进程中积累的强大能量已经充分爆发出来，为实现中华民族伟大复兴提供了势不可当的磅礴力量。"今天，我们比历史上任何时期都更接近、更有信心和能力实现中华民族伟大复兴的目标。"③ 只有创造过辉煌的民族，才懂得民族复兴的真正意义；只有经历过苦难的民族，才拥有对民族复兴的深切渴望。实现中华民族伟大复兴，最根本的就是要铸牢中华民族共同体意识。

全面建设社会主义现代化国家，建成社会主义现代化强国，实现中华民族伟大复兴，是中华民族的根本利益。实现这一宏伟目标，我们有高度的自信。这一自信，来源于我们开辟了中国特色社会主义道路，这一道路是实现社会主义现代化、创造人民美好生活的必由之路，并愈益宽广。这一自信，

---

① 《习近平谈治国理政》第三卷，外文出版社，2020，第77页。
② 《习近平谈治国理政》第三卷，外文出版社，2020，第11页。
③ 《习近平谈治国理政》第三卷，外文出版社，2020，第12页。

来源于我们形成了中国特色社会主义理论体系,这一理论体系是指导党和人民实现中华民族伟大复兴的正确理论,并不断实现新的飞跃。这一自信,来源于我们确立了中国特色社会主义制度,并愈益完善和巩固;这一自信,来源于我们发展了中国特色社会主义文化,并愈益丰富。正是在这一意义上,习近平总书记指出:"当今世界,要说哪个政党、哪个国家、哪个民族能够自信的话,那中国共产党、中华人民共和国、中华民族是最有理由自信的。"① 历史已经证明并将继续证明,没有中国共产党的领导,中华民族伟大复兴的中国梦必然是一种空想。坚持中国共产党的全面领导,中华民族伟大复兴的中国梦就一定能够实现。

(三)中国共产党人的政治立场和精神风貌一以贯之、恒定传承

习近平新时代中国特色社会主义思想已经指导我们取得了脱贫攻坚和全面建成小康社会的历史性胜利,也必将引领我们在全面建设社会主义现代化国家、实现中华民族伟大复兴的新征程上谱写举世瞩目的新篇章。

"行之力则知愈进,知之深则行愈达。"新中国成立前后,毛泽东曾豪迈地指出:"让那些内外反动派在我们面前发抖吧,让他们去说我们这也不行那也不行吧,中国人民的不屈不挠的努力必将稳步地达到自己的目的。"②"领导我们事业的核心力量是中国共产党。指导我们思想的理论基础是马克思列宁主义。""我们正在前进。我们正在做我们的前人从来没有做过的极其光荣伟大的事业。""我们的目的一定要达到。我们的目的一定能够达到。"③ 中国特色社会主义进入新时代,习近平总书记以同样的政治立场和精神风貌向全世界庄严宣告:"站立在九百六十多万平方公里的广袤土地上,吸吮着五千多年中华民族漫长奋斗积累的文化养分,拥有十三亿多中国人民聚合的磅礴之力,我们走中国特色社会主义道路,具有无比广阔的时代

---

① 习近平:《在庆祝中国共产党成立95周年大会上的讲话》,《人民日报》2016年7月2日。
② 《毛泽东文集》第5卷,人民出版社,1996,第345页。
③ 《毛泽东文集》第6卷,人民出版社,1999,第350页。

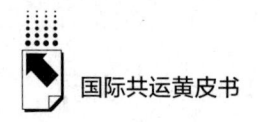

舞台，具有无比深厚的历史底蕴，具有无比强大的前进定力。"① 从百年历史风雨中走来的中国共产党，"一定能够引领承载着中国人民伟大梦想的航船破浪前进，胜利驶向光辉的彼岸"。② 这是中国共产党人民领袖的历史性对接。

大道之行，天下为公。历史车轮滚滚向前，时代潮流浩浩荡荡。在历史前进的逻辑中前进，在时代发展的潮流中发展。敢于斗争并善于斗争、敢于取胜并善于取胜的中国共产党人，已经在中国近现代史上坚毅地树起一座座丰碑，也必将引领世界社会主义、国际共产主义运动走向更加伟大的振兴。

参考文献

1. 《习近平谈治国理政》第三卷，外文出版社，2020。
2. 《国际共产主义运动史》（第二版），人民出版社、高等教育出版社，2020。
3. 中共中央党校（国家行政学院）：《习近平新时代中国特色社会主义思想基本问题》，人民出版社、中共中央党校出版社，2020。
4. 林建华等：《马克思主义中国化、时代化、大众化论纲》，知识产权出版社，2016。
5. 林建华：《新时代推动全面深化改革实现新突破的理论思考与行动指南——〈习近平谈治国理政〉第三卷学习体会》，《马克思主义研究》2020 年第 8 期。

---

① 《习近平谈治国理政》第三卷，外文出版社，2020，第 55 页。
② 《习近平谈治国理政》第三卷，外文出版社，2020，第 54 页。

Y.5
社会主义国家成功管控新冠肺炎疫情彰显社会主义制度优越性

潘西华*

摘 要: 2020年初,新型冠状病毒席卷了全世界。面对突如其来的疫情,中国政府果断采取行动,及时控制疫情。越南、古巴、老挝、朝鲜对疫情的控制远远好于资本主义国家尤其是资本主义发达国家,彰显了社会主义制度的优越性。马克思主义不仅为我们描绘了未来社会是什么样的,而且作为一种科学理论指导着社会主义革命与建设实践,为社会主义国家有效防控新冠肺炎疫情提供了理论基础与制度保障。

关键词: 新冠肺炎 社会主义国家 社会主义制度优越性

新冠肺炎疫情作为近百年来全球发生的最严重的传染病大流行,不分国界地席卷了全球。据美国约翰斯·霍普金斯大学发布的全球新冠肺炎数据实时统计系统,截至北京时间2020年12月31日,全球累计确诊新冠肺炎病例83720315例,累计死亡病例1823584例。[1] 在新冠病毒在全球依然肆虐的今天,上述统计每天变化的不是数字,而是生命。西方资本主义国家在这次

---

* 潘西华,中国社会科学院马克思主义研究院副研究员,研究方向为国外马克思主义。本文审读专家:社会科学文献出版社祝得彬副编审。

[1] 《数读12月31日全球疫情:全球日增确诊超73万例 累计逾8372万例 美国新增超23万例》,腾讯网,https://new.qq.com/omm/20210101/2021010/A01VFL00.html。

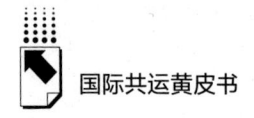

新冠肺炎疫情的防控中表现不佳，甚至是灾难性的。相比之下，中国在抗击新冠肺炎疫情中采取的有效措施以及成功经验得到了国际社会的高度评价。与此同时，同为社会主义国家的越南、古巴、老挝、朝鲜也在抗疫中采取了行之有效的综合性措施，疫情控制远远好于资本主义国家尤其是资本主义发达国家，挽救了更多生命。

在新冠肺炎疫情背景下，"西方之乱"暴露了资本主义制度在政治、社会、经济、科学技术、文化价值等方面的诸多问题，而"中国之治"以及社会主义国家对新冠肺炎疫情的成功防控彰显了社会主义制度的优越性。

一 党的集中统一领导，是成功防控疫情最有力的政治保证

在新冠肺炎疫情防控过程中，中国共产党、越南共产党、古巴共产党、老挝人民革命党、朝鲜劳动党作为执政党，对本国的新冠疫情防控工作高度重视，迅速作出部署，全面加强对疫情防控的集中统一领导。

在中国，在新冠肺炎疫情的防控中，中国共产党作为最高政治领导力量，始终坚持把人民生命安全和身体健康放在第一位，统揽全局、果断决策，以非常之举应对非常之事。习近平总书记亲自指挥、亲自部署，因时因势制定重大战略策略；专门成立中央应对疫情工作领导小组，派出中央指导组，建立国务院联防联控机制，进而在全国迅速形成统一指挥、全面部署、立体防控的战略布局，有效遏制了疫情大面积蔓延，有力改变了病毒传播的危险进程，最大限度保护了人民生命安全和身体健康。在党的集中统一领导下，各行各业扛起责任，国有企业、公立医院勇挑重担，460多万个基层党组织冲锋陷阵，400多万名社区工作者在全国65万个城乡社区日夜值守，各类民营企业、民办医院、慈善机构、养老院、福利院等积极出力，广大党员、干部带头拼搏，人民解放军指战员、武警部队官兵、公安民警奋勇当先，广大科研人员奋力攻关，数百万名快递员冒疫奔忙，180万名环卫工人起早贪黑，新闻工作者深入一线，千千万万志愿者和普

通人默默奉献。① 与此同时，党中央及时作出统筹疫情防控和经济社会发展的重大决策，再到加大宏观政策应对力度，坚持依法防控、科学防控，推动落实分区分级精准复工复产，最大限度保障人民生产生活，促使中国成为疫情发生以来第一个恢复增长的主要经济体，在疫情防控和经济恢复上都走在世界前列，显示了中国的强大修复能力和旺盛生机活力。

在越南，党和政府以临战状态应对疫情，主动制定防控方案，多措并举狠抓疫情防控，同时统筹做好经济社会发展各项工作。在制定应对疫情的总体思路方面，提出了"抗疫如抗敌"的口号，实行党中央的集中统一领导，以党政军全体干部、全社会全部参与的方式，以临战状态应对疫情。

在老挝，面对全球突发的新冠肺炎疫情，老挝人民革命党科学谋划，系统部署，迅速出台了一系列"硬核"措施。2020年3月16日，在老挝党的统一领导下，国家疫情防控委员会发出通知，加强对入境人员的疫情防控，要求根据是否有可疑症状、疫区居留史、病例接触史等分别采取医院隔离、居家观察、自我监测等不同等级措施。3月18日老挝政府总理通伦·西苏里主持召开会议，研究出台了进一步加强新冠肺炎疫情防控的九条措施。老挝成功抵制了疫情蔓延，取得了抗疫战争的最后胜利。

在朝鲜，新冠肺炎疫情暴发后，朝鲜劳动党高度重视，最高领导人金正恩分别在2020年2月29日、4月11日和7月2日召开劳动党政治局会议讨论疫情，就抗击新冠肺炎疫情进行了新部署，进一步加大了国家紧急防疫工作力度，并修改相关法律加强疫情防控，将国家紧急防疫体系转为"最大紧急体制"。朝鲜劳动党和政府对新冠肺炎疫情高度重视并及早采取严格防疫措施，成为朝鲜零感染的关键。

在古巴，党和政府对疫情防控工作进行了集中统一领导和全面部署。2020年3月6日，古巴共产党发布了《新冠肺炎疫情防控计划》。在全国范

---

① 习近平：《在全国抗击新冠肺炎疫情表彰大会上的讲话》，中国共产党新闻网，http：//cpc.people.com.cn/n1/2020/0908/c64094-31854170.html。

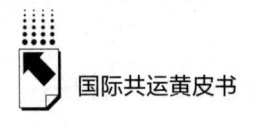

围内启动社区排查计划,确保城市、农村乃至偏远地区人口全覆盖。在古巴共产党的坚强领导和古巴人民的团结互助下,抗疫斗争取得了阶段性胜利。

党的集中统一领导作为社会主义的最大优势,为五个社会主义国家成功管控疫情提供了无比坚强的领导力量,体现了马克思主义经典作家对无产阶级政党的本质要求。为了取得革命斗争的胜利,"必须把我们的一切力量捏在一起,并使这些力量集中在同一个攻击点上"。[1] 列宁在领导布尔什维克党夺取政权、掌握政权、巩固政权以及建设社会主义的长期革命斗争实践过程中,也强调坚持无产阶级政党对无产阶级事业领导的重要性和必要性。只有这样才能在各种斗争中形成战斗堡垒,领导社会主义革命和建设取得胜利。

纵观五个社会主义国家的抗疫举措,正是因为发挥了党的集中统一领导这一政治领导优势,才确保了"令出一门"的高质量决策效率,全国上下同心,迅速形成巨大合力,取得新冠肺炎疫情防控的巨大实效。

二 发挥社会主义集中力量办大事的制度优势,为疫情防控提供了物质保障

集中力量办大事作为社会主义制度的优势之一,凭借其独特的运行机制,能够在资源的集中使用、各方面积极性的调动等方面发挥奇效,为社会主义国家成功防控新冠肺炎疫情提供了有力的物质保障。正如习近平总书记所强调的:"我们最大的优势是我国社会主义制度能够集中力量办大事。这是我们成就事业的重要法宝。"[2]

在中国,在新冠肺炎疫情防控中,中国共产党领导组织的党政军民学进行了大会战,各行各业负起了责任。一方有难,八方支援,中国举全国之力实施规模空前的生命大救援,用十多天时间先后建成火神山医院和雷神山医

---

[1] 《马克思恩格斯文集》第10卷,人民出版社,2009,第375页。
[2] 《习近平谈治国理政》第二卷,外文出版社,2017,第273页。

院、大规模改建16座方舱医院、迅速开辟600多个集中隔离点，19个省区市对口帮扶除武汉以外的16个市州，最优秀的人员、最急需的资源、最先进的设备千里驰援，在最短时间内实现了医疗资源和物资供应从紧缺向动态平衡的跨越式提升。在疫情防控中，党和政府提出早发现、早报告、早隔离、早治疗的防控要求，确定集中患者、集中专家、集中资源、集中救治的救治要求，把提高收治率和治愈率、降低感染率和病亡率作为突出任务来抓。①

越南疫情防控过程中也采取了集中统一调配物资的举措，以确保物资和后备资源准备充足。越南卫生部在岘港市成立了前线指挥部和医药库房，以利于直接指导和地方稳定军心，并且协调全国医疗人员和物资集中用于本地的抗疫。医疗部门也动员了前所未有的医疗力量，包括一流的教授、博士、专家和大学生等，有效保证了岘港和广南省的抗疫成功。

在医护力量不强、医疗物资紧缺、医疗条件比较薄弱的老挝，老挝人民革命党和政府高度警惕，研究制定了对新冠肺炎疫情针对性很强的防控措施，适应形势变化，动员社会力量，努力防范，严防疫情蔓延。

在朝鲜，国家迅速采取力度空前的防疫措施，加大国家紧急防疫工作力度，加强防控疫情的检验检疫工作，统筹社会资源，为疫情防控的胜利提供物质保障。

在古巴，公共卫生部门根据古共中央和古巴国务委员会相关会议精神，紧急协同各党政机关及社会部门，针对疫情中的突出问题，出台了医患救治与医药研发、疫情披露与科教宣传、公共服务与社会疏导等措施，关键职能部门加紧落实并推进疫情防控工作。其中，较为完善的三级医疗体系、全民免费医疗发挥了重要作用。

社会主义国家之所以能够发挥这一优势，主要基于制度本身的优越性。社会主义国家是以生产资料公有制为基础的，实现了全体人民利益的根本一

---

① 习近平：《在全国抗击新冠肺炎疫情表彰大会上的讲话》，中国共产党新闻网，http：//cpc.people.com.cn/n1/2020/0908/c64094-31854170.html。

致，可以将有限的资源集中用于解决最重要的任务，强化国民经济的薄弱环节，实现经济快速发展。① 党和国家政府以社会的名义占有生产资料，为集中力量办大事提供了制度保障。这也正是马克思主义经典作家对未来社会主义社会所构想的。在无产阶级取得国家政权后，"无产阶级将利用自己的政治统治，一步一步地夺取资产阶级的全部资本，把一切生产工具集中在国家即组织成为统治阶级的无产阶级手里，并且尽可能快地增加生产力的量"②。也就是说，无产阶级夺权后，首先要做的就是把生产资料变为国家财产。此时的国家真正作为整个社会的代表采取行动，即以社会的名义占有生产资料，这就为集中力量办大事提供了制度保障。社会主义制度的这一优越性，再次被五个社会主义国家所力证，为社会主义国家成功管控新冠肺炎疫情提供了强大的物质支撑。

三 以人民为中心，是取得疫情防控胜利的价值依归

疫情同人民的生命和健康息息相关，在疫情面前，五个社会主义国家的共产党均秉持"以人民为中心"的价值理念，在疫情防控工作的谋篇布局和各项防控要求的具体落实过程中，积极倡导"人民至上""生命至上"，积极动员和带领人民参与疫情防控的各个层面的工作，确保人民生命安全和身体健康免受来自疫情方面的侵害。

在中国，"以人民为中心"的价值理念在疫情防控治理中得以贯彻与落实。面对突如其来的病毒，中国共产党坚持人民至上、生命至上，以坚定果敢的勇气和坚忍不拔的决心，同时间赛跑、与病魔较量，迅速打响疫情防控的人民战争、总体战、阻击战。"中国始终全力以赴救治患者，不遗漏一个感染者，不放弃每一位病患者；费用全部由国家承担，最大程度提高了治愈率、降低了病亡率；尊重人民的主体地位，构建了以人民群众为主体的防控

---

① 何自力：《发挥社会主义集中力量办大事的显著优势》，昆仑策，http：//www. kunlunce. com/ gcjy/fzzl/2019－12－10/138691. html。
② 《马克思恩格斯文集》第2卷，人民出版社，2009，第52页。

力量。"① 重视和保障民生，统筹疫情防控和经济社会发展，扎实做好"六稳"工作，全面落实"六保"任务。推动落实分区分级精准复工复产，最大限度保障人民生产生活。遵循人民健康至上的理念，发挥社会主义制度优势，开展疫苗的研发和攻关工作。中国政府决定，在新冠肺炎疫苗研制成功批准附条件上市后，为全民免费提供，通过有序开展接种，符合条件的群众都能够实现"应接尽接"，逐步在全人群中构筑起免疫屏障。

在越南，越南共产党和政府遵循"生命至上"的原则，提出"宁肯牺牲经济利益也要保卫人民的身体健康和生命安全"口号，尊重以生存权为第一人权的理念，实行了以人为本的医疗救治措施。

在老挝，老挝人民革命党和政府也坚持生命至上，把人民的身体健康和生命安全放在第一位，实行以人民为中心的医疗救治措施。2021年1月14日，老挝卫生部宣布，老挝41例新冠肺炎病例全部治愈，治愈率达100%。

在朝鲜，面对全球性疫情危机，朝鲜劳动党以人民生命为重，果断坚定采取举国动员体制和封锁边境等"世上最严措施"，宣布实现"零感染"。在防疫期间，金正恩屡次公开批评给人民增加负担的行为，不断强调中央在防灾赈灾工作中起到的重要作用，努力体现"以民为本"理念。

在古巴，古巴共产党和政府以人民为中心，采取了保障民生的举措。为消除古巴居民排队购买日用品产生的聚集隐患，古巴政府出台了一系列便民举措。随后，古巴交通、邮政、银行等公共服务部门也出台了相关的便民举措。

在新冠肺炎疫情防控中，五个社会主义国家均把捍卫人民的生命权作为疫情防控的"头等大事"，体现了马克思主义经典作家有关人民历史地位和作用的认识与本质要求。

早在《神圣家族》中，马克思恩格斯就提出："历史活动是群众的活动，随着历史活动的深入，必将是群众队伍的扩大。"② 随后，马克思和恩

---

① 习近平：《在全国抗击新冠肺炎疫情表彰大会上的讲话》，中国共产党新闻网，http：//cpc.people.com.cn/n1/2020/0908/c64094-31854170.html。

② 《马克思恩格斯文集》第1卷，人民出版社，2009，第287页。

格斯在《共产党宣言》中，第一次提出了无产阶级政党建设思想，揭示了以马克思主义为指导的无产阶级政党的科学性、独立性、阶级性。其中，无产阶级政党的阶级性主要体现在人民性上。马克思恩格斯借助对共产党人同全体无产者的关系的分析，强调共产党人不是同其他工人政党相对立的特殊政党。他们没有任何同整个无产阶级的利益不同的利益。"无产阶级的运动是绝大多数人的，为绝大多数人谋利益的独立的运动。"① 因此，在实践方面，共产党人是各国工人政党中最坚决的、始终起推动作用的部分，是代表最广大人民利益的党；在理论方面，他们胜过其余无产阶级群众的地方在于他们了解无产阶级运动的条件、进程和一般结果，这彰显了无产阶级政党立足于广大无产阶级这个阶级基础的优势。随后，列宁不仅肯定了人民群众是社会变革的决定性力量，而且强调了团结和依靠人民对无产阶级政党及无产阶级事业的重要性，认为："劳动群众拥护我们。我们的力量就在这里。全世界共产主义运动不可战胜的根源就在这里。"② 据此，共产党人必须保持同人民群众的密切联系，依靠群众，全心全意为了群众。

正是由于崇尚以人民为中心作为新冠疫情防控的价值逻辑，各社会主义国家方能在具体的疫情防控工作中做到捍卫人民的生命权、保障人民的知情权、激发人民的参与权，方能得到人民的真心拥护与广泛参与，共克时艰，在新冠肺炎疫情防控中交出令人民满意的答卷。

四 崇尚科学精神，为疫情防控提供了强大的科技支撑

面对突发的新型传染性疾病，社会主义国家普遍做到了秉持科学精神、运用科学态度、发挥科技作用，科学精神贯穿于决策指挥、病患治疗、技术攻关、社会治理的全过程。

---

① 《马克思恩格斯文集》第2卷，人民出版社，2009，第42页。
② 《列宁选集》第4卷，人民出版社，2012，第53页。

在中国，科学防治、精准施策，为全面加强疫情防控工作指明了方向、提供了科学方法。在没有特效药的情况下，实行中西医结合，先后推出八版全国新冠肺炎诊疗方案，筛选出"三药三方"等临床有效的中药、西药和治疗办法，被多个国家借鉴和使用。无论是抢建方舱医院，还是多条技术路线研发疫苗；无论是开展大规模核酸检测、大数据追踪溯源和健康码识别，还是分区分级差异化防控、有序推进复工复产，都是对科学精神的尊崇和弘扬，都为战胜疫情提供了强大科技支撑。[1]

在越南，也是借助科技抗疫。不仅运用大数据对个人信息进行跟踪，及时发现密切接触者并进行隔离和跟踪检测，而且广泛借助新媒体进行新冠肺炎疫情的防护知识传播、辟谣、澄清，并要求个人做好卫生防护，强制戴口罩等。及时对疫情社区进行隔离和检测，有效防止疫情扩散。

在老挝，虽然公共卫生条件和基础设施落后，但也在中国专家组的协助下，提高了疫情防控科学化和规范化水平，最大限度助力疫情防控。

在朝鲜，即便境内没有出现一例新冠肺炎，也对疫情防控进行了科教宣传，组织国内开展大面积的防疫抗疫知识普及活动。实施了对公共场合进行严格消毒、要求全民佩戴口罩等科学防控措施。

在古巴，科技抗疫也无处不在。古巴不仅采用科学态度与方法进行疫情披露与科教宣传、公共服务与社会疏导等，而且在医患救治与医药研发中也发挥科技力量的神效。古巴成为南美洲唯一自行开发疫苗的国家。

科学技术既是人类文明的理论结果，也是人类实践的现实手段。社会主义国家对科学技术的重视与应用，验证了马克思主义经典作家对于科学技术的双刃剑作用的相关论述。马克思认为，科学技术首先是作为社会生产力的表现形式存在的，"生产力中也包括科学"[2]，并且社会生产力的发展直接"取决于一般的科学水平和技术进步，或者说取决于科学在生产上的应用"[3]

---

[1] 习近平：《在全国抗击新冠肺炎疫情表彰大会上的讲话》，中国共产党新闻网，http：//cpc.people.com.cn/n1/2020/0908/c64094-31854170.html。
[2] 《马克思恩格斯全集》第46卷下，人民出版社，1980，第221页。
[3] 《马克思恩格斯全集》第46卷下，人民出版社，1980，第217页。

科学技术不仅作为知识形态发挥精神力量的能动作用，更是作为物质力量直接推动历史的发展。恩格斯明确指出："科学是一种在历史上起推动作用的、革命的力量。"① 科技发展的终极意义旨在实现全人类的自由和解放。在认识到科技驱使自然力为自己服务并使它为人类的需要服务的同时，马克思恩格斯也划定了科学技术发展和运用的边界，强调"但是我们不要过分陶醉于我们人类对自然界的胜利。对于每一次这样的胜利，自然界都对我们进行报复"②。因此，要秉持科学精神，合理运用科学技术这把双刃剑。

在新冠肺炎疫情的防控过程中，正是得益于对科学精神的崇尚、对科技攻关的重视、对科技力量的运用，五个社会主义国家方能在抑制新冠疫情传播、救治新冠肺炎患者以及研发应用新冠肺炎疫苗等方面取得好成绩，为打赢疫情防控阻击战提供强大的科技支撑。

五 弘扬国际主义精神，为疫情防控注入国际联合力量

新冠肺炎疫情作为严重威胁公共卫生安全的危机，凸显了加强疫情防控国际合作的必要性和紧迫性。

中国在国内疫情防控取得阶段性重要成效的基础上，本着国际人道主义精神，始终践行人类命运共同体理念，向世界提供力所能及的帮助。推进国际抗疫合作，支持开展国际联防联控。采用"一省包一国"的形式，先后向伊朗、伊拉克、意大利、塞尔维亚、柬埔寨、巴基斯坦、老挝、委内瑞拉、菲律宾等国派出医疗专家组，向120个国家、4个国际组织提供抗疫物资援助，同180多个国家、十多个国际和地区组织分享疫情防控经验……以上成为新中国成立以来援助时间最集中、涉及范围最广的一次紧急人道主义

---

① 《马克思恩格斯选集》第3卷，人民出版社，2012，第1003页。
② 《马克思恩格斯选集》第3卷，人民出版社，2012，第998页。

行动。① 中国作为全球抗疫物资最大供应国，为全球疫情防控注入源源不断的动力。

在疫情防控中，疫苗研发是抗疫的关键，需要汇聚全球力量和智慧来推进。为此，中国始终坚持构建人类命运共同体，始终积极推动抗击疫情国际合作，先后与阿联酋、巴西等16个国家合作开展国际多中心Ⅲ期临床试验研究，推动中国研究机构和企业与世界各国开展研发生产合作。在疫苗研制成功后，中国也本着人道主义精神向其他国家提供帮助，以利于国际社会有效抗击疫情。

在有着国际主义传统的古巴，在本次新冠肺炎疫情的防控中，一如既往地发扬国际主义精神，对外进行援助。古巴积极同有关国家分享抗疫经验，不断推进抗病毒药物及疫苗研发的国际合作，并向疫情严重的国家和地区提供抗疫物资及医疗团队，以帮助受援国治疗病毒感染者，检测感染病例，并改进当地医院的治疗方案。据统计，全球五大洲有近59个国家在疫情期间接受过古巴医务人员的援助，展现了国际主义精神，受到国际社会的高度评价。

社会主义国家在成功管控新冠疫情中弘扬的国际主义精神，再次用现实生动诠释了马克思主义经典作家有关"国际主义"的相关表述。"国际主义"这个概念和思想最早是由马克思和恩格斯提出来的。早在《共产党宣言》中，马克思和恩格斯就倡导无产阶级的联合行动，强调"联合的行动，至少是各文明国家的联合的行动，是无产阶级获得解放的首要条件之一"②。为此，他们还提出"全世界无产者，联合起来！"③的口号，使国际主义思想得以彰显。在帝国主义战争与世界民族解放运动蓬勃发展的新形势下，列宁提出和使用了"无产阶级国际主义"这一概念，并进一步提出"全世界

---

① 《国际人道主义精神值得加倍珍视——抗击疫情离不开命运共同体意识》，新华网，http：//www.xinhuanet.com/world/2020 - 04/07/c_ 1125820545. htm。
② 《马克思恩格斯文集》第2卷，人民出版社，2009，第50页。
③ 《马克思恩格斯文集》第2卷，人民出版社，2009，第66页。

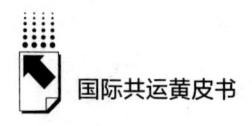

无产者和被压迫民族联合起来"① 的口号。随后，在各国的社会主义革命实践与建设中，国际主义对各国无产阶级政党建立、发展以及守望相助、务实合作起到了助推作用。

在新冠肺炎疫情的成功防控中，五个社会主义国家再次用行动见证了国际主义精神的力量。大疫面前，团结合作才是最有力的武器。

结语：弘扬社会主义制度优越性，夺取抗击疫情的最终胜利

在新冠肺炎疫情的防控中，基于不同的价值理念，社会主义国家和资本主义国家在疫情具体管控措施方面存在的差异导致了不同的防控现状。较资产阶级政府在面对疫情时反应迟缓、应对失策、漠视生命、推崇"群体免疫"进而引发疫情在本国严重恶化甚至陷入国家灾难状态，中国、朝鲜、越南、古巴、老挝五个社会主义国家的党和政府对疫情防控认识足、行动早、措施严、落实细，常态化疫情防控和预防型医疗成效显著。社会主义国家成功管控新冠肺炎疫情体现了马克思主义经典作家对社会主义的本质要求。社会主义制度优越性为社会主义国家有效防控新冠肺炎疫情提供了制度保障。

（一）深刻认识和弘扬社会主义制度优越性

抗击新冠肺炎疫情是对国家治理体系和治理能力的一次集中检验。面对这场突发的全球公共卫生安全危机，社会主义国家的党和政府秉持"以人民为中心"的价值理念，坚持党中央的集中统一领导，发挥集中力量办大事的制度优势，动员和依靠人民，上下联动、科学防控，取得了抗疫"人民战争"的阶段性胜利。虽然不能说社会主义国家在这场大考中对每一道考题都解答得尽善尽美，但社会主义制度和治理体系在整个疫情防控以及复

---

① 《列宁选集》第 4 卷，人民出版社，2012，第 326 页。

社会主义国家成功管控新冠肺炎疫情彰显社会主义制度优越性

工复产中已经充分彰显其独特的优势和优越性。伴随国内新冠肺炎疫情防控形势的持续向好，中国、古巴等社会主义国家向其他有需要的国家提供包括医疗物资、技术、直接派驻医疗救助队在内的力所能及的帮助，得到受援国政府、民众以及国际社会的高度评价，社会主义制度的优越性得以进一步彰显。

但与此同时，也有一些西方政治人物和媒体在疫情刚在中国出现时，就把锋芒指向中国制度和国家治理体系，将疫情同政治挂钩，无视中国举国抗疫所取得的成绩，诋毁中国、诬蔑抹黑中国、"甩锅"中国。更有甚者，在欧美发现更早新冠肺炎病例、世卫组织呼吁依靠科学找到病毒起源后，美国及其盟国依旧没有反省，继续用打上政治标签的"中国病毒"追责、起诉中国，歪曲中国对外援助的善意善举，① 以此破坏全球携手抗疫的氛围。对此，中国用出色的抗疫成绩以及国际社会的赞誉进行回击。

事实告诉我们，社会主义国家之所以能采取有效的防控措施，归根到底在于社会主义制度优越性所提供的根本制度保证。病毒无国界，但是社会制度有国界，正是凭借社会主义制度自身的制度优势，社会主义国家才能在短时间内集中力量控制住疫情并且恢复经济发展。动员全民参与疫情防控，多轮免费核酸检测，在新冠疫苗研制成功后，为全民免费接种新冠疫苗……这在认为戴口罩都妨碍个人自由，一味追求资本、利润和选票的资本主义国家，是完全不可想象的。社会主义制度与资本主义制度孰优孰劣，显而易见。

（二）团结抗疫是人间正道

"大疫"当前，新冠肺炎疫情在全球扩散蔓延势头尚未得到有效遏制。继英国发现变异病毒后，2021年初，多国相继发现变异病毒感染病例。新冠病

---

① 《国际述评：摘掉有色眼镜方能看懂中国对外援助》，中国新闻网，http://www.chinanews.com/gj/2020/04-01/9144648.shtml。

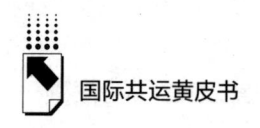

毒不分国界，面对新冠病毒这一全人类的敌人，任何国家都不能独善其身。加强国际抗疫合作，是世界各国人民的共同呼声，更是战胜疫情最有力的武器。

在疫情发生不久，2020年4月2日，中国共产党同100多个国家的230多个政党就加强抗击新冠肺炎疫情国际合作发出共同呼吁，指出新冠肺炎疫情对人类卫生健康及世界和平发展构成最紧迫和最严峻的挑战，各国应把人民生命安全和身体健康放在第一位，采取果断有力措施遏制疫情蔓延，秉持人类命运共同体意识，加强国际合作，相互支持和帮助，汇聚全球资源和力量，坚决打败病毒这一人类的共同敌人。参与发表共同呼吁的政党来自全球五大洲，包括主要国家的执政党、参政党、重要在野党以及政党国际组织，涵盖了左、中、右不同意识形态的政党，具有广泛的代表性。世界主要政党通过发表共同呼吁表达携手合作、共克时艰的政治意愿，对于全球凝聚民心、汇聚力量、共抗疫情具有重要的引导和推动作用。①

面对新冠肺炎疫情在全球范围快速蔓延扩散，各国应根据本国国情制订紧急计划和举措，动员全社会力量共同抗击疫情。与此同时，应摘掉有色眼镜，反对将公共卫生问题政治化，抵制借疫情对他国进行污名化以及歧视特定国家、地区和民族的言行。② 在中国成功研制新冠疫苗后，全球数十个国家求购中国疫苗，多位外国领导人带头接种中国生产的疫苗，表明他们对中国疫苗的安全性和有效性充满信心。中方致力于帮助其他发展中国家甚至免费向其赠送疫苗，为人类战胜新冠病毒贡献主要力量。对此，多国总统和世卫组织发声，对中国表达了感谢。疫情面前，全球携手应对疫情，团结抗疫方是人间正道。

（三）理性抗疫呼唤科学精神

疫情考验着每一个国家的体制以及应对危机能力。面对来势汹汹的疫

---

① 《世界政党就加强抗疫国际合作发出共同呼吁》，人民网，http://world.people.com.cn/n1/2020/0403/c1002-31659755.html。
② 《世界政党就加强抗疫国际合作发出共同呼吁》，人民网，http://world.people.com.cn/n1/2020/0403/c1002-31659755.html。

情，部分西方国家在疫情暴发初期，采取了"群体免疫"政策。但事实证明，该政策并没有成功控制住疫情，反而令疫情加剧恶化、不断扩散。美国政府对疫情防控意识淡薄，也未真正发挥科学技术在疫情防控中的作用。时任总统特朗普不仅抛出注射消毒液来杀死新冠病毒的错误言论，而且在疫情防控中排挤国际知名的流行病学家安东尼·福奇。美国疫情肆虐，一跃成为世界累计确诊病例和死亡病例最多的国家。面对新冠病毒在印度的蔓延，印度教的"宗教领袖"竟公开发言称喝牛尿可以非常有效地治疗新冠肺炎，并且印度一个组织在2020年3月14日真的在德里举办了一场以喝牛尿来对抗新冠病毒的聚会。但事实是，没有证据表明牛尿有治疗和预防疾病的作用。

恩格斯曾指出："没有哪一次巨大的历史灾难不是以历史进步为补偿的。"① 面对新冠肺炎疫情这场大考，社会主义国家较资本主义国家交出了令世人满意的答卷，以实际行动再次印证了马克思主义没有过时的真理。社会主义制度所具有的显著优势被全球抗疫斗争的伟大实践再次证明，成为抵御风险挑战、提高国家治理效能的根本保证。面对世界百年未有之大变局与新冠肺炎疫情交织叠加，国际社会应正确认识新冠肺炎疫情下国际局势的变与不变，充分认识社会主义国家有效防控新冠肺炎疫情的举措所彰显的社会主义制度的优越性，发挥国际主义精神，团结抗疫，科学抗疫，如此才能取得抗击新冠疫情的最终胜利。

参考文献

1. 《马克思恩格斯文集》第1~3卷，人民出版社，2009。
2. 《马克思恩格斯全集》第39卷，人民出版社，1974。
3. 《列宁选集》第4卷，人民出版社，2012。
4. 《习近平谈治国理政》第二卷，外文出版社，2017。

---

① 《马克思恩格斯全集》第39卷，人民出版社，1974，第49页。

Y.6
国外左翼视域下的疫情与资本主义制度危机

邢文增*

摘　要： 2020年新冠肺炎疫情充分暴露了资本主义制度的弊端与危机。各国左翼在对资本主义制度进行反思的基础上，认为以利润为目标的资本主义生产方式导致了疫情大肆蔓延。疫情使资本主义社会的不平等愈发凸显，而长期执行新自由主义政策更造成资本主义制度性危机的不断深化。与资本主义制度形成鲜明对照的是，社会主义国家在抗击疫情中表现优异，向全世界更加鲜明地展现了社会主义制度的优越性，引发了人们对社会主义替代方案的兴趣。

关键词： 新冠疫情　资本主义危机　社会不平等

新冠肺炎疫情暴发后，资本主义国家由于管控不力，疫情大肆蔓延。截至2020年12月31日，全球累计确诊新冠肺炎病例已突破8300多万，死亡人数超过181.2万；作为疫情重灾区的美国，累计确诊新冠肺炎病例已超过2000万，累计死亡人数已超过35万。在欧洲，许多国家疫情反弹，英国、法国、西班牙、意大利等都再次进入紧急状态，开始实施新一轮防疫措施。疫情的大范围蔓延不仅使人们的生命面临威胁，而且重创了各国经济，资本

---

* 邢文增，中国社会科学院马克思主义研究院副研究员，研究方向为当代资本主义。本文审读专家：山东大学当代社会主义研究所崔桂田教授。

主义国家大批工人失业,许多人陷入贫困。而同样处在疫情影响下的社会主义国家,则充分体现了其制度的优越性,不仅有效控制了国内疫情,也使经济开始恢复和重启。两种制度在疫情中的不同表现充分暴露了资本主义制度的弊端与危机,这一点已成为国外左翼的共识。在此共识的基础上,左翼对资本主义制度进行了深刻的反思与批判。

一 以利润为目标的资本主义生产方式导致疫情持续蔓延

2020年3月以来,欧美资本主义国家疫情持续蔓延,直接原因是资本主义国家采取的措施不力,然而从根源来看,以利润为目标的资本主义生产方式是疫情蔓延的根本原因。

对利润的追求一直伴随着资本主义生产方式的发展。正如马克思在《资本论》中所说的,"资本主义的生产过程,实质上就是剩余价值的生产",它"是资本主义生产的直接目的和决定性动机"。[①] 在新冠肺炎疫情发展过程中,资本主义生产方式的这一本质更为明显,造成疫情难以控制和迅速蔓延。

在资本主义生产方式下,利润被置于人民的生命健康之前,成为资本家最先考虑的因素。美国学者尼克·弗兰奇对此进行了谴责,认为"资本家对利润最大化的追求导致了资本主义最具破坏性的倾向。资本家将利润置于工人和全人类的福利之上。他们会让雇员在不舒适和危险的条件下工作","从未能研制出疫苗,到驱逐失业者并取消他们的医疗保健,再到让工人和公众不必要地受到感染;资本主义将为数百万冠状病毒相关死亡负责"。[②]《国际社会主义》的编辑约瑟夫·乔拉纳强调,疫情使资本主义面临着捍卫利润还是拯救生命的选择,而迄今为止的种种迹象表明,利润一直是这个体

---

① 《马克思恩格斯文集》第7卷,人民出版社,2009,第272页。
② Nick French, How Capitalism Kills During a Pandemic, https://jacobinmag.com/2020/03/capitalism-pandemic-coronavirus-covid-19-single-payer.

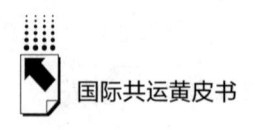

系的主导者最优先考虑的问题。①

减缓新冠病毒传播的必要措施意味着，大多数企业需要暂停运营或大幅缩减工人工作时间。这不仅会导致企业利润急剧减少，更会使许多企业面临亏损。因而，在利润的驱动下，为避免经济损失，部分国家在初期采取了"群体免疫"的措施，许多国家在条件尚不具备的情况下过早放开封锁，导致自身错过了有利的控制时机，疫情在全球范围内大肆蔓延。英国当代著名政治哲学家、《新政治家》周刊书评人约翰·格雷等以美国为例，指出，在特朗普看来，重塑美国经济显然要比遏制病毒重要得多，②"特朗普愿意拿数百万工人的健康和生命冒险，以满足《华尔街日报》和美国企业对利润最大化的追求。其认为，由于感染病毒的大多数50岁以下的人只有轻微症状，重新开放国家不会成为问题"。③ 实际上，这一观念不仅在美国流行，在其他国家也大多如此。牛津大学教授约翰·帕灵顿认为，病毒暴露了资本主义政府的局限性。资本主义国家采取的"群体免疫"策略的最大问题在于其无情地暗示：脆弱的群体应该任由病毒摆布。④

在资本主义生产方式下，资本主义的医疗体系同样秉持利润导向，导致疫情治理的低效。约翰·帕灵顿指出，资本主义制药和医疗保健部门与其他资本主义企业一样，都具有两个主要特征，即它们生产的东西具有使用价值，但它们这样做是为了产生利润。也就是说，制药行业是由利润驱动的，这一事实意味着，由于其成本以及许多国家薄弱的卫生保健基础设施，那些需要药物或疫苗的人将得不到它们。利润动机还意味着，某些科学价值有限但能为制药公司带来巨大利润的药物还是会生产和销售。与此同时，其他可

---

① Joseph Choonara, "Socialism in a Time of Pandemics", *International Socialism*, Issue 166, 2020, http：//isj.org.uk/socialism–in–a–time–of–pandemics/.

② John Gray, "Why This Crisis is a Turning Point in History", *Newstatesman*, April 1, 2020, https：//www.newstatesman.com/international/2020/04/why–crisis–turning–point–history.

③ Joe Sims, Coronavirus and Capitalist Crisis: The Struggle of (and for) Our Lives", https：//www.peoplesworld.org/article/coronavirus–and–capitalist–crisis–the–struggle–of–and–for–our–lives/.

④ John Parrington, "Science, Capitalism and COVID–19", *International Socialism*, Issue 167, 2020, http：//isj.org.uk/science–capitalism–and–covid–19/.

能产生重大影响的药物往往由于利润微薄而得不到开发。①

左翼学者、评论家尼科斯·莫塔斯在"保卫共产主义"网站撰文指出，新冠病毒成为全球性疾病的根本原因在于资本主义在"成本与收益"理论下对疫情防控的悲惨低效，而资本主义的毁灭和社会主义共产主义新社会的诞生，是拯救人类的最安全、最有效的"疫苗"。制药工业对其产品的研究生产和分销的唯一标准就是保证高利润率，即使一种药物或疫苗已经生产出来，如果利润率得不到保证，也不会真正批量生产。几年前在西非发生的埃博拉病毒疫情表明，生产资料的私有制给人民带来了悲惨的后果。资本主义就是这样，科学研究和生产部门不是以社会需求为导向，而是以资本对越来越多利润的需求为导向，特别是在垄断集团之间激烈竞争的情况下。②

美国伯克利音乐学院政治系教授维克多·沃里斯指出，在资本主义制度下，医疗体系的本质是医疗保健也被视作商品，病人能否得到治疗取决于其支付能力。③ 这也导致了大批感染新冠肺炎的病人无法得到及时有效的治疗，感染人数迅猛增长。同时，资本主义雇佣劳动制度也决定了广大工人阶级缺乏必要的保障。许多人无法负担高额的医疗保险费用，因而在患病后无法得到救治。在西方国家相继采取管控措施后，很多企业暂时歇业，大批工人下岗，生活陷入贫困。而所剩无几的工作岗位上的工人，则是超负荷工作，巨大的工作压力使其身体健康更加无法得到保障，在病毒面前不堪一击。正是在以榨取工人阶级剩余价值为目标的资本主义雇佣劳动制度下，疫情冲破重重防线，在资本主义国家大肆蔓延。

---

① John Parrington, "Science, Capitalism and COVID – 19", *International Socialism*, Issue 167, 2020, http://isj.org.uk/science – capitalism – and – covid – 19/.
② 尼科斯·莫塔斯：《新冠病毒全球流行的根本原因是资本主义的悲惨低效》，乌有之乡网，http://www.wyzxwk.com/Article/shiping/2020/03/415305.html。
③ 〔美〕维克多·沃里斯、禚明亮：《亟需更加开放地考虑激进的替代方案》，《世界社会主义研究》2020年第5期。

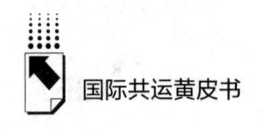

二 疫情使资本主义社会的不平等更为凸显

不平等一直是资本主义社会无法消除的痼疾。正如马克思主义经典作家所指出的，资本主义社会"一极是财富的积累，同时在另一极，即在把自己的产品作为资本来生产的阶级方面，是贫困、劳动折磨、受奴役、无知、粗野和道德堕落的积累"，①"大量财富集中在少数资本家的手里，而人民群众变成了一无所有的人"。② 新冠肺炎疫情发生后，这种不平等更是暴露无遗，它不仅表现为财富与收入的不平等，在疫情大流行的背景下更表现为生命健康权的不平等。但不论是何种的不平等，从根本上说都源于阶级不平等。

（一）疫情凸显了不同阶层和种族生命权的不平等

著名传播学者克里斯蒂安·福赫斯在《传播、资本主义与批判》上发表的《新冠资本主义下的十种日常》一文指出，富有的人、有权势的人可以获得最好的私人医生和医护服务，穷人则不得不承受私有化和全球商业化的负面后果。说得直白一些，这意味着他们更可能在疫情中死去。新冠肺炎疫情危机再次证明了德国社会学家乌尔里希·贝克所说的"风险社会"并非一个无阶级的社会。③

英国共产党2020年6月12日在官网上发表文章《COVID－19：压迫与阶级》，援引英国国家统计局5月7日发布的对英格兰和威尔士不同种族在疫情中的死亡率的分析数据，指出：在一些种族群体中，因新冠肺炎病亡的风险明显高于白人群体。如果把年龄考虑在内，黑人男性死于新冠肺炎的可能性是白人的4.2倍，黑人女性是白人男性和女性的4.3倍。④ 不仅如此，

---

① 《马克思恩格斯文集》第5卷，人民出版社，2009，第743~744页。
② 《列宁专题文集·论无产阶级政党》，人民出版社，2009，第7页。
③ 克里斯蒂安·福赫斯：《新冠资本主义下的十种日常》，澎湃新闻网，https://www.thepaper.cn/newsDetail_forward_6890036。
④ "COVID－19－Oppression and Class", https://www.communistparty.org.uk/covid－19－oppression－and－class/.

英国国家统计局 2020 年 5 月初的统计数据还显示，在英国贫穷地区每十万人中有 55 人死于新冠肺炎，非贫穷地区每十万人中有 25 人死于新冠肺炎，穷人区死亡人数是富人区的约 2 倍。英国一个促进种族平等组织的负责人认为，贫穷是造成这种不平衡的主要原因。① 美国的情形也是如此。根据美国疾病控制与预防中心 2020 年 6 月 3 日的数据，非洲裔死亡病例占 23%，远高于其在总人口中 12.5% 的占比。美共主席乔·西姆斯也指出，疫情中非洲裔美国人和拉丁裔美国人与白人的死亡率之比是 3∶1。② 2020 年 5 月 25 日，乔治·弗洛伊德之死使种族不平等无比清晰地展示在世人面前。美国各地爆发了大规模的抗议活动，"我无法呼吸""黑人的命也是命""对种族主义说不"等口号将美国长期的种族不平等等社会弊病揭示无遗。劳联 – 产联和许多全国性工会发表声明，支持抗议，反对系统性的种族主义。

（二）经济不平等加剧

广大的工人阶级不仅面临感染病毒的危险，更受到失业困扰，生活陷入贫困。乔·西姆斯指出，在经济面临长期困境的情况下，工薪阶层将不得不承担新冠肺炎疫情危机的主要成本。在美联储 2020 年 4 月的调查中，家庭年收入低于 4 万美元的工人中有 39% 的人被解雇或暂时休假。妇女和少数族裔受到的打击更为严重。4 月消失的 2050 万个就业岗位中，女性从事的岗位占 55%，妇女失业率上升至 15%，非裔美国女性和西班牙裔美国女性的失业率分别上升至 16.4% 和 20.2%。③ 美国学者迈克尔·耶茨指出，各个方面的不平等都在日益加剧：收入，财富，卫生保健，教育，适度舒适的退休生活，工作条件，教育，住房，能够使用的公园、游乐场、文化等公共设施，警察和消防，法律援助，清洁的水和空气，等等——所有这些都是令人

---

① 《英美新冠死亡率暴露"健康不平等"》，新华网，http://www.xinhuanet.com/world/2020-04/26/c_1210590409.htm。
② Joe Sims, "Neoliberal Solutions Won't Save Us from This Pandemic", https://www.peoplesworld.org/article/neoliberal-solutions-wont-save-us-from-this-pandemic/.
③ 《〈外交事务〉：美国不平等加剧或带来社会风险》，赵荣耀编译，《社会科学报》2020 年 6 月 25 日。

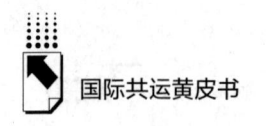

憎恶的不均衡。顶端的人拥有一切，社会底层的人一无所有。①

与普通民众饱受失业困扰形成鲜明对比的是，垄断资产阶级的利益并未受损，反而有所增长。美国政策研究所所做的财富不平等状况的报告显示，从2020年3月18日到9月15日，643名最富美国人总共"聚敛"了惊人的8450亿美元资产，其财富合计增长了29%。美国政策研究所不平等问题项目主任查克·柯林斯指出，新冠肺炎疫情危机正在快速加剧美国现有的不平等，"亿万富翁在赚钱，而我们的国家存在大范围经济困难，反差巨大"。②

新冠肺炎疫情发生后不平等的加剧与资本主义国家采取的措施密切相关。在新冠肺炎疫情中，面临着最大危险的是普通民众，他们面临的不利情形有：资本家不顾安全，迫使他们重返工作场所；随着企业破产或为盈利而裁员，可能出现一波大规模裁员；政府可能会再度采取紧缩政策，工人工资停滞，工作条件恶化。③他们是最应该得到帮助的群体。然而，疫情期间资本主义政府采取的措施只对大企业慷慨，以维持他们的生存，而不是帮助工人和小企业。迈克尔·罗伯茨指出，政府的首要目标是拯救大企业。与大企业相比，转移到劳动者身上的钱少之又少。④

此外，垄断资产阶级还利用其掌握的各种信息避免损失，攫取利益。如2020年2月中旬，包括理查德·伯尔在内的5名美国参议院议员和20名众议院议员，利用职务之便获知疫情引发的经济风险，在股市大跌前抛售了数百万美元个人持有的股票，避免在即将到来的疫情中受到损害。通过建立在非公共情报基础上的内幕交易，政客们获得了大笔的财富。

---

① Michael D. Yates, COVID－19, Economic Depression, and the Black Lives Matter Protests, https：//monthlyreview.org/2020/09/01/covid－19－economic－depression－and－the－black－lives－matter－protests/.

② 《美媒：疫情期间美超级富豪财富暴增8450亿美元》，参考消息网，http：//www.cankaoxiaoxi.com/finance/20200919/2420951.shtml。

③ Mark L. Thomas, "COVID－19：The Battle in the Workplace", *International Socialism*, Issue 167, 2020, http：//isj.org.uk/covid－19－in－the－workplace/.

④ Michael Roberts, "Pandemic Economics", *International Socialism*, Issue 167, 2020, http：//isj.org.uk/pandemic－economics.

三 新自由主义政策使资本主义制度性危机不断深化

以自由化、市场化、私有化为主旨的新自由主义政策不仅使资本主义国家的经济出现金融化、空心化等，导致了国际金融危机的出现以及社会矛盾的加剧，而且在面对疫情等突发事件时，也缺乏足够的应对能力，引发了一系列问题。正如约翰·贝拉米·福斯特等人所指出的，新冠肺炎疫情是在新自由主义垄断金融资本的全球制度背景下发生的，这一制度迫使全世界实行紧缩政策，包括在公共卫生方面。在全球商品链的管理中普遍采用准时制生产和以时间为基础的竞争，这使企业和医院等的设备存货很少，而部分人紧急囤积某些商品使这一问题更加严重。其结果是全球经济异常混乱。①

（一）新自由主义政策造成资本主义国家应对公共卫生突发事件乏力

在疫情发生后，欧美多国出现了应对不力导致确诊病例和死亡人数剧增的情况，这一状况的出现与其长期执行新自由主义政策有重大关系。大卫·哈维认为，美洲和欧洲执行了四十年的新自由主义政策，其根本无法对这种公共卫生危机做好准备。大型制药公司很少在预防方面投资，它们对投资防范公共卫生危机没什么兴趣，喜欢设计治疗方案。我们病得越重，它们挣得越多。预防不会增加股东的价值，甚至可能减少价值。②乔姆斯基也指出，"这场大流行生动地说明了新自由主义时代对绝大多数人造成的巨大破坏"，"新自由主义的核心原则是将决策从某种程度上受公众影响的政府，转移到完全不对公众负责的私人那里。但为未来的灾难做准备是没有利润的，因而

---

① John Bellamy Foster and Intan Suwandi, COVID – 19 and Catastrophe Capitalism: Commodity Chains and Ecological – Epidemiological – Economic Crises COVID – 19, https://monthlyreview.org/2020/06/01/covid – 19 – and – catastrophe – capitalism/.

② David Harvey, Anti – Capitalist Politics in the Time of COVID – 19, http://davidharvey.org/2020/03/anti – capitalist – politics – in – the – time – of – covid – 19.

负责研发大多数疫苗和药物的基本工作只能由政府来负责。然而，政府的这项工作却被新自由主义所阻碍"①。

英国共产党总书记罗伯特·格里菲斯以英国为例，对新自由主义政策进行了谴责，认为新自由主义经济和金融政策对英国应对突发公共卫生事件的能力造成了致命损害。他指出，自2008年全球金融危机爆发以来，英国乃至整个欧盟都在新自由主义指导下实行削减开支、对富人和大企业减税以及公共服务外包和私有化的政策，这种以利润和市场为导向的政策导致公共部门和应急服务部门应对新型冠状病毒挑战的能力被严重削弱。② 2020年5月14日英共给全国劳动者的公开信中再次强调，在此次疫情中，英国的死亡率比德国高5倍，比中国高150倍。这一结果是几十年来英格兰、苏格兰和威尔士对国家医疗服务体系和社会保障体系投资不足以及私有化所付出的代价。在新自由主义政策的推动下，金融服务业在英国经济中占据主导地位，而制造业则日益萎缩。同时，在以新自由主义为主导的资本主义社会中，股东的利润被置于社会和人民的需求之前。大公司和"市场力量"决定生产什么，国家对此并没有全面的计划。这就导致国家没有能力生产应对疫情所需的个人防护装备、检测包和呼吸机。而且，尽管英国有一些世界上最大的制药公司，但在利润导向驱动下，它们在广告上的投入远远超过研发针对致命疾病的新疫苗和治疗方法。③

耶鲁大学法学院法学教授艾米·卡普钦斯基、格雷格·贡萨尔维斯博士认为，新自由主义政策创造了一个贪婪的以利润为导向的医疗体系，一个对移民和社会过度管束的失序的手段，一个看起来更像新自由主义讽刺画的紧

---

① Alex Henderson, Author Noam Chomsky Explains Why the "Neoliberal Doctrine" Has Intensified the Deadly Effects of COVID－19, https：//www.alternet.org/2020/07/author－noam－chomsky－explains－why－neoliberal－doctrine－has－intensified－the－deadly－effects－of－covid－19/.
② Communists Condemn Neoliberalism's "Deadly Damage" to Emergency Defences, https：//www.communist－party.org.uk/britain/2583－communists－condemn－neoliberalism－s－deadly－damage－to－emergency－defences.html.
③ CP Open Letter to Workers, https：//www.communistparty.org.uk/cp－open－letter－to－workers/.

缩政策状态，导致了社会再生产的危机。在新自由主义政策下，美国的医疗系统只注重利润最大化——为降低医疗成本，人均病床数比中国、韩国或意大利等国家都少；缺少管理病人基本需求的初级保健医生，收费过高的专家却很多。自20世纪70年代以来，医疗费中患者承担的比例一直在增长，到2018年，患者承担的医疗费已超过人均1000美元。急诊室的自费部分平均约为500美元。最重要的是，美国的医疗系统似乎有这样一种规则，即从病人身上榨取更多的剩余。美国疾病控制与预防中心的资金（其中一半以上的资金流向了各州、城市和城镇）在过去十年中减少了10%。自2008年以来，地方卫生部门已经减少了超过55000个工作岗位。不论是共和党还是民主党，都以削减赤字和债务为由，减少向公共卫生体系提供的资金。①

（二）新自由主义政策使资本主义国家经济政治社会问题不断加剧

从经济方面看，资本主义经济呈虚拟化、金融化等特征，经济增长乏力。约瑟夫·贝恩斯和桑迪·布莱恩·哈格在最近的一篇论文中指出，几十年来，资本家们一直在从投资生产性资产转向投资金融资产（马克思称之为"虚拟资本"）。股票回购和向股东派发股息已成为主流，而不是将利润再投资于新技术，以提高劳动生产率。规模较大的美国公司尤其是这样。大量的美国小公司已经陷入困境。对它们来说，利润率一直在下降。其结果是，美国资本的总体盈利能力下降，20世纪90年代末以来这一状况更为明显。②

从政治方面看，新自由主义强调市场化以及不受约束的个人主义，致使公共利益、社会责任的观念和维护社会团结的民主形式受到攻击。"此次危机深刻地表明，资本主义是个缺乏想象力的机器，它只会在市场原教旨主义的旗帜下，运用政治、经济和社会的功绩，不断清除仅存的社会责任、道德

---

① Amy Kapczynski, Gregg Gonsalves, Class & Inequality: Alone Against the Virus, http://bostonreview.net/class-inequality-science-nature/amy-kapczynski-gregg-gonsalves-alone-against-virus.
② Michael Roberts, "Pandemic Economics", *International Socialism*, Issue 167, 2020, http://isj.org.uk/pandemic-economics.

责任和政治责任,使市场主导一切成为常识。政治尤其变成了一台战争机器,进一步促使人们习惯于权力的深渊,瓦解任何异议意识、反抗意识与社会正义。"①

从社会方面看,反对政府干预、削弱对工人的支持、打压工会等都使社会问题加剧。新冠肺炎疫情的第一个也是最明显的教训是,尽管新自由主义者坚持反对政府的干预,但当人们的经济或身体健康受到威胁时,他们会立即本能地向国家政府寻求救助。现在,我们比以往任何时候都更清楚地看到,政府不是敌人。几十年的新自由主义政策削减了社会福利项目,极大地削弱了对工人的支持,造成了前所未有的不平等。美国最富有的1%的家庭拥有全国40%的财富,比最贫穷的90%家庭的财富总和还要多,不平等程度至少是1962年以来的最高水平,而且现在情况越来越糟。②

(三)新自由主义政策使资本主义国家间难以合作

新自由主义倡导自由化、市场化,反对政府干预。这一主张在国际交往中必然表现为各自为政,难以实现真正的互利互助。2008年国际金融危机发生后,资本主义国家以邻为壑、转嫁危机的行为就使世人清楚地看到,在资本主义制度下,各国只考虑本国利益,难以形成互利互惠的合作。其后特朗普的"美国优先"等政策更是将资本主义制度的这一特征发挥到了极致。而在此次疫情发生后,资本主义国家间不仅无法做到守望相助,甚至出现部分国家抢夺他国的抗疫物资的情况。如2020年3月意大利疫情暴发时,美国和欧盟几乎没有向意大利提供任何支持,意大利政府曾遗憾地表示,"没有一个欧盟国家"对其医疗设备的请求做出回应,反而是被美国和欧盟妖

---

① 〔加拿大〕亨利·A.吉鲁:《新冠肺炎疫情暴露了"新自由主义""瘟疫"》,载《中国战"疫"的国际贡献和世界意义——国外人士看中国抗疫》,当代中国出版社,2020,第380页。

② Joseph Margulies, COVID-19 Lays Bare the Cruelty of Neoliberalism, https://verdict.justia.com/2020/04/03/covid-19-lays-bare-the-cruelty-of-neoliberalism.

魔化的中国、古巴、委内瑞拉等国家伸出援助之手。① 西班牙海梅一世大学社会学与社会人类学教授安德烈斯·皮凯拉斯指出，欧盟任由（除意大利以外的）27 个成员国自生自灭，甚至从未呼吁各国共同支援"身陷囹圄"的意大利（现在对西班牙也同样不管不顾）。大部分欧洲国家的医疗体系已被击穿，正面临着医护人员数量不足、医疗物资严重短缺的境况，濒临崩溃。几大制药公司"竞争式"研发疫苗，绝口不提"合作抗疫"，甚至还大幅提高了防护用品的市场价格。美国继续对十余个国家进行经济和卫生方面的封锁，其中几个国家已经像伊朗一样深陷疫情危机。②

事实上，从 2008 年全球金融危机以来，新自由主义的恶果已非常明显。而此次突发的疫情更暴露了新自由主义治下的资本主义的脆弱性，不论是在经济领域，还是在国家治理以及社会领域，都表明资本主义正在走向衰败。在疫情发生后，在鼓吹"自由""民主"的国家中我们看到许多怪象，诸如截留别国抗疫物资、种族冲突一再上演、资本主义政党之间对抗疫政策不断扯皮，等等。这些都表明新自由主义主导下的资本主义的制度性矛盾日益加深，资本主义体系性危机不断深化。

四 管控疫情不作为并推卸责任体现了资本主义的霸权特征

在疫情发生后，美国、澳大利亚等部分西方国家非但没有采取积极措施来防控疫情，反而试图将本国防控不力导致疫情蔓延的局面归咎于中国。美国原国务卿迈克·蓬佩奥等西方政客带头发起对华攻击，就病毒名称、源头、捐款和信息共享等问题攻击中国。美国福克斯新闻等大肆散布对中国的

---

① Ben Norton, Italy and UK Rely on Help from Cuba, China, Venezuela to Fight Coronavirus-as US Steps up Brutal Sanctions, https：//thegrayzone.com/2020/03/17/italy－uk－help－cuba－china－venezuela－coronavirus－us－sanctions/.
② 安德烈斯·皮凯拉斯：《全球危机、新冠疫情与垂死的资本主义》，乌有之乡网，http：//www.wyzxwk.com/Article/guoji/2020/03/416004.html。

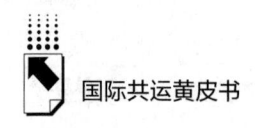

不实指责，并就新冠肺炎损害赔偿问题向中国提起荒唐的勒索的诉讼。还有部分西方媒体歪曲中国援助其他国家抗疫的行为，认为其目的是获取更多经济和地缘政治利益。对于美国等国家推卸责任、抹黑中国的行为，世界各国左翼学者都进行了谴责，认为这体现了资本主义的霸权特征。

对于中国在此次疫情中的表现，各国左翼学者都进行了高度肯定。西班牙加利西亚国际关系研究院院长胡里奥·里奥斯指出，中国在地方层面和与世界卫生组织合作应对新冠肺炎疫情方面，充分履行了责任和义务。此外，中国也带动了全球对新冠肺炎疫情的应对。此次疫情危机暴露了西方国家政治、社会、工业、技术等方面的薄弱环节。疫情已成为"中国模式"和"西方自由主义模式"之间对抗的功绩。中国在抗疫方面取得的成就获得了广泛认可。①

对于西方国家抹黑中国的行为，很多左翼学者认为其直接目的是将疫情暴发的罪责推诿于中国，以掩盖本国抗疫不力的事实，转嫁国内矛盾。而从根本上来看，这也是为了遏制中国，继续维护资本主义霸权。譬如，《中国日报》美籍记者伊谷然指出，对于美国而言，再悲惨的悲剧也可以被政治化，没有什么灾难因为太可怕而不能被自私利用。② 这样做的目的主要是：首先，分散人们对美国疫情的注意力。尽管中国和其他国家对疫情采取的防控措施为美国争取了时间，但是美国人还没有做好准备应对这场迫在眉睫的灾难。其次，让病毒成为别人的问题。如果新冠病毒能成功地被打上中国特有现象的烙印，那么责任就不在美国。对特朗普这样的自我中心主义者来说，最重要的是转移责任和挽救他所剩无几的形象。最后，为美国政府和媒体正在进行的反华攻势开辟了一条新战线。③ 原德国统一社会党总书记埃

---

① 〔西班牙〕胡里奥·里奥斯：《西方围绕"新型冠状病毒疾病"对中国的责难毫无道理》，载《中国战"疫"的国际贡献和世界意义——国外人士看中国抗疫》，当代中国出版社，2020，第 165～169 页。

② Ian Goodrum, "US Shirks Responsibility with Wild Finger‐Pointing," April 3, 2020, https://www.chinadaily.com.cn/a/202004/03/WS5e86c5c4a3101282172843bb.html.

③ Ian Goodrum, "Chinese Virus" – Trump's Petty Name Game Puts Lives at Risk, https://www.peoplesworld.org/article/chinese-virus-trumps-petty-name-game-puts-lives-at-risk/.

贡·克伦茨也认为，因中国实力对西方构成了极大的挑战，西方反华宣传的目的就是把新冠肺炎疫情暴发的罪责推诿于中国，以遏制中国的发展。其觊觎中国巨大的市场，同时更害怕中国成为已经脱缰失控的资本主义制度的现实替代选择。①

多米尼加左派团结运动总书记梅希亚表示，中方秉持团结、人道主义和多边合作的理念，在国际舞台上树立了新范式，与西方个别国家的霸权逻辑和唯我独尊形成鲜明对比。个别势力针对中国发起的舆论攻击与事实不符，完全站不住脚。②

加拿大共产党对西方媒体将疫情归咎于中国的现象进行了谴责，认为它们忽视了下列事实，即中国领导人和医务人员迅速、全面地采取行动，阻止疫情蔓延，并寻找科学的医疗解决方案。在加拿大共产党看来，把新冠肺炎疫情危机和其他问题归咎于中国完全是美国和加拿大帝国主义所采取的可耻的策略。特别是美国，它认为中国对其在太平洋地区和其他地区的军事和经济统治构成了威胁，因而极力寻找一切可能的办法来包围、破坏和削弱中国。"我们敦促所有进步力量，特别是有组织的劳工运动，谴责反华种族主义，并在这一困难的时候向中国伸出声援和友谊之手。"③

澳大利亚共产党在2020年2月5日发表声明指出，包括澳大利亚在内的西方国家政府，不仅没有率先向中国提供援助，反而把新冠病毒变成了抨击中国的政治武器。它们利用这种情况助长种族主义和仇外心理，意图分裂工人阶级，为其更广泛的政治和军事议程服务。④

以色列共产党政治局委员伊萨姆表示，我们高度赞赏中国率先向其他国家尤其是重灾国提供支持和援助的行为，反对个别国家将疫情政治化、利用

---

① 〔德国〕埃贡·克伦茨:《全世界正在聚焦中国》，载《中国战"疫"的国际贡献和世界意义——国外人士看中国抗疫》，当代中国出版社，2020，第52页。
② 《多国政党政要表示：借疫情搞污名化不得人心》，《人民日报》2020年6月6日。
③ Anti-China Racism Must Be Rejected, http：//communist－party.ca/anti－china－racism－must－be－rejected/.
④ CP of Australia, CPA Statement on the Coronavirus, http：//www.solidnet.org/article/CP－of－Australia－CPA－Statement－on－the－Coronavirus/.

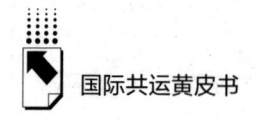

疫情抹黑中国形象的企图。单打独斗无法战胜疫情，只有团结互助才能渡过难关。①

结　语

疫情暴露了资本主义制度的本质，社会主义才是解决问题的根本方式。

随着疫情的发展，资本主义政府与垄断资产阶级在疫情中的表现让民众无比清晰地看到，资本主义是一种旨在让少数人富裕而非保护多数人的制度。在这一制度下，普通民众的利益根本无法得到保障，尤其是在资本主义国家受到经济危机或如此次疫情这样的公共卫生突发事件的影响时，民众的经济保障、生命安全都会受到威胁。

而与资本主义制度形成鲜明对照的是，中国、越南、古巴等社会主义国家有效控制了疫情的蔓延，充分展示了制度优越性。在疫情发生后，朝鲜立刻启动国内防疫机制，并将国家紧急防疫体系转为"最大紧急体制"。老挝迅速出台一系列防控举措，遏制疫情蔓延。古巴依靠其全民医保制度和严格的防疫措施，成功控制疫情。根据美国约翰斯·霍普金斯大学的统计数据，每百万人中古巴只有11人因感染新冠病毒死亡，其邻国多米尼加共和国为203人，美国为647人。②越南主动制定防控方案，多措并举，不仅使疫情得到有效控制，而且2020年GDP增长速度达到2.91%。在中国，为了保障人民的生命安全，各级政府及时采取管控措施，众多企业结合自身优势，为抗击疫情提供物资、信息等支持。在抗击国内疫情的同时，中国还向其他国家提供了物资和人员支持，充分展现了促进全球合作以及构建人类命运共同体的担当和责任。在疫情得到有效控制后，曾被按下"暂停键"的中国经济日益恢复且稳步发展。2020年，中国GDP达到1015986亿元，首次突破

---

① 《外国政党政要高度评价中方积极支持其他国家抗击疫情》，《人民日报》2020年3月21日。
② 《古巴疫情受控　重启国际旅游》，新华网，http://www.xinhuanet.com/world/2020-10/10/c_1210834034.htm。

100万亿元大关，增速为2.3%。这一成绩也引发了外媒的关注和好评。韩国《中央日报》指出，"如果用一句话形容2020年中国的经济表现，那就是面对最恶劣环境，交出最好答卷"。俄罗斯"专家"网以《中国再次加速全球经济》为题报道称，中国经济不仅实现令人瞩目的增长，而且为全球经济摆脱新冠病毒影响奠定了基础。就像13年前全球金融危机时期一样，中国这次也扮演着世界经济发动机的角色。①

两种制度的不同表现揭示了社会主义制度的优越性，也鲜明地昭示了只有社会主义才是解决问题的根本方式。随着资本主义制度弊端的不断凸显，对社会主义的向往和追求必将在资本主义国家引起更多的共鸣。

参考文献

1. 韩欲立、陈学明：《新冠疫情背景下国外左翼学者对资本主义和社会主义的双重反思》，《武汉大学学报》（哲学社会科学版）2020年第5期。
2. 姜辉主编《中国战"疫"的国际贡献和世界意义——国外人士看中国抗疫》，当代中国出版社，2020。
3. 朱安东、孙洁民：《新冠病毒、新自由主义与资本主义的未来》，《马克思主义与现实》2020年第4期。
4. 雷晓欢：《新冠肺炎疫情下国外左翼对资本主义的批判》，《世界社会主义研究》2020年第7期。
5. 余维海、胡广慧：《国外共产党和工人党抗击新冠肺炎疫情观点综述》，《世界社会主义研究》2020年第6期。

---

① 《外媒：2020年中国经济交出疫情下最好答卷》，环球网，https://oversea.huanqiu.com/article/41f2nmvR3pU。

Y.7
新冠肺炎疫情背景下世界格局与两制关系的新态势

刘海霞*

摘　要： 2020年初新冠肺炎疫情的暴发，推动了大国关系的重构和权力分配的地域转移，从而加速推动多极化的发展和世界格局的演变。在这一背景下，中美"新冷战"风险加大，两种制度在多个领域呈现竞争合作的新特点，西方国家抗疫乏力与中国抗疫的成功再次彰显了社会主义制度的优越性，新冠肺炎疫情凸显推动构建人类命运共同体的必要性和紧迫性。正确处理两制关系，既要深刻认识国际垄断资本主义的实质，了解美欧盟国联合打压社会主义的局面短期内不会改变，又要看到中国在两制竞争中不断加强国际合作，继续发挥着世界社会主义中流砥柱的作用。

关键词： 新冠疫情　世界格局　两制关系

世界格局指世界上主要国际行为体力量对比的变化和大国关系分化组合所呈现的一种结构状态。新冠肺炎疫情推动了大国关系的重构，进而加速推动世界格局的演变，也加剧了国际形势的不稳定性和不确定性，对国际秩序造成新的冲击。大国关系的重构既有美欧、美日、欧日等发达资本主义国家

---

* 刘海霞，中国社会科学院马克思主义研究院研究员，研究方向为当代资本主义。本文审读专家：上海社会科学院国外社会主义研究中心主任轩传树研究员。

和地区之间的关系变化，也有资本主义整体与社会主义国家之间的竞合关系发生的新变化。全球疫情的蔓延造成逆全球化盛行，多边主义受到阻碍，世界不平等趋势加剧，中美"新冷战"风险加大。可以说在相当长一段时间内，资本主义和社会主义两种制度的关系仍将是世界格局的一个重要内容。当前新冠肺炎疫情对各国来说都是前所未有的考验，社会主义制度的优越性在这次大考中日益凸显，两制力量的对比发生了有利于社会主义一方的变化。

一 新冠肺炎疫情加速推动世界格局的演变

（一）世界不确定性增加，进入大国竞争和多极化加速的时期

新冠肺炎疫情的暴发给全世界带来了巨大冲击，各国由于政治制度、价值观念、历史文化和风俗习惯不同，形成了不同的抗疫模式。中国抗疫以人民至上为原则，与以利润最大化为原则的资本主义国家形成鲜明对比，产生了截然不同的后果——中国取得了抗疫的阶段性胜利，经济也在逐渐有序恢复，而欧美很多国家经济复苏依然堪忧。美国前财长劳伦斯·萨默斯与哈佛大学经济学家大卫·卡特勒估计了新冠肺炎疫情对美国经济造成的巨大损失，"新冠病毒大流行将给美国造成16万亿美元的经济损失，一半与经济封锁造成的国内生产总值损失有关，另一半则来自健康损失，包括过早死亡、精神和长期健康损害，是2008年全球金融危机引发'大衰退'的4倍"[1]。2020年中国经济比上年增长2.3%，成为全球少数实现正增长的主要经济体。由此可见，各国抗疫效果大相径庭，遭受疫情冲击的严重程度各有不同，主要经济体实力对比发生变化，促进大国力量向均衡化发展，从而加剧大国竞争，推动世界格局加速向多极化转变。正如美国学者哈尔·布兰

---

[1] 张琪：《美前财长：疫情将导致美国损失16万亿美元 相当于"大衰退"4倍》，《人民日报》（海外版）2020年10月13日。

德斯（Hal Brands）和弗朗西斯·加文（Francis J. Gavin）所指出的，这场大流行突出表明："世界正在分裂而不是融合，大国政治正在采取越来越零和的逻辑。这种竞争与合作之间的平衡如何以及是否能够实现，将是21世纪世界秩序的决定性挑战。它不仅涉及大的流行性疾病，而且涉及气候变化、粮食安全、移民、信息和生物技术以及其他可能从根本上扰乱人类的问题。"①

亚洲地区在这次抗击疫情的斗争中，表现特别抢眼。2020年4月东盟与中日韩（10+3）发表《东盟与中日韩抗击新冠肺炎疫情领导人特别会议联合声明》，与会各方决心"加强本地区针对大流行病及其他传染病的早期预警机制建设"②。欧亚合作的加强促使国际权力格局不断发生变化。西班牙《起义报》网站2020年9月4日发表文章称："就在美国致力于整顿其国内秩序时，欧亚世纪已经开始。不久前，美国还为世界其他地区带来增长机遇。如今，它已变成贸易保护主义者……欧亚大陆和世界其他地区不必也不会继续容忍下去。出于这样或那样的原因，华盛顿已对超过15个欧亚国家和地区实施了经济制裁，其中包括公民个体和公司实体。"③

（二）经济全球化环境发生巨大变化，多边主义受到阻碍

在新冠肺炎疫情暴发之前，逆全球化就已经有了苗头，疫情暴发后，全球供应链受到严重影响，进一步阻碍了经济全球化的进程。当前制造业对物流的巨大依赖使得生产制造和进出口贸易受到供应链的严重限制。供应链管理研究所2020年3月进行的一项调查显示，近75%的公司报告说，由于新冠肺炎疫情带来的运输限制，供应链出现了不同形式的中断。调查显示的其

---

① Hal Brands and Francis J. Gavin, "COVID – 19 and World Order: The Future of Conflict, Competition, and Cooperation", https: //muse.jhu.edu/chapter/2696549.
② 《全球战疫：东盟与中日韩抗击新冠肺炎疫情领导人特别会议召开 各国承诺加强合作》，中新社北京，2020年4月15日。
③ 《西媒文章：当美国致力于整顿其国内秩序时，欧亚世纪开始了》，参考消息网，2020年9月6日。

他数据还包括，几乎一半的企业没有制订防止供应链中断的应急计划，并有超过50%的企业报告称，在接到订单方面出现了突然、意外的延误。① 新冠肺炎疫情已经给美国工业制造商带来一系列挑战，主要原因有两个：首先，许多制造业岗位是在现场进行的，无法远程执行；其次，经济活动放缓导致美国和全球对工业产品的需求减少。美国国家制造商协会一项调查显示，大约80%的制造商预计新冠肺炎疫情会对他们的业务产生财务影响，制造业的大多数人（53%）预计新冠肺炎疫情会影响他们的运营。② 在暴发新冠肺炎疫情之前，许多公司非常依赖中国、东南亚和其他低成本地区的生产和供应，但新冠疫情给未来发展造成的不确定性迫使这些公司重新考虑其供应链。从长远来看，企业需要进行更全面的分析，这可能导致更剧烈的变化，例如将供应链转移到附近，或转移到不同的国家，以及加强供应链的数字化转型，以期为未来创造更可持续的环境。③ 供应链的转移和重建会对全球化造成一定的影响。

美国对供应链管理的高度重视凸显了供应链本土化的趋势。2020年3月，特朗普在白宫围绕新冠肺炎疫情所做的一次令人震惊的讲话中说："我们永远不应该把依靠外国作为维持自己生存的手段"，"这场危机凸显了拥有强大边界的重要性"，"我们未来的目标必须是为美国病人提供美国药品，为美国医院提供美国用品，为我们伟大的美国英雄提供美国设备。现在，两党必须团结一致，以确保美国在任何意义上都是一个真正独立的国家：能源独立，制造业独立，经济独立，领土独立。美国永远不会是一个依赖国。我们将成为一个自豪、繁荣、独立、自强的国家。我们将推进商业进程，但我

---

① Amitava Sengupta, "Impact of COVID – 19 on Global Supply Chains and Opportunities in the Post-COVID World", https：//www.entrepreneur.com/article/349229.
② "COVID – 19：What It Means for Industrial Manufacturing", https：//www.pwc.com/us/en/library/covid – 19/coronavirus – impacts – industrial – manufacturing.html.
③ Mattias Hedwall, " Global Agenda COVID – 19 Supply Chain and Transport International Trade and Investment", https：//www.weforum.org/agenda/2020/06/ongoing – impact – covid – 19 – global – supply – chains/.

们不依赖任何人"。① 可见，尽管在全球化大潮中，只有主要大国才有条件在国内建立相对完整的供应链，但在这次疫情的冲击下，全球产业链重构带来的逆全球化浪潮不可小觑。同时也要看到全球化的总体趋势是不可阻挡的，多位跨国企业高管表示，"全球化的供应链布局有利于企业对抗疫情，全球化的趋势是不可逆的"，上海WTO事务咨询中心理事长王新奎认为"全球供应链、价值链会朝着区域化、次区域化方向发展"，"预计今后的供应链越来越收缩，跨国公司的全球供应链将在欧洲、北美、东亚、东盟等区域聚焦。北美供应链区域化将非常明显，因为美国与加拿大、墨西哥的互补性非常强。次区域化如东盟、中日韩将成趋势"。②

（三）世界格局的南北分化更为突出，国际秩序受到巨大冲击

受到新冠肺炎疫情的冲击，一方面大国实力更为均衡化，另一方面世界格局的南北分化更为突出。联合国2020年4月29日公布的数据显示，不同国家在疫情危机应对能力方面有着很大差距，最发达国家拥有的医院床位数是最不发达国家的近8倍。据德新社纽约4月29日报道，联合国开发计划署的报告凸显了各国应对新冠疫情危机和从危机中恢复过来的能力存在巨大差异。数据显示，挪威、德国等经济发展水平很高的国家平均每千人拥有55张医院病床、30多名医生和81名护士。相比之下，在阿富汗、埃塞俄比亚等非常贫穷的国家，平均每千人只有7张医院病床、2.5名医生和6名护士。联合国开发计划署还指出，在抗疫封控状态中存在越来越大的数字鸿沟。85%的全球人口因不能接入可靠的宽带互联网，他们工作和在网上继续接受教育的能力受到限制。③ 世界银行行长戴维·马尔帕斯警告说，"穷国目前面临的最大风险就是，近年来在发展方面费力取得的成就被新冠病毒大

---

① Kevin Baron, "Trump Could Have Led the World Against the Coronavirus", https：//www.defenseone.com/ideas/2020/03/trump – could – have – led – world – against – coronavirus/164086/.
② 施诗：《全球化迎来下半场：区域化、本土化加强 全球供应链距离正在缩短》，《21世纪经济报道》2020年6月18日。
③ 《联合国报告：欠发达国家防控能力严重落后》，参考消息网，2020年5月1日。

流行在数月的时间里化为乌有","目前非洲应对公共卫生和经济危机需要1140亿美元（1美元约合7.07元人民币）资金，但缺口始终高达440亿美元"。① 非洲的医疗条件更是堪忧。"与世界其他地区相比，非洲公共卫生基础设施薄弱，医护人员、医疗设备与物资长期匮乏。非洲54国仅有1400名流行病学家，每万人中只有2名医生。南非公共卫生系统已属非洲最发达之列，但其重症监护病房床位不到1000张，肯尼亚仅有130张，乌干达55张，马拉维25张。"② 疫情还加剧了粮食危机。南部非洲发展共同体（SADC）2020年7月发布的报告显示，其13个成员国的城市和农村地区共有近4480万人面临粮食危机，而疫情将让更多人挨饿。③ 世界越来越成为一个整体，南方国家的不发达和被抛弃，只会带来更多的全球发展问题。正如萨克斯所言，随着财政收入匮乏的政府削减对穷人至关重要的预算和公共服务，不平等的程度肯定会进一步上升。如果缺少连贯、有能力和值得信赖的政府实施公平和可持续的流行病应对措施和经济复苏战略，世界将屈从于日益增多的全球危机所造成的进一步的不稳定浪潮。④

随着新冠肺炎疫情在全球的蔓延，相对于恐怖主义和地缘政治竞争等"硬"安全挑战，全球公共安全等"软"安全的威胁日益凸显。新冠肺炎疫情引发的"不仅仅是一场公共卫生危机，还是一场经济危机"⑤，对国际体系造成了金融危机以来的第二次巨大冲击。此次疫情不仅对联合国和世卫组织、世界贸易组织、欧盟、七国集团和二十国集团等国际组织和国际经济合作论坛，还对所有国家的处突能力、全球公共健康和粮食安全以及国际合作竞争模式等全方位提出挑战，从而推动国际秩序的变革。2020年4月3日，美国前国务卿基辛格在《华尔街日报》上发表评论指出，新冠肺炎大流行

---

① 《世行行长警告：新冠疫情或毁掉最贫困国家发展成就》，新华网，2020年4月20日。
② 李雪冬、童锐：《新冠肺炎疫情对非洲经济的影响及应对》，《经济》2020年第10期。
③ 《极端气候和新冠肺炎疫情加剧南部非洲粮食危机》，人民网，2020年7月29日。
④ Jeffrey D. Sachs, "How Inequality Fuels COVID-19 Deaths", https：//www.busiweek.com/how-inequality-fuels-covid-19-deaths/.
⑤ Hal Brands and Francis J. Gavin, "COVID-19 and World Order: The Future of Conflict, Competition, and Cooperation", https：//muse.jhu.edu/chapter/2696549.

将永远改变世界秩序,"世界在新冠肺炎疫情后将永远改变,现在争论已经过去的事,只会让必须做的事情更加困难"。①

二 新冠疫情背景下两制关系呈现新态势

(一)美国政府致力于打压中国,中美"新冷战"风险加大

在这场抗击新冠肺炎疫情的全球战役中,中国抗疫取得的成果彰显了社会主义制度的优越性,与很多西方国家的疫情失控形成鲜明对比。尽管如此,美国等西方国家仍然不遗余力地抹黑中国,把疫情政治化,不断加剧中美"新冷战"风险。

一是鼓吹对中国的遏制政策,试图建立反华联盟。美国把抗击疫情政治化视为反华的政治武器。2020年7月23日,蓬佩奥在尼克松图书馆发表题为《共产主义中国与自由世界的未来》②的反华演说,鼓动建立所谓"新的民主联盟"以抵制中国。拜登入主白宫后,并未彻底改变对华政策,继续将中国视为美国最大的竞争对手,并将蓬佩奥的所谓"民主联盟"付诸实施。

二是限制中国媒体,打压中国公共外交空间。截至2020年10月,美国已将新华社、中国国际电视台(CGTN)、中国国际广播电台、《中国日报》美国发行公司和《人民日报》(海外版)的美国总代理海天发展有限公司、中国中央电视台、中国新闻社、《人民日报》和《环球时报》以及《北京周报》、《经济日报》、《解放日报》、中国社会科学杂志社(SSCP)、《新民晚报》、"一财全球"总共15家中国媒体驻美机构列为"外国使团"。美国政府对中国媒体的打压显示了美国新闻自由的虚伪性,就像中国外交部发言人华春莹所强调的,"中美媒体问题的实质是美方出于'冷战'思维和意识形

---

① 《基辛格:新冠肺炎大流行将永远改变世界秩序》,央视新闻客户端,2020年4月5日。
② Michael R. Pompeo, "Communist China and the Free World's Future", https://www.state.gov/communist-china-and-the-free-worlds-future-2/.

态偏见，对中国媒体进行政治迫害和打压，是美国全方位、多领域打压遏制中国的重要组成部分"①。

三是酝酿"新冷战"政策，阻止中国崛起。2020年11月15日，美国国务院政策规划办公室（Office of Policy Planning）发布的一份长达70多页、名为《中国挑战的要素》的文件，列出了美国阻止中国崛起成为全球超级大国而必须完成"维持世界上最强大的军事力量、强化二战后美国建立的以规则为基础的国际秩序"等十项任务。这份文件被媒体称为"新凯南电报"，将其与20世纪40年代外交官乔治·凯南有关美国遏制苏联政策的文章相提并论。

四是加强对中国共产党的防范，甚至拟禁止中共党员及其家属赴美。据《中国日报》报道，美国有关部门执法人员多次突击检查中方航运企业人员的共产党员身份。截至2020年11月11日，中方共有21艘轮船在美港口停靠时遭美突击检查；9月以来中方航空公司共有16架次赴美航班机组人员遭问询、盘查。②这一挑起意识形态对抗的行为，被看作麦卡锡主义在美复活。

（二）发达国家抗疫乏力打破了西方新自由主义的神话，凸显两种制度的优劣对比

新冠肺炎疫情折射出新自由主义体制下西方政府的治理危机日益严重。新自由主义一直倡导"小政府"原则，严重削弱了政府的治理能力。新冠肺炎疫情对全世界来说是一次危机、一次大考。相比中国政府令人满意的答卷，欧美国家的答卷却惨不忍睹。很多学者严厉批判了新自由主义政策，加拿大学者亨利·吉鲁（Henry A. Giroux）指出，当前的新型冠状病毒大流行不仅仅是一场医疗危机，更是一场政治和意识形态危机。这是一场根源于新

---

① 黄惠馨、靳丹妮：《外交部：中美媒体问题实质是美出于冷战思维和意识形态偏见 对中国媒体进行政治迫害和打压》，央视新闻客户端，2020年9月4日。
② 《美突击检查中国赴美人员党员身份 麦卡锡主义在美复活》，《中国日报》微博，2020年11月30日。

自由主义政府多年来忽视公共卫生和公共利益的危机，这些政府否认公共卫生和公共利益的重要性。新自由主义强调商业价值而不是民主价值，极端竞争和非理性自私的恶性意识形态，以及对道德、正义和真理问题的拒斥，削弱了批判性思维和知情判断的力量。这种政治崇尚资本而非人类需求、贪婪而非同情、剥削而非正义、恐惧而非共同责任。[1] 基辛格说："国家的团结和繁荣建立在这样的信念之上：他们的体制能够预见灾难、控制影响并恢复稳定。等到新冠肺炎大流行结束时，许多国家的体制将被认为没能经受住考验。"[2]

社会主义国家越南和古巴的抗疫成绩同样引人注目。截至2021年1月3日，人口接近1亿的越南，累计确诊约1500例，死亡仅35例。古巴是美洲地区新冠肺炎感染和病亡人数最低的国家之一。之所以能够取得较好的抗疫成效，与越南和古巴政府采取的一系列有效措施密切相关。事实证明，社会主义制度的优越性在这次抗击疫情中得到了极大彰显，正如大卫·科兹所言，"社会主义比资本主义更善于应对流行病。社会主义经济中计划措施能够更好地、更迅速地重新分配生产以应对突发紧急情况"[3]。

（三）两种制度竞合并存出现新特点，多个领域的斗争不断升级

美国哈佛大学肯尼迪政府学院首任院长格雷厄姆·艾利森呼吁美国与中国寻求"竞争伙伴关系"，即两个竞争对手寻求建立一个"多元化安全"的世界，并在双方利益重叠的领域找到共同点。"竞争伙伴关系"使社会主义和资本主义两种制度在政府决策执行力、价值观冲突、科技实力竞争等领域的竞合关系呈现许多新特点。

第一，政府决策执行力对比明显。美国在抗击疫情过程中，抗疫让步党

---

[1] Henry A. Giroux, "The COVID-19 Pandemic is Exposing the Plague of Neoliberalism", https://socialistproject.ca/2020/04/covid19-pandemic-exposing-plague-of-neoliberalism/.
[2] 基辛格：《新冠肺炎大流行将永远改变世界秩序》，央视新闻客户端，2020年4月5日。
[3] 姜辉主编《中国战"疫"的国际贡献和世界意义——国外人士看中国抗疫》，当代中国出版社，2020，第211页。

争，各州各自为政。"俄勒冈州、华盛顿州、加利福尼亚州和纽约州纷纷宣布收紧防疫措施。然而据美国《政治报》网站报道，由共和党州长执政的16个州则都明确表示，反对在全州范围内实施佩戴口罩令，同时反对针对商业和民众聚集规模等设定新的限制。面对这样的局面，美国媒体讽刺说，就好像有50位足球教练同时指挥比赛。"① 与此相对，抗"疫"阻击战取得阶段性胜利充分体现了中国共产党的正确领导和国家的超强的动员能力和执行能力。一是中国共产党和中国政府政策的正确性和强大的贯彻执行力。习近平在统筹推进新冠肺炎疫情防控和经济社会发展工作部署会议上的讲话中指出，首先要及时制定疫情防控战略策略；提出"坚定信心、同舟共济、科学防治、精准施策"的总要求，明确了"坚决遏制疫情蔓延势头、坚决打赢疫情防控阻击战"的总目标，并且根据疫情防控情况及时调整响应级别，有序复工复产。二是中国人民的强大凝聚力和对政府的高度信任感。人民群众积极响应政府居家隔离、随时报备的号召，高度信任政府高效、透明的疫情防控举措。

第二，价值观冲突明显。新冠肺炎疫情暴露了资本主义国家社会达尔文主义的价值观。新自由主义的推行使私利原则渗透到各个领域，尤其是与社会达尔文主义相结合，成为资本主义国家"适者生存""白人至上"价值信条的依据。中国人权研究会2020年6月11日发表的《新冠肺炎疫情凸显"美式人权"危机》援引《纽约时报》网站2020年4月13日的报道指出，美国决策层在听取《美国政府应对2019年新型冠状病毒的措施》将导致美国股市崩盘的判断后，"立刻否决了该备忘录。可见美国政府在抗疫决策上在资本利益和人民利益之间进行了价值排序，并未把民众的生命权和健康权放在第一位，反而优先考虑资本市场的反应，导致政府既未对民众进行有效示警，也没有为疫情大流行所带来的潜在医疗资源消耗做准备，把美国民众推向感染和死亡的边缘。《华盛顿邮报》网站5月9日报道称，美国的抗疫行动'成了一场国家批准的屠杀'，'它故意牺牲老年人、工人、非洲裔和

---

① 《美国49州"标红"为疫情重灾区 各州仍旧"各自为政"》，人民网，2020年11月17日。

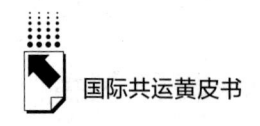

拉美裔人口'"。①

与人民群众同呼吸、共命运是中国共产党一贯的优良作风，抗击新冠肺炎疫情的战略部署更是体现了中国共产党和政府对人民生命健康的高度重视。2020年1月20日，习近平总书记就对疫情防控工作作出指示，"要求各级党委和政府及有关部门把人民群众生命安全和身体健康放在第一位，采取切实有效措施，坚决遏制疫情蔓延势头"②。而且，中国确诊新冠肺炎的患者治疗费用全部由国家承担。少数危重症患者治疗费用达到几十万元，甚至超过百万元，医保均按规定予以报销。

第三，科技领域竞争激烈。中宏国研课题组指出："以华为和BAT等为领军的中国高科技不断崛起，在互联网、电信设备等少数领域开始让美国公司陷入被动局面。'十四五'时期中美科技竞争日趋激烈，科技竞争将是'暴风眼'。"布鲁金斯学会外交政策项目安全与战略高级研究员弗兰克·罗斯（Frank Rose）表示："美中之间的竞争本质上是谁将控制全球信息技术基础设施和标准。"③ 基于此，美国加强了对中国高科技企业的打压。2020年8月5日，蓬佩奥宣布扩大清洁网络计划，涉及清洁载体、清洁仓库、清理应用程序、清洁电缆、清洁路径等内容，主要包括从移动应用程序商店中删除不可信的移动应用程序，以及故意侵犯隐私、引入病毒、审查内容、传播或宣传错误信息的应用程序。它要求5G云服务不向阿里巴巴、百度和腾讯等中国政府支持的公司披露用户数据。此外，它还确保了连接互联网的海底电缆不会因大规模监视而遭到破坏。④ 在特朗普政府游说、胁迫下，许多

---

① 《中国人权研究会文章：新冠肺炎疫情凸显"美式人权"危机》，新华网，2020年6月11日。
② 《习近平在统筹推进新冠肺炎疫情防控和经济社会发展工作部署会议上强调 毫不放松抓紧抓实抓细防控工作 统筹做好经济社会发展各项工作》，《人民日报》2020年2月24日。
③ Audrey Cher, "'Superpower Marathon': U. S. May Lead China in Tech Right Now — but Beijing Has the Strength to Catch up", https：//www.cnbc.com/2020/05/18/us－china－tech－race－beijing－has－strength－to－catch－up－with－us－lead.html.
④ Roslyn Layton, "State Department's 5G Clean Network Club Gains Members Quickly", https：//www.forbes.com/sites/roslynlayton/2020/09/04/state－departments－5g－clean－network－club－gains－members－quickly/? sh = 29c607a37536.

国家和地区加入所谓的"清洁网络联盟"。① 美国的这一计划以国家安全为借口，把科技问题政治化，其实质就是为了打压中国高科技企业，维护美国企业的利益。就像中国外交部发言人汪文斌所言："其实质是要维护自身的高科技垄断地位，完全违背市场原则和国际经贸原则，严重威胁全球产业链供应链安全，是典型的霸道行径。"②

在正确处理两制关系时，还要注意区分竞争和冲突的不同内涵。"虽然竞争和冲突的含义在一定程度上重叠，但竞争与冲突是不一样的。竞争意味着，尽管存在一些争论，但在规则或规范的框架内存在某种程度的共同目标、利益和协议。"③ 面对全球疫情的肆虐以及国际安全、经济发展等共同问题，更应该在竞争中加强合作。就像习近平在2021年全球健康峰会视频会议上发表的讲话中指出的："人类荣辱与共、命运相连。我们要……共克时艰，坚决反对各种政治化、标签化、污名化的企图。搞政治操弄丝毫无助于本国抗疫，只会扰乱国际抗疫合作，给世界各国人民带来更大伤害。"

三 深刻认识两种制度多层次的复杂关系，在世界格局的重塑中积极发挥中国的引领作用

（一）深刻认识国际垄断资本主义的实质，美欧盟国联合打压社会主义的局面短期内不会改变

尽管我们一再淡化中美意识形态之争，声明中欧不是制度性竞争对手，但是社会主义与资本主义两种制度之间的对立始终存在，就像蓬佩奥所说的："美国不能再忽视我们两国之间政治和意识形态的根本不同了。"④ 2020

---

① "The Clean Network", https：//www.state.gov/the-clean-network/.
② 《外交部回应蓬佩奥"清洁网络计划"：自身浑身污迹还谈"清洁"》，《环球时报》2020年8月6日。
③ Xiangning Wu, "Technology, Power, and Uncontrolled Great Power Strategic Competition between China and the United States", https：//link.springer.com/article/10.1007/s42533-020-00040-0.
④ Michael R. Pompeo, "Communist China and the Free World's Future", https：//www.state.gov/communist-china-and-the-free-worlds-future-2/.

年6月10日欧盟出台《打击虚假信息通讯文件》，指责"外国行为者和某些第三国，特别是俄罗斯和中国，在欧盟、其邻国和全球范围内，围绕新冠疫情开展有针对性和影响力的行动，散布虚假信息，试图破坏民主辩论，加剧社会两极分化，并在新冠疫情背景下改善自身形象"①。拜登当选后一个很重要的动向是努力恢复美欧盟友关系，加强跨大西洋合作。欧盟领导人期待美国新当选总统拜登与欧洲合作应对"北京问题"。法国外长勒德里安和德国外长马斯在《华盛顿邮报》上概述了他们的观点："在拜登政府的领导下，美国外交政策的指南针将继续向中国倾斜，我们将中国视为合作伙伴、竞争对手和系统性对手。"他们还表示，美国和欧盟应该"相互磋商"，在人权、数字基础设施和公平贸易等问题上协调对中国的态度。拜登也回应了这一观点，称"我们需要与其他民主国家结盟……这样我们就可以制定规则，而不是让中国和其他国家来决定结果。"②

美欧的这些新动向，说明拜登治下的美国，将不断回到国际社会中来，美欧将会尽力弥合裂痕，西方价值观和人权将再次成为美欧在与中国经贸往来、高科技合作时屡屡使用的武器。

（二）在两制竞争中加强国际合作，争取国际支持彰显大国担当

中国巨大的市场潜力和快速的发展势头，是任何一个国家所无法忽视的。2020年中国取代美国首次成为欧盟最大贸易伙伴，中欧贸易还为双方合作抗疫提供了巨大支持。根据欧盟统计局数据，"2020年上半年中国产口罩占欧盟口罩进口的92.3%。而据中方统计，前三季度，中国向欧盟出口各类防疫物资共计236亿美元，增长4.5倍"③。所以，在中美欧三边关系

---

① "Tackling COVID – 19 Disinformation – Getting the Facts Right"，https：//ec. europa. eu/jrc/communities/sites/jrccties/files/communication – tackling – covid – 19 – disinformation – getting – facts – right_ en. pdf.

② "European Leaders Call for Unity with US Against China"，https：//www.msn.com/en – xl/news/other/european – leaders – call – for – unity – with – us – against – china/ar – BB1b61it.

③ 《随着疫情蔓延，欧洲出现对中国的指责，驻欧盟使团团长回应》，新浪网，https：//news. sina. com. cn/c/2020 – 11 – 24/doc – iiznctke3026134. shtml。

中，欧盟有时站在美国一边对抗中国，有时又力挺中国。2020年6月14日，欧盟外交与安全政策高级代表博雷利在欧盟官方网站发表《在波涛汹涌的大海中，欧盟自身的利益和价值观应该成为我们的指南针》一文，文章详尽表达了欧盟在处理美中欧三边关系时的复杂心态，"在某些方面，我们的关系在本质上更具竞争性，因为我们的价值观和政治制度根本不同。我们同中国的关系不可避免的是复杂和多方面的"，"跨大西洋的关系对欧洲仍然至关重要，我们共同的价值观构成了它的基石，但它也面临着压力"。同时，博雷利再次呼吁，"欧盟要坚持和维护自己的利益和价值观，特朗普政府做出了一些单方面决定，但我们并不总是同意"。[①]可见，一方面，欧盟把中国当作"系统性竞争对手"；另一方面，在疫情肆虐期间，欧盟既感激中国援助的大量物资，又担心中国的援助会让欧盟国家产生离心力。所以，欧盟对华态度总是摇摆不定。俄罗斯《独立报》网站2020年6月10日刊登的一篇题为《中欧关系超越美国触角》的文章更是深刻揭示了这一点，文章称，"美国强加给欧洲盟友的系统性竞争政策并非适合欧洲的方案，中国作为欧盟伙伴的重要性不可忽视"[②]。中国要充分利用美欧之间既密切合作又纷争不断的复杂关系，在国际社会扩大朋友圈，加强国际合作。

中国经济建设取得的巨大成就和抗疫取得的胜利，在国际上受到越来越多的瞩目，中国并没有因为美国建立反华联盟的主张而备受孤立。新加坡总理李显龙表示，冷战式的"选边站队"同盟在当今世界是不太可能的，几乎没有国家愿意加入一个中国不在其中的所谓"联盟"。尤其是东盟十国和中国、日本、韩国、澳大利亚及新西兰正式签署区域全面经济伙伴关系协定（RCEP），意味着多边主义和自由贸易的胜利，也显示了中国一直在发挥一个负责任的世界大国和区域大国的作用。

---

① "In Rougher Seas, the EU's Own Interests and Values Should be Our Compass", https://eeas.europa.eu/delegations/china_en/81026/%20In%20rougher%20seas,%20the%20EU%E2%80%99s%20own%20interests%20and%20values%20should%20be%20our%20compass.

② 《不惧美国霸权威胁，欧盟严词拒绝结成反华同盟，王毅早有表态》，《参考消息》2020年6月16日。

（三）积极发挥国际人道主义精神，推动构建人类命运共同体

社会主义是爱国主义和国际主义相统一的理论和实践。《共产党宣言》指出："共产党人强调和坚持整个无产阶级共同的不分民族的利益。"① 中国一贯高度重视并积极参与人道领域国际合作，国际人道主义精神也是人类命运共同体理念的应有之义。2020年2月21日召开的中共中央政治局会议指出："要从构建人类命运共同体高度，积极开展疫情防控国际合作。" 3月26日习近平主席在二十国集团领导人特别峰会上发表"携手抗疫 共克时艰"的讲话，提出四点"中国方案"："第一，坚决打好新冠肺炎疫情防控全球阻击战。第二，有效开展国际联防联控。第三，积极支持国际组织发挥作用。第四，加强国际宏观经济政策协调。"② 习近平宣称："中方已经建立新冠肺炎疫情防控网上知识中心，向所有国家开放。"截至2021年3月，中国已对26个亚洲国家、34个非洲国家、4个欧洲国家、10个美洲国家、6个大洋洲国家以及非盟、阿盟和联合国维和人员提供了疫苗援助。多国元首政要盛赞中国用实际行动践行"人类命运共同体"理念，展现了大国风范和国际担当。塞尔维亚总统武契奇在发布会上三次提到需要感激中国政府和人民给予的巨大支持。中国模式、中国精神、中国速度、中国力量、中国援助、中国经验都是外国首脑和政要口中的热词。习近平在第73届世界卫生大会视频会议开幕式上的致辞中提出"共同构建人类卫生健康共同体"。2020年9月7日，世卫组织总干事高级顾问艾尔沃德呼吁世界借鉴中国抗疫采取的三大关键措施："全面建设公共卫生基础设施、培养民众个人责任感，以及不断提升综合救治能力，为应对持续的疫情威胁做好充分准备。"③ 在发达国家疯抢疫苗的同时，大量发展中国家却难以满

---

① 《马克思恩格斯选集》第1卷，人民出版社，2012，第413页。
② 习近平：《携手抗疫 共克时艰——在二十国集团领导人特别峰会上的发言》，《人民日报》2020年3月27日。
③ 《外交部就世卫组织总干事高级顾问呼吁世界借鉴中国抗疫采取的三大关键措施等答问》，外交部网站，2020年9月8日。

足自身需求，"在已经确认订购的 72 亿剂疫苗中，高收入国家占 39 亿剂，占总量一半以上；中等和中低收入国家尚未预订到足够覆盖全部人口数量的疫苗，低收入国家到目前为止无任何公开的订单信息"①。中国疫苗由于安全性和有效性受到越来越多国家的信任，援助了数量众多的发展中国家，成为提供给全世界的重要公共产品。

恩格斯曾说："没有哪一次巨大的历史灾难不是以历史的进步为补偿的。"中国人民依靠"伟大创造精神、伟大奋斗精神、伟大团结精神、伟大梦想精神"，每一次都能从巨大的历史考验中浴火重生。在疫情冲击下新的大国竞争时代，以中国特色社会主义为代表的进步力量，坚持推进国际秩序和国际体系朝着和平发展合作共赢的方向改变。全球疫情肆虐下，各国必须摈弃意识形态偏见和丛林法则观念，摈弃政治私利和种族歧视，真正做到风雨同舟，携手共抗疫情。就像托马斯·弗里德曼所言，应对疫情"要发展物理、生物和化学方面的研究，而不是强调政治、大选和意识形态"②。

参考文献

1. 刘建飞：《新冠肺炎疫情对国际格局的影响》，《当代世界与社会主义》2020 年第 3 期。
2. 王元：《新冠肺炎疫情背景下国外左翼对资本主义和社会主义的比较认识》，《马克思主义研究》2020 年第 7 期。
3. 《中国战"疫"的国际贡献和世界意义——国外人士看中国抗疫》，当代中国出版社，2020。
4. 《新冠肺炎疫情加快全球国际格局变革》，海外网，2020 年 4 月 16 日。
5. Hal Brands and Francis J. Gavin, "COVID – 19 and World Order: The Future of Conflict, Competition, and Cooperation", https://muse.jhu.edu/chapter/2696549.

---

① 《发达国家抢购新冠疫苗惹争议，按国别人口分配将避免更多感染》，第一财经，2020 年 12 月 18 日。
② 托马斯·弗里德曼：《新冠疫情之后 世界还是平的吗？》，新浪网，http://finance.sina.com.cn/world/2020 – 05 – 17/doc – iircuyvi3592930.shtml? tj = none&tr = 9。

改革发展篇
Reform and Development

Y.8 中国全面建成小康社会在世界社会主义发展史上的重大意义

雷晓欢*

摘　要： 中共十八大以来，中共中央根据国内外形势新变化，顺应中国经济社会发展和广大人民群众的期待，提出到2020年中国现行标准下农村贫困人口实现脱贫，贫困县全部摘帽，解决区域性整体贫困；到2020年全面建成小康社会，国内生产总值和城乡居民人均收入比2010年翻一番。在中国共产党的领导下，这两项历史性任务都已全面完成。脱贫攻坚战、决胜全面建成小康社会不仅取得了前所未有的巨大成就，而且深化了对共产党执政规律、社会主义建设规律和人类社会发展规律的认识，在世界社会主义发展史上具有重大意义。

---

* 雷晓欢，中国社会科学院马克思主义研究院国外马克思主义研究部助理研究员，研究方向为国外马克思主义。本文审读专家：中国社会科学院马克思主义研究院林建华副院长、教授。

中国全面建成小康社会在世界社会主义发展史上的重大意义

关键词： 小康社会　脱贫攻坚　精准扶贫

2000年中共十五届五中全会提出，中国从21世纪开始进入全面建设小康社会，加快推进社会主义现代化的新的发展阶段。2012年中共十八大报告首次提出要全面建成小康社会。2017年中共十九大报告明确提出，从现在到2020年，是全面建成小康社会决胜期。随着2020年11月23日贵州省宣布最后9个县退出贫困县序列，全国832个贫困县全部实现脱贫摘帽。在2021年2月25日召开的全国脱贫攻坚总结表彰大会上，习近平指出："在迎来中国共产党成立一百周年的重要时刻，我国脱贫攻坚战取得了全面胜利，现行标准下9899万农村贫困人口全部脱贫，832个贫困县全部摘帽，12.8万个贫困村全部出列，区域性整体贫困得到解决，完成了消除绝对贫困的艰巨任务。"① 在中国共产党的带领下，中国脱贫攻坚成果举世瞩目，决胜全面建成小康社会取得决定性成就。如期打赢脱贫攻坚战，如期全面建成小康社会、实现第一个百年奋斗目标，为中国开启全面建设社会主义现代化国家新征程奠定了坚实基础，充分展现了社会主义的巨大优越性，在世界社会主义发展史上具有重大意义。

一　中国全面建成小康社会的内涵与逻辑

在马克思和恩格斯看来，未来社会是"在保证社会劳动生产力极高度发展的同时又保证每个生产者个人最全面的发展的这样一种经济形态"。它以"生产力的巨大增长和高度发展为前提"②。列宁也指出，无产阶级夺取政权的任务解决以后，"必然要把创造高于资本主义的社会结构的根本任务提到首要地位，这个根本任务就是：提高劳动生产率"③。中国共产党基于

---

① 习近平：《在全国脱贫攻坚总结表彰大会上的讲话》，人民出版社，2021，第1页。
② 《马克思恩格斯文集》第3卷，人民出版社，2009，第466页。
③ 《列宁选集》第3卷，人民出版社，2012，第490页。

马克思主义经典作家的社会建设理论,结合中国的实际国情,用"小康"来确立中国的阶段性发展目标,并不断充实和完善小康社会的奋斗目标,真正把古人追求的"小康"社会,从向往和憧憬变为现实,充分体现了社会主义的本质特征和巨大的优越性。全面建成小康社会是中国现代化事业的阶段性目标和关键一步,为中国全面建设社会主义现代化国家和中华民族伟大复兴奠定了坚实基础。

(一)全面建成小康社会是社会主义的本质要求

马克思和恩格斯指出,无产阶级的运动是绝大多数人的、为绝大多数人谋利益的独立的运动,在未来社会中,"人人也都将同等地、愈益丰富地得到生活资料、享受资料、发展和表现一切体力和智力所需的资料"①。解放生产力,发展生产力,消灭剥削,消除两极分化,最终达到共同富裕,是社会主义的本质。新的历史时期,消除贫困、改善民生、逐步实现共同富裕,是社会主义的本质要求,是社会主义制度优越性的集中体现,是中国共产党全心全意为人民服务根本宗旨的重要体现。

在这一思想的指导下,中国改革开放以来实施了先农村后城市、先经济后政治、先沿海后内陆的发展模式,让一部分人和一部分地区通过诚实劳动、合法经营的方式先富起来,先富带动后富,最终让全国人民逐渐实现共同富裕。中共十八届五中全会鲜明地提出要坚持以人民为中心的发展思想,把增进人民福祉、促进人的全面发展、朝着共同富裕方向稳步前进作为经济发展的出发点和落脚点。进入新时代,习近平对社会主义本质作了更进一步的阐述,他指出:"让广大人民群众共享改革发展成果,是社会主义的本质要求,是社会主义制度优越性的集中体现,是中国共产党坚持全心全意为人民服务根本宗旨的重要体现。"② 现在,中国大部分群众生活水平有了很大的提高,出现了中等收入群体,也出现了高收入群体,但还存在大量低收入

---

① 《马克思恩格斯文集》第1卷,人民出版社,2009,第709~710页。
② 习近平:《在党的十八届五中全会第二次全体会议上的讲话(节选)》,《求是》2016年第1期。

群众，尤其是在农村贫困地区。只有保证人民平等参与、平等发展权利，维护社会公平正义，使发展成果更多更公平惠及全体人民，朝着共同富裕方向稳步前进，才能真正体现社会主义的优越性。因此，中国共产党领导广大农民"脱贫困、奔小康"、全面建成小康社会就是要让广大农民过上好日子，实现更高水平的共同富裕，彰显社会主义本质属性。

（二）全面建成小康社会是中国式现代化事业的阶段性目标

近代以来，中国有志之士一直在寻求实现现代化的道路。但是，中国人口众多、经济基础薄弱，这条现代化之路注定不能急于求成。改革开放以后中国共产党制定了中国的现代化分为三步走的战略，即从温饱到小康，再到中等发达。小康社会是中国特色社会主义现阶段的具体社会状态，全面建成小康社会是中国式现代化事业的阶段性目标和伟大起点，起着承前启后、继往开来的作用。没有实现全面建成小康社会，就不可能提前基本实现现代化，更不可能到21世纪中叶全面建成社会主义现代化强国。①

历史经验表明，脱离了实际的社会主义建设是不可能成功的。中国共产党领导人清醒地认识到这一点，在积极探索社会主义建设的实践中，表现出杰出的智慧和乘风破浪的勇气。他们根据中国的实际情况，将马克思主义基本原理同中国特色社会主义实践有机地结合在一起，摸索出一条中国特色社会主义建设之路。这条路也是中国实现社会主义现代化、创造人民美好生活的必由之路。作为中国式现代化的概括，小康社会无疑是对发展中国家实现现代化的创新性探索。

特别是中共十八大以后，建设社会主义现代化国家的实践进入新的历史时期，中共中央提出推进中国特色社会主义事业"五位一体"总体布局和"四个全面"战略布局。其中，全面建成小康社会对协调推进"四个全面"战略布局具有引领、统率作用。从"小康"到"小康社会"，从"总体小

---

① 石仲泉：《全面建成小康社会：一个重要战略布局的理论和实践》，《毛泽东邓小平理论研究》2020年第4期。

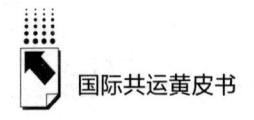

康"到"全面小康"、从"全面建设小康"到"全面建成小康",中国关于小康社会的奋斗目标不断明确,小康社会的内涵更加丰富科学,标志着我们党对现代化的认识不断深化。中共十九届五中全会指出,全面建成小康社会是我们党在进入新世纪后,在基本建成小康社会基础上提出的奋斗目标。如今全面建成小康社会任务完成,标志着第一个百年奋斗目标实现。在现代化道路上,中国全面建成小康社会并不是终点,而只是一个阶段性目标和关键一环。习近平指出:"全面建成小康社会是我们现阶段战略目标,也是实现中华民族伟大复兴中国梦关键一步。"①站在"两个一百年"的交汇点,全面建成小康社会是一个新的起点。它为更高层级的现代化事业和中华民族伟大复兴事业奠定了坚实理论和实践基础,使全面建设社会主义现代化国家、实现中华民族伟大复兴又向前迈进一步。

二 消除绝对贫困是全面建成小康社会的标志性指标

贫困人口脱贫是全面建成小康社会的基本标志和核心指标,也是全面建成小康社会实践中最重要的一项工作。习近平指出:"全面建成小康社会、实现第一个百年奋斗目标,农村贫困人口全部脱贫是一个标志性指标。"②

(一)脱贫攻坚是全面建成小康社会的关键

全面建成小康社会最难做到的是全面。"全面"讲的是发展的平衡性、协调性和可持续性。对中国来说,全面建成小康社会、实现第一个百年奋斗目标,最艰巨的任务就是脱贫攻坚,这是最大的短板也是标志性的指标。习近平指出:"如果到二〇二〇年我们在总量和速度上完成了目标,但发展不平衡、不协调、不可持续问题更加严重,短板更加突出,就算不上真正实现

---

① 《十八大以来重要文献选编》中,中央文献出版社,2016,第250页。
② 《习近平谈治国理政》第二卷,外文出版社,2017,第83页。

了目标,即使最后宣布实现了,也无法得到人民群众和国际社会认可"。① 因此,全面小康,覆盖的人口要全面,是惠及全体人民的小康。就中国的实际情况来看,全面建成小康社会最突出的短板就是农村贫困人口脱贫。只有农村贫困人口实现脱贫、贫困县全部摘帽、解决区域性整体贫困,全面建成小康社会才能真正完成。因此,全面建成小康社会,没有贫困人口的脱贫致富,那是不完整的。小康不小康,关键看老乡,关键看贫困老乡能不能脱贫。

(二)创新性地提出精准扶贫方略

改革开放以来,中国共产党和中国政府一直注重减贫事业,曾先后制定了《国家八七扶贫攻坚计划(1994—2000年)》《中国农村扶贫开发纲要(2001—2010年)》《中国农村扶贫开发纲要(2011—2020年)》。中共十八大以来,在推进全面建成小康社会的过程中,扶贫开发工作被纳入"四个全面"战略布局,实施精准扶贫、精准脱贫,加大扶贫投入,创新扶贫方式,扶贫开发工作呈现新局面,形成了一系列脱贫攻坚的基本经验,减贫取得世界上绝无仅有的成效。在坚持党的领导的前提下,围绕"扶持谁""谁来扶""怎么扶"三个关键问题,在实践中不断探索,创新性地提出了精准扶贫方略。激发贫困群众的内生动力,打造"三位一体"大扶贫格局,确保脱贫攻坚取得胜利,全面建成小康社会如期实现。

关于"扶持谁"的问题。习近平指出,精准扶贫和精准脱贫的关键在于提高脱贫攻坚成效。也就是说,关键是要找准路子、构建好的体制机制,在精准施策上出实招、在精准推进上下实功、在精准落地上见实效。确保把真正的贫困人口弄清楚,把贫困人口、贫困程度、致贫原因等搞清楚,以便做到因户施策、因人施策。一是坚持因地制宜、科学规划、分类指导、因势利导的思路,找到贫困的根源,对症下药。二是构建省、市、县、乡、村五级

---

① 习近平:《在党的十八届五中全会第二次全体会议上的讲话(节选)》,《求是》2016年第1期。

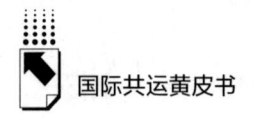

一起抓扶贫、层层落实责任制的治理格局。三是注重抓"六个精准",即扶持对象精准、项目安排精准、资金使用精准、措施到户精准、因村派人精准、脱贫成效精准,从根本上确保各项政策好处落到扶贫对象身上。通过扶持生产和就业发展、易地搬迁安置、生态保护、教育扶贫、低保政策兜底等方式方法,因人因地、依贫困原因、依贫困类型施策,分批次使贫困人口脱贫。

关于"谁来扶"的问题。扶贫开发是全党全社会的共同责任。一是形成中央统筹、省(自治区、直辖市)负总责、市(地)县抓落实的扶贫开发工作机制,提出分工明确、责任清晰、任务到人、考核到位的标准。中国的扶贫事业凝聚了各方力量。二是动员和凝聚全社会力量广泛参与。脱贫致富不仅仅是贫困地区的事情,也是全社会的事情。在脱贫事业的探索中,形成了专项扶贫、行业扶贫、社会扶贫等多方力量、多种举措有机结合和互为支撑的"三位一体"大扶贫格局。党政军机关、企事业单位开展定点扶贫,体现了中国的政治优势和制度优势,成为中国特色扶贫开发事业的重要组成部分。东西部扶贫协作和对口支援,推动区域协调发展、协同发展、共同发展,实现先富帮后富,最终实现共同富裕目标。此外,中国的扶贫工作注重扶贫和扶志相结合,坚持群众的主体地位,注重调动贫困群众的积极性、主动性、创造性。

关于"怎么扶"的问题。按照贫困地区和贫困人口的具体情况,实施"五个一批"工程。一是发展生产脱贫一批,引导和支持所有有劳动能力的人依靠自己的双手开创美好明天,立足当地资源,实现就地脱贫。二是易地搬迁脱贫一批,难以实现就地脱贫的贫困人口可以通过易地搬迁,按规划、分年度、有计划地组织实施,确保搬得出、稳得住、能致富。三是生态补偿脱贫一批,将贫困地区生态保护修复作为重点,增加重点生态功能区转移支付,扩大政策实施范围,让有劳动能力的贫困人口就地转成护林员等生态保护人员。四是发展教育脱贫一批,治贫先治愚,扶贫先扶智,国家教育经费向贫困地区倾斜、向基础教育倾斜、向职业教育倾斜,帮助贫困地区改善办学条件,给予农村贫困家庭幼儿特别是留守儿童特殊关爱。五是社会保障兜底一批,对贫困人口中完全或部分丧失劳动能力的人,由社会保障来兜底，统筹协调农村扶贫标准和农村低保标准，加大其他形式的社会救助力度。①

三 中国全面建成小康社会在世界社会主义发展进程中的意义

中国特色社会主义事业已成为 21 世纪世界社会主义最为重要的部分，已成为为人类探索更好社会制度贡献中国方案的伟大事业。② 从世界社会主义发展史的角度看，中国全面建成小康社会的理论和实践深化了对共产党执政规律、社会主义建设规律和人类社会发展规律的认识。

关于全面建成小康社会的意义，国内外许多专家学者从不同角度进行了有益的探讨和评价。有学者认为，今天的小康社会完全超越了中国历史上的种种"治世"和"盛世"。没有哪个社会主义国家探索过全面建成小康社会的理论，也没有哪个社会主义国家成功且全面地建成小康社会。社会主义中国全面建成小康社会说明，相对落后的发展中国家，可以跨越资本主义的"卡夫丁峡谷"，走出一条非资本主义的中国式现代化之路。③ 有学者认为，从中国发展的新的历史方位来看，全面建成小康社会对中华民族、对世界社会主义和人类整体进步具有重要意义，因此呈现"世界历史意义"并将承担世界历史任务。④ 也有学者认为，中国如期全面建成小康社会，不仅对中华民族伟大复兴，而且对人类社会进步都具有十分重要的理论和现实意义。⑤ 还有学者从发展中国家的发展、国际关系民主化进程、世界人权发展、世界社会主义建设理论和实践、构建人类命运共同体等角度阐发了全面建成小康

---

① 《十八大以来重要文献选编》下，中央文献出版社，2018，第 40~43 页。
② 姜辉：《百年来中国共产党对世界社会主义运动的重大贡献》，《中国社会科学报》2021 年 1 月 15 日。
③ 谢伏瞻：《全面建成小康社会的理论与实践》，《中国社会科学》2020 年第 12 期。
④ 吴晓明：《"小康中国"的历史方位与历史意义》，《中国社会科学》2020 年第 12 期。
⑤ 秦宣、林啸：《全面建成小康社会：历程、经验、意义》，《当代世界与社会主义》2020 年第 4 期。

社会的世界意义。① 德国柏林经济研究所国际经济学研究部主任克里斯坦·德瑞格尔认为，"四个全面"战略布局赋予了中国发展新内涵。其中，全面建成小康社会使中国经济的目标更加丰满。② 英国牛津大学中国中心主任拉纳·密特表示，全面建成小康社会的巨大成就表明世界上并不存在单一的"普世"发展模式，为世界其他国家探索符合本国国情的发展道路提供了有益借鉴。意大利共产党中央委员马林焦表示，全面建成小康社会再一次证明，中国特色社会主义符合中国国情，是对马克思主义理论和实践的一次成功创新。马来西亚马来亚大学中国研究所所长饶兆斌、阿根廷拉美中国政治经济研究中心中国问题专家马可为、俄罗斯布里亚特国立大学副教授巴伊萝芙娜等认为，全面建成小康社会，将为中国开启全面建设社会主义现代化国家新征程奠定坚实基础。③ 本文综合国内外专家学者的观点认为，就世界社会主义发展史而言，全面建成小康社会有以下三点意义。

（一）深化了对共产党执政规律的认识

中国共产党是世界上最大的无产阶级政党，也是最大的社会主义国家的执政党。中国共产党在全国执政后，不断探索如何治理社会主义社会。在长期的探索中，虽然出现过严重曲折，但也积累了丰富的经验。改革开放以来，中国人民在中国共产党的带领下，各项事业进展显著：政治稳定、经济发展、社会和谐、民族团结。我们党在国家治理体系和治理能力现代化上是不断推进的，是适应中国国情和发展要求的。在新的历史时期，我们党作为执政党如何坚守党的宗旨、完善执政方式、提高自身能力是摆在眼前的重要问题。

在全面建成小康社会的过程中，广大党员干部坚持人民至上，彰显为民初心，执政能力和执政水平得到进一步提高，展现中国共产党的执政伟力。

---

① 高扬：《中国实现全面小康的世界意义》，《学习时报》2020年10月9日。
② 〔德〕克里斯坦·德瑞格尔：《全面建成小康社会的经济含义》，《中国报道》2020年第10期。
③ 《中华民族和人类社会的历史丰碑——国际社会对中国决胜全面建成小康社会、决战脱贫攻坚的认识和评价》，《光明日报》2020年10月2日。

中国全面建成小康社会在世界社会主义发展史上的重大意义

习近平指出："人民对美好生活的向往，就是我们的奋斗目标。"①中国共产党人的初心和使命就是为中国人民谋幸福。在新民主主义革命时期，中国共产党带领广大人民取得了革命的胜利，建立了新中国。此后，中国共产党作为执政党团结带领广大人民进行了社会主义建设的探索，虽然经历曲折反复，但最终找到了一条符合中国国情的中国特色社会主义道路。改革开放后，中国发生了翻天覆地的变化。经过几十年的发展，中国社会的主要矛盾已经转变为人民日益增长的美好生活需要和不平衡不充分发展之间的矛盾。以前人民关注的是"有没有"的问题，现在关心的则是"好不好"的问题。习近平指出："全面加强党的领导同坚持以人民为中心是高度统一的"。②"人民是党执政的最大底气，也是党执政最深厚的根基。"③

中国共产党带领广大人民全面建成小康社会是为了更好地满足人民日益增长的美好生活需要，是在践行全心全意为人民服务的宗旨。党的十八大以来，以习近平同志为核心的党中央明确了中国共产党的领导是中国特色社会主义的本质特征，是决胜全面建成小康社会的根本保证。以习近平同志为核心的党中央为全面建成小康社会作出一系列重大部署和安排，抓住人民最关心、最直接、最现实的利益问题，把扶贫开发工作纳入"五位一体"总体布局、"四个全面"战略布局，高度重视困难群众的帮扶救助工作，加强社区治理体系建设，坚持精准脱贫，最终的目的就是让全体中国人过上更好的日子。在全面建成小康社会的过程中，党总揽全局、协调各方，通过学习和实践增强了本领。这些理论和实践都表明了对共产党执政规律认识的不断深化。

（二）深化了对社会主义建设规律的认识

在社会主义发展史上，人们始终在探索什么是社会主义，怎样建设社会主义。在马克思恩格斯那个时代，他们并没有遇到全面建设并治理一个

---

① 《十八大以来重要文献选编》上，中央文献出版社，2014，第70页。
② 《习近平谈治国理政》第三卷，外文出版社，2020，第90页。
③ 《习近平谈治国理政》第三卷，外文出版社，2020，第137页。

社会主义国家的实践，他们关于未来社会的设想大多是预测性的。十月革命后，列宁也未来得及深入探索这个问题。苏联和东欧国家对这个问题的探索取得了一些经验，但没有从根本上加以解决。新中国成立后，中国共产党不断探索这个问题，虽然出现过曲折和挫折，但在坚持不懈的社会主义实践中，积累了丰富经验，不断深化对社会主义建设规律的认识。中共十八大以来，以习近平同志为核心的党中央进一步深入探索社会主义建设规律，从理论和实践上系统回答了坚持和发展什么样的中国特色社会主义，怎样坚持和发展中国特色社会主义。全面建成小康社会的理论和实践就是在新的历史时期，中共根据中国社会主要矛盾变化，对社会主义建设规律的一种探索。中共十八大报告提出，共同富裕是中国特色社会主义的根本原则。基于这一原则，中共十八届五中全会作出了到2020年全面建成小康社会的庄严承诺。在中国社会主义建设新的历史方位，国际国内环境发生深刻复杂变化：诸多矛盾叠加、风险隐患增多。从国际看，和平与发展仍然是世界的主题，但是全球治理体系处于深刻变革之中，国际力量对比不断调整，局部冲突不断爆发，国际经济形势错综复杂、充满变数。从国内看，中国正处于跨越"中等收入陷阱"并向高收入国家迈进的历史阶段，矛盾和风险比从低收入国家迈向中等收入国家时更加复杂，经济不平衡、不协调、不可持续的问题依然突出。中国提出全面建成小康社会，就是在探索一种百年未有之大变局下经济社会发展的有效路径和社会主义建设的规律。

（三）深化了对人类社会发展规律的认识

中共十九大报告指出，中国特色社会主义进入新时代，意味着中国特色社会主义道路、理论、制度、文化不断发展，拓展了发展中国家走向现代化的途径，给世界上那些既希望加快发展又希望保持自身独立性的国家和民族提供了全新选择，为解决人类问题贡献了中国智慧和中国方案。现代化是一个国家由古代农业社会转变为现代工业社会的过程，是人类社会发展进步的必由之路，走向现代化是不可移易的历史潮流。但追求现代化的路径是多种多样的。① 资本主义国家的现代化注重的是经济、科技以及综合国力等指标，人民的生活水平、区域间的平衡发展、人与自然和谐共生不是西方现代化考虑的重点。资本主义国家的现代化之路是建立在剥削基础上的少数人攫取利润的现代化。以这种方式建立的现代化社会，实现的是形式上民主和少数人的富裕，雇佣劳动者仍然处于被支配和剥削的地位，广大人民的生活仍然无法得到真正的保障。资本主义国家的现代化之路还是一条掠夺之路。马克思在《资本论》中指出，在资本主义的历史上，征服、奴役、劫掠、杀戮等暴力起着巨大的作用。资本原始积累的方法决不是田园诗式的东西。② 美国当代著名的政治哲学家南茜·弗雷泽认为，资本主义国家通过对国内外实施剥夺的镇压力量获取了大量公共产品。"在资本主义的早期，掠夺的财富是资本积累不可或缺的来源；但资本主义并没有随着制度的'成熟'而停止侵占行为。相反，即使是今天，资本主义经济仍然依赖这些与剥削并驾齐驱的、持续不断的免费或廉价的资源作为积累的主要来源。"③

中国的现代化道路与资本主义国家的现代化道路不同。这是一条符合中国国情和特点的现代化之路。最初邓小平用"小康之家"的概念来表述中国的现代化。随着时间的不断推移，小康社会的内涵不断丰富，标准不断提高。全面建成小康社会作为"两个一百年"的重要奋斗目标之一，是中国建成富强民主文明和谐美丽的社会主义现代化强国的基础和前提。中国的现代化之路建立在小康社会的基础之上，在尊重自然的前提下，实现的是人与社会的全面发展。中国特色社会主义道路，就是中国实现现代化的道路。中国在全面建成小康社会的过程中提出了许多新思想和新观点，以及新决策和新部署，在实践中探索了一条不同于历史上其他社会主义国家，也区别于西方资本主义国家的实现现代化的新路径，为一些发展中国家实现现代化提供

---

① 林建华：《全面建设社会主义现代化国家的中国意义和世界意义》，《思想教育研究》2020年第12期。
② 《马克思恩格斯文集》第5卷，人民出版社，2009，第821页。
③ Nancy Fraser, "What Should Socialism Mean in the Twenty - first Century?", *Socialist Register*, 2020.

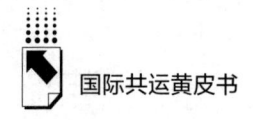

了宝贵的经验。例如，津巴布韦非洲民族联盟－爱国阵线全国主席穆欣古里就曾表示，津民盟迫切希望从中国共产党领导中国全面建成小康社会的经验中获得启迪，推动津巴布韦经济社会发展。①

参考文献

1. 《习近平谈治国理政》第三卷，外文出版社，2020。
2. 谢伏瞻：《全面建成小康社会的理论与实践》，《中国社会科学》2020年第12期。
3. 姜辉：《百年来中国共产党对世界社会主义运动的重大贡献》，《中国社会科学报》2021年1月15日。
4. 林建华：《全面建设社会主义现代化国家的中国意义和世界意义》，《思想教育研究》2020年第12期。
5. Nancy Fraser, "What Should Socialism Mean in the Twenty‐first Century?", *Socialist Register*, 2020.

---

① 《中华民族和人类社会的历史丰碑——国际社会对中国决胜全面建成小康社会、决战脱贫攻坚的认识和评价》，《光明日报》2020年10月2日。

Y.9
越南共产党：在传承与守正中踏上新征程

潘金娥　韦丽春*

摘　要： 2020年是越南社会主义发展史上许多重大事件的纪念年份，同时也是革新历程中一个重要里程碑。面对新冠肺炎疫情席卷全球的挑战，越南共产党有序组织各项纪念活动，积极筹备越共十三大，实现了成功管控疫情和经济较快增长双重目标，彰显了社会主义制度的优越性。2021年1月越共召开十三大，选出新一届党和国家的领导集体，制定了越南中长期发展目标，即到21世纪中叶力争建成社会主义定向的发达国家。展望2021年，3月底4月初越南召开新一届国会完成国家领导人的换届选举，而2021年初越南暴发的第三波疫情，给新一届越南党和国家领导集体带来了新的考验。

关键词： 越南共产党　越共十三大　胡志明思想

2020年是越共十三大召开的前一年，也是越南抗美战争胜利实现国家南北统一45周年、越南民主共和国（1976年改名为越南社会主义共和国）

---

* 潘金娥，中国社会科学院马克思主义研究院国际共产主义运动研究部主任，研究员，研究方向为国际共产主义运动与世界社会主义、越南社会主义；韦丽春，中国社会科学院大学马克思主义学院2019级博士研究生，研究方向为越南社会主义。本文指导专家：山东大学政治学与公共管理学院崔桂田教授。

成立75周年、越南共产党成立90周年、胡志明诞辰130周年等多个重大事件的纪念年份，越南党和国家既要忙于多项庆祝活动，又要防止各种不测风险。在这样的背景下，越南意识形态领域的斗争尤其严峻。越共中央将上述纪念活动和纪念列宁诞辰150周年、恩格斯诞辰200周年等活动一并进行了系统而有序的安排，一方面加强正面宣传马列主义、胡志明思想，宣传越南共产党的历史贡献和重要地位；另一方面针对各种错误思潮进行有力的批驳，对敌对势力的渗透和"和平演变"进行揭露，从而增强人民对共产党和社会主义事业的信心。此外，2020年，面对新冠肺炎疫情的肆虐，越南共产党发挥了集中统一领导的制度优势和社会主义制度的优越性，成功阻止疫情蔓延，全年感染病例1548例，只有35个死亡病例，是世界上感染率和病亡率最低的国家之一；与此同时，越南全年经济增长达到2.91%，成为世界上经济增长率最高的国家之一。这些成绩，极大地增强了越南党和人民的自信心，巩固了越南共产党的执政地位，为顺利迎接越共十三大的召开、描绘越南中长期宏伟发展蓝图奠定了坚实的社会基础。

一 举办重大纪念活动，传承守正党的思想基础，打击错误思潮

为协调安排2020年越南党和国家的多项重要纪念活动，越共中央进行了统一布局。2019年10月29日，越共中央办公厅颁发《关于2020年各项重要纪念日和重大事件的指示》。接着越共中央宣教部于2020年1月8日颁布了《关于2020年宣传和纪念各项重要纪念日和重大历史事件的指导意见》，对本年度所有纪念活动进行了详细的分类，明确规定了每项活动的目的、要求、组织单位、规模、宣传内容、标语口号等。文件将2020年度举办的各项纪念活动分为五大类：第一类为国家级大型纪念活动；第二类为党和国家重要领导人诞辰纪念活动；第三类为重大历史事件的周年纪念活动；第四类是各省直辖市或中央各部委的纪念活动；第五类是国际性质的纪念活动。其中，越南共产党成立90周年、胡志明诞辰130周年被

列为国家级大型纪念活动,由党中央和各省市分别组织庆祝活动;南方解放和南北统一45周年、"八月革命"胜利和越南民主共和国成立75周年则交由各省直辖市举行庆祝活动;列宁诞辰150周年、恩格斯诞辰200周年被列为国际性质的纪念活动,由宣传和理论研究单位组织各种学术研讨会并通过媒体进行广泛宣传。按照党中央指示精神,越南相关部门有序开展系列庆祝和纪念活动。

(一)隆重庆祝越南共产党成立90周年

2020年2月3日是越南共产党成立90周年的日子,越共中央在河内举行隆重的庆祝大会。越共中央总书记阮富仲在大会上发表了讲话,回顾了越共成立90年的光辉历程,总结了越南共产党在越南革命历史上的重要地位和作用。越南共产党的成立,结束了长期以来越南革命在组织上、道路上的危机状态;越南革命90年来丰富而生动的实践证明,党的正确英明领导是越南革命取得一切胜利的决定性因素。阮富仲强调:"在越南,除了越南共产党,没有哪个政治力量能有足够的本领、智慧、经验、威望和能力来领导越南战胜各种困难和挑战,并取得越南民族革命事业一次又一次的胜利。"[①]由此证明,越南共产党掌握政权并成为越南唯一的执政党,是历史的必然选择。

阮富仲还强调,要"大力维护和弘扬越南共产党在90年来的光辉历程中所积累的宝贵经验和光荣传统",那就是:"保持对民族和阶级利益的无限忠诚;在坚持马列主义和胡志明思想的基础上坚定民族独立和社会主义目标理想;掌握并创造性地运用和发展马列主义,坚持独立自主的路线同时参考借鉴国际经验,制定正确的路线并有效完成各项革命任务;保持党与人民群众的血肉联系,始终把为人民服务作为宗旨和奋斗目标;在民主集中制、

---

① Lễ Kỷ niệm 90 năm Ngày thành lập Đảng Cộng sản Việt Nam, https://nhandan.com.vn/tin-tuc-su-kien/le-ky-niem-90-nam-ngay-thanh-lap-dang-cong-san-viet-nam-448640/.

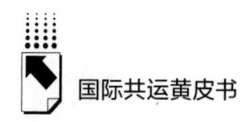

批评与自我批评、关爱同志等原则基础上，维护团结统一，严明组织纪律；在坚持原则、坚持崇高目标的基础上，始终坚持国际团结。"①阮富仲还在讲话中总结了35年革新取得成功的最重要经验，那就是：越南共产党始终牢牢把握并创造性地运用马列主义的基本原理、辩证唯物主义的方法论和胡志明思想于越南的革新实践中。在新的时期，必须继续传承革新精神，坚持越南共产党的领导，在革新实践中继续坚持创造性地运用和发展马列主义和胡志明思想，不断把新时代的革新事业推向前进，不断巩固、调整和完善越南特色社会主义发展道路，最终实现民富、国强、民主、公平、文明的目标。②

  越南主要学术机构也举行纪念建党90周年的专题研讨会。2020年1月16日，越共中央宣教部、越南胡志明国家政治学院、越共中央理论委员会联合举办了主题为"越南共产党：智慧、本领、革新——为了独立自由和社会主义"的国家级学术研讨会。越共中央书记处常务书记陈国旺在会上发表讲话，强调：越南共产党的正确领导是越南革命一切胜利的决定性因素。与会者一致认为，越南共产党的成立是历史发展的必然结果，契合了越南民族争取独立和国家发展的愿望。③ 6月26日，胡志明市国家大学举行了题为"越南共产党：历史的作品、扛起了历史的重任"的国家级研讨会。研讨会从理论和实践两个方面对越南共产党的地位、作用及其领导的越南革命事业所取得的成就进行了研讨。会议充分肯定了越南共产党成立90年来领导越南人民取得的革命成果，正是在越南共产党正确路线指引下，越南走上发展社

---

① Toàn văn bài phát biểu của Tổng Bí thư, Chủ tịch nước tại Lễ kỷ niệm 90 năm Ngày thành lập Đảng, https：//baoquocte.vn/toan - van - bai - phat - bieu - cua - tong - bi - thu - chu - tich - nuoc - tai - le - ky - niem - 90 - nam - ngay - thanh - lap - dang - 108832.html

② Lễ Kỷ niệm 90 năm Ngày thành lập Đảng Cộng sản Việt Nam, https：//nhandan.com.vn/tin - tuc - su - kien/le - ky - niem - 90 - nam - ngay - thanh - lap - dang - cong - san - viet - nam - 448640/.

③ Hội thảo khoa học cấp quốc gia về Đảng Cộng sản Việt Nam, https：//www.vietnamplus.vn/hoi - thao - khoa - hoc - cap - quoc - gia - ve - dang - cong - san - viet - nam/618846.vnp.

主义定向市场经济的正确革新路线,才保证了越南经济的持续增长和社会的稳定。① 越南主要理论家也纷纷发表文章,有的对越南共产党的历史功绩进行肯定,明确党的领导是越南革命胜利的决定性因素;有的对各种否定越南共产党领导地位的错误思潮进行批判和驳斥,揭露敌对势力否定党的领导地位的阴谋。

(二)进一步认识和肯定胡志明的丰功伟绩

2020年5月19日是越南共产党的创始人、越南民主共和国的缔造者胡志明诞辰130周年纪念日。5月18日,越共中央在国家会议中心举行了隆重的纪念大会,共2000余人参加。阮富仲在纪念大会上发表讲话,高度评价了胡志明的一生及其丰功伟绩。阮富仲指出:胡志明主席给越南共产党和越南人民留下了宝贵精神财富。越南革命的每一个胜利和每一步都离不开胡志明主席的伟大功绩,离不开胡志明思想的照耀和指引。胡志明主席的一生,体现了最崇高的爱国主义和革命英雄主义精神,是越南民族和时代的道德、智慧、气概和良知的结晶。胡志明主席一生都奉献给了越南共产党、越南民族、越南人民和光荣的国际革命事业,他的英名和事业永世长存。阮富仲强调,胡志明是革命道德的典范,给越南共产党、越南人民留下了一面世世代代的道德、风格和生活作风的明镜和无比宝贵的思想遗产。胡志明思想是关于越南革命基本问题的全面深刻的系列观点,是马列主义在越南具体条件下的运用和创造性发展的结果,它继承和发展了越南民族的优良传统的价值,吸收了人类文明的精华,它是越南共产党和越南民族无比巨大和宝贵的精神财富,永远指引越南共产党和越南民族革命事业不断走向胜利,为世界各民族争取和平、民族独立、民主和社会进步的共同事业做出贡献。阮富仲指出:胡志明思想和胡志明无比丰富和伟大的革命事业,不仅是越南民族的无价之宝、越南革命的思想基础和指南,而且还为世界被压迫民族的革命事业、为人类文明和思

---

① Đảng Cộng sản Việt Nam-Sản phẩm của lịch sử, trọng trách trước lịch sử, https://nhandan.com.vn/dang-va-cuoc-song/dang-cong-san-viet-nam-san-pham-cua-lich-su-trong-trach-truoc-lich-su-475832/.

想精华的发展做出贡献；胡志明主席创造性地将马克思列宁主义与越南实践相结合，开创了符合越南实际的革命道路，即：坚持民族独立与坚持社会主义相结合，坚持民族解放与阶级解放、人民群众的解放相结合的道路。①

2020年5月5日，越共中央主办了主题为"胡志明主席与革新、发展和保卫祖国事业"国家级学术研讨会。本次研讨会的主要内容和观点如下：一是肯定了胡志明崇高的一生及其革命事业，肯定胡志明对越南革命、对国际共产主义运动和全世界被压迫民族解放运动的伟大贡献；二是阐释了胡志明在越南革命实践中对马列主义的创造性运用和发展；三是阐明了胡志明思想在革新、发展和保家卫国事业中的现实意义；四是强调胡志明的光辉形象；五是表示越南共产党和越南人民在越南革命实践中，将始终坚持并创造性运用和发展马列主义和胡志明思想，将之作为当前国家革新、发展和保卫事业中的需求和原则性要求。时任越共中央书记处常务书记陈国旺在会上指出：胡志明是世界各民族和平、友好和民族解放的象征，胡志明崇高的革命事业、他的一生及其思想是越南革命发展和胜利的源泉，胡志明主席伟大的革命事业、思想、道德和风格永远是一束火炬，在革新、发展和保卫祖国的过程中指引着越南的革命事业。②

越共中央委员、越南胡志明国家政治学院院长、越共中央理论委员会主任阮春胜撰文指出：胡志明是越南民族解放的英雄，是杰出的文化名人，是国际共产主义运动和工人运动的先锋模范战士；胡志明的一生及其革命事业

---

① Diễn văn của đồng chí Tổng Bí thư, Chủ tịch nước Nguyễn Phú Trọng tại Lễ Kỷ niệm 130 năm Ngày sinh Chủ tịch Hồ Chí Minh（越共中央总书记、越南国家主席阮富仲同志在胡志明诞辰130周年纪念大会上的讲话），http://tapchicongsan.org.vn/web/guest/tin-tieu-diem/-/asset_publisher/s5L7xhQiJeKe/content/dien-van-cua-dong-chi-tong-bi-thu-chu-tich-nuoc-nguyen-phu-trong-tai-le-ky-niem-130-nam-ngay-sinh-chu-tich-ho-chi-minh-19-5-1890-19-5-2020-。

② Võ Văn Thưởng, Tư tưởng, đạo đức, phong cách Hồ Chí Minh mãi là ngọn đuốc soi đường, dẫn dắt sự nghiệp cách mạng Việt Nam, http://www.tuyengiao.vn/theo-guong-bac/tu-tuong-dao-duc-phong-cach-ho-chi-minh-mai-la-ngon-duoc-soi-duong-dan-dat-su-nghiep-cach-mang-viet-nam-127868。

是一部为了国家独立自由和人民幸福,为了人类和平、发展与进步而鞠躬尽瘁的英雄史诗;胡志明的思想、道德和风格是全党、全军和全国人民无比宝贵的财富,永远是世世代代越南人的骄傲和巨大的鼓舞,是照亮越南革命道路的光芒,引领越南共产党和越南人民在国家建设和保卫事业中取得伟大胜利。①

(三)高度肯定列宁主义对越南社会主义的重大意义

对越南社会主义发展道路来说,列宁具有特别重要的地位。20 世纪初,胡志明主席在世界各国寻找救国真理的道路上,正是阅读了列宁的《民族和殖民地问题提纲初稿》后得出结论:要拯救国家、解放民族,就必须走无产阶级革命的道路!从此,胡志明信仰了马克思列宁主义。从 20 世纪 20 年代开始,马克思列宁主义传入越南。在马列主义的指引下,越南取得了民族解放、社会主义革命和革新事业的伟大胜利。因此,对越南而言,列宁的思想对越南社会主义具有极其重大的意义。

在列宁诞辰 150 周年之际,越南国家领导人到列宁塑像前敬献了鲜花;举行了国家级的学术研讨会和纪念活动;党和国家领导人、理论家发表文章,高度评价列宁及其思想的重大历史价值与现实意义。2020 年 4 月 22 日,越南举行了主题为"列宁的遗产:理论与实践价值"的国家级学术研讨会。本次会议围绕以下主题进行研讨并明确:列宁创造性发展了马克思主义关于帝国主义阶段无产阶级革命取得胜利的可能性的理论,成功领导了俄国十月革命,开辟了从资本主义向社会主义过渡的时期;列宁创造性地发展了马克思主义关于社会主义和社会主义道路的理论;列宁是维护、创造性发展马克思主义的典范;列宁关于民族和殖民地的理论是被压迫民族争取民族独立的宝贵指南;列宁的遗产照亮了胡志明时代越南革命的道路;越南共

---

① *Nguyễn Xuân Thắng*, Chủ tịch Hồ Chí Minh vĩ đại với sự nghiệp đổi mới, phát triển và bảo vệ Tổ quốc, http://www.tapchicongsan.org.vn/web/guest/ky-niem-130-nam-ngay-sinh-chu-tich-ho-chi-minh-19-5-1890-19-5-2020-/-/2018/816372/chu-tich-ho-chi-minh-vi-dai-voi-su-nghiep-doi-moi%2C-phat-trien-va-bao-ve-to-quoc.aspx.

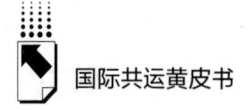

产党将坚持马列主义、胡志明思想，领导越南人民取得建设和保卫越南社会主义事业的成功。在研讨会开幕式讲话中，越共中央宣教部部长武文赏回顾了列宁的丰功伟绩，并指出，在全球化和深广融入国际、第四次工业革命迅猛发展的背景之下纪念列宁诞辰150周年，表明我们再次肯定列宁在促进人类进步的革命斗争事业中的伟大贡献；越南应结合世界革命和现代科学技术的成就，继续发展和创造性运用列宁的基本思想和马克思主义。①

为纪念列宁诞辰150周年，越南《人民报》发表社论《列宁思想之光照亮越南革命道路》，文章称，列宁的思想及形象已经在由越南共产党领导的革命征程中留下深刻烙印，列宁仍是世界上共产主义者学习与实践的好榜样，其思想及理论与世长存。②越南《人民军队报》《越通社信息报》《西贡解放报》等媒体均设立了"列宁诞辰150周年"专栏，越南理论家发表了数量众多的作品，从列宁思想的重大历史意义、列宁主义与马克思主义的关系、列宁主义与胡志明思想和越南革命的关系、列宁关于党的建设的思想以及革新时期越南对列宁主义的创新和发展等众多视角阐释了列宁思想的价值及其在越南社会主义建设和革新实践中的现实意义。

越共中央理论委员会主任阮春胜在《共产主义杂志》上发文《列宁的遗产对世界及越南革命的实践和理论价值》，认为列宁创造性地发展了马克思关于无产阶级革命可能在帝国主义时期取得胜利的理论，领导十月革命取得胜利，开辟了资本主义向社会主义过渡的新纪元，列宁对马克思主义关于社会主义和社会主义道路的理论进行了补充、发展和创新，列宁的民族和殖民地理论为被压迫民族开展民族独立斗争提供了宝贵的思想指导，列宁主义的遗产照亮了胡志

---

① Di sản V. I. Lê-nin: Giá trị lý luận - Thực tiễn, http://www.tuyengiao.vn/nhip-cau-tuyen-giao/ban-tuyen-giao-tw/di-san-v-i-le-nin-gia-tri-ly-luan-thuc-tien-127671

② 越南《人民报》社论：《列宁思想之光继续照亮越南革命道路》，https://nhandan.com.vn/xa-luan/tu-tuong-cua-v-i-le-nin-tiep-tuc-soi-sang-con-duong-cach-mang-viet-nam-456049/。

明时代越南的革命道路。① 胡志明国家政治学院武光荣教授在《列宁主义与越南革命》一文中指出,列宁对马克思主义的继承和发展主要体现在以下三个方面:一是关于社会主义建设事业中执政党的地位;二是关于建设社会主义法权国家问题;三是关于团结人民群众以建设社会主义新制度。② 阮功勇在《列宁关于工人阶级新型政党的学说》一文中总结了列宁关于工人阶级新型政党的基本原则,并指出列宁关于工人阶级新型政党的学说对越南共产党特别是党的建设而言具有重大意义,越南共产党必须按照无产阶级新型政党的原则来进行党的建设,要密切联系群众,党是越南人民的领导者和公仆,要重视党的建设和整顿。③ 外交学院范泰越在《列宁的无产阶级国际主义》一文中指出,列宁的无产阶级国际主义是被帝国主义压迫的各国民族解放运动的强大动力,帮助无产阶级实现摆脱资本主义压迫和剥削、获得全人类解放的目标。在当前全球化的背景下,列宁的无产阶级国际主义理论仍然具有很大价值。④《共产主义杂志》编辑部学者阮志校认为,列宁的新经济政策思想是越南共产党发展社会主义定向的市场经济的理论依据;越南共产党在社会主义法权国家建设中,要以列宁思想为指导来处理党的领导、国家管理和人民当家做主之间的关系。⑤

---

① 〔越〕阮春胜:《列宁思想遗产对世界革命和越南革命的理论与实践价值》,http://tapchicongsan.org.vn/web/guest/tin-tieu-diem/-/asset_publisher/s5L7xhQiJeKe/content/di-san-cua-v-i-le-nin-gia-tri-ly-luan-va-thuc-tien-doi-voi-cach-mang-the-gioi-va-viet-nam。

② Chủ nghĩa Lênin với con đường cách mạng Việt Nam, https://www.sggp.org.vn/chu-nghia-lenin-voi-con-duong-cach-mang-viet-nam-658350.html.

③ Nguyễn Công Dũng, Học thuyết về chính đảng kiểu mới của giai cấp công nhân của V. I. Lênin, https://tulieuvankien.dangcongsan.vn/c-mac-angghen-lenin-ho-chi-minh/ph-angghen/nghien-cuu-hoc-tap-tu-tuong/hoc-thuyet-ve-chinh-dang-kieu-moi-cua-giai-cap-cong-nhan-cua-v-i-lenin-3510.

④ 〔越〕范泰越:《列宁的无产阶级国际主义》,越南《政治理论杂志》2020年第4期。

⑤ Đảng Cộng sản Việt Nam kiên định vận dụng sáng tạo tư tưởng của V. I. Lê-nin vào sự nghiệp xây dựng chủ nghĩa xã hội ở Việt Nam thời kỳ đổi mới, https://www.tapchicongsan.org.vn/tin-tieu-diem/-/asset_publisher/s5L7xhQiJeKe/content/dang-cong-san-viet-nam-kien-dinh-van-dung-sang-tao-tu-tuong-cua-v-i-le-nin-vao-su-nghiep-xay-dung-chu-nghia-xa-hoi-o-viet-nam-thoi-ky-doi-moi-#.

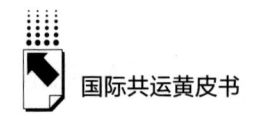

（四）肯定恩格斯对马克思主义和国际共产主义运动的贡献

为纪念恩格斯诞辰200周年，2020年11月27日，越共中央宣教部、越南胡志明国家政治学院、越共中央理论委员会、越南社会科学翰林院联合主办"恩格斯遗产：时代价值与生命力"国家级研讨会。与会专家主要就以下议题进行了讨论：第一，恩格斯为创立马克思主义所做出的巨大贡献；第二，恩格斯作为国际共产主义运动伟大领袖和博学家所做的伟大贡献；第三，恩格斯和马克思的生活和事业的联系。会议认为恩格斯的思想和理论遗产照亮了全世界和平、民族独立、民主和社会主义斗争的道路，肯定了恩格斯在马克思主义形成和发展的过程中所做出的重要贡献，肯定马列主义对世界革命和越南革命的时代价值和生命力。①

2020年，越南学界发表了不少关于恩格斯的理论贡献的研究成果。越共中央党校主管的《政治理论》杂志2020年第11期专门开设了恩格斯诞辰200周年纪念专栏，刊发了《恩格斯与杜林作斗争，极力捍卫了马克思主义的唯物辩证法》《恩格斯关于共产党的建设的理论贡献》《恩格斯是全世界文明中现代无产阶级最伟大的导师和博学者》《1883～1895年期间恩格斯对科学社会主义的捍卫和发展》《恩格斯对唯物辩证法的贡献》等多篇文章。

学者陈厚新认为，恩格斯对马列主义的贡献主要体现在其与马克思共同撰写的著作中；与此同时，恩格斯是运用唯物辩证法来认识自然规律的第一人，解释和概括了自然科学的最新成就，批判了神秘的机械的唯心主义观点。② 越南国防部政治学院何德龙上将认为，恩格斯在生前和马克思始终与

---

① Di sản tư tưởng Ph. Ăng-ghen-giá trị và sức sống thời đại, https://www.tapchicongsan.org.vn/web/guest/chi-tiet-tim-kiem/-/2018/820488/view_content?_contentpublisher_WAR_viettelcmsportlet_urlTitle=di-san-tu-tuong-ph.-ang-ghen---gia-tri-va-suc-song-thoi-%C4%91ai.

② Trần Hậu Tân, Những cống hiến vĩ đại của Ph. Ăng-ghen với sự ra đời và phát triển Chủ nghĩa Mác-Lê-nin, https://nhandan.com.vn/tin-tuc-su-kien/nhung-cong-hien-vi-dai-cua-ph-ang-ghen-voi-su-ra-doi-va-phat-trien-chu-nghia-mac-le-nin-625962/.

改良主义、教条主义等错误思潮进行斗争，以达成共产国际在认识上和行动上的统一。作者提出，要根据恩格斯的斗争精神批驳错误和敌对观点，认清错误、反动和敌对观点的主体，有针对性地进行斗争和批判。①

（五）结合纪念活动开展与敌对势力和错误思潮的斗争

对于上述主题纪念活动，除了从正面开展宣传以外，越南共产党从中央到各部门和各省市还同时开展了防止敌对和错误思潮以及"反和平演变"的活动，活动形式包括召开专题研讨会、撰写批驳性文章、在媒体上广泛宣传等，揭露敌对势力利用越南共产党即将召开大会之机进行的各种破坏活动。敌对势力主要攻击的目标包括越南的社会主义道路、社会主义定向的市场经济、党的领导、高层人事安排、马克思主义和胡志明思想等。敌对势力通过散布各种错误言论，否定和歪曲越南共产党的指导思想和路线方针，企图左右新一届党代会的人事安排和未来的发展方向等重大决断，最终颠覆越南共产党的领导。对此，越共中央在全国范围内开展思想舆论斗争，一方面在军队、学校进行教育并借助媒体进行正面宣传和教育，另一方面组织全国理论工作者撰文反驳各种错误言论和思潮。仅越共中央理论委员会，2020年就设立了 34 项专门负责批驳敌对和错误思想的研究课题，组织了 5 次专题研讨会，编写了《在新的形势下牢固捍卫党的思想基础》一书。②

综上，2020 年在越共中央文件指示精神下举办的各项纪念活动，表达了越南共产党对马列主义和胡志明思想的守正与传承。守正是传承之本，传承是为了守正。对越南共产党而言，在十三大召开在即，国内各种思潮暗流涌动、西方"和平演变"的政治图谋愈演愈烈的形势下，越南通过举办各

---

① Hà Đức Long, Ph. Ăngghen chống quan điểm sai trái để bảo vệ, phát triển chủ nghĩa Mác, http：//tapchiqptd.vn/vi/phong-chong-dbhb-tu-dien-bien-tu-chuyen-hoa/ph-angghen-chong-quan-diem-sai-trai-de-bao-ve-phat-trien-chu-nghia-mac/16358.html.

② https：//www.vietnamplus.vn/hoi-dong-ly-luan-tw-xac-dinh-phuong-huong-nhiem-vu-nam-2021/686342.vnp.

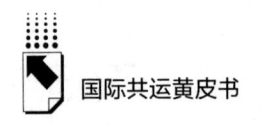

种大型庆典活动唤醒集体记忆、传播主流价值，旨在肯定越南共产党的领导地位、威望和执政能力，肯定越南共产党始终忠诚于国家和民族利益，坚持以马列主义和胡志明思想为基础的民族独立和社会主义的目标与理想，以增强广大干部、党员和人民群众对越南共产党和越南社会主义共和国的认同感，唤起人们对革新事业的信心和民族自豪感，为越共十三大的顺利召开奠定思想和舆论基础。

二 有序推进各级领导班子的换届工作

2020年是越共十三大即将举行的前一年，年内最重要的任务之一就是要在全国范围内召开党的各级代表大会，完成各级领导干部的轮换，并向中央推选十三届中央委员。越共主要从指导思想、选举制度和具体操作流程方面进行了全面的指导，各项工作按部就班推进。

（一）确定人事工作的指导思想和相关制度规定

1. 在指导思想上，将选拔德才兼备的干部作为首要工作

越共中央总书记阮富仲特别重视十三届人事选举工作，在多个会议上强调干部工作的重要性。2020年4月27日，他发表署名文章《越共十三大人事筹备工作要特别注意的若干问题》，全面阐释了十三大人事准备工作的作用、意义、重要性和要求，以及十三大人事准备工作的内容、方法和开展方式。阮富仲再次强调了干部的作用，他指出，在任何革命阶段，干部始终起到决定性的作用；干部工作不仅是党建工作中的关键，而且是党的一切活动的重要环节，更是决定革命成败的因素。关于十三大人事准备工作的指导思想、方针和工作方法，阮富仲强调，十三大人事准备工作是特别重要的任务，是"关键的关键"任务，关系到党的生死存亡、社会主义制度的命运以及国家的发展走向。十三届中央委员会的建设要满足以下要求。第一，越共十三届中央委员会必须是这样一个集体：团结、纯洁、强大，行动和意志高度统一，政治定力坚定、道德品质纯粹，坚持民族独立和社会主义的目

标；具有战略眼光、有智慧和创造性革新思维；是全党战斗性和纪律性的代表；密切联系群众，能够凝聚全党全民团结统一；有足够的威望和能力带领国家进入新发展阶段。第二，在保证达到标准的基础上，十三届中央委员会必须要有合理的数量和结构，以确保全面领导，加强各重要工作岗位、地区和领域中央委员的数量，确保继承性、稳定性、革新和持续发展。第三，人事的推荐要建立在规划的基础上，坚持原则和规定，在人事评价、推荐和选拔工作中发扬责任、民主、公开、透明和客观精神。阮富仲提出，十三届中央委员应在政治本领、道德品质和工作能力上成为党员干部的模范，德才兼备，"以德为本"。① 阮富仲在 2020 年 5 月召开的越共十二届十二中全会开幕式上讲话强调，在人事准备工作中，必须高举责任大旗，严格遵守党的组织、规定，将党和民族的事业摆在首位，坚决防止个人主义、机会主义、宗派主义、跑官要官等行为。

2. 制定和完善领导干部岗位标准和考核体系

2017 年 8 月，越共中央颁布了《关于由中央执行委员会、政治局、书记处管理的领导干部的岗位标准和考核指标体系》第 90 号规定，以及《关于各级领导的管理岗位标准和考核指标体系》第 89 号规定，这两个文件明确规定了从中央和国家机关主要领导岗位到地方各级领导岗位的具体标准和考核指标。2020 年 1 月 2 日，越共中央颁布了《关于中央执行委员会、政治局和书记处管理的干部岗位标准和考核指标体系》第 214 号规定，以此代替第 90 号规定，第 214 号规定进一步明确了每一个领导岗位的具体条件。

第 214 号规定对中央委员、政治局委员、书记处书记的一般岗位标准，以及党的总书记、书记处常务书记、中央检查委员会主任和副主任、国家主席和副主席、国会主席和副主席、政府总理和副总理、祖国阵线中央主席和副主席、

---

① Nguyễn Phú Trọng: Một số vấn đề cần được đặc biệt quan tâm trong công tác chuẩn bị nhân sự Đại hội XIII của Đảng, https://www.tapchicongsan.org.vn/media-story/-/asset_publisher/V8hhp4dK31Gf/content/mot-so-van-de-can-duoc-dac-biet-quan-tam-trong-cong-tac-chuan-bi-nhan-su-dai-hoi-xiii-cua-dang.

以及各部委的部长和副部长、各省直辖市的书记和副书记、省长和副省长、议会主席和副主席等所有中管干部的具体岗位标准做出了明确规定。适用于所有中管干部的岗位标准包括五条。一是在政治思想上：绝对忠诚于党、国家、民族和人民的利益，坚持马列主义和胡志明思想、坚持民族独立和社会主义目标以及党的革新路线等。二是在品德和生活作风方面：作为道德榜样；勤俭廉政、至公无私；没有权力野心，在各方面都发挥模范作用，是团结的中心。三是在文化程度方面：具有大学及以上学历；政治理论水平为本科或高级水平；具有国家管理高级专员资格或同等文凭；具备与岗位相符的外语和计算机技能。四是在能力和声望方面：具备革新思维和战略眼光、科学的工作方法；富有创造力，敢想、敢做、敢于担当；在政治系统中发挥凝聚力和核心作用；得到干部、党员和人民群众的高度信任。五是在健康、年龄和履历方面：身体健康，能胜任工作；年龄符合相关规定；有在直接下属单位担任过主要领导职务的履历。

在此基础上，第214号规定还特别明确了中央委员、政治局委员等的岗位标准和考核标准。其中，中央委员的标准在中管干部的一般标准基础上有所提高，而政治局委员的标准则在中央委员的标准基础上进一步提高。譬如，政治局委员和书记处成员还要达到以下标准：在政治本领、道德品质、智慧和战斗力、领导管理能力、组织纪律方面，能够真正发挥党中央的模范带头作用，不为外部力量和利益集团所干扰；对国家、地区和世界局势深入广泛了解，具有政治敏锐性、经济的洞察力、掌握社会情况；以高度的责任感来制定国家发展的路线和方针政策，能够把握实践中的问题，为党中央、政治局和书记处做出决策；担任中央委员至少一个完整任期；担任过省部级机关首长。在考核方面，所有岗位的考评成绩要在良好以上。

（二）逐级完成地方和中央领导干部的推选工作

1. 有序推进各级党代会的召开，完成地方各级人事换届

2019年5月，越共中央政治局颁布了针对十三大的各级党代会的第35号指示，提出了六点要求。（1）各级党代会必须按照继承、稳定、革新、创新和发展的方针举行；发扬民主的同时坚持原则、严守纪律纪纲。（2）就十三大文件草案和上级党代会提出的重大观点、目标、主张和定向进行细致、深入和有效的讨论。(3) 2020~2025年任期的人事工作必须保证党对干部和干部管理工作的统一领导，其中包括中央委员会、政治局、书记处、各级党委和常委。(4) 人事准备和选举工作要保证符合党章、各项规则、规定和国家法律，确保整体性、同步性、连贯性、民主、人心、客观和透明。(5) 参加上级党代会代表团成员必须是在品质、道德、生活方式方面的模范代表，有智慧有能力为大会的成功召开做出切实有效的贡献。(6) 在会议的筹备和召开过程中，要积极捍卫党的思想基础、政治纲领和路线，同时要保持清醒、警惕，主动预防、坚决反对和有效阻止敌对势力、政治投机和不满分子的破坏阴谋、手段和行动。

第35号指示规定了各级党代会举行的时间：2020年4月至6月30日举行基层党组织会议；8月31日之前召开完县级党代会；10月31日之前召开完中央直属机关党代会。至10月29日，全国67个省市和中央直属机关及单位的党代会已全部顺利召开并完成各项任务，2020~2025年任期的63位省（直辖市）委书记人选已经全部确定，包括中央直辖市委书记5位、省委书记58位。11月19日，越共中央政治局在河内举行全国干部会议，对2020~2025年任期党的各级代表大会组织工作进行总结，这是越共历史上首次举行的各级代表大会全国总结会议。

2. 按部就班推选十三届中央领导集体

越共十三届中央委员会、政治局战略干部规划工作按照"步步有序推进，层层稳扎稳打"方针，先规划中央委员会，再规划政治局、书记处人选，最后才推出总书记、国家主席、国会主席、政府总理等重要职务人选。

2020年5月召开的越共十二届十二中全会讨论了越共十三届中央委员会人事工作方案，包括中央委员的标准和中央委员的条件、结构、名额、候选人推荐流程、选拔方式和中央委员会人事工作准备和开展过程中需要领导展开落实的若干问题。以十三大人事小组建议为基础，越共中央政治局经过讨论，批准了越共十三届中央委员的名额和结构。根据政治局的决定，人事工作小组通知各地各机关单位组织人事推荐工作。之后，各机关单位、地方常务委员会会议，各省市骨干干部会议进行了投票，推荐越共十三届中央委员会人选。至8月20日，全国116个地方和机关单位共推荐119名十二届中央正式委员和候补委员留任十三届中央委员，推荐107名新入中央的正式委员和44名候补委员。[①] 十三大人事小组和政治局召开了多次会议，讨论十三大中央委员候选人推荐名单。在10月初召开的十二届十三中全会期间，十二届中央委员会就越共第十三届中央委员会委员、第十三届中央检查委员会委员和各部长候选人提名进行投票表决。按计划，12月召开的十二届十四中全会表决通过下一届中央政治局、中央书记处的候选人名单。然而，十四中全会未能按计划完成，于是决定召开十五中全会再做定夺。在2021年1月17~18日召开的十二届十五中全会上，通过启动"特殊情况"程序，通过了对10名超过应选年龄的候选人进入中央的提名，并形成十三届政治局委员和书记处的候选人名单，提交十三届大会表决。

（三）灵活变通，选举产生具有延续性的新一届中央领导集体

在2021年1月15~21日召开的越共十三大上，选举产生了由180名中央正式委员、20名候补委员构成的第十三届越共中央委员会，产生了18名政治局委员（其中总书记阮富仲和总理阮春福超龄留任）和由19人构成的中央检查委员会，阮富仲第三次当选党的总书记。这一结果超出很多观察家的预判，也打破现行越共党章第十七条规定，即党的总书记不能连续担任两个以上任期。

对于阮富仲为何能打破党章规定再次连任党的总书记，据越南社会科学翰林院副院长范文德在2021年2月5日在广西大学马克思主义学院举行的视频会议上所做的解答，越共党章规定了党的总书记不能连续担任两个以上任期，与此同时，党章还规定：党的代表大会是党的最高权力机关，有权决定所有事项。在本次大会召开之前，越共中央就已经确定本次大会不修改党

[①] Nhân sự Trung ương khóa XIII đã qua 4 lần phê duyệt, https://dangcongsan.vn/xay-dung-dang/nhan-su-trung-uong-khoa-xiii-da-qua-4-lan-phe-duyet-564937.html.

章，因此在十三大上，专门就是否同意"阮富仲第三次担任党的总书记而不修改党章"的议题进行了表决，结果为"同意"的占大多数。据此，阮富仲以大会表决而不修改党章的特殊方式得以第三次担任党的总书记。

据了解，实际上阮富仲本人无意继续留任，因此在大会召开前就已决定本次会议不修改党章。2020 年 7 月，阮富仲向十二届中央委员会致函，建议推荐符合标准的人来接替他本人。然而，越共中央在对具备资格担任总书记的十二届政治局委员进行民意投票时，没有人得票超过半数，最高得票率仅为 40% 左右。因此，越共中央做出灵活安排，启动了特殊程序，推举阮富仲再次留任。在十三大结束后与记者见面时，阮富仲也表示他本人因年事已高无意留任，但因为政治局要求他继续留任，作为一名党员，只好服从党的安排并努力履行好职责。

由此可见，越共十三届中央人事选举尽管作出很详细的规定，最终结果却完全按部就班。但在当前国际面临百年未有之大变局、国内反腐工作需要进一步加强和深化的背景下，这样的安排将有利于越共十二大以来越南发展战略的延续和阮富仲治国理政理念的进一步落实和深化。

三 编制完成十三大文件起草工作，确定越南中长期发展战略规划

2020 年，越南理论界最重要的工作就是完成十三大报告和大会各项文件的起草工作，主要包括总结革新的成就与经验，规划越南未来五年、十年以及到 21 世纪中叶的发展战略，为 2021 年初召开的新一届党代会做好准备。

（一）精心编制大会文件并面向全民征求意见

自 2018 年 10 月越共十二届八中全会开始，越共就启动了十三大文件的准备工作。经过两年多的准备，形成了四个文件草案。(1)《第十二届中央委员会提呈第十三次全国党的代表大会的报告》即十三大政治报告，内容包括：总结革新 35 年和十二届中央工作的情况；执行 1991 年通过的《社会

主义过渡时期国家建设纲领》30年及其2011年增补案10年的情况；未来5年、10年及面向2045年的发展战略目标。(2)《2011~2020年十年经济社会发展战略落实情况的总结报告和未来十年的发展战略规划》。(3)《2016~2020年5年经济社会发展战略落实情况的总结报告和未来5年的发展战略规划》。(4)《第十二届中央党建工作和党章落实情况的总结报告》。2020年2月起，越共十三大各项文件草案（概要版）下发到各级党组织和国会征求意见，各地组织党员干部和群众参与讨论。经过22次补充、修改后，2020年10月22日，越共中央公布了上述四个文件的草案，在海内外广泛征求意见，共收到数百万条意见和建议。阮富仲在大会开幕式报告中指出，各文件小组分别进行了吸收和整理，多次进行修改，其中仅大会的政治报告就修改超过30次。大会各项文件经过精心准备，完美地结合了理论与实践、继承与发展、坚持与创新的精神，它凝聚了全党、全民、全军的智慧，高度融合了"党意"和"民心"，汇集了全体越南人民建设国家和保卫国家的决心和意志。

（二）总结革新的成就与经验

对于越南革新事业所取得的成果，阮富仲用一句话来概括："我国从未有过如今的基业、实力、国际地位和威望！"这一概括可以用很多数据来证明。

革新前，越南是世界最不发达国家之一，1986年人均GDP不足100美元，2020年越南经济总量达到2684亿美元，人均GDP达到2750美元。尤其是过去五年，越南经济年均增长5.9%，经济增长质量不断提高，劳动生产率从上一个五年的4.3%上升到2020年的5.8%；人民生活明显改善，贫困家庭比例已降至1.45%，被联合国开发计划署（UNDP）认定为减贫成就最为突出的国家之一。

政治社会稳定，党的建设取得重大成果，党员思想、道德、组织和干部工作方面取得积极转变，反腐败工作全面深入细致展开，得到全国人民的拥护。特别是，2020年在受到新冠肺炎疫情严重影响的背景下，越南经济增长率达到2.91%，成为世界经济增长最快的国家之一，并且实现了经济增长和疫情控制双重目标，彰显了社会主义制度的优越性，越南百姓对越南共产党的领导和越南社会主义制度的信心得到增强。

在外交方面，积极主动融入国际战略不断深化，越南的国际地位和威望不断提高。

阮富仲强调，35年的革新成就证明，越南党的领导和社会主义发展道路是正确的。通过对革新35年尤其是过去5年革新实践的总结，越共得出以下五条经验。

第一，必须长期有效地坚持党的建设和整顿工作；坚持创造性地运用马列主义和胡志明思想；坚持反腐败斗争，防止党内思想蜕化和党员干部的"自我演变""自我转化"；将干部工作看成"关键的关键"。

第二，深入贯彻"以民为本"的观点，坚持落实"民知、民议、民办、民检查、民监督、民享有"的方针；以人民为革新事业的中心，加强党和人民的联系，巩固人民对党和社会主义制度的信心。

第三，要以高度的政治决心、巨大的努力、坚决的行动推进改革；发挥社会主义制度的优越性，重视政治系统的协调配合，提高一把手的责任意识；重视实践总结和理论研究工作，具有创新精神。

第四，重视解决发展问题，协调好发展过程中的各种关系；在发展过程中，切实重视并发挥人的能动性、发挥文化教育和科学技术的作用。

第五，在准确判断国际局势的基础上，以国家安全为中心，坚持独立自主、积极主动开展外交工作；尤其重视处理好与大国和邻国的关系。

（三）描绘新时期越南发展新蓝图

越共十三大政治报告在对国内外形势进行评估的基础上，提出了越南未来五年和今后总体发展目标：提高党的领导能力、执政能力和战斗力；全面建设廉洁、坚定的党和政治系统，巩固人民对党和社会主义制度的信心；激发人民对国家实现繁荣幸福的渴望，全面发挥民族大团结的意志和力量，将之与时代的力量相结合；全面协调推进革新事业、工业化和现代化；建设祖

国、坚决保卫祖国,维护和平稳定的环境;争取到21世纪中叶越南成为社会主义定向的发达国家。以上内容构成了越共十三大报告的主题。

越共将到21世纪中叶的发展目标分为三个阶段:到2025年即越南南北统一50周年时,成为拥有现代化方向工业的、跨越了中等偏低收入的发展中国家;到2030年即越共建党100周年时,成为拥有现代化工业的中等偏高收入的发展中国家;到2045年即越南民主共和国(现名为越南社会主义共和国)建立100周年时,成为高收入的发达国家。

其中,2021~2025年越南经济社会发展的具体目标为:GDP年均增长率达到6.5%~7%;人均GDP达到4700~5000美元;2025年全要素生产率对经济增长的贡献率达到45%;劳动生产率年均增长6.5%以上;2025年城市化比例约45%;制造业占比达到25%以上,数字经济占GDP约20%。

十三大报告还确定了未来十年(2021~2030年)发展战略,包括十二个方向性任务、六项重点工作以及三个战略突破点。十二个方向性任务包括:关于发展的体制机制、经济体制、人力资源、民族文化、社会民生、气候变化、国家安全、融入国际、社会民主、法权国家建设、党的建设以及在发展过程中需要协调好的十对关系。六项重点工作为:第一,大力推进党的建设和整顿,建设廉洁、牢固的社会主义法权国家;第二,加快经济增长模式革新,调整经济结构,建设和完善社会主义定向的市场经济体制机制;第三,激发国家繁荣发展、人民幸福的意志和决心,弘扬越南民族文化价值和人文精神;第四,坚持独立自主的外交路线,提高融入国际的质量和效果,增强国防安全力量,维护国家的独立、主权以及领土、领海、领空的统一和完整,维护和平、稳定的环境;第五,发挥民族大团结力量,增进社会主义民主和人民当家做主的权利,加强法制、维护社会秩序;第六,严格管理、合理使用土地、水、矿产资源和其他能源,改善环境,主动应对气候变化。三个战略突破点为:一是完善社会主义市场经济体制,重点是解决土地相关问题;二是发展人力资源,重点是培养高素质人才;三是加强基础设施建设,重点是信息技术基础设施。在发展过程中要处理好的十大关系包括:革新、稳定与发展的关系；经济革新与政治革新的关系；遵守市场规律与保证社会主义定向的关系；发展生产力与建设并逐步完善社会主义生产关系的关系；国家、市场与社会的关系；经济增长与文化发展、实现社会进步和社会公平的关系；建设社会主义祖国与保卫社会主义祖国的关系；独立自主与融入国际的关系；党的领导、国家管理和人民做主之间的关系；实行民主、加强法制与维护社会秩序之间的关系。其中，最后一对关系为本次大会所新增。

四 总结与展望

2020年是越南社会主义道路上具有标志性意义的一年，也是国内外环境充满挑战和不确定性的一年。越南共产党统揽全局，一手以筹备越共十三大为主线，紧锣密鼓布局人事换届选举，并在广泛征求民意基础上编制完成十三大文件草案；一手沉着应对各种意识形态的挑战、国内严重自然灾害和新冠肺炎疫情对经济社会的冲击，最终顺利完成越共十三大的召开，领导越南踏上了新的发展征程，吹响了向"两个一百年"奋斗目标进军的号角。尤其是，面对突如其来的新冠肺炎疫情，越南共产党发挥了党的集中统一领导的体制优势，提出"既要防止疫情，又要恢复经济社会发展，保障人民生活"的双重目标，稳定有序推进各项工作，最终实现经济增长和成功抗疫双重目标，充分彰显了社会主义制度的优越性，增强了人民对越南党和社会主义制度的信心。2020年，越南经济增长率达到2.91%，成为世界上经济增长率最高的前10名国家之一，也是16个新兴经济体中唯一实现正增长的国家，[①] 在国际上赢得了广泛赞誉，越南的国际影响力也上升到新的高度。越南政府总理阮春福在2020年年终全国工作会议上说，2020年被视为越南5年来在各种困难和挑战中迎难而上最成功的一年，人民对党的信任、对国家未来的信

---

① Phát biểu của Tổng Bí thư ởHội nghị trực tuyến cuối năm của Chính phủ, https://daihoidang.vn/phat-bieu-cua-tong-bi-thu-o-hoi-nghi-truc-tuyen-cuoi-nam-cua-chinh-phu/1039.vnp.

心不断得到巩固和加强。①

在这样的背景下,越南全国洋溢着民族自豪感,越共十三大制定了雄心勃勃的未来中长期发展的战略目标:未来5年跨越中等收入陷阱,未来10年成为现代化的工业国,到21世纪中叶成为"高收入水平的发达国家"。然而,据越南公布的数据,2020年人均GDP只有2750美元,而未来5年预期经济增长率为6%~7%,这显然与跨越中等收入陷阱的目标不匹配;而未来25年成为高收入的发达国家,按现在的一般标准,发达国家人均GDP最低标准为1.2万美元,一般要达到2万美元左右,这显然也是难以实现的。

展望2021年,这是越共十三大决议落实的第一年,上半年将举行第十五届国会和各级人民议会代表选举活动,正式任命新一届国家领导人。预计在新一届党和国家领导集体的带领下,越南整个政治系统将以更加积极主动的姿态为新征程开好局,力争取得比往年更加丰硕的成果。在2020年12月28日举行的越南政府与全国各地视频工作会上,越共总书记阮富仲提出,要按照越共十三大决议精神做到"两手抓",既要有效落实经济社会发展各项年度计划,又要兼顾五年计划与十年发展战略。越南总理阮春福则表示:"越南在许多领域上完全可以走在前茅!"② 阮春福还提出将2021年GDP增长率从6%上调到6.5%。然而,就在2021年1月底召开越共十三大期间,越南暴发了第三波新冠疫情,之后迅速蔓延到全国大多数城市。而截至1月24日,越南新冠肺炎病例共计1548例,死亡35例,已54天无本土新增病例。然而,第三波新冠疫情卷土重来,而且来势汹汹。截至2月21日,在不到一个月的时间,新增800多例。截至5月初,越南全国再次投入"抗疫"中,大多数商业已经停止活动,旅游业也基本停止。因此,2021年度的GDP增长率达要到6.5%,或有较大难度。新冠疫情预计还将对越南经济产生较大影响,给新一届越南党和国家领导集体带来新考验。

---

① 《阮春福总理:越南在许多领域上完全可以走在前茅》,越通社消息,2020年12月29日。
② 《阮春福总理:越南在许多领域上完全可以走在前茅》,越通社消息,2020年12月29日。

参考文献

1. 《越南共产党第十三次全国代表大会政治报告》, https://tulieuvankien.dangcongsan.vn/ban-chap-hanh-trung-uong-dang/dai-hoi-dang/lan-thu-xiii/bao-cao-chinh-tri-cua-ban-chap-hanh-trung-uong-dang-khoa-xii-tai-dai-hoi-dai-bieu-toan-quoc-lan-thu-xiii-cua-3669。

2. 〔越〕阮富仲:《越共十三大人事筹备工作要特别注意的若干问题》, https://www.tapchicongsan.org.vn/media-story/-/asset_publisher/V8hhp4dK31Gf/content/mot-so-van-de-can-duoc-dac-biet-quan-tam-trong-cong-tac-chuan-bi-nhan-su-dai-hoi-xiii-cua-dang。

3. 〔越〕阮春胜:《列宁思想遗产对世界革命和越南革命的理论与实践价值》, http://tapchicongsan.org.vn/web/guest/tin-tieu-diem/-/asset_publisher/s5L7xhQiJeKe/content/di-san-cua-v-i-le-nin-gia-tri-ly-luan-va-thuc-tien-doi-voi-cach-mang-the-gioi-va-viet-nam。

4. 潘金娥:《越共是怎样布局"两个一百年"战略目标的》,《学术前沿》2020年9月（上）。

5. 潘金娥:《越南社会主义定向的革新》,《人民论坛》2021年2月中下合刊。

Y.10 新冠肺炎疫情考验下的古巴模式更新与古共八大

贺 钦*

摘　要： 2020年，面对新冠肺炎疫情和外部封锁的双重考验，古巴党和政府统筹推进疫情防控和模式更新工作。在古巴共产党的坚强领导和古巴人民的团结互助下，古巴疫情防控成效显著优于拉美各国，对外医疗援助展现的国际主义精神受到国际社会的高度评价。与此同时，古巴政府根据疫情形势，及时调整了社会经济发展规划，出台了《新冠肺炎疫情下的社会经济发展战略》。为迎接古共八大，古巴共产党围绕模式更新的阶段性成果与不足、加强党的建设等重大议题进行了广泛讨论。2021年4月，古共八大成功召开，古共领导集体顺利实现新老更迭。古共八大是一次承前启后、继往开来的重要会议，加强党的领导与建设、不断深化模式更新将成为古巴共产党未来工作的重心。

关键词： 古巴社会主义　新冠肺炎疫情　模式更新　古共八大

2020年，面对新冠肺炎疫情和外部封锁的双重考验，古巴国民经济和人民生活面临空前困难。古巴共产党和政府在推进货币双轨制改革等重大更

---

* 贺钦，中国社会科学院马克思主义研究院副研究员，研究方向为古巴和拉美社会主义。本文审读专家：华侨大学马克思主义学院林怀艺教授。

新举措的同时，积极应对国内疫情，并开展力所能及的医疗援外活动。在古巴共产党的坚强领导和古巴人民的团结互助下，古巴抗疫斗争取得了阶段性胜利，国内疫情防控成效显著优于地区其他国家，对外医疗援助所体现的国际主义精神受到了国际社会的高度评价。为迎接古共八大的召开，古巴共产党围绕古巴模式更新的阶段性成果与问题、面向2030年的社会经济发展计划执行情况、加强党的自身建设等重大议题进行了广泛讨论。2021年4月，古共八大选举产生了党的新一届领导集体，从而完成革命元老一代与新生代领导人的历史性交接。

一 古巴抗疫经验与国际影响

2020年3月，古巴政府发布了《新冠肺炎疫情防控计划》①，并在出现境外输入病例后正式启动了新冠肺炎疫情的防控与发布工作。自2020年10月起，古巴持续近半年的疫情严控阶段告一段落，一些经济社会部门逐步回归正常。

（一）党的领导与全民同心是古巴抗疫的力量源泉

自2020年3月关闭旅游业以来，古巴党和政府对疫情防控工作进行了统一领导和全面部署。在古巴政府决定关闭国门后，古巴公共卫生部根据古共中央和古巴国务委员会相关会议精神，紧急协同各党政机关及社会部门，针对疫情中的突出问题，出台了医患救治与医药研发、疫情披露与科教宣传、公共服务与社会疏导等措施，从而使古巴新增病例人数在疫情初始阶段始终控制在每日10~30例。截至2020年10月，出于疫情防控需要，古巴卫生部门支出增加近1亿美元。位于哈瓦那的研究所被指定为新冠确诊病例

---

① Gobierno cubano actualiza el Plan para la prevención y control del Covid－19，http：//misiones.minrex.gob.cu/es/articulo/gobierno－cubano－actualiza－el－plan－para－la－prevencion－y－control－del－covid－19－0.

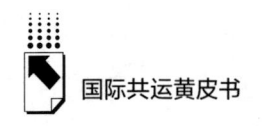

救治中心。① 古巴公共卫生部通过其门户网站 Infomed，向用户提供三个数字平台，以方便居民和医护人员及时获取新冠疫情的真实信息。② 古巴医科大学积极响应古巴公共卫生部门的号召，对医学院学生进行防疫培训。这些医科学生在"家庭医生"机构及相关部门的组织下，通过入户走访，对古巴居民进行家庭排查和科教宣传，使古巴居民及时获取古巴政府的防疫政策和信息。

疫情期间，为减少人员聚集与流动，古巴政府采取了阶段性关闭边境、大型商场超市、餐饮业和学校等举措，并宣布取消所有大型文体活动。管控最为严格的公共交通部门在 2020 年第二季度几乎全境停摆，只允许少量交通工具搭载重要政府服务部门的员工，并要求乘客数量不超过总容量的 50%。受疫情影响，古巴政府关停了约 1.6 万家私营企业，并给予了相应补偿，仅保留了提供居民基本生活所需的部分国营服务。为解决居民实际困难，古巴相关部门还通过电子商务及网购等方式调配物资和生活用品。古巴交通、邮政、银行等公共服务部门也先后出台了阶段性便民举措。古巴媒体的正面宣传与引导是疫情防控不可或缺的重要方面。自疫情发生以来，古巴官方媒体开设了古巴新冠肺炎疫情通告和防控宣传专栏。古巴教育部门也启动了电视教学活动和网络教育评估办法，通过各平台滚动播放全学段教学内容，并对高等教育录取工作进行了新的部署。

通过全国上下的通力合作，古巴 2020 年的疫情防控工作取得了阶段性成效。截至 2020 年 11 月 25 日，古巴超过 93% 的新冠患者得到治愈，这一数字远高于 69% 的全球平均治愈率。古巴科学院院长路易斯·贝拉克斯·

---

① Tom O'connor, "Cuba Uses 'Wonder Drug' to Fight Coronavirus Around World Despite U. S. Sanctions", https：//www.newsweek.com/cuba – drug – fight – coronavirus – us – sanctions – 1493872.

② Yaditza del Sol González, "¿Cómo las Plataformas TecnolóGicas Pueden Ayudar a Enfrentar la COVID – 19?", 8 de abril de 2020, Granma, http：//www.granma.cu/doble – click/2020 – 04 – 08/como – las – plataformas – tecnologicas – pueden – ayudar – a – enfrentar – la – covid – 19 – 08 – 04 – 2020 – 01 – 04 – 51.

佩雷斯博士认为，古巴对新冠肺炎患者的治疗及愈后监测效果非常积极，再次证明了古巴医疗系统的有效性和古巴医疗的高水平。①

（二）以人民为中心的制度建设是古巴战疫的制胜法宝

在古巴共产党的统一领导下，古巴疫情得到了有效控制。古巴驻华大使佩雷拉认为，古巴在尽早制定和执行本国的抗疫战略上，未浪费一分钟时间，古巴每项行动和公开信息都订立了准则，并使古巴人民充满信心，古巴制订的周详计划既考虑到了古巴的自身优势，也考虑到了古巴的劣势和所受的威胁。②

古巴党和政府对新冠肺炎疫情的有效防控与其长期坚持以"人民为中心"的制度建设密不可分，系统全面的社会保障和服务体系是古巴应对公共危机的重要基础。1963年4月，古巴颁布了第一部社会保障法，进一步扩大了免费社会服务和社会保险的范围，建立了使全体人民享受免费医疗和免费教育的社会保障和福利制度。尽管长期受到美国封锁制裁，古巴医生占全国人口的比例仍领先于拉美各国。疫情期间，古巴分层医疗体制的优势得到进一步体现，尤其是古巴家庭医生诊所在基层社区的疫情防控和救治过程中起到决定性作用。古巴保卫革命委员会、古巴妇女联合会及各地民兵组织等群团组织通过下沉走访，为政府开展疫情防控和社区隔离工作提供了及时有效的信息。作为加勒比岛国，古巴常年天气炎热，当地居民没有戴口罩的习惯。随着疫情的全球肆虐，古巴民众在政府的宣传和号召下开始自制并佩戴口罩。古巴领导人迪亚斯-卡内尔号召古巴民众保持适当的社交距离，以互碰手肘代替贴面问

---

① Yaima Puig Meneses, "Más del 93 % de los contagiados en Cuba con la COVID-19 está recuperado", 25 de noviembre de 2020, http://www.granma.cu/cuba-covid-19/2020-11-25/mas-del-93-de-los-contagiados-en-cuba-con-la-covid-19-esta-recuperado-25-11-2020-22-11-02.

② 〔古〕卡洛斯·米格尔·佩雷拉：《面对疫情，团结是唯一可能的指南针》，古巴驻华大使馆，2020年3月25日，http://www.mzfxw.com/m/show1.php?classid=13&id=133678&style=0&cpage=0&cid=&bclassid=4。

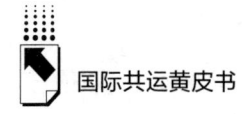

候,并减少不必要的出行。

此外,自疫情暴发以来,古巴政府在疫情信息化披露及抗疫药品、疫苗研发等环节的积极作为,充分体现了古巴科教兴国战略的制度积累与资源优势。截至2020年11月底,作为拉丁美洲唯一研制出抗击新冠病毒候选疫苗的国家,古巴已拥有四款进入临床试验阶段的候选疫苗。古巴与中国合作开发的干扰素药物,也在多国投入临床试用。古巴科学家表示,该药在受援国家反响良好,有望成为治疗新冠肺炎的"神药"。①

(三)古巴抗疫的国际主义精神受到国际社会广泛赞誉

古巴伟大领袖菲德尔·卡斯特罗主席认为,爱国主义和国际主义是统一的,取得民族独立的国家应发扬国际主义精神。在新冠肺炎疫情全球肆虐的特殊历史时刻,古巴人民不但取得了本国抗疫斗争的阶段性胜利,还向英国涉疫游轮伸出了援手,向全球多国派出医疗队,并在病患救治和疫苗开发等方面分享经验。

发扬国际主义精神是古巴外交政策的核心原则与一贯立场。古巴国际主义精神的真谛在于——古巴分享其所拥有的全部,而不是剩余。2020年3月,在加勒比多国拒绝英国涉疫邮轮靠岸后,古巴政府在第一时间决定为该邮轮提供力所能及的人道主义援助。2020年3月17~18日,在古巴政府的全力支持下,英国"布雷马号"邮轮上约1500名外国旅客及船员在古巴境内成功实现了从海路到陆路再转航路的接驳,邮轮人员最终从哈瓦那何塞·马蒂国际机场乘坐英国政府提供的四架包机返回英国。2020年3月21日,古巴首支赴欧医疗队出征。这是古巴第六支抗疫援外医疗队,此前古巴已向牙买加、尼加拉瓜、委内瑞拉、苏里南、格林纳达等周边国家派遣了抗疫医疗队。截至2020年12月,古巴已向全球40多个国家派出由3000余名古巴医护工作者组成的53支抗疫医疗

---

① Tom O'connor, "Cuba Uses 'Wonder Drug' to Fight Coronavirus Around World Despite U. S. Sanctions", https://www.newsweek.com/cuba-drug-fight-coronavirus-us-sanctions-1493872.

队。此外,古巴驻全球59个国家的2.8万名医护人员也积极参与到各国的新冠疫情防控工作中。

全球疫情蔓延以来,古巴政府及人民的国际主义精神和人道主义关怀得到了受援各方及国际社会的高度评价。欧洲议会欧古友好小组对古巴政府向意大利、安道尔等欧洲国家派遣医疗队表示感谢,并高度赞扬了古巴医护人员的专业精神和古巴人民无私奉献的精神。巴西前总统卢拉致函迪亚斯-卡内尔主席,对古巴人民尤其是古巴科学家和医护人员对世界各国的援助表示感谢,并指出"只有在危难时刻才明白什么是真正的伟大,古巴富有战斗性和革命性的团结使古巴屹立于世界高地,有力地回击了对古实行封锁和孤立的美帝国主义"。

国际主义是社会主义国家在对外交往原则上与帝国主义国家的根本区别之一。古巴在抗疫中的担当和奉献与美帝国主义的虚伪和冷酷形成了鲜明对比。美国发生"卡特里娜"飓风等自然灾害时,古巴曾主动提出向美国提供援助,遭到美方拒绝。因美国对古封锁,古巴医疗援外工作一直受到限制。新冠肺炎疫情暴发以来,美国政府非但从未向古巴表达援助意愿,反而加大对古巴的经济封锁和贸易禁运力度,严重限制了古巴抗疫能力,损害了古巴人权。美国特朗普政府还试图发动反古舆论战,以转移美国民众对美政府抗疫不力的声讨。

二 古共七大以来的模式更新进程

自2016年古共七大以来,古巴社会经济模式更新稳步推进。2019年通过的古巴新宪法进一步巩固了古巴的社会主义制度,明确了古巴面向2030年的社会经济发展计划和方向。尽管在多个领域取得了前所未有的突破,但古巴的经济模式更新依然面临整体滞后的局面。

2020年暴发的新冠肺炎疫情进一步加剧了古巴模式更新的累积性和共时性矛盾。为应对新冠肺炎疫情,提振古巴经济,古巴政府推出促进粮食生产和销售、鼓励出口、国企改革和货币体系改革等经济政策。

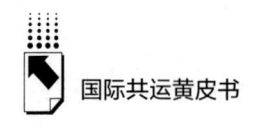

（一）古共七大以来模式更新的主要成就与不足

自 2016 年古共七大以来，在古巴共产党的坚强领导下，古巴各界克服了重重困难，积极致力于模式更新的各项工作，使古巴社会主义在自我更新的同时，实现了最大限度的社会稳定、经济发展并达成了思想共识。与此同时，古巴模式更新也步入了不进则退的关键历史阶段，一些悬而未决的历史问题和现实挑战成为制约古巴未来发展的主要羁绊。

1. 古共七大以来模式更新的主要成就

自古共七大以来，古巴政府进一步完善了法律法规体系，并加强了对重点经济部门和关键领域的管理、规范和引导。古巴官方始终强调，古巴经济模式更新将坚持计划经济体制，合理利用市场因素，并鼓励古巴各界发扬创新精神，积极探索各领域的体制创新与技术创新。

在社会领域，古巴政府通过提高居民收入、加强基础设施建设、扩大便民利民服务等举措，不断改进古巴社会治理与民生保障工作。截至 2019 年，古巴在人均国民总收入极其有限的条件下，取得人口预期寿命 78.7 岁、平均受教育年限 11.8 年的发展成就，人类发展指数在发展中国家长期位居前列。

在对外关系方面，古巴继续秉持国际主义原则，积极寻求对外关系多元化，进一步加强同中国、越南、朝鲜、俄罗斯及西班牙等国的友好关系。近年来，中国和古巴两国不断加强治国理政经验交流，深化各领域双边合作。2020 年，在中古两国建交 60 周年之际，双方举办了一系列庆祝活动。与此同时，古巴政府还通过参与地区一体化和不结盟运动，积极倡导地区团结和国际正义，为推进全球治理体系改革做出不懈努力。在古巴领导人的积极推动下，由拉美左翼主导的圣保罗论坛和美洲玻利瓦尔联盟等地区组织克服重重困难，取得了历史性的发展，赢得了拉美进步力量的广泛支持。

2. 古共七大以来模式更新面临的主要问题

尽管新宪法和相关法律的完善为古巴模式更新奠定了坚实的法治基础，但模式更新仍面临许多负面因素和不确定性。

首先，在经济更新方面，现行计划经济体制仍面临诸多问题，国有经济部门过分追求平等的收入分配机制而缺乏弹性激励，其劳动生产率和职工工资有待提高。农业产出水平仍未达到理想预期，产业基础设施有待更新，区域经济可持续发展能力不足。传统出口部门产能下降，商品服务出口结构单一，进口依存度高导致外汇和财政紧张。在民生方面，尽管经济模式更新为古巴居民提供了消费、投资、创业和出国等新的社会机遇，但受传统经济体制的制约，古巴普通民众短期内依然面临物资短缺、收入拮据和就业不稳定的潜在风险。

其次，在社会建设方面，为缓解日益严重的社保资金压力和人口老龄化矛盾，古巴政府开始酝酿符合国家发展阶段的社会保障制度改革方案。尽管全民全面保障的基本原则不会动摇，但在社保改革领域仍存在许多技术性难题，如何在降本增效的同时进一步提升人民群众的获得感是古巴社会建设面临的重大挑战。

最后，在对外关系方面，美国对古巴长达半个世纪之久的经济封锁是羁绊古巴社会主义的一个致命因素。2021年1月，美国特朗普政府宣布将古巴国际金融银行列入制裁名单，并将古巴重新列入"支持恐怖主义国家"名单。这些政策遭到了古巴方面的强烈反对。拜登政府上台后，美对古政策将大概率趋于理性。据拜登竞选演讲，他将在上任后取消对美国公民访古的限制，放松对古巴的封锁禁运政策。但囿于美国反古保守势力的阻挠，美对古敌对政策何时彻底解除仍缺乏明确的指征。此外，美国对古巴政策还受到在美古裔移民境况和委内瑞拉形势的影响。近年来，古巴青年精英赴美移民潮有增无减，他们的在美诉求和对古态度一定程度上影响着美古双方的较量与博弈。委内瑞拉是古巴最为重要的战略伙伴之一，但近年来委内瑞拉经济与政治形势摇摆不定，美对委敌对政策一定程度上加剧了古巴的能源困境和外部制裁。因此，美国新政府对古政策的基调对古巴未来发展至关重要。

（二）疫情背景下的模式更新

2020年，受新冠肺炎疫情和美国对古巴封锁加剧的冲击，古巴经济社会活动大幅收缩，旅游业和外贸等传统出口创汇产业遭受重挫，国内物资匮

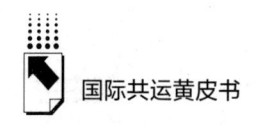

乏和能源短缺等问题进一步凸显。古巴副总理兼经济计划部部长亚历杭德罗·希尔·费尔南德斯在2020年12月召开的第九次全国人民政权代表大会常规会议上表示，2020年古巴经济预计下滑幅度达11%，2021年力图实现6%~7%的复苏性增长。

1. 根据疫情形势调整社会经济发展规划

2020年7月，古巴政府发布的《新冠疫情下的社会经济发展战略》指出，古巴政府将从加强粮食生产和销售、促进贸易和出口多元化、深化企业制度改革、推进价格税收调整、启动货币汇率并轨等方面深化模式更新，以缓解新冠疫情给古巴社会经济带来的空前压力和冲击。新发展战略的实施将分为两个阶段，第一个阶段旨在维护古巴人民健康和古巴国民经济正常运转；第二个阶段将从古巴经济发展关键部门入手，继续深化模式更新。为维护疫情期间的粮农安全，古巴政府将扩大粮农生产和农产品供应作为经济工作重心，试图通过各级政府的农业协调委员会，统筹农业部门资源，并研究成立农业发展银行、实行粮食加工及流通的财政激励措施、设立多边贸易批发市场、探索建立农产品商业化体系等举措。2020年10月，古巴副总理亚历杭德罗·希尔·费尔南德斯在古巴人大会议上提及关涉古巴经济发展全局的十六个关键部门，即粮食生产、制糖和副产品、旅游、劳务出口、卫生、制药生物工程、电信、建筑、能源、交通、水利、医用设备制造、内外贸、金融体系、就业、工资和社保。[1]

自2020年第三季度以来，随着疫情防控形势向好发展，古巴社会经济各部门逐步实现了正常化。2020年11月，为重启古巴旅游业，古巴政府出台了严苛的卫生防疫措施，对旅游业基础设施的防疫水平及从业人员的健康状况进行严格测控。与此同时，为实现生产链优化，推动进口替代，并挖掘新的出口增长点，古巴重要的对外经济窗口——哈瓦那国际博览会也转战线上。12月8日至9日，由古巴外贸外资部、古巴外贸外资促进中心、古巴

---

[1] Cubadebate, "Los avances en las 16 áreas Claves de la Nueva Estrategia Socioeconómica Cubana", http：//www.cubadebate.cu/noticias/2020/10/29/los‐avances‐en‐las‐16‐areas‐claves‐de‐la‐nueva‐estrategia‐socioeconomica‐cubana‐pdf/.

商会和马里埃尔特区办公室共同主办的古巴首届企业论坛在线上成功举行。论坛旨在促进古巴外贸外资发展，不但更新了古巴外国投资项目清单，还公布了约230家国有实体及其上千种产品和服务信息。2020年11月，古巴科技与环境部继设立环境局（AMA）与核能先进技术局（AENTA）后，又创建了人文社科局（ACSH）。该机构旨在促进古巴的社会科学和人文科学发展，负责规划和实施相关领域政策。

在2020年12月召开的古巴全国人大会议上，亚历杭德罗·希尔·费尔南德斯表示，2021年古巴政府将把疫情防控和复苏旅游业及出口部门作为工作重点，并逐步提高国内物资的供应水平，促进大米、豆类和玉米等农产品生产，维持家庭一揽子产品供应标准。关于经济社会战略执行情况，亚历杭德罗·希尔·费尔南德斯指出，300多项进入执行阶段的相关措施，旨在促进粮食生产、住房建设、投资出口和地方发展等，可自由兑换货币市场的融资来源有望改善，预计不合理定价和通货膨胀现象将成为整治重点。

2. 货币双轨制改革取得重要进展

自1994年起，古巴货币和汇率体系一直实行"双轨制"，古巴市场上同时流通着古巴比索和可兑换比索两种法定货币。其中，可兑换比索与美元等值；在古巴国有部门核算中，1可兑换比索等同于1古巴比索，但在银行等兑换点，1可兑换比索约等同于24古巴比索。古巴落实更新发展纲要委员会主席马里诺·穆里略强调，取消货币和汇率体系双轨制并不能解决古巴经济所有问题，但只有推进货币与汇率并轨才能深化其他经济改革。新冠肺炎疫情暴发以来，货币双轨制导致的经济社会矛盾进一步加剧，迫使古巴政府加紧制定货币统一方案，货币改革日程进入实操阶段。2020年2月底，古巴宣布不再允许国营餐饮业接受可兑换比索，只允许收取古巴比索。自2020年7月20日起，为吸收外汇，古巴政府在古巴各大城市开设了72家外汇商店，古巴居民可以用国有银行外汇储蓄卡购买9种商品或食品，原有的本币和外币商店继续营业。2020年10月13日，古巴政府宣布了包括统一货币与汇率体系、改革国家补贴体系和民众收入体系的货币整顿方案。根据这一方案，古巴将恢复单一汇率制，废除可兑换比索，保留古巴比索，并通

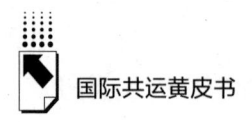

过提高民众工资和退休金等收入，应对货币与汇率并轨后潜在的通货膨胀风险。此外，古巴政府还计划取消过度补贴，将"补贴商品"变为"补贴个人"，以期构建更为合理的收入分配格局。古巴政府宣布，并轨进程启动后至少会在6个月内保留原有汇率，使古巴居民有足够的时间实现货币兑换，从而最大限度地保障古巴普通民众的经济利益和基本生活所需。

为规避货币双轨制改革对民生部门的冲击，古巴政府拟于2021年1月1日起，将最低工资标准调至2100比索，约合87美元。古巴政府根据古巴各行业作息特点，按薪级表和每周工作小时数将收入水平划分为32个组别。服务业职工的工资水平位于第一组至第六组，即介于1910～2100比索和2415～2660比索间。行政工作人员工资水平处在第三组至第七组，介于2090～2300比索和2555～2810比索。经营岗位的职工收入位于第二组到第八组，介于2000～2200比索和2690～2690比索。技术人员的工资位于第七组至第二十五组，介于2555～2810比索和6010～6610比索。行政干部收入处于第二十七组至三十二组，介于4190～4610比索和8645～9510比索。应届毕业生在完成社会服务劳动期间（在此期间不占就业名额），中高级技术水平人员可获得2555～2810比索，高级技术人员将获得3280～3610比索，大学毕业生可获得3465～3810比索。该政策规定，将按照特定法规的要求，为特殊工作条件下的劳动者支付额外报酬，例如夜班和混合班次工作、持有高等教育部认可的硕士学位或同等级者可获得440比索，持博士学位者可获得825比索，凡符合大学水平职位要求的人员均可获得额外工资补贴。此外，在关塔那摩省凯马内拉市工作的工人收入水平将继续按照"社会经济利益系数"占基本工资30%的规定执行，该系数同样适用于获得国际认证的职业（685比索）和在公共卫生部门从事教学工作的专家、不担任教学职位的医生、口腔科医生和其他专业人员。古巴舆论普遍认为，在推进货币汇率并轨进程的同时进行国家补贴体系和税收收入体系改革，将有助于消除古巴收入分配领域的两极分化，理顺价格领域的扭曲现象，从而进一步提高古巴民众的工作积极性，释放社会经济部门活力。此外，同期推出的税收优惠政策和审批手续简化等利好，也将成为促进私营经济和个体经济发展的积极因素。

自2021年1月1日起,古巴货币双轨制改革正式进入实操阶段。由于改革初期须对外汇、价格、工资及信贷等领域进行全面和直接调控,古巴经济运行和社会稳定将面临一定的系统性风险。据古巴官方预测,货币和汇率并轨后,古巴预计将出现3200%的通货膨胀预期,居民工资收入和物价将同期上浮,但各级教育和医疗仍然免费。古巴民众对改革带来的便利普遍表示欢迎,但对收入和物价上涨的调适性与可控性也表达了一定的担忧。

三 古共八大的筹备与召开

自2020年下半年以来,古巴共产党在应对新冠肺炎疫情的同时,积极筹备古共八大。2021年4月16~19日,古巴共产党顺利召开了第八次全国代表大会。

大会选举迪亚斯-卡内尔为古共中央第一书记,并通过了《关于中心报告的决议》、《关于党干部政策的决议》、《关于六大以来党和革命社会经济纲要执行情况和2021~2026年更新计划的决议》、《关于党的职能、意识形态工作及党群关系的决议》及《关于古巴社会主义经济社会发展模式概念更新的决议》。

(一)古共八大实现新老更替

古共八大最重要的议程之一是选举产生古巴共产党新一届党中央和领导人。由于古巴革命长期面临复杂的国内外斗争形势,党和国家领导权实现有序更迭关涉古巴的政治稳定和长远发展。近年来,在劳尔·卡斯特罗的领导下,古巴党和政府加快推进古巴政治体制更新,并通过新宪法(2019)和新《选举法》确立了后卡斯特罗时代的古巴党和国家领导制度。

此次古共八大的选举进一步贯彻了古共中央关于领导干部年轻化和多元化的推举原则。根据古共七大关于完善干部任用工作的相关精神,古共八大继续扩大妇女、青年、黑人和混血种人担任党内要职的比例,并不断完善后备干部选拔机制,以确保党和国家领导权后继有人。根据古共七大关于新任党中央书记任职年龄不超过70岁的规定，作为古巴革命重要的缔造者和领导人之一，近90岁高龄的劳尔·卡斯特罗在古共八大上正式卸任古巴共产党第一书记。作为古巴革命后出生的新一代国家领导人，古巴现任国家主席迪亚斯-卡内尔接任古共中央第一书记。

在菲德尔·卡斯特罗主席逝世五周年之际，古共八大的召开进一步巩固了古巴共产党的执政根基和古巴社会主义的建设成就，成为古巴社会主义历史上一次继往开来的重要会议。菲德尔·卡斯特罗主席曾指出，"美帝国主义是无法摧毁古巴的，古巴只可能被自己打倒，那将是我们自己的错误"。面对发展中的问题，古巴领导人始终保持着革命的乐观主义精神，以自我革命的勇气、魄力和担当，不断深化对共产党执政规律、社会主义建设规律和人类社会发展规律的认识，不断探索符合古巴国情、人民利益和发展阶段的社会主义道路。苏联解体、东欧剧变后，面对世界社会主义和共产主义运动的历史低潮，古巴共产党通过深刻总结苏联社会主义模式的经验教训，提出了"苏联社会主义模式失败不代表社会主义失败"的科学论断，并坚定不移地作出推进古巴社会主义模式更新的历史决定。在古巴共产党的坚强领导下，古巴社会主义不但走出了苏联解体、东欧剧变后的经济危机，更制定了"面向繁荣与可持续"的社会主义中长期发展规划。

（二）古共八大聚焦党建工作

2020年11月，古共中央第一书记劳尔·卡斯特罗主持召开多次古共中央政治局会议，就八大筹备工作进行讨论和部署。会议对《古共七大关于〈古巴共产党工作目标〉的决议》执行情况进行了评估，对研究报告《古巴社会政治气候研究》进行了讨论，并审议了拟提交古共八大的关于党的职能、意识形态建设、党与群众的联系、加强党建规划等相关报告。①

---

① Granma, "Sesionó reunión del Buró Político Presidido por su Primer Secretario, el General de Ejército Raúl Castro Ruz, sesionó este martes el Buró Político del Comité Central del Partido Comunista de Cuba", 10 de noviembre de 2020, http：//www.granma.cu/cuba/2020－11－10/ sesiono－reunion－del－buro－politico－10－11－2020－20－11－14.

2020年12月2日，古巴国家主席迪亚斯－卡内尔参加了革命武装力量成立64周年和古巴党校系统成立60周年纪念大会。会上，古共中央第二书记马查多·文图拉（Machado Ventura）简要回顾了古巴党校系统建立的初衷与历史，并强调了党校制度在加强古巴革命意识形态方面的重要作用。[①] 马查多·文图拉还发布了古共关于召开八大的正式公告。公告指出，2021年4月19～21日，古巴共产党将举行第八次全国代表大会，就党的职能、党与群众的联系、党的意识形态工作、党的干部政策、共产主义青年团、群众组织与政府工作等议题进行集中讨论。[②] 公告强调，面对美国对古巴的敌视、封锁、意识形态颠覆和全球经济危机，以何塞·马蒂主义、菲德尔·卡斯特罗主义、马克思列宁主义为指导的古巴共产党赢得了人民的信任，其在维护国家团结、夺取战略性胜利的历史进程中负有高度的责任感；面对困难，古巴人民用坚定、纪律和良知进行回应，为国民经济发展提升效率做出卓越贡献，古巴人民通过创新思维和实践方式谋求日常劳动成果和国家繁荣。关于党风党纪，公告指出，古巴共产党将坚决打击和防范腐败犯罪，加强党的职能建设，使党员干部面对问题时始终保持革命态度，提高分析问题和解决问题的能力，通过坦诚对话，在日常工作中表现出无可挑剔的道德风范。古巴共产党还将继续关注共产主义青年团和群团工作，着力培养社会主义接班人，使人民更加积极地参与未来国家政治、社会、经济发展进程。八大公告还指出，面对资本主义和新自由主义反攻，古巴的政治思想工作变得越来越重要，社交网络和互联网已经成为意识形态对抗的主战场；面对文化冲突，古巴共产党党员应坚决捍卫民族身份和文化认同，加强对古巴历史的学习，重申古巴的主权和独立。总之，维护国家主权和安全是古巴党和政府

[①] Yaditza del Sol González, "Destaca Machado Ventura el papel del Sistema de Escuelas del Partido en el fortalecimiento de la ideología revolucionaria", Granma, http://www.granma.cu/cuba/2020-12-02/convocan-al-8vo-congreso-del-partido-comunista-de-cuba-02-12-2020-09-12-20.

[②] Granma, "Convocatoria Oficial al Ⅷ Congreso del Partido Comunista de Cuba", 02 de Diciembre de 2020, https://www.pcc.cu/es/noticias/convocatoria-oficial-al-viii-congreso-del-partido-comunista-de-cuba.

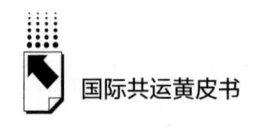

的最高战略考量。

在古共八大上,古共中央第二书记何塞·马查多·本图拉(José Machado Ventura)主持的"党的职能和意识形态工作"委员会重点讨论了2012年党的第一届全国代表大会通过的《党工作目标决议》执行情况、党的意识形态工作、党群关系和加强党的建设等议题。与会代表认为,应加强大学与社会的联系,使之成为文化强国的纽带;应加强古巴社会主义意识形态和价值观的宣传与制度化建设;加强对有为青年的培养与教育;加强党的自身建设,开展网络思想战,密切党与共青团的联系。

(三)古共八大将深化模式更新

2020年11月24日,古共中央政治局就古巴社会经济形势召开会议。古巴总理曼努埃尔·马雷罗·克鲁斯(Manuel Marrero Cruz)向会议报告了拟提请八大讨论的"2016~2020五年经济发展回顾"、关于《党和革命社会经济政策纲要》执行情况等关于古巴社会经济形势的文件,并提交了《古巴社会主义发展经济社会模式概念化》和《党和革命经济社会政策纲要(2021~2026)》两份更新建议。①

2020年12月2日发表的古共八大公告指出,古共七大提出的《党和国家社会经济政策纲要》在执行中面临许多挑战,一些主客观问题制约了更新的节奏,但这不应成为更新滞后的理由,相反有必要加紧推进模式更新,以期实现生产力与生产效率的提升。当前,古巴党和政府应充分动员经济社会各部门资源,不断提高粮食生产,加强科技创新研发,促进国有经济部门和非国有经济部门的协同发展、不断提升国内产业满足内需的能力,激发人民的积极性和创造力,进一步提高生产效率和服务质量,节约资源,增加出口,深化进口替代,吸引外国直接投资,巩固国有企业在国民经济中的主导

---

① Granma, "Analizó Buró Político asuntos de la vida económica y social del país", 24 de noviembre de 2020, http://www.granma.cu/cuba/2020-11-24/analizo-buro-politico-asuntos-de-la-vida-economica-y-social-del-pais.

地位。①

古共八大上，古巴总理曼努埃尔·马雷罗·克鲁斯（Manuel Marrero Cruz）主持的"经济社会工作"委员会重点讨论了古共七大以来古巴取得的经济社会成果、更新纲要的执行情况、社会经济模式更新概念的完善、中长期发展战略的推进情况、当前应对疫情背景下经济困境的举措等。与会代表认为，应大力发展古巴地方经济，提升古巴经济效率，促进外商投资，强调信息技术在社会经济发展中的作用，通过科技创新实现2030年战略发展目标。

2021年上半年，受全球疫情反弹的影响，古巴新冠肺炎疫情防控形势异常严峻，古巴政府及时加大了防控力度，密集出台了新一轮防控举措。与此同时，古巴党和政府决心在2021年全面深化以货币双轨制改革为先导的结构性更新。劳尔·卡斯特罗主席在谈到模式更新的问题时，曾多次强调要不断推进批判与创新意义上的结构变革与思想变革，做到不急躁，也不懈怠。未来，在古巴革命元老一代全面退出党和国家权力核心后，古巴新一代领导人将面临坚守社会主义道路与更新社会主义模式的双重考验。唯有处理好改革、发展和稳定的关系，古巴社会主义才能破局前行，继往开来。

参考文献

1. Granma, "Convocatoria Oficial al Ⅷ Congreso del Partido Comunista de Cuba", 02 de Diciembre de 2020, https：//www.pcc.cu/es/noticias/convocatoria-oficial-al-viii-congreso-del-partido-comunista-de-cuba.
2. Granma, "Sesionó reunión del Buró Político Presidido por su Primer Secretario, el General de Ejército Raúl Castro Ruz, sesionó este martes el Buró Político del Comité Central del Partido Comunista de Cuba", 10 de noviembre de 2020, http：//

---

① Granma, "Convocatoria Oficial al Ⅷ Congreso del Partido Comunista de Cuba", 02 de Diciembre de 2020, https：//www.pcc.cu/es/noticias/convocatoria-oficial-al-viii-congreso-del-partido-comunista-de-cuba.

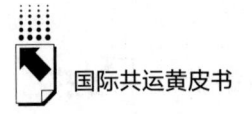

www. granma. cu/cuba/2020 - 11 - 10/sesiono - reunion - del - buro - politico - 10 - 11 - 2020 - 20 - 11 - 14.

3. Tom O'connor, "Cuba Uses 'Wonder Drug' to Fight Coronavirus Around World Despite U. S. Sanctions", https：//www. newsweek. com/cuba - drug - fight - coronavirus - us - sanctions - 1493872.

4. Yaditza del Sol González, "Destaca Machado Ventura el papel del Sistema de Escuelas del Partido en el fortalecimiento de la ideología revolucionaria", Granma, http：//www. granma. cu/cuba/2020 - 12 - 02/convocan - al - 8vo - congreso - del - partido - comunista - de - cuba - 02 - 12 - 2020 - 09 - 12 - 20.

5. Yaima Puig Meneses, "Más del 93 % de los contagiados en Cuba con la COVID - 19 está recuperado", 25 de noviembre de 2020, http：//www. granma. cu/cuba - covid - 19/2020 - 11 - 25/mas - del - 93 - de - los - contagiados - en - cuba - con - la - covid - 19 - esta - recuperado - 25 - 11 - 2020 - 22 - 11 - 02.

Y.11
金正恩执政以来的朝鲜社会主义新发展*

方浩范**

摘　要： 金正恩执政以来，朝鲜劳动党在金正恩的带领下，高举金日成 - 金正日主义的旗帜，把"人民群众第一主义"作为执政理念，继续走建设朝鲜特色社会主义道路。新时期，经历了从走"核经并进"路线，再到把工作重心转移到经济建设上来，朝鲜取得了社会主义的新发展，中朝关系获得提升。在成功抗击新冠疫情背景下，2021年初朝鲜劳动党召开了第八次代表大会，修改了党章，金正恩当选朝鲜劳动党的总书记，朝鲜社会主义将在自主和自力更生的思想指导下继续向前发展。

关键词： 朝鲜劳动党　金正恩　朝鲜社会主义

金正恩接任朝鲜劳动党最高领导人以来，朝鲜仍处在高强度国际制裁之下，持续不断的自然灾害和突如其来的新冠疫情，严重影响了朝鲜的正常发展和建设。但是在危难关头，朝鲜劳动党果断采取了"正面突破"的策略，带领和依靠广大朝鲜人民取得了朝鲜特色社会主义的新发展。

一　调整了朝鲜劳动党的领导体系与管理体制

执政之初，金正恩把主体思想和先军思想提升为金日成 - 金正日主义，

---

* 本论文的撰写得到朝鲜《劳动新闻》驻北京特派员、朝鲜外文出版社及其工作人员的帮助。
** 方浩范，山东大学东北亚研究中心主任、教授，研究方向为朝鲜本体。

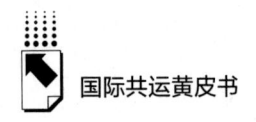

并高举金日成-金正日主义的旗帜，强化党的唯一领导体系，加强了党的建设，使党的领导体系发生了转换。根据时代的变化，朝鲜又果断地实施了并进路线，在保证核威慑的前提下，又把党的工作重心转移到经济建设上来。并把"人民群众第一主义"确立为朝鲜劳动党的执政理念。

（一）劳动党领导体系和管理体制的调整

2013年通过修订《确立党的唯一领导体系十大原则》，强调所有事业必须在党的唯一领导下组织和进行，所有政策性问题必须在党中央的决定下处理，重大决策均通过党中央政治局会议和最高人民会议等机制来做出。① 通过确立党的唯一领导体系，劳动党加强了对政治、经济、思想文化以及军队的绝对领导。2016年6月召开的劳动党第七次代表大会把党的组织机构调整为"政务局"。同样在2016年6月29日召开的朝鲜民主主义人民共和国第十三届最高人民会议第四次会议上，将国防委员会改成国务委员会，这样使得朝鲜劳动党和国家的管理，从国防委员会体系转变为政务委员会和国务委员会体系。根据形势发展的要求，在2021年1月召开的劳动党第八次代表会议上，确立了以总书记为首的朝鲜劳动党的领导制度。

（二）将劳动党的工作重心转移到经济建设上来

虽然朝鲜经济长期处于非常困难的局面，但经济强国建设是劳动党长期不变的政治主张。金正恩执政以后，在2013年新年贺词中，把经济强国建设作为"社会主义强盛国家建设面临的最重要的任务"，并在2013年3月正式提出了"经济建设和核武力建设并进"（简称"核经并进"）的新战略路线，旨在进一步强化国家核武力，给敌对势力日益增多的核恐吓画上句号，同时进一步加快经济建设的前进步伐，大力推进社会主义强国建设。②

---

① 截至2020年11月30日，朝鲜劳动党第七届中央委员会已召开21次政治局和政治局扩大会议，召开了朝鲜劳动党第七届中央军事委员会第6次（扩大）会议，召开了5次党中央委员会政务局会议和扩大会议，召开了朝鲜劳动党第七届中央委员会第六次全体会议。
② 〔朝〕金京哲、金锦姬：《金正恩时代的朝鲜》，朝鲜外文出版社，2020，第19页。

2018年4月召开的朝鲜劳动党第七届中央委员会第三次全体会议，宣布了并进路线的伟大胜利，并提出了党要"集中一切力量进行社会主义经济建设"的战略路线。2019年召开的第十四届最高人民会议第一次会议上，金正恩指出："在建设社会主义强国的现阶段斗争中，我们共和国面临的主要任务是集中国家的一切力量进行经济建设，夯实社会主义的物质基础。"[①] 为此，朝鲜强化了"内阁责任制"，采取强有力的措施，实现国家对经济工作的统一领导和战略管理。

（三）以"人民群众第一主义"为执政理念

金正恩执政之初，大力提倡金正日的爱国主义精神，并提出了"人民群众第一主义"思想。2012年4月6日，金正恩在《竭诚拥戴伟大的金正日同志做我们党永恒的总书记，胜利完成主体革命事业》一文中，把两位领袖的革命思想归结成金日成－金正日主义，并且把"人民群众第一主义"规定为金日成－金正日主义的革命实质。从此，朝鲜劳动党以金日成－金正日主义为指导理念，"人民群众第一主义"为实现其理念的具体方针，并要求政府在劳动党的领导下，作为人民群众的自主权益代表者和组织者，不仅要负责人民的生活，而且要保护好人民的利益。2021年初召开的劳动党八大正式把"人民群众第一主义"确定为朝鲜劳动党的政治方针。"人民群众第一主义"在政治上表现为劳动党一贯主张的"仁德政治"，体现了"以民为天"的思想。在"人民群众第一主义"思想指引下，朝鲜劳动党大搞民生工程，以人民生活质量是否提高和满意度衡量作为党和政府工作的标准。

二 推行经济改革并取得阶段性成果

在金正恩的领导下，朝鲜大力发展经济。在2016年召开的劳动党七大

---

① 〔朝〕金正恩：《关于现阶段的社会主义建设和共和国政府的对内外政策》（2019年4月12日在朝鲜民主主义人民共和国第十四届最高人民会议第一次会议上的施政演说），朝鲜外文出版社，2019，第9页。

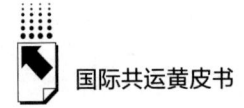

上,金正恩指出:"朝鲜当之无愧地跻身于政治军事大国,可是,经济部门尚未达到应有的水平。"① 他认真分析了朝鲜经济面临的困难和问题,2018年4月,朝鲜劳动党七届三中全会提出了"集中一切力量进行社会主义经济建设"的战略路线,取得了阶段性成果。

(一)提出经济改革思路和方法

由于朝鲜经济长期发展缓慢,2012年,内阁中成立了经济改革领导小组,初步形成了朝鲜式新经济管理体系。改革的重点放在了农村,并在农村试行了"土地承包制"。金正恩在2013年新年贺词中强调要开创强国经济建设新局面,并要求党员干部在经济建设中,牢固树立"一切为人民,一切依靠人民"思想。2013年3月,朝鲜又对企业管理制度进行了改革,并将之命名为"社会主义企业责任管理制";企业推行独立核算制,大幅增加企业自主权,推行厂长负责制和劳动者担当责任制,并对企业的经营权进行了改革。自2013年颁布《经济开发区法》以来,朝鲜仿照中国的开发区模式,相继在全国设立许多经济开发区,放开土地的使用和开发权,并完善相关招商引资法律和规章。2014年5月30日,金正恩发表《按照现实发展的要求确立朝鲜式经济管理方法》一文,标志着金正恩经济改革思路和方法的形成。

(二)利用市场经济政策,促进社会主义经济发展

为了实现经济的稳定与发展,在实施国有经济改革的同时,朝鲜采取了积极利用市场经济的政策,促使市场经济规模逐渐扩大。市场经济已在朝鲜经济中占有一定的比重,成为维持经济稳定与增长的动力之一。朝鲜并未明确实行私有化,但实际政策中默许了向私人让渡经营权。2016年修改补充的新宪法规定,"国家保护社会团体与合作社所有制。……属于公民个人

---

① 〔朝〕金正恩:《在朝鲜劳动党第七次代表大会上所作的中央委员会工作总结报告》,朝鲜外文出版社,2016,第37页。

的、以个人消费为目的的物品归个人所有"①。为了进一步活跃经济,金正恩提出了紧急复原国家商业体系和社会主义商业的要求,以保持社会主义商业的本色,同时同步保障国家的利益和人民的便利。与此同时,根据世界新技术和新产品开发竞争的时代要求,整顿有碍于改善经济管理的程序和制度。

(三)拓展对外合作,经济实现稳步增长

据朝鲜统计资料,2013年、2014年、2017年3年的GDP分别为250亿美元、261亿美元、307.04亿美元。在2017年307.04亿美元的GDP中,工业占39.6%、农业占15.3%、建设占13.0%、其他占32.1%。国家总发电量约980万KW,水力发电和火力发电占比分别为56%和44%。全国公路总长约7.8万公里,全国铁路总长8300多公里。②据韩国银行统计,2011年至2015年朝鲜的GDP增长率分别为0.8%、1.3%、1.1%、1.0%、-1.1%,而2016年的GDP增长率突然上升至3.9%。截至2014年,同朝鲜签订关于鼓励和相互保护投资协定的国家有中国、越南、泰国等27个国家;同朝鲜签订关于避免双重征税协定的有老挝、蒙古、埃及等14个国家。在朝鲜境内(经济特区外)创办经营的外国人投资企业共有371家。③ 2018年国外游客赴朝超过20万人次,2019年超过30万人次。进入2020年后因新冠疫情影响,国外游客赴朝旅游处于暂停状态。目前,朝鲜和中国、俄罗斯有直通航班,还有一些国家有非定期航班。西海岸南浦港为朝鲜最大的贸易港,与世界十多个国家主要港口有航船往来。目前,朝鲜通信已实现4G覆盖,远程教学、远程医疗已普及。

---

① 〔朝〕《朝鲜民主主义人民共和国社会主义宪法》,朝鲜外文出版社,2017,第7~8页。
② 朝鲜对外经济投资协力委员会:《朝鲜民主主义人民共和国投资指南》,朝鲜外文出版社,2018,第18页。
③ 朝鲜对外经济投资协力委员会:《朝鲜民主主义人民共和国投资指南》,朝鲜外文出版社,2018,第24~25、34页。

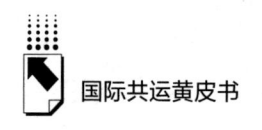

三 提高国防科技能力和加强城市建设，取得突破性成果

金正恩执政以来，国防工业在原有的基础上，大大提高了科技能力，完成了核、导的结合，使朝鲜人民的生存权有了可靠的保障。与此同时，金正日执政后期开始的城市建设，在金正恩的领导下取得了丰硕成果，以平壤市为中心的许多城市的面貌焕然一新。

（一）完成核导结合，国防科技事业迈入国际先进行列

朝鲜劳动党在长期的革命和建设中认识到只有提高了国防科技能力，才能保证人民的生存权，才能发展经济和提高人民的生活水平。金正恩在2013年3月召开的劳动党中央委员会全体会议上说："我们有了依靠强大的战争遏制力，将全部资金和劳力集中于经济建设和改善人民生活工作的有利条件。"[1] 2019年12月28日至31日召开的朝鲜劳动党第七届中央委员会第五次全会上，金正恩进一步强调朝鲜要依靠自己的力量提高维护和保证我们主权和生存权的能力。在2020年5月召开的第七届中央军事委员会第四次扩大会议和7月18日召开的劳动党军事委员会第五次扩大会议上，形成了只有进一步夯实国家防卫力量和战争遏制力，才能够坚决维护国家政治稳定和主权等方面的共识。

经过六次的核试验和多次的导弹试射，朝鲜已完成核导的结合。其中，金正恩执政以来进行了4次试射（分别在2013年、2016年、2016年、2017年），并成功发射了"光明星"3号和4号，多次进行了短程弹道导弹、巡航导弹、潜射弹导弹、舞水端中程弹道导弹以及火星弹道导弹的发射试验，达到了震慑敌人的目的。在"拥核"前提下，朝鲜将相对淡化先军政治色彩。然而，先军已经升级为朝鲜的精神文化，即便较少提"先军政治"，军

---

[1]〔朝〕金正恩：《为了建设强盛国家》，朝鲜外文出版社，2016，第20页。

队也已成为朝鲜社会主义革命和建设的主力军,是全国人民学习的榜样。①金正恩在建党75周年阅兵式上说,军队不仅致力于攻破敌对势力的军事威胁,还应对疫情和天灾等突发情况,出色地执行着自己作为国防主体的任务。

(三)城市建设繁荣、社会福祉改善

金正恩执政以来,朝鲜取得的一项重要的标志性成果,就是以平壤市为中心的城市建设繁荣发展。2012年开始建设的仓田大街、未来科学家大街、黎明大街,是金正恩执政以后平壤市三大现代化建筑群,包括住宅、学校、医院、科研机构、业余文化生活设施等,其不仅使平壤市面貌发生了天翻地覆的变化,而且大大增进了人民的福祉。

2013年建成的仓田大街是迎接金日成诞辰100周年献礼工程,是已故领导人金正日去世前发起建设的。居民多为原住户和纺织厂工人,以及生产第一线的劳动模范。2015年建成的未来科学家大街,被朝鲜称为"仙境大街",这里有大约4000户居民,他们是金策工业综合大学的教员、平壤科技工作者、先进模范和当地居民。2017年建成的黎明大街,是平壤乃至朝鲜城市建设的象征。黎明大街建成后,金日成综合大学所有教员都搬进了新居。除了这些大街建设外,朝鲜专门修建了银河科学家社区、卫星科学家住宅区等,为从事尖端科技的工作者提供了专门的住宅,这是朝鲜劳动党重视教育与科技的真实写照。

除了平壤的三条大街之外,最具代表性的建筑物应该是平壤的"科学技术殿堂"。"科学技术殿堂"是一座具有现代气息且科技元素众多的多功能场所,其造型独特别致,内部设备也非常先进。为了进一步改善朝鲜人民的生活,金正恩执政以来,还新建了玉流儿童医院、柳京牙科医院、柳京眼科综合医院、平壤金正淑纺织厂职工住宿区,改建了万景台少年宫等许多基础设施。为了丰富朝鲜人民的业余生活,修建了美林骑马俱乐部、马息岭滑

---

① 方浩范:《朝鲜劳动党第七次党代会的召开与中国的对策》,《延边大学学报》(社会科学版)2016年第2期。

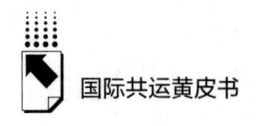

雪场、纹绣戏水场等。在金正恩亲自指导下，2020年还修建了"阳德温泉文化休养地"。朝鲜的大部分娱乐场所又是非常重要的教育和实践场所。基地的建设为提高人民文明水平和增进健康做出贡献。

四 发挥朝鲜社会主义制度优越性，成功抗击新冠疫情

持续不断的国际制裁之下，席卷全球的新冠疫情，加上突如其来的洪涝灾害，使得2020年的朝鲜面临"三重困难"。危难关头，金正恩率领朝鲜劳动党，充分发挥朝鲜人民的勤劳和智慧，克服和战胜了困难。尤其是在抗疫斗争中，把抗击病毒视为一个"政治问题"和"决定朝鲜命运"的重大事情，在全国范围内加强预防工作。

（一）发挥党的领导力，高度重视疫情预防

针对新冠疫情防控，劳动党在2020年一年内共召开了3次政治局会议和6次政治局扩大会议、2次劳动党政务局会议，专门讨论国家防疫体系的建设和措施，并出台了《针对全球病毒疫情，进一步切实采取国家措施，保卫我国人民生命安全》决议书，且把国家紧急防疫体系转为最大紧急体制。

朝鲜历来重视流行病，强调预防医学。早在1946年3月23日，金日成就提出了国家开办医院和消灭传染病，对贫民实行免费医疗的建议。1953年1月1日起朝鲜实行了全民免费医疗制，并实施了医生分区负责制。目前实行负责五户制的方针，并安排责任医师与护师。① 近几年，为了改善医疗条件，修建了玉流儿童医院、柳京牙科医院、柳京眼科综合医院、平壤综合医院等。2020年3月17日，金正恩在平壤综合医院奠基仪式上的讲话中又指出，"我们要怀着一切从零开始的心情，为把我国保健卫生制度建设成惠及人民的、先进的保健卫生而迈出第一步"②。朝鲜的医疗保障制度，在本

---

① 〔朝〕崔昌植：《不知道医疗的国家》，朝鲜外文出版社，2015，第38页。
② 〔朝〕金正恩：《在建党七十五周之际出色地建设平壤综合医院》，朝鲜外文出版社，2020，第2页。

次新冠疫情预防中起到了关键的作用。

为了有效防止本次新冠疫情的流入，2020年2月27日召开的劳动党政治局扩大会议上，修改补充了国家紧急防疫法，强化了国家危机管理规定，完善了防疫手段、体系和法律。2020年4月11日召开的劳动党中央政治局会议的第一个议题，就是"针对全球病毒疫情，进一步采取国家措施，保卫我国人民生命安全"。2020年7月2日举行的劳动党第七届中央委员会第十四次政治局扩大会议的第一个议题，也是关于新冠疫情防控问题，要求进一步巩固当前防疫形势。当7月24日发现1例新冠疑似病例以后，朝鲜不仅对该城市进行彻底封锁，而且第二天就召开了政治局紧急扩大会议，通过了国家紧急防疫体系转为最大紧急体制的决定。在2020年8月5日召开的劳动党第七届中央委员会第四次政务局会议上，为了解决封锁区人民生活的稳定问题，政府决定划拨粮食和生活补助金。2020年8月13日又召开了劳动党第七届中央委员会第十六次政治局会议，要求更加严格维持国家紧急防疫体系，并解除了疫情前沿地区的封锁。后来召开的第七届中央委员会第十七次政治局扩大会议和第七届中央委员会第五次政务局会议、劳动党第七届中央委员会第十八次政治局会议、劳动党第七届中央委员会第二十次政治局扩大会议上，强调要进一步严格实施国家紧急防疫工作，铭记负责保障国家安全和人民安宁的莫大责任，继续坚持和保持超特级紧张状态，开展全党、全国、全民的紧急防疫战。

（二）采取有效预防措施

在本次预防疫情的过程中，朝鲜劳动党采取了行之有效的措施，防止疫情的传入；掀起了人人预防、人人抗疫的全面防控运动，为正在进行的全球抗疫提供了经验。

第一，加强管理体系，建构全民抗疫的预防体系。全球新冠疫情发生之初，朝鲜第一时间封锁边境并撤回了海外人员，及时阻断了疫情传播渠道。2020年1月22日起就暂停游客入境，暂停国际航班和客运。将在疫情期间入境的外国人全部集中起来实施隔离，对本国回国人员进行居家隔

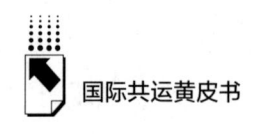

离，而且对疑似患者进行长达30天的隔离，最大限度地保证对新冠疫情的有效防控。

第二，统一指挥，统一行动。早在2020年1月末朝鲜设立了非常设中央人民保健指导委员会，宣布将卫生防疫体系转为国家紧急防疫体系，直到根除新型冠状病毒感染危险为止，后来又升级为最大紧急体制。在中央人民保健指导委员会的统一指挥下，设在中央和各道、市、郡的紧急防疫指挥部全面启动防范工作。由于朝鲜是纪律性、执行力、服从性较强的国家，朝鲜建立了绝对服从中央紧急防疫指挥部指挥的纪律，启动了中央和地方的灾难管理应对常务组。在本次防疫工作中，要求相关部门的工作做到一丝不苟，绝无纰漏。中央紧急防疫指挥部及时掌握全国疫情，如有问题则采取应急措施，切实保障防疫工作的组织性、一致性、义务性。

第三，加大宣传力度，关注弱势群体，形成全民抗疫态势。朝鲜及时更新发布新型冠状病毒的全球传播状况及其危险性、感染及异常症状，并通过出版物、电视广播、大型LED屏幕，宣传在预防中应坚守的医学常识。医生分区负责制保证防疫工作井然有序、周密细致。分区责任医生每天对自己的片区进行宣传和预防治疗，并与该区域的紧急防疫指挥部、政府、保健卫生机关紧密联系。预防工作小组人员分赴自己管辖区内的洞和居民班，经常向老年人宣传卫生防疫的重要性和具体要求，同时对患有心脏病、高血压、糖尿病等疾病的老年人的健康管理予以特别关注。

截至2020年底，席卷全球的新冠疫情，并没有实质性地传播到朝鲜境内，这无疑再一次证明了朝鲜劳动党领导下的朝鲜人民的智慧和决心，且再次彰显了朝鲜特色社会主义制度的优越性。

五　外交和北南关系打开新局面

随着经济建设初见成效，2018年起，朝鲜采取了"主动出击"的外交战略，实现了北南首脑的3次会晤，并且实现了朝美首脑的首次会晤且连续3次会晤。金正恩执政以来，先后4次访问中国，并与习近平总书记进行了

5次会晤。同时，金正恩与俄罗斯、古巴、越南、新加坡等传统友好国家领导人也进行了会晤，并保持与世界大多数国家的外交往来。

（一）在半岛南侧举行了首次会晤

2018年新年贺词中，金正恩指出缓和北南之间尖锐的军事紧张局势，营造朝鲜半岛的和平环境，向往民族和解与统一。2018年年内实现了北南首脑的3次会晤（4月27日、5月26日、9月18日），打破了朝鲜领导人未曾跨过三八线的先例，双方就北南关系和朝鲜半岛无核化等互相关心的事项开诚布公地交换了意见。签署了《为实现朝鲜半岛和平、繁荣与统一的板门店宣言》和《9月平壤共同宣言》，宣言就朝鲜半岛建立持久和平机制指明了方向。

（二）实现首次朝美首脑会晤

通过核开发的完成和核武力的实现，在确保朝鲜自卫和安保的前提下，朝鲜开始实施外交安全路线的转换，其突破口就是改善与美国的关系。通过各方努力，2018年6月12日朝鲜在新加坡与美国总统特朗普举行朝美两国在任领导人历史上首次会晤。两国首脑就结束持续数十年的朝美敌对关系达成共识，认为在实现朝鲜半岛的和平与稳定及无核化的过程中恪守分阶段、同步行动原则是很重要的。① 2019年2月27日在越南河内、2019年6月30日在板门店，金正恩与特朗普又举行2次会晤。朝鲜曾试图通过改善与美国的关系，寻找突破制裁的渠道，然而终究未能实现。由此，朝鲜加深了对美帝国主义不可靠的认识，认为只有坚持独立自主才是朝鲜应该要走的路线。

（三）朝中友好关系得到新的提升

中朝传统友谊的提升是朝鲜劳动党最主要、最重要的外交政策。金日成曾说："在历史的长河中，朝中两国人民在马列主义和无产阶级国际主义旗

---

① 〔朝〕金京哲、金锦姬：《金正恩时代的朝鲜》，朝鲜外文出版社，2020，第89页。

帜下，把各自的命运连在一起，在艰苦斗争的一条路上成为同生死共患难的亲密战友、真正的阶级兄弟、可靠的同盟者。"① 进入2018年以来，朝中关系得到进一步的提升，并增强了相互之间的信赖度。2018年3月、5月、6月和2019年1月，金正恩先后四次访问了中国，2019年6月习近平也对朝鲜进行国事访问。金正恩指出，将继承朝中两国老一辈领导人缔造并加强和发展的朝中友谊的宝贵传统，顺应时代的要求把它提升到新的更高的阶段，这是朝鲜党和政府坚定不移的决心。② 2020年是中国"抗美援朝，保家卫国"70周年，两党高度重视本次周年活动。在纪念中国人民志愿军抗美援朝出国作战70周年大会上，习近平同志指出，"伟大抗美援朝精神跨越时空、历久弥新，必须永续传承、世代发扬"，认为抗美援朝战争抵御了帝国主义侵略扩张，捍卫了新中国安全，保卫了中国人民和平生活，稳定了朝鲜半岛局势，维护了亚洲和世界和平。朝鲜劳动党委员长金正恩同志率朝鲜劳动党中央政治局委员，参谒位于平安南道桧仓郡的中国人民志愿军烈士陵园，向烈士表示崇高敬意，纪念中国人民志愿军赴朝参战70周年。金正恩同志指出，中国人民志愿军在极其困难的情况下高举"抗美援朝，保家卫国"的旗帜，忘我牺牲地支持和声援了朝鲜，为争取朝鲜解放战争的伟大胜利做出了历史性贡献。不管岁月流逝、世代交替，朝中两国军队和人民把自己的命运联系在一起，同生死、共命运。朝鲜劳动党和政府以及人民将永远不会忘记中国志愿军烈士的崇高灵魂和忘我牺牲精神。

六 新时期朝鲜社会主义的主要特色

金正恩执政以来，朝鲜社会主义进入新时期。朝鲜社会主义具有以下特点。

---

① 〔朝〕金日成：《关于朝中友谊："朝中友谊永垂不朽"》，朝鲜外文出版社，2019，第46页。
② 从1949年10月中朝建交到1994年7月去世，金日成主席一共访华39次。金正日国防委员会委员长1983年6月首次访华，一共访华9次。中国领导人也经常访问朝鲜。

（一）继续强化党的唯一领导是劳动党的首要任务

金日成曾指出："党在革命中起参谋部的作用，革命胜败取决于党的作用。……党是革命的火车头。"① 金正恩说："革命的党是保证革命事业的开辟、前进和胜利的有威力的政治武器。"②"社会主义政权没有得到革命政党的领导，就会失去本色，堕落成反动派和阴谋家的玩物，最后人民群众难免沦为政治孤儿。"党的领导是社会主义国家建设的本质要求，是国家活动的生命线。③ 朝鲜劳动党八大要求继续加强劳动党在朝鲜革命和建设中的绝对领导地位和作用，坚持走朝鲜特色社会主义道路，确立更加牢固的党的唯一领导体系。为了强化党的唯一领导体系，提高劳动党的政治地位和影响力，八大把原来的政务局和政务处改为秘书局和秘书处，劳动党委员长改为总书记，并推举金正恩为劳动党总书记。通过党章修改，解散了党中央原来的检阅委员会，并将其职能转交给党中央检查委员会，以此突出党要管党、治党的决心。

（二）将自主和自力更生作为朝鲜劳动党长期的主题

自主和自力更生自朝鲜劳动党建党之日起，就成为党的基本纲领。金日成曾指出："人的第一属性是自主性，同样，保证民族生存的第一个条件也是自主性。……自主性，既不是谁恩赐的，也不是随着时间的累积而自然形成的。自主性必须用自己的力量通过斗争来争取。"④ 在国家建设和活动中，坚持自主的革命路线，是朝鲜始终如一、坚定不移的立场。自主已成为金正恩的政治座右铭。⑤ 朝鲜劳动党把自主精神和国家、民族的命运紧紧地结合在一起，坚持自主的革命路线已成为朝鲜的政治哲

---

① 〔朝〕《人生的座右铭》，朝鲜外文出版社，2018，第17页。
② 〔朝〕《金正恩名言集》，朝鲜外文出版社，2016，第9页。
③ 〔朝〕金正恩：《关于现阶段的社会主义建设和共和国政府的对内外政策》，朝鲜外文出版社，2019，第7页。
④ 〔朝〕《人生的座右铭》，朝鲜外文出版社，2018，第22页。
⑤ 〔朝〕金京哲、金锦姬：《金正恩时代的朝鲜》，朝鲜外文出版社，2020，第14页。

学。是否坚持自主和自力更生的立场,成为朝鲜"辨别革命和反革命,辨别社会主义和机会主义的试金石"①。自主和自力更生又是相伴而生的,在朝鲜革命的整个过程中,自力更生始终是斗争的旗帜,也是革命和建设的发展动力。面对美国的长期制裁,朝鲜劳动党和人民深深地懂得,只有坚持走自主和自力更生的道路,才能冲破美国的封锁,实现强盛大国的目标,此外别无他法。朝鲜人民深深地懂得只有依靠自己的力量,才能完成建设强盛大国的任务,自主和自力更生将成为朝鲜劳动党永恒的主题。劳动党八大把自力更生和自给自足确定为经济发展五年计划的核心。

(三)以经济建设为中心是劳动党新时期主要任务

朝鲜劳动党为朝鲜经济的发展和人民生活水平的提高做了大量的工作,然而,长期以来朝鲜经济得不到充分的发展,为此金正恩感到不安。金正恩说:"敌人固然害怕我们的卫星和核武力,但更害怕我们国家有力地响起经济强国建设的轰隆声。"② 加快经济发展,满足人民日益增长的物质需求是劳动党最迫切的愿望。朝鲜政府虽然采取了国有经济改革、扩大市场经济、促进涉外经济发展等措施,但其效果仍有限。为了加快经济建设,朝鲜将进一步对内进行改革,对外进行开放,并且"要根据社会主义经济的本质要求,进一步改善计划工作,按照经济原理和规律有现实意义地解决经济管理的重要环节——价格、财政及金融问题,使企业和生产者发挥高度的积极性和热忱"③。朝鲜要改善有关经济工作的国家制度、法律条件和环境,并要求经济部门和企业,优先重视国家的利益和人民的福祉,严格遵守国家的法规和经济秩序。金正恩和劳动党深深地懂得发展经济才是硬道理,因此在劳动党八大上重点讨论了发展朝鲜经济的新的五年计划。

---

① 〔朝〕金正恩:《在朝鲜劳动党第七次代表大会上所作的中央委员会工作总结报告》,朝鲜外文出版社,2016,第7页。
② 〔朝〕金正恩:《在朝鲜劳动党中央委员会2013年3月全体会议上的结论》,朝鲜外文出版社,2014,第2页。
③ 〔朝〕金正恩:《关于现阶段的社会主义建设和共和国政府的对内外政策》,朝鲜外文出版社,2019,第13页。

(四) 将"人民群众第一主义"作为劳动党新的执政理念

"人民群众第一主义"是金日成-金正日主义的本质要求，是劳动党的人民观和国家活动的出发点与头等大事，是金正恩同志提出的新思想，在劳动党八大上，正式确定为党的政治理念。"人民群众第一主义"要求把人民群众看作革命和建设的主人，是依靠人民群众、要为人民忘我服务的政治理念。人民群众第一主义在具体工作中表现为"一切为人民，一切依靠人民"。金正恩指出："党和国家为人民忘我服务，人民把命运和未来全都寄托于党和国家、竭诚拥护她的领导，这就是体现人民群众第一主义的我国的真面貌。"[1] 金正恩在劳动党成立70周年时指出："对人民群众的忘我服务是朝鲜劳动党的存在方式，是不可占用的力量源泉。"[2] 在建党75周年时又指出："我国人民是无所不能的历史创造者。离开我国人民，我们党光荣的75年历史是不可想象的。"[3] 所以，"我们党把人民群众第一主义当作自己的本性、神圣的政治理念"[4]。为了贯彻人民群众第一主义思想，在劳动党八大上提出要在五年内在平壤市内建设5万户住宅，在主要矿产基地的检德地区修建2.5万户住宅。

(五) 加强思想政治工作是劳动党新时期的重要任务

网络信息的发展，对朝鲜社会主义的思潮和价值观产生了影响。受资产阶级自由化影响，朝鲜国内出现了腐败和资产阶级腐化堕落分子。朝鲜正面临着如何防止外部意识形态的渗透、纯洁党内思想的问题。面对新形势下的新情况，2020年11月29日召开的劳动党第七届中央委员

---

[1] 〔朝〕金正恩：《关于现阶段的社会主义建设和共和国政府的对内外政策》，朝鲜外文出版社，2019，第7页。
[2] 〔朝〕金正恩：《为了祖国的繁荣富强》，朝鲜外文出版社，2017，第21页。
[3] 〔朝〕金正恩：《在庆祝朝鲜劳动党成立75周年阅兵式上的讲话》，朝鲜外文出版社，2020，第6页。
[4] 〔朝〕金正恩：《在建党七十五周之际出色地建设平壤综合医院》，朝鲜外文出版社，2020，第2页。

会第二十一次政治局扩大会议，决定加强党的思想工作。2020年11月4日召开的朝鲜民主主义人民共和国第十四届最高人民会议常任委员会第十二次全体会议，通过了《朝鲜民主主义人民共和国反对反动思想文化法》和《朝鲜民主主义人民共和国移动通信法》。前者规定，要大力开展彻底打击反社会主义思想文化的流入和散布行径的群众性斗争，进一步加强思想阵地、革命阵地和阶级阵地。劳动党八大报告中明确指出，消除非社会主义、反社会主义现象，在全国切实确立社会主义生活方式，在人民精神道德生活领域带来革命性转变。强化思想政治工作部门，加强对人民的反资产阶级、反自由主义的思想工作，将是朝鲜劳动党新时期的重要的任务。

（六）继续坚持独立自主的劳动党一贯的外交路线

独立自主外交是朝鲜劳动党长期坚持的政策，也是朝鲜争取和平外部环境的基本方针。根据这一原则，朝鲜劳动党将延续亲友、联南、抗美的政策。金正恩指出："在朝鲜半岛防止新战争，在和平的环境中加紧进行经济建设，尽快解决人民生活问题，这是我们党坚定不移的立场。"① 为了营造和平的外部环境，朝鲜将推动同中国、俄罗斯等友好国家的关系发展；尽可能利用同胞之情，同韩国一道主张民族自主和平统一方针。同时朝鲜认为，"我们对像河内的朝美首脑会谈，既不欢迎也没兴趣。……只有朝美双方都能接受的协议书才能签字，这就取决于美国的姿态。"② 只要地球上有帝国主义，美国继续推行对朝敌视政策，那么，人民军作为保卫祖国和人民、捍卫和平的利剑的使命就绝不能改变。③ 朝鲜外交的成功与否，也关系到朝鲜的改革开放，关系到强盛国家的建设。

---

① 〔朝〕《2013年的金正恩元帅》，朝鲜外文出版社，2014，第14页。
② 〔朝〕金正恩：《关于现阶段的社会主义建设和共和国政府的对内外政策》，朝鲜外文出版社，2019，第24页。
③ 〔朝〕金正恩：《为了祖国的繁荣富强》，朝鲜外文出版社，2017，第7页。

（七）将提高国防自卫能力作为劳动党长期的任务

提高国防自卫能力，是对金正恩"人民群众第一主义"思想的保障。只要有敌对势力的存在，只要有威胁国家和人民生命安全因素的存在，国防自卫能力的保障就不是选项。美国非但没有退出朝鲜半岛的意愿，反而把朝鲜定性为"敌对国"，朝鲜不可能束手就擒和任人宰割。朝鲜已经宣布过核武力的完成，也表示过不再进行核试验。金正恩在建党75周年阅兵式上提出，为了压制和管控包括敌对势力核威胁在内的所有威胁，朝鲜将继续加强利用自卫性正当防卫手段——战争遏制力；战争遏制力将用于保卫国家主权与生存权、维护地区和平，但如果有人威胁朝鲜的安全，那么朝鲜将动员最强有力的攻击力量，采取先发制人的措施来一举击毁。劳动党八大报告进一步强调，只有增强国家防卫能力，才能遏制美国的军事威胁，才能实现朝鲜半岛的和平与繁荣。

结　语

在金正恩的领导下，朝鲜社会主义进入新时期并取得了新发展，短短几年内在经济、国防、科技和教育以及城市建设等方面取得了可喜的成果。进入2020年以后，朝鲜人民有智慧地克服和战胜席卷全球的新冠疫情、国际制裁、洪涝灾害三重困难，不仅坚定了其战胜一切困难的信心，也积累了建设强盛大国的宝贵经验。在这样的背景下，2020年1月5日至12日朝鲜召开了劳动党第八次代表大会，这是一次带领朝鲜人民进一步克服困难，继续建设朝鲜特色社会主义国家的重要会议。朝鲜劳动党第八次代表大会的召开，标志着朝鲜人民在以金正恩同志为首的朝鲜劳动党的领导下，继续坚持走朝鲜特色社会主义道路。在强盛国家的建设道路上，朝鲜劳动党和人民或将继续面临一系列的困难艰险，但仍将继续坚持劳动党的正确领导，高举"自主"和"自力更生"的旗帜，本着"人民群众第一主义"的原则，坚持把经济建设作为劳动党的中心工作，为把朝鲜建设成强盛国家而努力。

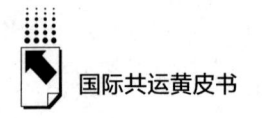

参考文献

1. 〔朝〕金正恩:《为了祖国的繁荣富强》,朝鲜外文出版社,2017。
2. 〔朝〕《2013年的金正恩元帅》,朝鲜外文出版社,2014。
3. 〔朝〕金正恩:《关于现阶段的社会主义建设和共和国政府的对内外政策》,朝鲜外文出版社,2019。
4. 方浩范:《浅谈马克思主义朝鲜化发展轨迹》,《延边大学学报》(社会科学版) 2014年第6期。

Y.12
新冠疫情背景下老挝社会主义革新：
坚守与突破

方文 海贤*

摘 要： 2020年新冠肺炎疫情在全球蔓延，老挝也受到严重影响和严峻考验。面对肆虐的疫情，老挝人民革命党以对人民群众生命安全和身体健康高度负责的精神，加强领导，科学谋划，统一部署，迅速出台一系列有力措施，团结带领全国人民成功抵制疫情蔓延，取得抗疫战争的胜利，彰显了社会主义制度的巨大优势。在全面抗击疫情形势下，老挝人民革命党一如既往地坚守适合自己的发展道路，革新突破，推动经济社会和党的建设取得新发展。展望未来，老挝人民革命党将以2021年初举行的十一大为新起点，进一步加强自身建设，提高党的领导能力和执政能力，深化实施革新，推动经济社会高质量自主发展，提高人民生活质量，摆脱欠发达国家状况。

关键词： 老挝疫情 制度优势 老挝人民革命党十一大

2020年是老挝历史上极不平凡的一年，和其他国家一样遭遇了突如其来的新冠肺炎疫情。面对严峻的疫情，老挝人民革命党（以下简称"老挝

---

* 方文，苏州大学马克思主义学院教授，苏州大学老挝-大湄公河次区域国家研究中心、"一带一路"发展研究院研究员；海贤，云南民族大学南亚东南亚学院讲师，云南大学马克思主义学院博士研究生。本文审读专家：中共中央党校（国家行政学院）门晓红教授。

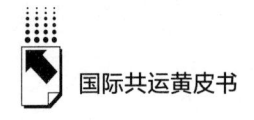

党")坚持以人民为中心,加强领导,科学谋划,统一部署,及时出台有力措施,大打一场人民防控战,成功抵制疫情蔓延,取得了抗疫战争的胜利。在全面抗击疫情的同时,老挝党坚守适合自身实际的发展道路,锐意革新,突破诸多困难与挑战,各方面取得了明显进步。经济社会平稳发展,保持了3.3%的经济增速,国内生产总值(GDP)达到176.6亿美元,人均GDP达到2664美元①;政治生态活跃,党的建设取得积极成效,老挝党召开了十届十中、十一中、十二中全会,推动落实老挝党十大布置的各项任务,并于2021年初举行十一大,谋划国家更加美好的发展蓝图。根据老挝党的三次全会精神,政府统筹布局经济社会发展规划;国会召开了八届九次、十次会议,对事关国计民生的重大事项进行了广泛讨论。展望未来,老挝党将进一步加强自身建设,加强全民大团结,更深层次实施革新,推动经济社会高质量发展,提高人民生活质量,摆脱欠发达国家状况。

一 依靠制度优势成功抵制疫情蔓延

新冠肺炎疫情在全球蔓延,对世界各国应对突发性公共危机和治理能力提出新的挑战。老挝与中国山水相连,在中国和世界发生新冠疫情后,老挝党本着对人民群众生命安全和身体健康高度负责的精神,加强集中统一领导,主动作为,迅速采取有力措施,动员全社会力量,严防死守,成功抵制疫情蔓延,取得了抗疫战争的胜利。2020年3月24日,老挝卫生部在首都万象召开新闻发布会,对外宣布老挝检测出2例新冠肺炎确诊病例,这是老挝首次发现新冠肺炎确诊病例。截至2020年12月31日,全国累计确诊病例41例,累计治愈34例,有7例还在治疗中,无死亡病例。2021年1月14日,老挝卫生部宣布,老挝41例新冠肺炎病例全部治愈,治愈率达100%。

---

① 〔老〕本扬·沃拉吉:《在老挝人民革命党第十一次全国代表大会上讲话》,老挝《人民报》2021年1月14日。

(一)积极制定疫情防控预案

老挝与中国、越南、柬埔寨、泰国、缅甸 5 个国家山水相连,边境线绵延漫长,而且周边各国的疫情都比较严重,这一特殊情况给老挝边境疫情防控增大了难度。就国内而言,老挝是一个公共卫生和疾病防控体系相对不够健全的国家,凭现有的医疗卫生条件,难以抵抗这样的重大突发公共卫生事件。老挝境内多为边远的山地和高原,这些地区民众对疫情的危害性认知不深,防护意识较弱,加之基础设施不够健全,缺医少药,防控疫情扩散的短板十分明显。

如何有效防控疫情的蔓延对老挝来说是一次巨大的挑战和考验。面对肆虐的疫情及诸多困难,老挝党以对老挝人民高度负责的精神,自觉担当使命,加强统一领导,科学筹划,集中一切力量,大打一场防控疫情的人民战争。

在国内尚未发现确诊病例的情况下,老挝党提前谋划,动员一切力量,积极防范。2020 年 1 月 20 日,老挝卫生部发布紧急通知,要求机场、边境检查站、各级医疗机构提高警惕,加强疫情监测工作,对入境的中国旅客加大检查力度,防止疫情蔓延到老挝。1 月 27 日,在老挝党的领导下,老挝发出《指导防控管理新型冠状病毒》特急 98 号总理令,成立了以副总理兼财政部长宋迪·隆迪为主席的老挝疫情防控委员会,负责疫情防控各项工作,要求卫生部部长本贡·西哈冯每天向老挝党中央报告防控工作的最新进展。1 月 28 日,老挝外交部禁止老挝公民前往发生疫情的地区,老挝卫生部要求加强边境地区筛查和检疫措施。2 月 1 日,为做好疫情联防联控,老挝航空宣布暂停琅勃拉邦—昆明,万象—常州、上海、杭州、昆明,昆明—琅勃拉邦—万象的航班,同时中国暂停飞往老挝的大部分航班。2 月 2 日,老挝外交部领事司发布 278 号特急通知,要求老中边境国际口岸暂停签发中国和第三国公民的落地旅游签证,老挝驻华使领馆暂停向从中国出境的外国人核发旅游签证。3 月 2 日,老挝疫情防控委员会连续发出 5 个紧急通知,要求各旅游公司延迟组团到已有疫情的国家旅游;各企业对来自疫情国家的

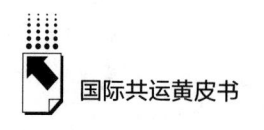

职员入境老挝后采取有效措施，进行14天的自我隔离；全国推迟、限制举办传统节日活动和其他人员密集的集体活动。

2020年3月16日，在老挝党的统一领导下，老挝疫情防控委员会发出通知，加强对入境人员的疫情防控，要求根据是否有可疑症状、疫区居留史、病例接触史等分别采取医院隔离、居家观察、自我监测等不同等级措施。3月18日，老挝政府总理通伦·西苏里主持召开会议，研究出台了进一步加强新冠肺炎疫情防控的九条措施。3月19日下午，老挝政府召开发布会，外交部部长沙伦赛·贡马西和卫生部副部长普同·孟巴介绍相关措施，对口岸关闭、签证政策调整、隔离、学校停课、收治医院安排、病毒检测、疫情信息发布等进行了详细说明。

（二）细化落实各项防控措施

对入境旅游团队严格管控。统一要求从无聚集性暴发疫情国家进入老挝的人员要进行核酸检测，旅游团所有人需要提供出发国72小时内的核酸检测阴性报告，以及过去14天内的活动轨迹说明，检测结果显示未感染者则被允许在老挝旅游。由旅游公司或当地接待按照老挝疫情防控委员会的措施负责防疫监管。

对聚集性活动及场所严格管控。统一要求全国关闭KTV、酒吧、游戏厅、啤酒屋等娱乐场所，同时关闭部分夜市，坚决遏制聚集性疫情的发生。所有餐厅须严格遵守疫情防控措施营业，营业时间不得超过23点，对于发现违规营业的店铺，按规定给予严肃处理。各类集会、节日庆祝活动、红白喜事等都应当按照老挝疫情防控委员会制定的措施严格管理，做到勤消毒和按要求佩戴口罩。

对口岸及人员过境严格管控。为了外防输入，采取封关措施，所有地方和国际口岸禁止人员过境，外交人员、确有紧急事务的外国专家及工作人员，经老挝疫情防控委员会批准方可入境。除上述人员外，停止向其他人员核发旅游、访问签证。货运在经过相关检测显示无疫情风险后可出入境。各级公安机关和边防机关要依法严厉打击非法出入境人员和偷渡人员。

（三）开展中老抗疫合作

在灾难面前，人类唯有聚指成拳才能共渡难关。在老挝疫情防控工作面临巨大压力的关键时刻，在中老两党的领导下，经过两国周密协调，在老挝出现首例确诊病例5天后，即2020年3月29日，中国及时向老挝派出抗疫医疗专家组，对老挝医务人员、社区防控人员进行专业培训和技术指导，与老挝一起因地制宜地制定了外防输入、内防扩散的一整套方案，提高了老挝疫情防控的科学化、规范化水平。4月24日，应老挝的邀请，中国人民解放军派出抗疫医疗专家组支援老挝。在抗疫合作中，中国还向老挝提供了全自动核酸提取仪、核酸检测试剂、一次性医用口罩、医用防护服等医疗救治、防护物资及中西药品等。同时，中老两国专家多次举行抗疫视频交流会，就如何做好社区防护、应对人员流动、防止疫情扩散等进行了深入交流，希望共同提升地区公共卫生治理能力。8月24日，中国宣布待新冠疫苗成功研发和生产后，将优先提供给老挝等湄公河国家，中国将在澜湄合作专项基金框架下设立公共卫生专项资金，积极向老挝等湄公河国家提供抗疫物资和技术支持。10月14日，中国外交部部长王毅同老挝外交部部长沙伦赛·贡马西在万象举行会谈，中老两国相继成功控制疫情，双方宣布启动中老人员往来"快捷通道"，同意建立两国物资运输"绿色通道"。病毒没有国界，疫情不分种族。在中老两党的领导下，两国积极开展抗疫合作，守望相助，有利于切实保障老挝人民的生命健康安全，生动诠释了中老命运共同体精神。

二 疫情之下继续推动经济社会革新

2020年，防控新冠肺炎疫情是老挝的一项头等大事。老挝党面对疫情的巨大考验，坚守使命，领导国家继续推进社会主义革新，保持了经济社会和各方面平稳发展的良好势头。

（一）首要任务：经济建设稳步推进

老挝党一直认为，经济工作是党的中心工作，必须将发展经济作为经济

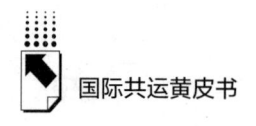

工作的首要任务。面对疫情及复杂多变的国内外环境，老挝党以年初既定的经济社会发展目标为方向，坚持独立探索，不断创新和发展①，在抓好疫情防控工作的同时统筹推进经济社会发展各项工作。

"八五"规划总体目标基本实现。2020年是老挝"八五"规划的收官之年，新年伊始，老挝党就提出把发展经济和实现"八五"规划目标作为首要任务。面对疫情，在老挝党的坚强领导下，全国上下齐心协力拼搏奋斗，经济建设稳步推进，"八五"规划总体目标得以基本实现。一是经济发展总体平稳。"八五"期间，老挝经济平均年增长率约为5.8%，第一产业年均增长1.9%，第二产业年均增长8.7%，第三产业年均增长4.2%。二是投资目标基本实现。社会总投资完成1697416亿基普，相当于计划的97.9%，其中国家预算投资达到170999亿基普，占总投资的10.1%；官方援助投资（ODA）达到296661亿基普，占总投资的17.5%；国内外私人投资达到861276亿基普，占总投资的50.7%；财政货币投资达到368480亿基普，占总投资的21.7%。三是积极偿还外债。"八五"期间，老挝政府已经偿还的外债总额达到1188669亿基普。2020年，老挝偿还外债554079亿基普，其中普通债务54079亿基普，三角债务与政府债券500000亿基普。四是财政货币运行总体平稳。截至2020年底，老挝财政收入总额达到1204220亿基普，相当于计划的98.4%，占GDP的15.9%；实际财政支出总额达到1563510亿基普，相当于计划的95.9%，占GDP的20.6%。2020年的通胀率为2.7%，基普对美元平均贬值2.56%，基普对泰铢平均贬值4.69%，外汇储备基本满足需求。五是商品生产与流通基本满足社会需要，工业手工业生产总额达到5468337亿基普，商品流通达到2844010亿基普。六是重视劳动力开发与技能培训。一直以来，老挝党和政府都很重视劳动力技能开发与培训。2020年共培训409107人次，其中妇女179793人次，完成既定计划的62.17%。七是互联互通基础设施有了重大进展。2020年，中老铁路建设完成工程总量的80%，万万高速公路建成通车，电力项目、矿产

---

① 潘金娥：《当代社会主义的探索、创新与发展》，《马克思主义研究》2018年第3期。

项目和经济开发区建设持续推进。①

总体上看,2020年虽然受到疫情的重大影响,老挝党领导政府集中精力应对困难和挑战,保持了年度经济的平稳发展,经济增长3.3%②,GDP达到176.6亿美元,人均GDP达到2664美元③,其中第一产业增长2.3%,第二产业增长9.8%,第三产业增长1.7%。全年进出口总额达119.51亿美元,实现顺差4.54亿美元。④

(二)关键环节:减贫工作成效显著

老挝是一个相对落后的农业国家。历史上有一段时间,老挝经济表现出"依靠外援国维持国家财政,依靠外资进行基本建设,依靠外国商品供应国内市场"的特点⑤,这一局面在老挝党十大以来得到根本好转。2020年,老挝党继续重视减贫工作,增强自主发展能力,着力解决贫困问题,特别是解决高山地区、偏远农村地区和受灾地区的贫困问题。一年来,在老挝党的领导下,政府从继续改善基础设施条件、扩大公共服务覆盖面入手,实施产业扶贫、科技扶贫、教育扶贫、旅游扶贫项目,增强贫困地区及贫困人口的"造血"功能,更多的困难群众获得了发展机会。值得称赞的是,中老减贫合作示范技术援助项目在万象市版索村和琅勃拉邦省象龙村实施的成效十分显著。老挝政府及时总结项目实施的成功经验并在全国加以推广,重点扶持贫困户从事种养殖业和手工织布业及衍生乡村旅游业,提升他们的致富能力。同时,加大对贫困户的教育培训和科普力度,培养他们的自我组织、自我管理、自我发展和可持续发展意识。截至2020年9月底,老挝实现1870

---

① 《宋赛·西潘敦在第八届国会第十次会议上的报告》,老挝《人民报》2020年11月28日。
② 〔老〕通伦·西苏里:《在第八次政府工作会议上的讲话》,老挝《人民报》2021年1月9日。
③ 〔老〕本扬·沃拉吉:《在老挝人民革命党第十一次全国代表大会上讲话》,老挝《人民报》2021年1月14日。
④ 《通伦·西苏里在第八届国会第十次会议上的讲话》,老挝国会网,http://www.na.gov.la/index.php?r=site/detailnews&id=406。
⑤ 参见崔桂田《当代社会主义发展模式比较研究》,山东人民出版社,2005,第47页。

户家庭脱贫,完成计划3234户脱贫目标的57.82%;消除贫困村17个,完成计划220个村脱贫目标的7.73%;实现了3个大村庄的小城镇化,完成计划建成18个小城镇目标的16.67%。① 可见,虽然受到疫情影响,老挝的减贫工作仍持续有效地推进。

(三)核心内容:社会治理日益加强

当前国际与地区形势复杂多变,霸权主义、国际恐怖主义、跨国犯罪、边境争端、局部战争、电信诈骗、毒品买卖、自然灾害等一直威胁世界的安全与稳定。近年来,一些敌对势力不择手段利用人权、民主、民族、宗教等问题对老挝实施"和平演变",促进"自我演变",扶植敌对势力和流亡反动分子,干涉老挝内政,践踏社会主义理想,破坏内部团结,导致老挝社会上出现了一些不应有的消极现象。

为抵御敌人的渗透和破坏,维护社会安全稳定,加强民族团结,巩固人民政权,捍卫社会主义制度,建设国家、保卫国家,老挝党顺应形势发展,多措并举加强社会治理工作。一是加强社会治安工作。2020年5月22日,老挝党中央政治局颁布了《关于新形势下加强治安工作的第111号决议》,提出要在正确判断国内外治安形势的基础上,重点做好社会治安力量建设,强化内部团结,保持政治稳定,加强对敌对势力的防范和打击,处理好社会治安与游行抗议问题,重视情报与反间谍工作,开展户籍与基层建设工作,完善监禁与改造工作,加大通信技术管理力度,建设纯洁、坚强、稳固的治安力量,提高后勤保障工作质量,加强国际交流合作,有力预防和打击一切违法犯罪活动,保持社会稳定有序。二是继续加强基层政权建设。2020年是老挝党筹备党的十一大的关键一年。老挝党强调要按照2018年12月19日颁布的《关于建设坚强、稳固的人民民主制度基层政权的第056号决议》的要求,继续在全国各村级行政单位、基层政府、办事机构、国有企业、基

---

① 《2020年前九个月老挝实现1870户家庭脱贫》,中华人民共和国驻老挝人民民主共和国大使馆经济商务处,http://la.mofcom.gov.cn/article/jmxw/202011/20201103013507.shtml。

层武装力量、非公有制经济中开展建设政权和巩固政权工作。经过一年的实践，老挝基层政权组织和制度得到进一步完善，全国村级政权建设持续发展，基层政府机关、办事机构与国有企业得到巩固和加强，基层武装力量发挥了坚强战斗堡垒作用，基层政权建设取得了良好效果。在老挝党的英明领导下，2020年老挝政治稳定，社会安定有序，各民族团结和睦，经济稳步发展，人民安居乐业。三是加强网络和通信管理。为适应信息化发展，保障国家信息安全，保证人民财产安全，打击网络犯罪，2020年6月17日老挝邮电通讯部出台了《关于全国范围内移动电话和上网卡实名注册的第1056号通知》，规定实施移动电话与网络实名登记制度，要求在2020年7月1日到2020年12月31日期间分三个阶段完成实名登记。四是加强生态治理，推动可持续发展。2016年通过的老挝"八五"规划指出，要根据绿色发展、可持续发展方针有效保护和利用自然资源，加强生态治理造福人民。2020年是"八五"规划的收官之年。老挝党和政府继续深入实施可持续发展战略，把生态环境保护融入经济社会发展，走低碳发展、绿色发展之路。老挝拥有普遍良好的生态环境和丰富的自然资源，这是造福子孙后代的宝贵财富。老挝党和政府把节约资源和保护资源放在第一位，处理好保护和发展的关系，坚决守住自然生态安全防线，严禁乱砍滥伐森林，严禁随意开采矿山。一年来，老挝生态环境保护卓有成效，截至2020年12月底，北部地区森林覆盖率已达到70%，全国森林平均覆盖率达到46%，可持续发展理念深入人心。

（四）重要保证：社会主义法权国家建设迈出新步伐

2020年为老挝法治建设年。截至2020年12月底，老挝正式公布的法律已达156部，其中2020年颁布与修订了11部法律，法律体系建设取得了巨大成就。老挝社会主义法律体系是老挝坚持社会主义道路的法制根基，是老挝特色社会主义建设的有效体现，是老挝有原则的革新开放的重要保障。

为推进社会主义法权国家建设，维护社会公平正义，老挝党中央政治局在2020年6月2日颁布了《关于按照正义运动的要求提高案件办理质量的第 112 号决议》，指出要想提高法治建设水平、国家治理与经济社会治理水平，就要在党的领导下，依宪依法开展国家治理和经济社会治理，按照正义运动的要求提高案件办理质量。这个决议提出了 11 项重点工作，即加强法律法规建设工作，明确相关部门权责范围，加强对案件办理的监督，保证结案数量与质量；加强法治宣传工作，提高全党、全国和全社会遵纪守法意识；提升司法队伍的数量与质量；加强执法监督，抵制官僚主义、假公济私等消极现象；加强对拘禁工作的指导和监督；提高案件审理的监督效率；提高案件审判质量；提高执行法院判决的效率与质量；加强对律师队伍、律师行业协会的建设、指导、监督、管理工作；加强司法体系与相关部门建设，持续加强法律与人才队伍建设；加强国际法律交流合作。在老挝党的统一领导下，社会主义法律体系建设取得重要进展，有法可依初见成效，有法必依、执法必严也逐渐取得进展。

（五）交流合作：实施主动融入国际的外交政策

老挝党始终坚持相互尊重、互利共赢的原则，开展对外交流与合作，老挝国际和地区地位不断上升。2020 年，老挝继续加强同特殊友好国家和战略合作伙伴的友好合作，同时重视开展同周边国家及世界各国、国际组织和机构的交流与合作，加强同东盟各国双边交往及区域多边交流合作。目前，老挝与 143 个国家建立了外交关系，与 85 个国家的 139 个政党建立了党际联系。

2020 年，虽然受到疫情影响，但是老挝对外交往与合作仍然取得可喜成就。一是获得中国 97% 税目产品零关税待遇。根据 2020 年 10 月 28 日国务院关税税则委员会的公告，自 2020 年 12 月 1 日起，对原产于老挝的 97% 税目产品，适用税率为零的特惠税率。老挝享有中国免税待遇的税目产品共计 8256 个，其中包括特惠税率栏中标示为"受惠国 LD"的 5161 个税目、"受惠国 1LD1"的 2911 个税目，以及"受惠国 2LD2"的 184 个税目。[①] 二

[①] 《国务院关税税则委员会关于给予老挝人民民主共和国 97% 税目产品零关税待遇的公告》，中华人民共和国财政部网站，http://gss.mof.gov.cn/gzdt/zhengcefabu/202010/t20201030_3613962.htm。

是国际合作重大项目稳步推进。以中老铁路项目、高速公路项目为主轴的基础设施建设稳步推进。截至2020年12月底，中老铁路玉磨段的93座隧道已贯通86座，隧道工程完成92.5%，老挝段的75座隧道已全部贯通，其中包括全长9.59公里的全段唯一跨国隧道友谊隧道，万万高速公路建成通车，与越南等国合作建设的公路、桥梁等重大工程或重点项目顺利推进。三是电力合作创辉煌。电力项目是老挝打造"东南亚蓄电池"的重要载体，为了加快电网建设和电力出口，2020年9月1日，老挝国家电力公司与中国南方电网公司签署股东协议，共同出资组建老挝国家输电网公司，标志着中老两国在输电网领域开展互利共赢合作迈出实质性步伐。四是澜湄合作取得新的进展。2020年8月24日上午，澜沧江-湄公河合作第三次领导人视频会议召开。会议发表了《澜沧江-湄公河合作第三次领导人会议万象宣言》和《澜沧江-湄公河合作第三次领导人会议关于澜湄合作与"国际陆海贸易新通道"对接合作的共同主席声明》，这是澜湄合作的最新成果。五是签署了区域全面经济伙伴关系协定（RCEP）。2020年11月15日，老挝与其他国家共15国领导人见证RCEP的签署，这是老挝参与区域合作极具标志性意义的成果，将为老挝经济的恢复性增长和繁荣增添新动能。

三 加强党的建设，规划国家未来发展战略

（一）加强思想理论建设

老挝党十大以来，始终把深化凯山·丰威汉思想研究作为党的政治建设的核心内容，并视其为思想理论建设的抓手和引擎。2020年是老挝党成立65周年，老挝人民民主共和国成立45周年，也是凯山·丰威汉诞辰100周年。根据老挝党中央政治局部署，2020年要集中开展凯山·丰威汉各领域的思想尤其是有原则的全面革新思想研究和宣传教育工作。2020年1月28日，凯山·丰威汉思想研究指导委员会召开了"凯山·丰威汉思想研究工作年度总结大会"。大会总结了凯山·丰威汉思想研究工作的最新成果，指

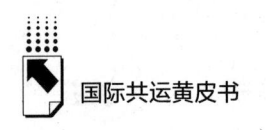

出遇到的问题和困难,并提出一些意见与建议。2020年7月3日,凯山·丰威汉思想研究指导委员会与国家政治行政学院共同举办了题为"凯山·丰威汉关于改善党建、干部、统战与群团等领域工作的思想"的国家级研讨会,围绕凯山·丰威汉关于革新党的组织工作,革新思想政治工作及理论的内容与形式,强化党委对政府的领导,革新时期干部培养、培训、派遣、安排与使用,对干部的管理、保护、评估与干部政策的落实,革新时期统战工作,以及群团组织工作七个方面进行了集中学习与交流。

2020年9月22日,在老挝党中央的支持下,"凯山·丰威汉经济领域革新思想国家科学"研讨会在老挝国家政治行政学院召开。研讨会上,专家学者围绕凯山·丰威汉关于经济体制、经济管理机制、经济分级管理、自然经济向商品经济转化与新农村建设、流通与分配、财政与货币工作、交通先行和对外经济关系八个方面的思想进行了总结与回顾。2020年11月4日,老挝党中央理论研究院、凯山·丰威汉思想研究指导委员会、老挝国家政治行政学院与凯山·丰威汉国防学院共同举办了题为"凯山·丰威汉国防领域革新思想"的研讨会。研讨会认为,凯山·丰威汉的国防思想在民族民主革命时期发挥了重要作用,进入社会主义革新新时期,应该深入研究和创造性地运用凯山·丰威汉的国防思想,建设坚强、稳固的国防力量,实现国防事业的现代化。

(二)加强新时期党的统战工作

老挝党一直把统战工作作为党的政治建设的重要法宝,认为统一战线与群团组织是党的重要依靠和主要力量。

2020年是老挝建国阵线成立70周年,为进一步加强统一战线与群团工作,老挝党中央做了周密部署。一是颁布关于加强统战工作的重大决议。2020年4月30日,老挝党中央政治局颁布了《关于新时期党的统战与群众工作的108号决议》,决议强调了建国阵线的重要性,并就下一步党的统战工作与群团工作进行了部署。二是加强建国阵线建设发展的相关宣传工作。2020年6月29日开始,老挝各大主要媒体如《人民报》开辟了"老挝建国阵线的诞生与发展（1950.08.13～2020.08.13）"专栏，对老挝建国阵线的成立背景、发展历程、取得的成就与经验，以及前景展望进行了系列报道。此外，2020年7月13日老挝主要媒体刊发了纪念老挝前国家领导人、建国阵线主席苏发努冯诞辰111周年的专题文章。三是举行建国阵线成立70周年纪念系列活动。2020年7月13日，老挝党分别在老挝建国阵线中央与老挝国防部举行了老挝建国阵线纪念馆及老挝党和建国阵线领导人监禁场所纪念馆开馆仪式。8月13日，老挝党举行了庆祝建国阵线成立70周年庆典。四是积极开展对外交流与合作。2020年8月14日，老挝党中央政治局委员、老挝建国阵线中央主席赛颂蓬·丰威汉在赴越出席原越共中央总书记黎可漂吊唁仪式期间，拜会了越共中央书记处书记、越南祖国阵线中央主席陈青敏，双方表示将进一步推进两国统一战线合作，加强两国党、国家和人民之间的传统友好关系，同时表示将择期以合适方式举行越老柬三国统一战线主席会议。

（三）召开党的十届十中、十一中、十二中全会，为十一大顺利召开做好准备

2020年6月8日至12日，老挝党十届十中全会在万象召开，会议由党中央总书记、国家主席本扬·沃拉吉主持。全会重点讨论了老挝党十一大政治报告草案、第九个国家经济社会发展五年规划（2021～2025年）草案、党章修改草案、政府机构革新调整的方针等。全会还讨论了其他重要问题，包括十届七中、八中、九中全会精神的落实情况，2020年第一季度经济社会发展规划、预算与货币规划的实施情况和未来的发展方向、新冠肺炎疫情防控情况等。

2020年10月12日至16日，老挝党十届十一中全会在万象召开，会议由党中央总书记、国家主席本扬·沃拉吉主持。会议高度评价了贯彻落实老挝党十大决议精神和"八五"规划建设成果，一致认为卓有成效的工作使老挝保持了政局稳定、社会安定，积极推进全民全面国防与治安路线，维护了国家独立与主权完整，人民民主制度得到巩固和加强。

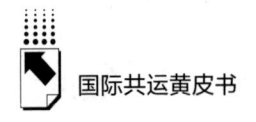

全会重点研究了老挝党十一大政治报告草案、第九个国家经济社会发展五年规划草案、党章修改草案等。全会讨论的其他重要问题包括2020年度经济社会发展规划、预算与货币规划的执行情况和未来的发展方向、新冠肺炎疫情防控情况、筹备八届国会十次会议情况、筹备九届国会议员与第二届省级人民议会议员选举情况、老中铁路和万万高速公路建设情况、矿业开采项目实施情况等。

2020年12月23日至25日，老挝党十届十二中全会在万象召开，会议由党中央总书记、国家主席本扬·沃拉吉主持。全会重点总结了执行革新路线30多年以来社会主义建设的主要成就和重要经验；重点总结了执行老挝党十大决议以来的主要成就和经验、存在的问题和困难，研究了老挝党十一大政治报告草案，并就草案征求了党内意见建议；重点总结了"八五"规划目标任务落实的成就和经验、存在的问题和困难，研究了第九个国家经济社会发展五年规划草案，并征求了意见建议，重点研究了党章修改草案，并就草案征求了党内意见建议。全会就老挝党十一大重大人事安排、重大政治事项进行了讨论。最后，全会要求进一步加强党的领导，继续发扬团结统一的优良传统，促进全党全国全民族大团结，为老挝党十一大顺利召开奠定坚实基础。

在十届十中、十一中、十二中全会精神指引下，老挝党对中央和地方的领导班子做出新的人事安排。党员干部是老挝党领导全国各族人民进行社会主义建设的中坚力量，是履行执政党执政使命的主体。巩固党的长期执政地位，加强党的执政能力建设，关键就在于提升各级干部队伍的能力水平，增强干部队伍的实际工作本领，建设一支政治上坚定、能力上过硬、作风上优良的执政骨干队伍。在老挝党集中统一领导下，2020年召开了从中央到地方相关部门的三级代表大会（中央、地方与基层），圆满完成了对中央党政军领导班子、各省党政领导班子新的调整和新的人事安排，一大批德才兼备、领导能力强的领导干部和管理干部走上了新的重要岗位，为老挝党十一大顺利召开奠定了坚实的政治条件和组织基础。

此外，2020年6月24日至7月2日，老挝召开了八届国会第九次会议。

会议讨论了经济社会发展、法权国家建设、生态环境治理、民生建设等诸多重大议题。2020年10月27日至11月17日，老挝召开了八届国会第十次会议。会议就"八五"规划目标任务落实情况、2021年度经济社会发展计划、民生建设等重大议题，通过了"八五"规划执行情况工作报告等多个报告，通过了《老挝青年法》《高等教育法》等多部法律。

四　总结与展望

2020年，面对肆虐的新冠肺炎疫情和复杂多变的国内外形势，老挝依靠社会主义优越性和制度优势，发挥老挝党的领导核心作用，统筹疫情防控和经济社会发展，继续推进社会主义革新，突破各种困难和挑战，成功抵制了疫情蔓延，取得了抗疫战争的胜利，保持了国内政治稳定、经济平稳发展、社会和谐安定、民族团结繁荣。老挝党和政府在疫情防控和经济建设中的出色工作，赢得了老挝人民群众对党和社会主义制度的更大信任和信心。

2021年1月13日至15日，老挝党十一大在首都万象胜利召开，代表全国348686名党员的768名代表和147名特邀嘉宾出席大会，大会的主题是："提高党的领导能力，加强全国人民大团结，维护政治社会稳定，深化落实革新路线，推动经济社会高质量发展，提高人民生活质量，努力摆脱最不发达国家状况，向社会主义目标迈进。"① 老挝党十一大通过了本扬·沃拉吉代表十届中央委员会所作的政治报告，系统回顾了老挝执行十大决议五年来的主要成就，总结了社会主义建设的成功经验，强调继续坚持革新路线不动摇；通过了新修改的党章，为新时期进一步加强党的建设提供了制度保障；听取了老挝"八五"规划（2016～2020年）总结和"九五"规划（2021～2025年）草案说明的报告，明确了老挝未来五年的发展目标和主要任务，制定了深化落实革新路线的政策和措施；选举产生了以通伦·西苏里为总书

---

① 《老挝人民革命党第十一次全国代表大会决议》，巴特寮通讯社，http：//kpl. gov. la/detail. aspx? id=57294。

记的新一届领导班子,凝聚了继往开来团结奋进的新力量,为持续推进革新方针政策的落实营造了良好政治氛围。

老挝党十一大是在世界形势复杂多变和新冠肺炎疫情叠加影响下、实行革新35年之际召开的一次重要会议,恰逢老挝庆祝建党65周年、建国45周年及纪念凯山·丰威汉诞辰100周年的重要节点,将对老挝今后一个时期革新产生深刻影响。展望2021年,老挝将在新的机遇和挑战中以老挝党的十一大精神为指引,立足本国实际,进一步加强党的建设,坚持有原则的全面革新路线,探索适合自身的发展道路,推动社会主义事业实现新发展。

一是以党的建设为引领,进一步加强党的领导能力、执政能力和先进性建设,保持党在政治上、思想上、组织上坚强稳固,巩固党的长期执政地位,不断推进党的思想理论建设工作,加快马列主义本土化进程,用马列主义、凯山·丰威汉思想武装头脑,坚决抵御敌对势力"和平演变",遏制内部"自我演变",革新干部队伍建设,完善党内民主制度,带领老挝各族人民向社会主义发展目标迈进。

二是将继续坚持有原则的全面革新路线,总结革新35年来的经济发展实践经验,以"九五"规划和未来经济社会发展战略为目标任务,进一步完善社会主义定向的市场经济体制,发挥自身的潜力和优势,加快推动绿色、协调、可持续、高质量、自主发展,实现经济年均增长4%以上,到2025年人均GDP达到2887美元,积极消除贫困,改善民生,摆脱欠发达国家状态,走向工业化、现代化发展道路,为实现未来五年经济年均增长4%以上,人均GDP达到2887美元打下基础。

三是将充分发挥人民当家做主的权利,加强社会治理,维护人民群众的根本利益,完善政府体制机制,提高政府效率,加快社会主义法权国家建设,发挥群团组织和建国阵线联系广泛的优势,建设民主、平等、正义和安定的社会。

四是继续坚持和平、独立、友好和发展合作的外交路线,主动融入国际和地区一体化进程,加强党际交往,开展对外交流与合作,响应中国"一带一路"倡议,建设中老经济走廊,推动中老命运共同体建设全面开花结果,为维护地区和国际和平稳定与合作发展做出贡献。

参考文献

1. 姜辉、潘金娥主编《国际共产主义运动发展报告(2019~2020)》,社会科学文献出版社,2020。
2. 林建华:《新冠肺炎疫情防控视域下当代世界社会主义的新特点》,《世界社会主义研究》2020年第9期。
3. 辛向阳:《新冠肺炎疫情形势下的三点思考》,《世界社会主义研究》2020年第4期。
4. 门晓红、韦堡山、王琨:《多样性多元化的世界社会主义运动》,《科学社会主义》2018年第1期。
5. 叶本乾、方素清:《老挝人民革命党思想理论建设的实践与启示》,《党政研究》2021年第1期。

思潮运动篇
Thoughts and Movements

Y.13 欧洲共产党和工人党的"绿色化"调整及其前景

李凯旋*

摘　要：2020年，新冠肺炎疫情席卷全球。欧洲多国共产党和工人党在对欧洲公共卫生体系的失序与医疗资源短缺进行批判的同时，大力呼吁民众关注生态危机与气候恶化问题，并将"生态权利"视为阶级斗争的新内容。近年来，欧洲共产党和工人党从理论主张、组织结构和政治活动等维度加快了"绿色化"调整进程。这种调整对马克思主义在欧洲的新发展产生了积极影响，但尚未有力推动欧洲共产主义运动走出低潮。如何推动民众认同"红即新绿"，进而打破绿党在绿色政治中的先锋角色定位及其对阶级认同构成的挑战，是欧洲共产党和工人党在未来"绿色化"调整中应予以积极关注的问题。

---

* 李凯旋，中国社会科学院马克思主义研究院副研究员，研究方向为意大利共产党和欧洲共产主义运动。本文审读专家：上海社会科学院国外社会主义研究中心主任轩传树研究员。

欧洲共产党和工人党的"绿色化"调整及其前景

关键词： 欧洲共产党和工人党　生态危机　阶级斗争　"绿色化"调整

2020年，新冠肺炎疫情席卷全球。欧洲民众对关注自然环境与人类社会协同的"生态政治"愈发敏感，因为这种变化与协同已经成为复发和新发传染病的主要因素。在此背景下，欧洲多国共产党和工人党在对欧洲公共卫生体系的短缺与失序进行批判的同时，呼吁民众关注生态危机与气候变化等阶级斗争的新内容。事实上，欧洲共产党和工人党对生态问题的关注，最早始于20世纪七八十年代西方资本主义"黄金时代"末期。自20世纪90年代至今，这种"绿色化"趋势呈现加速的态势。

本报告首先从理论主张、组织结构、政治联盟等角度，对欧洲共产党和工人党近年来及至2020年的"绿色化"调整进行解析；其次，从资本主义经济与生态危机等背景出发，结合"绿色"政治的发展，探析欧洲共产党和工人党进行"绿色化"调整的内外部原因；最后，对"绿色化"调整的影响及未来的主要动向进行分析。

一　欧洲共产党和工人党"绿色化"调整的内容与方式

欧洲共产党和工人党基于自身组织发展和理论更新的内在要求，进行了"绿色化"调整。这种调整主要表现在两个方面：首先，在党的理论主张和组织机构设置方面凸显"绿色"元素；其次，在政治竞选活动与广场街头抗议运动中与绿党联盟。

（一）理论主张和组织机构的"绿色化"

从理论主张的角度而言，欧洲共产党和工人党的"绿色化"调整，主要表现为三种类型。第一种，以法国共产党为代表。法共在自我更新中，借鉴了较多的生态社会主义理论思想，并提出具有鲜明共产主义特色的绿色理

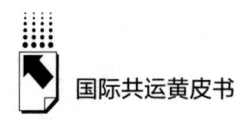

论概念，如"生态共产主义"。第二种，以意大利重建共为代表。意大利重建共吸纳了较多生态社会主义理论，模糊了其与共产主义的差异，却并未形成独具一格的新概念。值得注意的是，法共和意大利重建共都是欧洲共产党和工人党中的欧洲共产主义派，也是欧洲左翼党的重要成员党。第三种，以葡萄牙共产党为代表。葡共积极地支持绿色运动中"红绿派"的发展，但在政纲上始终突出共产主义特质。葡萄牙共产党也是欧洲共产党和工人党中的马列派。

法国共产党在20世纪70年代早期，并不承认绿色运动的科学性及合理性。直到1978年，法共才在纲领中首次加入控制噪声、水和空气污染、控制核废料等有关生态环保的内容。20世纪80年代，和平和环境保护都是法共政治选举的重要议题。进入20世纪90年代后，法共加速了理论和议题的"绿色化"。

法共近年来的理论主张体现了生态社会主义对其的影响，以及对后者的辩证性吸纳。尤其在2018年的共产主义生态学会议上，时任法共总书记皮埃尔·洛朗（Pierre Laurent）明确提出"共产主义必须是生态的"。[①] 全球化和金融化的资本主义所获得的巨大利益都是以牺牲自然为代价的。生产主义与消费主义的连接，加剧了民众的社会生计危机以及自然生态系统的恶化。环境危机超越了国界，早已成为全球性的和国际性的挑战。富裕国家对发展中国家负有生态债务，而这主要是由四处攫取土地、追逐利润的发达国家工业和金融跨国企业造成的。法共鲜明地提出，生态是阶级问题的核心内容，也是为共产主义而奋斗的核心内容。在欧洲乃至世界范围内，阶级问题毫无疑问导致了不平等现象的蔓延，但社会不平等的深化与生态不平等问题的交织被忽视了。法国共产党人将把反对社会不平等和生态不平等的斗争统一起来。[②] 2020年，面对新冠肺炎疫情的暴发及由此引发的公共卫生和社会

---

① "Assises Communistes de l'Ecologie, le PCF Se Met Au Vert", https：//www.lavantgarde.fr/assises – communistes – de – lecologie – pcf – se – met – vert/.

② "L'écologieAu Coeur du Combat Communiste", https：//www.pcf.fr/ecologique_ au_ coeur_ du_ combat_ communiste.

治理危机，法共提出了以低碳化交通、生产本地化等为主要革新举措以构建"生态社会"的主张。①

从20世纪60年代末到80年代，原意大利共产党对绿色运动的主要态度也是否定和排斥，认为该运动的理论主张具有突出的"乌托邦性"，脱离了经济社会发展的现实，难以持续。在原意大利共产党（1921～1991年）更名易帜后组建的意大利重建共等，对生态运动采取了接纳并借鉴吸收的态度。意大利重建共自建党以来，历届代表大会的文件中都明确包含维护生态安全的主张。进入21世纪后，意大利重建共反对将就业与环保对立的立场，对以环保之名追逐利润并损害工人权益的做法持强烈的批判态度。在2008年全球金融危机爆发后，意大利重建共就公开主张应兼顾就业保护与生态保护。2020年10月，意大利重建共全国委员会在第二届威尼斯气候变化营会议上提出"就业与环境：不要赎金，我们要构建替代方案"的主张，反对跨国工业企业在意大利进行的环境破坏活动，坚持捍卫脆弱群体和脆弱地区民众的工作权利。②

在近两年联邦议会选举和欧洲议会选举中表现亮眼的比利时工人党，其议题主张中也有突出的"绿色"元素。"健康与环境"，是党日常政治活动的主要议题之一。比利时工人党的社会主义2.0，不仅是一个没有剥削的社会，也是一个人与自然和谐相处、资源没有被耗竭取尽的社会。③ 2014年，比利时工人党通过反"昂贵能源"运动、"红即新绿"运动等，推动气候问题成为体制性议题。④ 这些运动本身，也体现了党通过组织生态运动与政治实践活

---

① "Un jour d'après écologique et social !", https：//www.pcf.fr/un_jour_d_apr_s_cologique_et_social.
② Rifondazione Comunista - Sinistra Europea all'Assemblea nazionale, "Ambiente e Lavoro: no al ricatto, costruiamo l'alternativa" Brindisi - sabato 24 - 25 ottobre 2020, http：//web.rifondazione.it/home/index.php/territorio - e - ambiente/21972 - rifondazione - comunista - sinistra - europea - all - assemblea - nazionale - ambiente - e - lavoro - no - al - ricatto - costruiamo - lalternativa - brindisi - sabato - 24 - 25 - ottobre - 2020. S
③ "Le PTB En Dix Mots - Clés", https：//www.ptb.be/notre_adn.
④ 于海青：《比利时工人党的"逆袭"及其启示》，载《国际共产主义运动发展报告（2019～2020）》，社会科学文献出版社，2020，第258页。

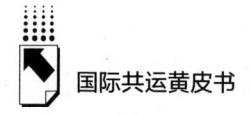

动，发展共产主义理论的尝试。2020年，比利时工人党也围绕构建生态社会的理论主张，提出了系列低碳出行、普及免费公共交通等具体的倡议。①

除了理论主张的"绿色化"之外，欧洲共产党和工人党的组织结构设置中也体现了"绿色"元素。在意大利，重建共产党、意大利共产党等自建党就成立了党的环境部，组织党在生态保护领域的斗争。法国共产党也设立了环境部，后更名为生态委员会，并在政治选举中推出了其绿色候选人。法共往往通过生态委员会发起全球生态问题的研讨会和抗议活动，旨在改变民众对共产主义的非生态性偏见。②

（二）政治活动的"绿色化"

自20世纪90年代以来，欧洲共产党和工人党主要与绿色阵营中"红绿派"结成了较为紧密的政治联盟。其中，欧洲左翼党是此类联盟在泛欧层面实践的典型；同时，意大利、法国、葡萄牙等国的共产党组织也在国内政治中进行了不同的尝试。

1. 泛欧层面的联盟与协作

欧洲左翼党是在欧洲共产主义派的多支共产党，以及丹麦红绿联盟和芬兰左翼联盟等反资本主义激进左翼力量的推动下于2004年成立的。欧洲左翼党将自身界定为团结所有民主的、反帝国主义的、女权主义和生态社会主义等左翼力量的平台。③ 欧洲左翼党明确其建党目标是从社会和生态的维度实现对资本主义的"替代"。欧洲左翼党通过代表大会、欧洲议会选举动员和发起政治倡议等方式，推动共产党与"红绿派"绿党等反资本主义力量

---

① "Une Nouvelle Étude Le Confireme：Le Transport En Commun Gratuit Est L'Alternative Social Et Écologique De Mobilié", https：//www.ptb.be/une_ nouvelle_ tude_ le_ confirme_ le_ transport_ en_ commun_ gratuit_ est_ l_ alternative_ sociale_ et_ cologique_ de_ mobilit.

② "Des Assises Communistes Pour Affirmer Nos Partis–pris Écologique", https：//www.pcf.fr/article_ ecologie8.

③ "Reset Europe, Go Left! Overcoming Capitalism to Build a Europe of Peoples, Save the Planet and Guarantee Peace", https：//www.european–left.org/wp–content/uploads/2019/12/Political–Document–Final–version–EL–Congress–2019.pdf.

在泛欧政治活动中联合行动。

欧洲左翼党在人类中心主义立场下,对资本主义的反生态性批判及对其的替代理想,在历届代表大会文件中均有体现。2004年,欧洲左翼党在第一届代表大会文件中指出,始于20世纪80年代的新自由主义经济社会模式,不仅缺乏民主和社会保护,而且对生态环境造成了严重的破坏。① 在2007年第二次代表大会上,气候变化和环境变化都属于重要议题。欧洲左翼党认为《马斯特里赫特条约》具有鲜明的新自由主义属性。新自由主义的经济社会和生态发展模式已经导致了严重的社会不平等和环境灾难,而这些后果将难以避免地导致民粹主义在欧洲的兴起。② 在2010年和2013年的第三、四次代表大会上,欧洲左翼党将反紧缩、反贫困,支持工会和工人阶级的抗争置于政治斗争核心的同时,重申其目标仍是寻求一种可持续的、民主的和团结的发展模式。③ 在2016年第五次代表大会上,欧洲左翼党更加清晰地阐述了其社会和"绿色"转型的政治纲领,主张欧洲经济和货币工具的重建必须为新的发展服务,通过加强公共投资,推动就业,创造符合社会公正和保护生态的模式。④

2018~2019年,全球变暖等气候危机引发普遍关注,"绿色"政治风潮再起。2019年底,欧洲左翼党在第六次代表大会文件中,正式提出开启"社会生态转型"的倡议。欧洲左翼党批判性指出,资本主义生产方式在全球引发了气候危机、生物多样性危机等严重的生态问题,而逐渐走近欧洲政坛舞台中央的主流绿党的本质并非反资本主义的。主流绿党尽管时而持有与

---

① "First Congress – Athens 2005", https://www.european-left.org/congress/1st-congress/.
② "The European Left: Building Alternatives", https://www.european-left.org/wp-content/uploads/2018/12/political_theses_final_version_04.12.07_0-12.pdf.
③ "Continuing Mobilisations to Stop Austerity, to Change Economic Policies, and to Impose an Action Plan Against Poverty in Europe", https://www.european-left.org/wp-content/uploads/2018/12/continuing_mobilisations_to_stop_austerity_to_change_economic_policies_and_to_impose_an_action_plan_against.pdf; Unite for a left alternative in Europe, https://www.european-left.org/wp-content/uploads/2018/11/political_doc_en.pdf.
④ "Refound Europe, Create New Progressive Convergence", https://www.european-left.org/congress/5th-congress-berlin-2016/.

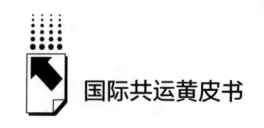

欧洲左翼党十分接近的社会和生态主张，但更多时候是保守派或社会民主党联盟在绿色资本主义阵营的盟友。由此，欧洲左翼党指出其发起的"社会生态转型"倡议，是一场必要且紧迫的阶级斗争，须推动成员党将国内斗争与泛欧层面斗争有力地结合，以改变欧洲的工业生产方式，重构生产组织，最终实现根本性的社会变革。①

在历次欧洲议会选举期间，欧洲左翼党成员党往往能够形成较为一致的竞选纲领。在环境保护和气候问题上，法共、意大利重建共和北欧的"红绿派"等成员党，都结合本国国情和欧洲的绿色政治现实，提出主旨相对一致的纲领主张。如法共呼吁以更民主、科学的方式管理和应用核能，同时尽可能提高铁路运输的比重，研发能够替代碳能源的新能源。意大利重建共呼吁民众注意自然环境与气候的恶化态势，欧盟成员国应签署新的绿色公约，推动经济发展模式向生态型过渡。而北欧的丹麦红绿联盟在竞选纲领中提出，作为一个持有明确的绿色、团结和国际主义政策的政党，其会竭尽所能推动欧洲"向红色和绿色方向"发展，并推动丹麦成为能够在欧洲乃至世界范围内激发团结并提供绿色方案的欧洲先锋国。②

2020年新冠肺炎疫情暴发后，欧洲底层劳动者遭遇公共卫生和经济危机的双重伤害。为此，欧洲左翼党发起共同倡议，构建了"保护我们的欧洲"平台，以推动欧洲的社会生态模式转向。③

2. 国家内部的联盟与合作

总体而言，绿党在西欧和北欧地区政治影响力较强，在南欧地区较弱；共产主义政党的发展则大致相反。在现实的政治实践中，欧洲共产党和工人党在国家和地方层面以独立的政党身份与绿党组建政治联盟的情况，多发生在南欧地区。

---

① "Reset Europe, Go Left! Overcoming Capitalism to Build a Europe of Peoples, Save the Planet and Guarantee Peace", https://www.european-left.org/wp-content/uploads/2019/12/Political-Document-Final-version-EL-Congress-2019.pdf.
② 丹麦红绿联盟纲领，参见 https://enhedslisten.dk/valggrundlag-til-eu-valget-2019。
③ "Launching of the EL Platform on the COVID-19 Crisis", https://www.european-left.org/campaigns/the-corona-crisis-and-the-consequences-for-european-politics/.

意大利的共产党力量与"红绿派"绿色联盟党保持了较紧密的联盟关系。2006年之前,寻求对资本主义制度替代的绿色联盟党和重建共等共产党组织,以独立提出候选人名单的方式参加了由中左翼力量主导的政治选举联盟,如1994年的"进步联盟",1996年以普罗迪为首的"橄榄树联盟"等。除了在议会选举中结盟之外,意大利的共产党组织和绿色联盟往往是街头政治和广场抗议活动的紧密盟友。如2000年,在世界贸易组织第三届部长级会议期间,意大利的激进左翼力量中,仅有绿色联盟党参加了重建共组织的抗议全球化活动。2000年欧洲联盟在法国尼斯召开政府间会议期间,仍仅有绿色联盟党参加了重建共组织的抗议欧洲一体化活动。2002年,重建共和绿色联盟党共同发起了四次全民公投,涉及《劳动者宪章》第18条的保护对象由大中企业无限期劳动者向小型农工企业雇佣劳动者扩展,反对土地所有者承担在其土地上铺设电力管道的义务,保障食品安全,反对以现金奖励形式鼓励建设新的焚化炉等。在2006年与中左翼联盟组建的政府中,绿色联盟党总书记保罗·森托和重建共全国领导委员会成员劳拉·马尔凯蒂分别担任环境部部长和副部长。在此届政府中,共产党和绿色联盟党最主要的政绩是共同推动金融法案中增加了应对气候变化的资金,通过税收政策鼓励民众购买甲烷汽车等。但2008年之后,意大利激进左翼力量纷纷陷入危机,共产党和绿色联盟党组建的"左翼彩虹联盟""公民革命联盟"等,均未能再赢得席位。此后,意大利的共产党力量和绿色联盟党均发生了重大分裂和重组。此后,绿色联盟在调整中开始与中左派进行合作。而重建共分裂出的力量,组建了生态左翼党,该党至2020年仍与重建共保持着竞争合作联系。

葡萄共产党和葡萄牙生态主义党"绿党"自1987年起就建立了非常紧密的政治联盟关系。两党一直以联合民主联盟的名义参加地方、国家和欧洲议会选举,并始终保持着良好且较为稳定的支持率。在葡萄牙议会中,联合民主联盟的支持率基本在8%以上,在市政议会中基本维持在10%左右,欧洲议会的选举支持率波动较大,2019年降至6.88%,但两名欧洲议会议员均来自葡萄牙共产党。尽管两党频频联合组织广场抗议和街头政治运动,各

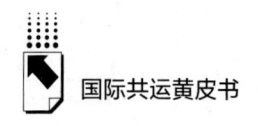

自的政策纲领均能体现左翼力量的共同立场,但也不应忽视两党在意识形态和理论主张上的主要差异。在2019年的国内议会选举中,"绿党"和葡共都关注国内经济发展、就业和公共服务,以及科教文卫等事业的进步等,但绿党更突出气候变化、保护生物多样性、维护和平等体现绿色政治的主张,而葡共的纲领中突出了保护工人阶级、维护工人的权利等更能体现其共产主义政党身份特征的传统左翼主张。2020年,联合民主联盟的抗议活动中,依然保持了其传统特色,但加强了对环境问题的关注。

在法国,绿党也是共产党重要的政治盟友之一,但这种联盟的紧密度要逊于意大利和葡萄牙。如2019年,法共一度联合绿党及其他左翼力量共同进行了反对政府改革养老金制度的活动,敦促政府寻求替代的、渐进式的解决方案以扩大养老系统的资金基础,并创造更多的就业机会,推动社会平等。① 2020年,法共在地方市政选举中与绿党结盟。此次"红绿"联盟,基本保障了法共的地方政治根基,而绿党则取得了较大的突破。

二 欧洲共产党和工人党"绿色化"调整的内外部原因

欧洲共产党和工人党"绿色化"调整是在当今资本主义的生态危机持续恶化,经济危机频发,绿色政治影响力不断提升的背景下进行的。同时,这种"绿色化"调整本身,也反映了共产党和工人党在理论和实践上进行自我更新的内在要求。

(一)生态环境恶化,绿色运动兴起

资本主义世界的生态危机和绿色政治的蓬勃发展,是欧洲共产党和工人党进行"绿色化"调整的外部原因。自20世纪40年代第二次世界大战结束至20世纪70年代,西方资本主义世界的经济经历了一个所谓快速发展的

---

① https://www.pcf.fr/actualite_d_claration_commune_une_r_forme_des_retraites_oui_mais_pas_celle_l.

"黄金时代"。随着"黄金时代"进入尾声,资本主义无限扩张的工业主义生产模式与大自然有限的资源之间的矛盾日益凸显,生态问题发展成一场愈演愈烈的危机。这场危机波及范围广泛,不仅涉及亚非拉等发展中国家和地区,还遍布大气圈、水圈、土壤岩石圈等所有地球生态圈。20世纪80年代,欧洲马克思主义理论家卢西亚娜·卡斯特林那严厉谴责工业主义生产模式给自然环境和社会环境带来了诸多难以逆转的损害,并进一步警告世人——生态危机带来的灾难性趋势是长期的,且将成为人类社会进一步发展最直接、最大的障碍之一。①

生态危机引发了欧洲知识界和媒体等对经济社会发展的"量"和"质"之间辩证关系的讨论。这种讨论,不仅引发了欧洲民众对自然生存环境的关注和忧虑,还推动了一种后物质主义价值观的形成——对经济发展成就的强调让位于对生活质量的追求。于是,绿色新社会运动蓬勃发展,并推动了绿党的组建。20世纪70年代,英国、法国、比利时、芬兰和卢森堡等国都出现了由生态环保组织或绿色新社会运动转化而来的绿色政党。自20世纪70年代末德国绿党真正使用"绿色"一词后,绿党在西欧如雨后春笋般涌现。仅在1980~1984年,12个西欧国家涌现出绿党。恰如20世纪80年代中期,卡斯特林那在其《为什么"红的"必须是"绿的"》一文中指出的,"在过去几年里,欧洲的政治地图上又增添了一种新的颜色:绿色。绿色已经成为大规模群众运动的标志……严格地说,它现在也是新产生的政党的标志"。②及至1989年的欧洲议会选举,德国、比利时、荷兰、法国、意大利和葡萄牙6国绿党进入欧洲议会,议员人数相较于1984年增加了近2倍。

早期的绿色政治运动大致可分为"绿绿派"和"红绿派"。前者包括"以生态主义哲学价值观为核心的'深绿'运动、以经济技术手段革新为核心的'浅绿'运动",后者则以实现资本主义经济政治制度的替代为核心目

---

① 〔意〕卢西亚娜·卡斯特林那:《为什么"红的"也必须是"绿的"》,〔南〕米路斯·尼科利奇:《处在21世纪前夜的社会主义》,赵培杰等译,重庆出版社,1989,第59~60页。
② 〔意〕卢西亚娜·卡斯特林那:《为什么"红的"也必须是"绿的"》,〔南〕米路斯·尼科利奇:《处在21世纪前夜的社会主义》,赵培杰等译,重庆出版社,1989,第57页。

标。主流绿党是欧洲"绿绿派"运动在政治领域最有力的代表。在20世纪的最后十年,绿党经历了剧烈的波动和调整,通过推动绿色价值制度化、与地区性政党组建政治联盟,拓宽政治视野,关注环保、国内外政治和经济社会建设的多元议题等,实现了由抗议型政党向准建制派的转变,呈现去激进化态势。2004年,泛欧层面的绿党联盟"欧洲绿党"成立,进而开启了绿党向建制派全方位转型的进程:选举议题更为多元,除"绿色新政"外,还涉及了经济民主等物质主义议题;与传统中左翼联盟组阁,拥抱建制派;国际层面行动更加协调和制度化。①

欧洲主流绿党所呈现的温和化态势,及其所提出的糅合了"社会-生态"主张的政治纲领,在经济相对更发达的城市地区赢得了拥趸。绿党与其他左翼政党的竞争性合作,不仅进一步巩固了自身的政治根基,在德国、法国和北欧等地甚至改变了以传统左右翼为主体的政治格局。对同属左翼阵营的欧洲共产党和工人党而言,绿党的兴起,在一定程度上意味着有力的政治话语权和选民的竞争。绿党在超国家层面的协调和制度化联合,也对共产党和工人党在欧盟层面联盟的探索形成了一定的外部压力。

总之,生态问题的恶化,后物质主义价值观的兴起,绿色运动的勃兴,以及绿党的发展、巩固和建制化转型对传统左翼力量带来的冲击与挑战,都是推动欧洲共产党和工人党在党的理论主张、组织结构和政治实践等方面进行适应性调整的外部动因。

(二)欧洲共产党和工人党自我更新的内在要求

在苏联解体、东欧剧变后,欧洲社会主义运动陷入低潮。与此同时,具有一定反资本主义属性的绿色政治的影响却不断扩大。因此,欧洲共产党和工人党在此背景下的"绿色化"调整,是其作为高举共产主义旗帜的左翼力量,顺应政治经济和社会变化而进行的资本主义替代新探索。这种调整,也是其在组织实践和理论上进行自我更新的内在要求。

---

① 轩传树:《从运动型到体制化:欧洲绿党发展进程研究》,《理论与评论》2018年第5期。

苏联解体、东欧剧变以及"历史终结论"的盛行，对欧洲的青年一代和工人阶级产生深刻影响，欧洲社会主义运动和工人运动因此陷入消极状态。同时，在低潮中奋进的欧洲共产党和工人党也陷入组织分裂和影响力边缘化的困境。如意大利重建共在2008年之前，党员人数虽逐年下降，但保持在8万以上。此后，组织力量断崖式下跌，到2018年仅余党员1.7万名。[1] 与此同时，意大利重建共的支持率也在萎缩，及至2018年意大利议会选举和2019年的欧洲议会选举，支持率已不足1%。法共的边缘化困境也不容忽视，2019年的支持率暴跌至2.49%。但绿色运动一直在不断发展，颇受中间阶层和青年的青睐。因此，为扩大政治影响并赢得更多青年后备军的支持，欧洲多国共产党和工人党开启了"绿色化"调整进程。

生态社会主义者对资本主义过度生产、过度消费所带来的生态危机和经济不平等的批判，对欧洲共产党和工人党的理论更新，也极具借鉴意义。毕竟，在近年来资本主义生态危机与经济危机叠加的背景下，传统左翼政治中的物质主义主张，已无法满足民众对经济民主和生态权利的双重需求。绿色运动中的"红绿派"持有的生态社会主义观，虽然并不等同于生态马克思主义，但在超越资本主义和制度替代方面与欧洲共产党的价值理念具有相通性。此外，生态社会主义对工人阶级遭遇经济和生态的双重剥削的揭示[2]，对欧洲共产党和工人党的资本主义批判理论的发展，也具有启发意义。恰如奥康纳所言，"世界资本主义的矛盾本身为一种生态学社会主义趋势创造了条件"。[3] 尤其2020年新冠肺炎疫情的暴发及资本主义经济与社会危机的深化，进一步推动了欧洲共产党和工人党对资本主义生产与消费模式的批判，及其社会替代理想的完善。

在经济危机与生态危机交织的背景下，超越和替代资本主义变得更为复

---

[1] 数据参见：http://web.rifondazione.it/home/images/2018/180504tesseramento.png。
[2] James O'Connor, *Natural Causes: Essays in Ecologicol Marxism*, The Guildford Press, 1998, Preface, Xi.
[3] James O'Connor, *Natural Causes: Essays in Ecologicol Marxism*, The Guildford Press, 1998, p.272.

杂艰巨。苏联解体、东欧剧变后,欧洲共产党和工人党在欧洲社会主义运动陷入低潮后的不懈探索,总体而言尚未取得突破性进展。绿党作为后起的左翼力量,与共产党和工人党在社会民生领域政治主张的相似性,决定了其注定成为后者在政治实践中的重要联盟对象。而"红绿派"的生态社会主义主张,对共产党和工人党与时俱进地进行理论革新也具有借鉴意义。但若要实现对资本主义的替代,不能仅停留在对生态社会主义理论的建构层面,更需要将之转化为根本上的变革实践。因此,壮大组织力量,提升政治影响力,革新反资本主义理论与政治联盟,都是欧洲共产党和工人党进行"绿色化"自我更新的题中之义。

三 欧洲共产党和工人党"绿色化"调整的成效与挑战

总体而言,欧洲共产党和工人党——无论是欧洲共产主义派还是传统马列派,在绿色政治风靡欧洲的背景下所进行的"绿色化"调整,对马克思主义的新发展产生了积极影响。但共产党和工人党与绿党的联合策略,并未从根本上改善欧洲共产主义运动处于低潮的困境。

(一)理论主张演进的角度

事实上,早在20世纪80年代,欧洲的马克思主义理论发展就表现出某种脱离现实和教条化倾向。在生态危机日趋恶化的背景下,很多马克思主义者和传统左翼理论家没有充分重视民众对生态环保的需求,忽视了绿色运动中蕴含的反资本主义价值。20世纪90年代,世界社会主义运动因苏联解体和东欧剧变而遭遇了重大挫折,加速了马克思主义在欧洲走向低潮的进程。而欧洲共产党和工人党——无论是欧洲共产主义派还是传统马列派,适时开启的"绿色化"调整,对马克思主义在欧洲的新发展产生了积极影响。

欧洲共产党和工人党在经济民主和社会权利的议题领域,表现出"工作与生态"权利并重的特点,在对民众经济民主和生态民主需求的回应中,吸收了生态社会主义、生态马克思主义的主张,提出"生态共产主义""红即新绿"等立场鲜明的概念。这些概念内嵌着对资本主义生态危机的制度根源的反思，彰显了共产党在反资本主义运动中独树一帜的共产主义理想。因此，欧洲共产党和工人党理论主张层面的"绿色化"调整，与欧洲主流绿党的"绿色资本主义"或生态资本主义立场存在本质区别。这种调整的价值，不仅在于使得绿色运动有了马克思主义的理论导向，而且推动马克思主义去面对当代世界最大的现实难题，有助于推动欧洲的马克思主义从文本研究中走出来，摆脱教条主义。因此，欧洲共产党和工人党理论主张层面的"绿色化"调整，既在一定程度上促进了 21 世纪马克思主义的发展，也在一定程度上拉近了绿色运动、绿色运动理论家与共产主义和马克思主义的距离，不同程度地促进了它们对马克思主义基本政治要求和价值理念的理解和吸纳。

不过，欧洲共产主义派在其理论主张的"绿色化"调整中，往往未能就包含社会民主主义的生态社会主义与生态马克思主义进行明确区分。如意大利重建共就明确将生态社会主义列为党的指导理论和所坚守的意识形态之一。同时，意大利重建共对主流绿党的宗教激进主义主张、技术派改良主张，也持有包容态度。这种在生态社会主义之名下的意识形态多元性，最终成为意大利重建共 2009 年发生严重组织分裂的主要原因之一。意大利重建共当时的主要领导之一文德拉，在其对党进行去共产主义化重构的主张未得到党内多数支持后，带领支持者成立了具有"红绿"性质的左翼生态自由党。由于左翼生态自由党与共产党拥有共同的选民基础，且在民生和生态议题上主张的近似性，两党尽管保持了竞争性合作，但选民流失非常显著。这场分裂对欧洲共产主义运动产生了极大的警示作用。

如果说意大利重建共没有明晰绿色政治与马克思主义之间的辩证关系，同时葡共的立场不够激进，那么比利时工人党的"红即新绿"主张，以及法共的"生态共产主义"，或许是欧洲共产党和工人党在理论"绿色化"进程中提出的值得关注的概念。这些概念的传播，或将改变欧洲民众对共产主义运动及其政党的物质主义刻板认知。2020 年，在新冠肺炎疫情引发的公共卫生、经济和社会等多重危机的交织下，欧洲共产党和工人党的生态主张

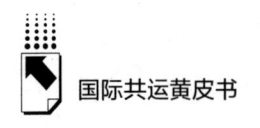

进一步丰富,这主要表现在构建资本主义社会的具体内容方面。但是否经得起实践的检验,还有待观察。

(二)政治实践的角度

在现实的政治生活中,几乎所有的欧洲共产党和工人党需要与其他左翼力量组建联盟。在如今资本主义生态危机与经济危机叠加的时代,绿党是共产党非常重要的盟友。在共产党力量影响依然较大的南欧国家,如葡萄牙,葡共在与绿党稳固的联合民主联盟中持有较大的话语权,两党的紧密合作使得联盟能够常年保持国内第四大议会党团的地位。意大利的共产党组织,在2008年之前也能在与绿党和中左翼的联盟中保有较大影响力,影响政府的环境政策、核能源政策等。但2008年之后,意大利共产主义政党陷入严重的碎片化困境之中,与绿党及其他反资本主义进步力量组建的政治联盟,未能赢得更广泛的支持和认同。至2014年之前,欧洲共产主义派尚能在欧洲议会中拥有席位,如意大利重建共在2004年获得了5个席位,法共在2004年和2009年都获得了2个席位、2014年获得了1个席位。而在2019年的欧洲议会选举中,无论意大利重建共还是法共都没有再赢得欧洲议会席位。但欧洲左翼党的北欧成员党,如丹麦红绿联盟[①]和芬兰左翼联盟[②]等,即生态运动中的"红绿派"则保持了稳定的支持率和席位。法共与绿党联盟在2020年市政选举中取得的战果,赢得了欧洲左翼广泛关注。但实际上,此次联盟对法共拓展政治影响力并未产生太大助益,绿党反而赢得了新的突破。

因此,欧洲共产党和工人党与绿党的政治联盟,及其竞选纲领中的"绿色化"调整,近年来愈发难以取得预期效果。这一方面是由于共产主义运动一直未能走出低潮;另一方面则是由于随着绿色运动的蓬勃发展,欧洲政治出现了绿色价值观泛化现象。这意味着无论主流政党还是边缘化政党,都"借鉴"并吸纳了绿色议程中与自身纲领更契合的部分。而与此同时,

---

[①] 由丹麦左翼社会党、丹麦共产党和丹麦劳动者的社会党联合组建于1989年。
[②] 由芬兰共产党、芬兰人民民主联盟和芬兰妇女民主联盟联合组建于1990年。

欧洲共产党和工人党的跟随者角色，也削弱了其政纲"绿色化"的影响力。

综上所述，生态危机与经济危机的叠加，使实现资本主义替代变得更为复杂艰难。欧洲共产党和工人党的"绿色化"调整，确实在一定程度上推动了欧洲共产党和工人党的理论革新，并在绿色新社会运动中扩大了共产主义的影响。南欧国家共产党，囿于本国经济社会危机的深化，更侧重于物质主义议题，至今尚未实现理论上的"绿色化"突破；而法共等更擅长汲取和借鉴新绿色议题和文化理论的精华，更有可能成为欧洲共产党中理论"绿色化"探索中的先锋。

不过，在短期内，欧洲共产党和工人党恐难打破绿党在"生态议题"方面先锋性角色的垄断及对阶级认同构成的挑战，而且在政治活动中与"红绿派"绿党及其他反资本主义力量之间的联盟往往必要且紧迫。因此，在加强共产党自身建设的同时，推动民众认同"红即新绿"，或将成为欧洲共产党和工人党未来在回应民众经济民主和生态权利需求时"绿色化"调整的主要方向。

参考文献

1. 姜辉：《大变局中的世界社会主义——世界社会主义论集》，中国社会科学出版社，2020。
2. 柴尚金：《世界大变局与资本主义、社会主义两种制度关系重构》，《马克思主义研究》2019年第10期。
3. 郇庆治：《当代西方生态资本主义理论》，北京大学出版社，2015。
4. 于海青：《西欧共产党的"新国际主义"观及其当代实践困境》，《科学社会主义》2015年第3期。
5. 郇庆治：《欧洲绿党研究》，山东人民出版社，2000。

Y.14
新冠疫情背景下美国社会主义思潮和运动评析

禚明亮*

摘　要： 2020年新冠疫情背景下的美国左翼政党表现积极，实现了组织力量的发展进步，整体上呈现"稳中有进"的良好态势，桑德斯民主社会主义思潮继续影响美国政治，由黑人弗洛伊德之死而引发的席卷全美的反种族主义和以"推倒资产阶级代表人物雕像"为主要内容的反资本主义运动此起彼伏、相互交织，使美国成为全球关注的焦点。从发展前景来看，美国左翼政党和社会主义运动力量呈分散状态，短期内难以实现联合统一，国内政治影响力有限，短期内影响美国政治走向的可能性不大。

关键词： 新冠疫情　美国左翼政党　社会思潮　反种族主义

2020年席卷全球的新冠肺炎疫情造成世界性经济大萧条，对经济和社会造成前所未有的冲击，致使全球经济损失严重。根据印度贾瓦哈拉尔·尼赫鲁大学经济学教授贾亚蒂·戈什（Jayati Ghosh）的分析，"当前疫情对全球经济造成的震动肯定比2008年全球金融危机要大，而且很有可能会比20

---

* 禚明亮，中国社会科学院马克思主义研究院国外马克思主义研究部助理研究员。本文审读专家：中共中央党史和文献研究院许宝友研究员。

世纪30年代的'大萧条'还要严重"①。2020年是美国大选年。在过去的4年里，特朗普右翼政府奉行美国利益至上，在国际舞台上采取单边主义、保护主义立场，不断"退群"和"去责任化"，并试图通过不遗余力地丑化社会主义、激化对华矛盾等方式赢得选民的支持，以谋求连任。在此背景下，桑德斯民主社会主义思潮、反种族主义和反资本主义运动在美国风起云涌，美国左翼政党表现积极，呈现"稳中有进"的良好发展态势。美国左翼政党数目较多而且比较活跃，它们有的属于合法政党，正常参与议会选举，有的则暂时处于非法状态。总体上看，虽然目前人数较少，力量较弱，但在美国政治和社会中的实际影响力不容小觑。

一 新冠疫情背景下的美国左翼政党

在当今美国，活跃着十几个大大小小的左翼政党。2020年，在新冠疫情肆虐全球尤其是美国抗疫形势极为严峻的背景下，美国共产党、美国工人世界党、美国争取社会主义和解放党、美国革命共产党、美国共产党人党、自由道路社会主义组织等左翼政党通过各种方式和渠道，阐明本党对于新冠疫情、总统大选、黑人抗议运动等问题的观点和立场，积极扩大自身影响，实现了组织力量的发展进步。美国左翼运动整体上呈现"稳中有进"的良好态势。

（一）美国左翼政党的组织力量有所发展，社会影响力不断扩大

近年来，"社会主义"话语重回美国主流政治生活主要得益于2016年公开宣称自己是"社会主义者"的桑德斯参加美国总统选举并进而引发的全美讨论"社会主义"的政治热潮。这一热潮引起美国众多青年的追随，为美国共产党、美国工人世界党、美国争取社会主义和解放党、美国革命共

---

① Jayati Ghosh, "The Pandemic and the Global Economy", https://mronline.org/2020/04/22/the-pandemic-and-the-global-economy/.

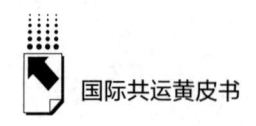

产党、美国共产党人党、自由道路社会主义组织等的发展创造了良好的社会机遇。随着特朗普执政以来美国政府奉行右翼主义路线和"美国优先"的偏执立场，反对退出巴黎协定的抗议运动、非法移民人权运动、青少年反对枪支暴力示威、西弗吉尼亚州教师罢工、反性骚扰运动等社会运动此起彼伏，让更多的美国民众思考"资本主义的替代"方案的可能性。他们纷纷选择加入左翼政党和组织，表明自己的立场。历史经验表明，资本主义每次遭遇重大危机时，都是人们将目光转向社会主义的时候。在新冠疫情蔓延的特殊背景下，美国青年加入共产党等左翼组织的热情在不断增加。"美国民主社会主义者"组织人数"从2015年的5000人激增至2020年的66000人"。疫情持续暴发以来，"已有近1万多人加入，该组织成员平均年龄从68岁降到33岁"[①]。2020年美国共产党利用其官方网站，宣传党的主张，吸纳新党员的加入。美国主要的左翼报纸和网站，如《大西洋月刊》《雅各宾》等刊登相关文章，研讨社会主义方案及其实现可能性等问题。杂志的订阅人数和在线浏览次数再攀新高。整体上看，2020年美国各个左翼政党通过各自的努力实现了组织力量和社会影响力的提升。

（二）围绕反对特朗普右翼政治和蓬佩奥反共策略开展的共同斗争，美国左翼政党不自觉地建立了一种无形的、广泛的、松散的联盟

2016年特朗普的当选标志着美国右翼政治时期的开启。特朗普高举"右翼民粹主义"旗帜给美国民众带来了新的"希望"。但通过4年的"施政"，特朗普对美国国内政策的改变微乎其微，支持其当选的民众的生活也没有实质性改变。特朗普的执政非但没有实现所谓美国制造业和就业岗位的回流，反而揭开了美国种族主义的面具。以蓬佩奥为代表的美国对华强硬派极力渲染"中共威胁论"，悍然发起反华、反共"新冷战"。2020年7月23日，他在尼克松故居宣称50年前尼克松启动的中美接触政策失败，叫嚣在

---

① 袁芳、马莹：《民主社会主义思潮在西方青年群体中勃兴的新态势》，《思想教育研究》2020年第10期。

全球建立"反华联盟",建议组建"一个全新的民主联盟",反击中国政府的"霸权图谋"。7月24日,美国无端关闭中国驻休斯敦领事馆。

美国政府的这些做法遭到民主人士和和平主义者的反对和批判,其中包括美国的左翼政党。2020年,批判资本主义尤其是特朗普右翼政治和蓬佩奥反共"冷战"策略是美国左翼政党的共同任务。面对这一共同的对手,各党通过宣言、决议、声明等多种方式予以猛烈批判,实际上建立了一种无形的、广泛的、松散的联盟。2020年9月28日,美国革命共产党在其官方网站发表该党主席鲍勃·阿瓦基安(Bob Avakian)的长文《特朗普——种族灭绝式的种族主义者》,文章开篇指出:"种族灭绝意味着屠杀整个民族。种族灭绝就是欧洲人对美洲原住民的所作所为,当时他们偷走了我们的土地。种族灭绝就是希特勒和纳粹分子谋杀了六百万犹太人。特朗普就是个这样的种族主义者。"[1] 美国争取社会主义和解放党在2020年美国总统大选中提名女性候选人格洛丽亚·拉·里瓦(Gloria La Riva)参加选举,与特朗普和拜登等进行直接对抗。2020年11月7日,该党发表公开声明指出,自2016年以来该党就认为特朗普仅仅是一种更大疾病的症状之一,晚期资本主义不仅摧毁了工人阶级和穷人,还摧毁了中产阶级的大部分。随着亿万富翁们变得越来越富有、越来越强大,"世界上最富有的国家"的人民的痛苦水平却迅速上升。更大的疾病在于资本主义本身,治疗方法是取代那种使极少数超级富豪集中财富和权力的制度。解决办法不在于选择民主党,而在于用一种人道、合理和可持续的社会制度——社会主义——来取代资本主义[2]。美国共产党积极参加由美国劳动组织、黑人组织和美洲土著组织、拉丁美洲人和移民团体、妇女和性少数(LGBTQ)团体、亚洲和犹太组织、穆斯林组成的松散的"全民阵线",构成了"反特朗普联盟"。2020年9月7日,自由道路社会主义组织发表声明,坚决反对特朗普的右翼极端主义路

---

[1] Bob Avakian, Donald Trump—Genocidal Racist, https://revcom.us/a/667/donald-trump-genocidal-racist-by-bob-avakian-en.html.

[2] PSL Statement: The Defeat of Donald Trump, https://www.liberationnews.org/psl-statement-the-defeat-of-donald-trump/.

线，强调必须击败特朗普政府的右翼统治。声明指出，在今天的美国，共和党和民主党都是服务于富人和权贵阶层的；特朗普是个右翼反动分子，而且是个危险的"傻瓜"；他提倡种族歧视、不平等；他的"美国优先"主张完全是一种沙文主义的"理论垃圾"，是一个以牺牲其他人为代价让富人们发家致富的理论。该党对2020年总统选举的主要立场是：不管谁赢得这次选举，我们都要走上街头，争取一个能反映人民需求的政治议程。这意味着要倡导和建立革命性的组织，实现革命性的变革，将当前美国的统治阶级从权力体系中清除出去，并将权力交到劳动人民手中。①

（三）新冠疫情蔓延引发美国左翼政党对资本主义制度、新自由主义政策的集中批判，形成了集体性的反思

重大突发事件的产生和政府的应对是展现制度优劣和制度效率的良好契机。从中美两国抗疫斗争效果的鲜明对比看，美国抗疫的彻底失败源于其执政者治国理念的严重缺陷，那就是长期秉承资本主义利润至上的铁律而忽视公众的身体健康和生命安全，捍卫的是资产阶级富人的利益。特朗普的反智主义和为了经济绩效完全无视新冠肺炎疫情的做法，使美国疫情在初期就陷入失控状态，最终受害的是美国广大普通民众。他们在经济危机和疫情危机的双重打击下，生活举步维艰甚至生命难以为继。

新冠疫情席卷美国引发各左翼政党对资本主义制度本质、新自由主义政策的集中批判和集体反思。自由道路社会主义组织指出："现在人人皆知的一个事实是，特朗普政府让这场流行病雪上加霜，政府的应对无能，反科学的措施和将企业利润放在首位的做法酿造了一种有毒的'啤酒'，夺走了19万人的生命。而在中国，年轻人已经重返学校，只有不到5000人失去了生命，疫情得到基本控制。也许现在我们该谈谈'白宫病毒'了。"② 美国共产党联合主席乔·西蒙斯（Joe Sims）指出，我们生活在一个危机的"时

---

① Trump Must Be Defeated, https://frso.org/statements/trump-must-be-defeated/.
② Trump Must Be Defeated, https://frso.org/statements/trump-must-be-defeated/.

代","美国资本主义所面临的不仅仅是健康卫生危机,也是一场经济危机。此外,还是一场政治、社会和环境危机。这些危机相互交织,相互影响,相互叠加,以一种无法预料的方式相互作用着","由于资产阶级利益至上,特朗普以数百万工人的健康和生命安全为代价,也要满足'华尔街'和美国企业对最大利润的追求"。①

(四)各左翼政党积极参与由黑人弗洛伊德之死而引发的全美抗议运动,同时利用大选活动宣传社会主义主张

一方面,美国左翼政党猛烈批判美国政府的种族主义本质,批判政府暴力镇压黑人运动的恶劣行径,并积极参与和推动全美抗议活动和各种社会运动,开展宣传和造势活动。2020年9月19日,自由道路社会主义组织发表声明严厉谴责美国政府武力镇压丹佛黑人民主运动的行径。声明指出,9月17日在科罗拉多州丹佛发生政府镇压人民运动事件,6名运动组织者被捕,其中4人是美国争取社会主义和解放党成员。他们都是活跃的抗议运动领袖,呼吁为警察暴力执法受害者伸张正义。他们都面临着捏造的指控,包括煽动暴乱、绑架和盗窃。该党指出,这种镇压是美国资本主义政府的长期策略,"从俄勒冈州的波特兰到威斯康星州的基诺沙,再到佛罗里达州的塔拉哈西,这股镇压浪潮正在全国蔓延。它延续了美国长期以来对左派分子和其他进步力量的镇压传统"②。

另一方面,部分左翼政党参加美国总统选举,与共和党和民主党直接对抗,通过选战宣传、阐明社会主义立场和观点,扩大了社会主义的影响力。美国争取社会主义和解放党提名的总统候选人格洛丽亚·拉·里瓦游历了32个州的47个城市,号召民众支持该党。她强调,"穷人和劳动人民面临的危机是最可怕的——成千上万人死于新冠肺炎,数千万人失业并面临被驱

---

① The Struggle of Our Lives:Coronavirus and Capitalist Crisis, https://www.cpusa.org/article/the-struggle-of-our-lives-copd-19-and-capitalist-crisis/.
② FRSO Stands in Solidarity with Anti-racist Activists Arrested in Denver, https://frso.org/statements/frso-stands-in-solidarity-with-anti-racist-activists-arrested-in-denver/.

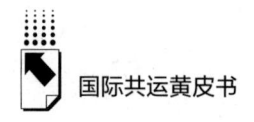

逐，种族主义警察对黑人社区发动战争，一个濒临崩溃的自然环境，等等。两位候选人都没有提出任何严肃的计划来解决这些问题"，"不要把你的选票投给两个资本主义政党中的任何一个，而是要投给社会主义者，帮助我们建立一个更美好的世界！"① 截至2020年11月20日，格洛丽亚·拉·里瓦获得了超过83000张票，超过该党在2016年的数据，总票数在36位总统候选人中居第6位②。

二 新冠疫情背景下的美国主要社会主义思潮和运动

（一）桑德斯民主社会主义思潮

2020年桑德斯民主社会主义思潮继续影响美国政治。桑德斯民主社会主义思潮的高潮是2016年美国总统选举，这一思潮一直延续到2020年的大选。桑德斯喜欢用"局外人"来形容自己及他所代表的群体，意指那些"始终立于美国政治的主流之外"的人。在他看来，从参加市长选举，到议员选举，再到参加美国的总统选举，都是在努力实现从"非主流"到"主流"身份的转变。可惜的是，2020年4月8日，桑德斯宣布停止参加总统竞选活动，4月13日表示将支持民主党人拜登竞选。虽然桑德斯退选，但是桑德斯的"社会主义"主张深深地影响着美国政治。总体上看，桑德斯的民主社会主义思潮具有以下几个特点。

1. 桑德斯的民主社会主义是欧洲民主社会主义思潮的"美国版"

在桑德斯公开出版的著作中，他经常使用"重振美国民主体制""让美

---

① Gloria La Riva Responds to Second Biden vs. Trump Presidential Debate: The Two Capitalist Parties Offer Workers Nothing, https://www.liberationnews.org/gloria-la-riva-responds-to-second-biden-vs-trump-presidential-debate-the-two-capitalist-parties-offer-workers-nothing/.

② La Riva for President Campaign Makes Major Strides for Socialist Movement, https://www.liberationnews.org/la-riva-for-president-campaign-makes-major-strides-for-socialist-movement/.

国重振雄风"等表述。依据欧洲民主社会主义思潮的基本主张,桑德斯进行了适应美国特殊性的"调整"和"改良",是"修订版"的资本主义改良方案。这一思想的"内核"(实现民主社会主义)决定了这一思潮的本质规定性和未来前途,虽然其"外壳"(资产阶级自由、平等等口号)暂时抓住了美国部分民众的心,短时间内吸引到媒体的"眼球",赢得了众多选民的支持,但是从长远来看,这些目标在资本主义框架内无法真正实现。列宁指出,"只要这些现代奴隶主存在,一切'改良'都是无聊的骗局"①。这种现代"奴隶制"其实就是基于雇佣劳动制度的资本主义剥削。在资本主义制度框架内,生产资料的私人占有制与生产的社会化之间存在持久的、激烈的矛盾,不从这一核心问题出发进行变革,而只是对资本主义制度本身进行"修修补补",也就无法从根本上改变广大人民群众所处的不利地位。

2. 桑德斯的民主社会主义思潮与马克思主义的科学社会主义理论有着本质上的区别

既然桑德斯的民主社会主义是欧洲民主社会主义思潮的"美国版",那么从理论的本质而言其必然与马克思主义的科学社会主义相差甚远。科学社会主义理论本质上要求建立以共产党为领导核心的无产阶级专政政权,工人阶级是领导阶级,人民群众掌握国家政权并在国家政治生活中处于至高无上的地位。这些诉求在桑德斯的"社会主义"理论体系中难寻踪迹,虽然他也强调工薪阶层的权利和利益,实施免费教育、稳定就业等社会福利,但与真正的建立工人阶级国家毫无关系。

广大美国青年缺乏对科学社会主义的正确认识,基本上把北欧的福利主义国家视为等同于"社会主义"国家。历史上看,"二战后美国政府推行的反共镇压可能是在宪法('民主')体制框架下进行的最为彻底的行为。政府对马克思主义进行了污名化宣传,使得普通民众几十年的时间里都对马克思主义怀有偏见"②。而且从现实层面来看,以中国、朝鲜、古巴为首的社

---

① 《列宁全集》第22卷,人民出版社,1990,第212页。
② "Marxism in the Twenty-first Century Interview with Victor Wallis", *International Critical Thought*, Volume 7, Number 42, June 2017.

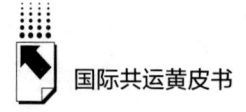

会主义国家则被美国政界描述为"专制""独裁""威权主义"的国家，被认为完全与"社会主义"不沾边。由此，欧洲尤其是北欧的高福利国家就被视为美国人民的"理想之地"。

3. 桑德斯"社会主义"话语体系迎合了美国部分民众尤其是青年人的某些需要，这是其获得较大支持的重要原因

特朗普上台以来的右翼主义和种族主义言论造成了美国严重的社会撕裂和种族隔阂，美国底层民众尤其是低收入者对就业、收入等有着更为迫切的需求。加上"'社会主义'逐渐与冷战的历史记忆脱钩，对北欧民主社会主义持积极评价的年轻人，遂成为桑德斯的主要支持者"[1]。列宁曾在《美国在选举以后》一文中指出，"任何资产阶级改良主义思潮都包含着两个基本方面，这就是用改良的诺言来欺骗群众的资产阶级的首领和政客，以及那些感到再也不能按老样子生活下去而上了许愿最多的骗子手的当的群众"[2]。今天，对美国的广大青年来说，对于有利于自己生活工作状态改善的政治改革方案都是持积极的欢迎态度，尤其是桑德斯宣传的"建立全新的美国"，以及所主张的全民医保、高等教育费用合理化、保护最脆弱群体等一系列社会改革方案更是深得美国青年的拥护。但是，桑德斯所依赖的理论武器已经"过时"，加上社会主义思潮没有坚实的阶级基础和稳定的社会基础，其更是没有一支可以依赖的强大政党作为支撑。虽然获得了一些财力支持，但在美国"金钱政治"的游戏规则中，难以真正突破"两党制"的"议会民主制"框架，其结果只能是"昙花一现"或"黄粱一梦"。

（二）反种族主义运动

2020年，由黑人弗洛伊德之死而引发的席卷欧美许多国家的反种族主义运动本质上是由突发公共社会事件而引起的资本主义长期社会矛盾的总爆

---

[1] 门小军：《伯尼·桑德斯的"民主社会主义"评析》，《当代世界社会主义问题》2017年第1期。
[2] 《列宁全集》第22卷，人民出版社，1990，第230页。

发,反种族主义运动超出国界,蔓延至欧洲、北美和亚洲多国。反种族主义的逻辑前提是"种族主义"的存在。可以说,自种族主义概念和实践出现以后,人类历史就伴随着"种族主义"与"反种族主义"的较量,这种较量有时候显得轰轰烈烈,有时候又悄无声息,但是种族主义的理念和反种族主义的斗争一直没有熄灭过。其根源在于资本主义早期肮脏的奴隶买卖史。黑人的抵抗运动从未中断过。从20世纪60年代黑人牧师马丁·路德·金发起的黑人民权运动、休伊·牛顿领导的"黑豹党运动"到今天的"黑人的命也是命"运动都是这种反种族主义思潮的外在表现。

美国种族主义歧视最集中地体现在对黑人群体的社会压迫上,除了经济收入上的贫富差距明显之外,另外一个社会性结果是"非裔美国人的预期寿命比白人低得多,黑人关于婴儿死亡率也高得多。美国人的平均寿命是78岁左右,而大多数研究发现,一般来说,黑人平均比白人少活9年。在美国,关于婴儿死亡率(用活不到一岁的婴儿数量来衡量)非洲裔美国人为11.4%,而白人为4.9%"①。长期以来,美国黑人群体为了争取平等的政治权利和社会地位,一直没有放弃自己的努力和抗争。弗洛伊德死亡当天就有数百名抗议者聚集在明尼阿波利斯市要求"伸张正义"。抗议开始时形形色色的人聚集在一起,一些人举着写有"我无法呼吸""停止杀害黑人"等标语的牌子,高喊着"起诉警察"。示威者与警察发生了冲突,警察则发射催泪瓦斯和爆震弹驱散人群。第二天示威规模进一步扩大,暴力倾向也越来越严重,波及的范围也由明尼苏达州向其他各州扩散。28日晚纽约市的抗议活动也升级为暴力冲突:有人向警察吐痰,甚至试图夺取警员配枪,多名警员被打伤。骚乱最严重的明尼苏达州已宣布明尼阿波利斯和圣保罗这两座城市紧急调拨500名国民警卫队士兵协助维稳。

这场由弗洛伊德之死而引发的"黑人的命也是命"抗议活动已经席卷美国许多城市。这场运动甚至蔓延至英国、巴西、澳大利亚等十几个国家,

---

① K. Mann, Class and Race Inequality, Health, and COVID – 19, https://internationalviewpoint.org/spip.php?article6528.

成为2020年世人瞩目的重大国际事件之一。这场运动只揭露了美国黑人人权状况的"冰山一角",正如列宁在《俄罗斯人和黑人》一文中所深刻指出的,"黑人的状况是美国的耻辱!""谁都知道,美国黑人的总的状况是同文明国家不相称的——资本主义不可能使人们彻底解放,甚至也不可能使人们完全平等"①。尽管随着时代的发展,资产阶级政府实行了一系列所谓社会政策来予以调节,但美国黑人所处的不平等境遇总体上并没有发生实质性变化,种族歧视依然是资本主义制度难以治愈的"顽疾"。

当然,其规模如此之大、影响范围如此之广,一定程度上与资本主义矛盾在短期内叠加、集中爆发有关,尤其是在新冠肺炎疫情肆虐美国、政府应对不利,导致数十万美国民众丧生的背景下,其中许多人是有色人种、低收入者和工薪阶层。当前,美国社会的"身份认同"而不是"阶级认同"已经成为美国的政治认同的主流趋势。种族主义的根源在于资本主义制度本身,是资产阶级用于瓦解和分裂工人阶级力量的"借口"和"工具"。因此,根除"种族主义"存在的根本措施是终结其制度基础。但是由于美国主流媒体的误导,大部分美国民众往往寻求"治标不治本"的方案,注重现实生活中的种族平等体验,从而忽视对种族主义制度根源的反思。在自由道路社会主义组织看来,只要资本主义制度存在,"非裔美国人、奇卡诺人、拉丁裔美国人、亚裔美国人包括夏威夷族在内的原住民、阿拉伯裔美国人和美国境内的其他人——都会受到种族歧视的束缚。只有垄断资本主义最终彻底消亡了,才有可能实现真正和完全的平等、解放和自决"②。但由于自身影响力有限,其影响到的只是少数民众,难以对美国更广大民众产生实质性的影响。

(三)反资本主义运动

2020年,由美国非洲裔男子弗洛伊德之死引发的反种族主义游行愈演愈烈,抗议者为了表达对种族主义的愤怒,还在美国各地掀起了"推倒资

---

① 《列宁全集》第22卷,人民出版社,1990,第373页。
② Class in the U.S. and Our Strategy for Revolution, https://frso.org/main-documents/class-in-the-us-and-strategy-for-revolution/.

产阶级代表人物雕像"运动。2020年6月14日,在美国俄勒冈州波特兰,部分示威者推倒了当地的杰斐逊高中内的杰斐逊雕像,并且在底座喷上了乔治·弗洛伊德的姓名等。6月18日,波特兰的示威人士推倒了美国第一任总统乔治·华盛顿的雕像,示威者们还把美国国旗盖在雕像上,并且将其付之一炬。这场推倒资产阶级代表人物塑像和标志性建筑的运动起源于黑人弗洛伊德死后的群众游行示威活动,本质上看,这是反种族主义思潮的"副产品"。

这些被推倒的资产阶级代表人物雕像是所谓"美国民主精神"的代表,其中主要包括地理大发现的代表人物哥伦布,代表美国南北战争后和解进程的罗伯特·李将军等一批南方邦联领导人,《美国独立宣言》主要起草人、美国总统第三任托马斯·杰斐逊。该运动从美国本土爆发,进而辐射欧美多国。资产阶级代表人物塑像和标志性建筑带有强烈的意识形态宣传功能,是资产阶级政治、经济、文化传统的"遗迹",具有思想宣化、纪念反思的思想政治教育功能,推倒资产阶级代表人物塑像带有重大的象征意义。这表明,以黑人为主体的抗议群众开始对资产阶级统治思想"上层建筑"进行深刻反思与批判,标志着美国民众开始对资本主义发展历史、现状和未来进行较为全面的系统反省,但是总体上,推倒资产阶级代表人物雕塑的运动并没有从根本上触及资本主义的"经济基础"即生产资料的私人占有制,总体上带有偶发性、局部性和表面化的弊端。

三 总结与展望

总体上看,在2020年新冠疫情蔓延的背景下,资本主义制度弊端愈加明显地表现出来,美国左翼政党实现了社会影响力和组织力量的提升,呈现"稳中有进"的良好态势。它们虽然在自身力量和社会影响力方面有所差别,但都积极参与美国政治活动,通过各自的方式来表达自己的政治立场,一定程度上宣传了党的理论、路线和主张,赢得了美国民众的关注和支持。而且其中许多政党属于共产党组织,在纲领中坚持马克思列宁主义、毛泽东思想的指导，坚持用马克思主义立场、观点和方法捍卫工人阶级利益，主张通过议会斗争或革命手段，最终建立"权利法案的社会主义""北美新社会主义共和国""无产阶级专政"等。这表明：今天马克思主义理论在资本主义中心国家美国依然"在场"，这些政党在美国坚持马克思主义理论并寻求实现社会主义的斗争实践本身具有重大的政治意义。

从发展前景来看，鉴于美国资产阶级依然掌握着庞大的帝国主义国家统治机器，资本主义统治世界和人民的主要机制和依靠力量依然稳固，加上美国左翼政党和共产党组织自身力量的孱弱和存在的诸多问题，世界社会主义运动的复兴时刻还远没有到来。虽然在2020年美国左翼政党和社会主义运动取得了一定的进步和发展，但目前来看其还将长期受困于以下两个问题。

第一，左翼政党和社会主义运动力量呈分散状态，短期内难以实现联合统一。当前，美国左翼政党和共产党组织总数有十几个，力量较为分散，基本构成和具体主张差异较大，共产主义政党、托洛茨基主义政党、毛主义政党等并存。受共产国际、中苏论战、毛泽东的国际影响等诸多因素的影响，党内派系立场和路线不同而导致的党组织分裂情况在美国时有发生。例如，美国共产党曾多次发生党内分裂，分别诞生了几个小的共产党组织，一是1961年分裂出来的劳工革命组织，二是1962年成立的进步劳工党。2004年6月宣布成立的美国争取社会主义和解放党则是分裂自美国工人世界党。

第二，国内政治影响力有限，短期内影响美国政治走向的可能性不大。虽然赢得了部分民众的支持，但当前美国左翼政党和共产党组织依然规模较小、党员人数较少，动员群众的能力有限，把握有利时机推动群众运动发生革命性转变的能力欠佳。2020年，"黑人的命也是命"运动、反种族主义示威游行等声势浩大，群众参与度和国际关注度极高，实际上给了美国左翼政党和共产党组织难得的历史发展机遇。但是由于缺乏统一的工人运动组织和自身力量的孱弱，美国左翼政党和共产党组织未能实现群众性运动的革命性转变。关于这一点，列宁曾指出，马克思和恩格斯批评英美社会主义运动脱离工人运动，"责备他们把马克思主义变成了教条，责备他们不善于适应在他们周围发生的、理论上虽然很弱但生命力很旺盛、气势很磅礴的群众性工人运动"①。事实上，美国的左翼政党和共产党组织只是积极参与和推动了上述群众运动的发展，未能在其中发挥领导核心的作用。

参考文献

1. 林建华：《世界社会主义共产主义运动的历史进程与未来走势》，《马克思主义研究》2019 年第 9 期。
2. 余维海、王晓青：《共产党和工人党的联合声明——互联网时代国际共产主义运动的聚力表达》，《党政研究》2020 年第 6 期。
3. 轩传树：《发达国家共产党的活动空间及其局限》，《当代世界与社会主义》2019 年第 3 期。
4. 李海玉：《21 世纪以来美国共产党对社会主义的新探索》，《社会主义研究》2020 年第 1 期。
5. 邓超：《美国共产党建立过程中的跨国因素及其影响》，《当代世界与社会主义》2019 年第 6 期。

---

① 《列宁专题文集·论马克思主义》，人民出版社，2009，第 115 页。

Y.15
法国共产党百年兴衰与新探索

遇荟*

摘　要： 2020年是法国共产党成立100周年。法国共产党自1920年建党以来，坚持以马克思主义理论为指导思想，以维护广大工人阶级利益为根本任务，以实现共产主义为目标，在理论与实践层面上展开了诸多探索，是极具代表性的发达资本主义国家共产党，在国际共产主义运动中占据重要地位。在法国政治生态发生新变化的情况下，法共召开第三十八次代表大会，选举出新任总书记并提出"共同法国"的新指导思想。在策略上，法共积极探索全新的左翼联盟形式，巩固党的阶级基础，扩大社会影响力。然而，从现实的角度看，法共想要摆脱被边缘化的趋势，任重道远。

关键词： 法国共产党　共同法国　左翼联盟

2020年是法国共产党诞辰100周年。法共为此组织筹备了一系列纪念活动。在这些活动中，法共从三个层面展现了其百年兴衰历史。首先，在实践层面上，法共强调党通过工人运动、武装斗争和议会斗争等多种形式为广大工人阶级争取利益；其次，在理论层面上，法共在坚持马克思主义理论作为指导思想的同时，结合法国实际情况，提出"法国色彩的社会主义""新

---

* 遇荟，中国社会科学院马克思主义研究院助理研究员，研究方向为法国共产党。本文指导专家：中共中央党校（国家行政学院）科社部胡振良教授。

共产主义""以人为先""共同法国"等理论纲领；最后，在历史回顾层面，法共以时间脉络为主线，基于不同时期的不同历史任务，将其发展历程划分为五个时期。

一 法国共产党的百年兴衰

（一）法国共产党的诞生与早期活动（1920～1936年）

第一次世界大战结束后，法国进入垄断资本主义发展新时期，法国资产阶级与无产阶级的矛盾愈加尖锐，不断高涨的工人运动受到俄国十月革命胜利的鼓舞。在这个背景下，共产国际法国支部社会党内部产生分裂，主张即刻无条件加入共产国际的多数派（以马塞尔·加香为首）从党内分裂出去，并于1920年12月29日成立了法国共产党。至此，法国共产党初步完成思想建党和组织建党的任务，即以马克思主义为指导思想，党的组织原则是民主集中制，党的宗旨是为工人阶级的根本利益而斗争，目标是实现共产主义。

自1921年至1925年，法共连续召开了一大（马赛，1921年12月25～30日）、二大（巴黎，1922年10月15～20日）、三大（里昂，1924年1月20～24日）、四大（格里希，1925年1月17～21日）、五大（里尔，1926年6月20～26日）。在此期间，法共的主要活动是领导法国工人阶级、派遣部分党员反对法国殖民战争（1925年法国、西班牙对阵摩洛哥，1926年法国对阵叙利亚），提出"法国撤出摩洛哥和叙利亚"的口号。在此后的六大（圣丹尼，1929年3月31日～4月7日）期间，法共主要是联合其他政党及左翼力量，带领工人阶级抵抗"国民统一"政府的财政政策。七大（巴黎，1932年3月11～19日）召开后，面对日益严峻的法西斯威胁，1935年，法共联合社会党将反法西斯统一战线扩展为人民联盟，制定了《共同纲领》，并于1936年1月签署了《人民阵线纲领》。随后，法共同社会党、激进党等69个政党组织建立反法西斯人民阵线，并支持以社会党为主体的人民阵

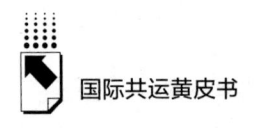

线政府。由此可见，法共在和平时期的联盟策略、政党斗争、工会斗争和工人运动等实践在马克思列宁主义思想指导下取得了一定成就。

（二）战争中的法国共产党（1936~1945年）

二战前，面对第一次反共浪潮的打击，法共克服万难，毅然决然地扛起抗击德国法西斯的战斗旗帜。在法国沦陷期间，法共领导并组织人民阵线斗争和武装斗争，在推动法国重获自由的历史中写下了浓重一笔。具体表现在：1936年1月22~25日，法共在维勒巴恩（Villew-banne）召开八大，针对社会党领导的人民阵线的"不干涉"式的绥靖政策，表示反对和强烈不满。1937年社会党宣布暂缓实施《人民阵线纲领》，引发大规模抗议浪潮，以社会党为主体的政府被迫解散。1937年12月25~29日，法共在阿尔斯召开九大，针对社会党破坏纲领的行径进行批判。1939年，人民阵线宣告破裂。1940年6月16日，法国政府向德国投降，对此，法共倡导团结在工人阶级的周围，为法国的自由、独立和复兴建立起战斗的民族阵线。随后于7月14日在《人道报》上发表宣言，号召人民斗争。紧接着，作为地下党的法共开启了持续不断的敌后斗争，积极争取反法西斯阵线的建立，1941年5月15日，"民族阵线"正式成立，其武装组织是"义勇军"和"游击队"。1943年5月，法共创建"全国抵抗委员会"并制定共同纲领，领导并成立统一的"法国国内战斗部队"，与戴高乐的"法国民族解放委员会"成为法国抗击德国法西斯的闪耀双星。1944年8月25日，法共领导的游击队率先解放巴黎，喜迎戴高乐率部入城。1945年初，法国解放。

（三）冷战格局中的法国共产党（1945~1990年）

二战后，法共在理论探索与现实政治等层面开始逐步发力。法共在进行理论探索的同时，在实践层面采取左翼联盟策略展开议会斗争，并以此形式推动了法国社会主义的发展，直至取代右翼政权，在冷战格局下建立起西方发达国家有共产党参与的左翼联合政府。法共通过左翼联盟参政议政的过程充满了艰辛与曲折。这一方面在某种程度上反映了"法国色彩的社会主义"

理论与实践的不足；另一方面也与法共长期以来的教条主义、苏联的影响以及国内外变化多端的政治形势密不可分。

1945年，法国举行第一次制宪议会选举，法共获得152席（人民共和党152席、社会党142席），戴高乐为临时政府主席。针对是否建立多党议会制共和国，戴高乐与多数党产生分歧，于1946年1月辞职。随即召开第二次制宪会议，经全民公投通过法兰西第四共和国宪法，以国民议会为核心的多党议会制国家即第四共和国成立。法共在第四共和国第一届国民议会选举中成为议会第一大党（182席），但没有取得总理职位。1947年3月，以社会党拉马第埃为代表的法国政府为获得美国战后经济援助，接受了美国提出的有关条件，其中一条就是解除法共代表的政府部长职务，并解散议会进行改选，最终法共从议会第一大党变成一个在野党。

冷战期间，法共在政党政治、议会政治层面经历了大起大落，但还是支持戴高乐政府基于共和价值提出的退出北约组织和结束阿尔及利亚殖民战争，为自身赢得了赞誉。在理论建设层面上，法共开启"法国色彩的社会主义"理论进程。其中，在1959年至1968年近十年间，法共分别在1959年、1961年、1964年和1967年四次代表大会上，就新条件下如何实现社会主义提出新看法，围绕着和平过渡到无产阶级专政、民主与社会主义的关系等问题展开辩论，逐步酝酿"法国色彩的社会主义"理论，缓慢地与苏联拉开距离，转而谨慎对待苏联。1968年底，就"布拉格之春"和法国"五月风暴"这两大事件，法共中央委员会发表《尚比尼宣言》，提出通过议会道路向社会主义和平过渡的想法。1970年法共在农泰尔召开十九大，讨论"先进民主"阶段和建设社会主义的条件问题。1972年，法共同社会党、左翼激进党建立"左翼联盟"。同年，法共在圣乌昂召开二十大，时任总书记乔治·马歇认为并不存在一个可以从一国搬到另一国的模式。1974年10月24~27日，法共在依夫里召开特别代表大会暨二十一大，进一步探讨如何结合法国现实发展社会主义。1976年法共在二十二大上正式宣布放弃"无产阶级专政"这一提法，代之以"大多数劳动人民政权"，宣称法国向社会主义过渡以及在法国实行的社会主义，是对法国具体问题的具体分析与解

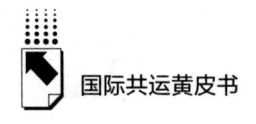

答。这标志着"法国色彩的社会主义"理论的基本形成。经由随后召开的二十三大（圣乌昂，1979年5月9～13日）、二十四大（圣乌昂，1982年2月3～7日），形成了《建设法国色彩的社会主义》决议并予以正式通过。随后召开的二十五大（圣乌昂，1985年2月6～10日）、二十六大（圣乌昂，1987年12月2～6日）对"法国色彩的社会主义"进行了补充与完善。

（四）苏东剧变后的法国共产党（1990～2018年）

苏东剧变后，法共并未放弃"共产党"称谓，未改旗易帜，也未放弃社会主义的奋斗目标；与其他党派相反，法共借此开启了"新共产主义"理论与实践征程。

在此期间，法共相继召开了二十七大（圣乌昂，1990年12月18～22日，提出将民主集中制改为"民主运转"原则、总体否定苏联模式）、二十八大（圣乌昂，1994年1月25～29日），将作为指导思想的理论由"法国色彩的社会主义"改为"新共产主义"。1996年，法共以建设性态度参与了以社会党为主体的左翼联合政府，有三位法共代表出任若斯潘政府的装备部长、青年体育部部长和旅游部国务秘书。经此一役，法共基本稳住了其生存与发展的阵地。1996年12月18日，法共在拉德劳斯召开二十九大，进一步对党纲做出调整，放弃"法国色彩的社会主义"指导思想，改为"新共产主义"理论。2000年，法共在法国南部城市马蒂格召开第三十次代表大会，自此开启全面改革的新篇章。随后，法共召开了三十一大（拉德芳斯，2001年10月26～28日）、三十二大（圣丹尼，2003年4月3～6日）、三十三大（布尔热，2006年）、三十四大（巴黎，2008年12月11～14日）、三十五大（拉德芳斯，2010年6月18日至20日）、三十六大（奥贝维利尔，2013年2月7日至10日）、三十七大（奥贝维利尔，2016年6月2日至5日），打破了通常每3年召开一次大会的常规。在这七次代表大会上，法共针对法国经济、政治、社会、文化、生态等方面的新变化、新问题，以求真务实的态度完善"新共产主义"理论，并先后推选玛丽－乔治·比费和皮埃尔·洛朗为总书记。值得关注的是，法共在第三十二次代表大会上，重申暴力形式的阶级斗争并非没有可能，前一阶段将阶级斗争与共产主义改革割裂开来，是错误的认识，必须予以纠正。2017年总统选举和议会选举结束后，面对法国政治生态的新变化、国际秩序的新挑战和世界社会主义运动的新动向，法共开始筹备第三十八次代表大会，以应对新时期的变化与挑战。

（五）处于新时期的法国共产党（2018年至今）

2018年11月，法共召开第三十八次代表大会，这是一次特别党代会。此次会议主要讨论的内容涉及如何避免"为他人做嫁衣"而削弱自身政治实力，且扭转百年法共沦为法国政坛边缘小党的困局。法共全体党员在第三十八次党代会中展开全面且深刻反思，总结近年来失败的教训，及时推选新的总书记法比安·鲁塞尔并更换党徽、理论党刊以及网站主页布局，力图在支持者面前树立全新的政治形象，为下一阶段的选举谋篇布局。与此同时，全体党员讨论并通过了《21世纪共产党宣言》（简称《宣言》）。在随后的两年中，法共开始逐步贯彻落实《宣言》精神。

总之，在苏东剧变后的世界社会主义低潮中，法共曾作为欧洲发达国家中参政的共产党，坚持共产主义的方向，为创新共产主义理论进行了各种尝试与探索。尽管法共的理论与实践受许多因素影响，但它所提供的历史启示与现实意义值得人们给予足够的关注。

二 新时期下法国共产党的新探索

当今世界面临百年未有之大变局，面对国际形势的变化，法国国内政治生态也发生了一定变化。法国总统马克龙上台执政后，以其为代表的"共和国前进党"成为法国政党中一支生力军，以玛丽·勒庞为首的国民联盟（前身为国民阵线）进一步崛起，而法国传统政党的发展进入瓶颈期。在这样的新情况、新背景下，法共于2018年11月23日至25日召开第三十八次代表大会。此次代表大会上，法共深刻认识当前所面临的挑战，并针对自金

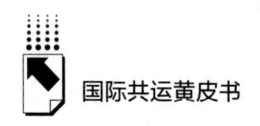

融危机以来党在理论与实践层面凸显的问题展开讨论；经全体党员投票，选出新一任总书记法比安·鲁塞尔，并确定以"共同法国"为新的指导思想。

（一）新时期的起点：第三十八次代表大会的召开

1. 法比安·鲁塞尔当选法国共产党新任总书记①

法比安·鲁塞尔1969年出生于法国北部加莱海峡省，曾经作为法国共产主义青年运动成员，积极响应并支持南非黑人解放运动，公开呼吁支持曼德拉，他还曾参与抵制德瓦雷法案社会活动。他曾以摄影记者的身份，长期从事媒体工作，并因工作表现突出，1997年至2001年成为法国文化和旅游部交流处咨询员。2014年，法比安当选法国圣·阿门雷欧市文化交流处委员，2015年，法比安被法国共产党"选举委员会"推选为法国上法兰西大区议员候选人，在竞选中，法比安倡议建立公共银行用以资助中小型企业，向加莱地区的贫困人员提供人道主义援助，同时他批评时任法国总理瓦莱斯所采取的社会政策，这些政策助长了民粹主义力量抬头。遗憾的是，他只得到5.32%的选票而未能进入第二轮竞选。2016年，他积极参与法国铁路及工业制造业工人权益保障活动，且对法国农产品加工业领域工人现状给予极大关注。2017年，他成功当选法国北部加莱大区第20区议员。随后他在国民议会公开辩论中揭露偷税漏税问题。2018年10月，他与安德烈·夏塞涅撰写的决议草案《21世纪共产党宣言》被推选为第三十八届代表大会正式决议，取代中央委员撰写的草案。借此机会，有关推选他为法共新任总书记的消息成为法共内部热烈讨论的内容。2018年11月25日，法比安·鲁塞尔正式出任法共总书记，成为皮埃尔·洛朗的继任者。

有别于前任总书记皮埃尔·洛朗，法比安·鲁塞尔并非法共内部多数派。其此次当选凸显了全体党员期望这位新任总书记能够反思前一阶段法共在左翼联盟问题上做出的决策，尽快扭转局势，使法共早日摆脱被边缘化的困境。

---

① 《法共总书记法比安·鲁塞尔》，https：//www.pcf.fr/le_pcf，2020年11月15日。

2. 更换党徽

相对于 2013 年至 2018 年所使用的党徽,法共在第三十八次代表大会上投票通过的新党徽,增加了五角星加顶角叶片设计。之所以增加五角星的图案,其意图在于增强外界对法共作为一支共产主义政党的历史认同感与联系度,叶片设计则突出法共对生态主义的重视。

此外,法共在 2018 年 11 月召开的第三十八次代表大会上,针对 2017 年以来法国政治生态的新变化和新形势展开了深入的讨论与分析,并对"共同法国"的内容进行了丰富与完善,将其作为"新共产主义"指导思想的延续。

(二)拓展新时期的"新共产主义"理论

1. "共同法国"——21 世纪新共产主义

国际金融危机的冲击与欧盟内部矛盾的困扰、法国的国内矛盾的加剧,传统的中左和中右政党及其内部相互掣肘,使得法国传统政党面对新问题时束手无策。而与此同时,新兴政治力量的崛起,标志着法国政治生态出现新变化,暂时终结了传统中左、中右政治力量轮流执政的格局,这对法国各传统政党形成了巨大的冲击。为了摆脱困局,法共推出"新共产主义"的拓展版本——"共同法国"。

"共同法国"作为法共在新时期的指导思想,其建立在以人为先的基础上,拓展了"新共产主义"理论。值得关注的是,"共同法国"是建立在一定数量的调查问卷基础上并经过代表大会全体党员讨论而通过的内容。而且,问卷结果反馈的内容是当前法国主流媒体从未描述过的社会现实景象。

经过广泛地征求民意,结合法国经济、政治、社会、文化、生态等多领域的问题,法共在以下六个方面制定了全新的行动纲领[①]:第一,人民来掌控投资与分配体系;第二,建立新的法兰西共和国;第三,为每一个人的就业与发展提供充分的支持;第四,实现真正的男女平等;第五,建立团结开

---

① PCF:《共同法国》,https://www.lafranceencommun.fr,2020 年 11 月 20 日。

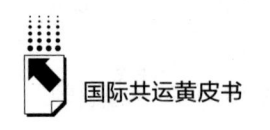

放的法国；第六，建立在可持续发展基础上的生产。

"共同法国"是法共结合新时期法国现实层面的主要问题、主要矛盾，运用马克思主义的普遍原理和方法创立的。这一理论的根本目标与马克思主义一致。马克思主义的人道主义精神体现在"共同法国"理论的各个重要观点中：社会分享原则、劳动者参与企业管理、公民参与政治生活、政党建设的民主公开方针、左翼联盟范围的扩大、对经济全球化过程中"西方中心主义"和"霸权主义"的坚决抵制、21世纪是个人革命的时代。这些观点秉承了马克思主义的人道精神，《共产党宣言》中的名言"每个人的自由发展是一切人的自由发展的条件"正式成为新一代法国共产党人的座右铭，创造每个人全面发展的条件就是法国共产党现实存在的根本理由和价值所在。此外，它实质上是对"新共产主义"理论的坚持和发展。法共并没有从根本上改变"新共产主义"理论的总结构，而是针对具体的情况对理论进行丰富和发展。

2. 倡导建立人民的欧盟

在结合法国国内问题做出重要论述后，"共同法国"理论另一个重要内容就是如何构建人民的欧盟而非新自由主义的欧盟。法共认为，2008年全球金融危机以来，面对经济、政治、社会、文化、生态等领域的棘手问题，欧盟出于对金融体系的保护，完全无视欧洲人民不断恶化的生活条件，俨然成为破坏民主的利器。当下欧盟涉及的各种条约，其逻辑就是进一步扩大各国人民之间的竞争，不利于各国人民之间的团结，加深了2008年危机的程度。新自由主义的欧盟所采取的复兴计划，严重破坏了各国之间的信任，从而导致区域合作受阻。英国脱欧和民粹主义势力的崛起就是极好的证明。在这种情况下，法共强调欧洲人民应该联合起来，反对资本主义，建立以服务于人民为基础的欧洲联盟，共同开发、共享成果，使每一个欧洲人成为欧盟改革进程中的参与者。

法共就建立人民的欧盟提出四点建议。

第一，以共同发展为导向的投资政策。若要落实这一策略，其前提是欧盟成员国应考虑债务重组，废除之前达成的财政紧缩条约，取消或修订债务偿还条件，并对最不发达的成员国取消债务。此外，法共反对欧盟制裁赤字严重的债务国，并倡议召开欧盟峰会，针对欧洲央行有关章程、信贷标准、量化宽松政策展开讨论并进行修订，重新规划欧盟投资导向。

第二，以人为先的欧盟政策。"以人为先"主要体现在：首先，组织欧洲各国的劳工代表召开会议，讨论如何废除派驻工人条例，并为进入欧盟市场的企业提供社会签证，将派驻工人的工资、工作时间和环境提升到与本国工人相同的水平；其次，应平等对待男女劳动者，提升妇女劳动者的工资水平和薪酬待遇，力争实现同工同酬，并且尊重女性劳动者自由生育的权利；最后，在欧盟范围内，为广大青年就业者提供就业培训机会，有效提升青年人的就业率。

第三，建立以人民为主体的欧盟。在任何情况下，都必须尊重欧洲人民在选举中所做的主权选择。倡议发起一次史无前例的法国乃至全欧洲范围的协商运动。与各种政治力量，包括议员、地方民选代表、工会、非政府组织和民间组织共同协商起草一项新的条约，并以全民公投的形式提交给法国乃至欧洲人民。最终目的是废除以资本为主体的《里斯本条约》。建议启动欧盟民主重建计划，从而建立一个新的体制结构，最终赋予民选机构权力。

第四，建立和平发展的欧盟。其一，退出美国主导的各种国际贸易条约，讨论发展共同利益的国际贸易条约；其二，有效执行"巴黎协定"，为绿色发展提供充足的资金；其三，履行难民"重新安置"的承诺，制定有尊严、人道和有效的欧洲接收计划，与欧洲堡垒决裂；其四，摆脱北约控制，并使欧洲成为一个没有核武器和大规模杀伤性武器的地区，进一步减少和控制武器销售，拒绝重启"共同防御"项目。

（三）新时期的斗争实践

在百年未有之大变局背景下，法共积极开展各种形式的讨论以丰富指导思想的内容，从而实现在实践层面上反对资本主义制度，推动社会主义在法国乃至欧洲的发展。

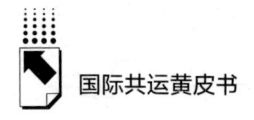

1. 通过"左翼联盟"策略，助推绿党大胜

法国市政选举被看作法国版的中期选举，是法国政坛的一件大事。因为选民将选择与自身生活密切相关的市长与市政府成员。不同于2017年法国总统选举，受疫情冲击，市政选举两轮投票率屡创新低（第一轮投票率为44.6%，第二轮为41.6%，较2014年下降），特别是中老年人弃权率较高，导致依靠这一群体的共和国前进党突围失败，与此同时，以玛丽·勒庞为代表的极右翼政党未能突破原有的选区获得更多的支持。但法国左翼在此次选举中取得了阶段性成功，特别是法国绿党继2019年欧洲议会选举后，又一次打败传统右翼政党共和党，在法国马赛、里昂、图尔、波尔多、贝桑松、安纳西、斯特拉斯堡和格勒诺布尔这些重要城市，绿党党员成功当选市长并组建以左翼政策为导向的市政府。要知道这些城市属于右翼共和党深耕多年的阵地，从议会斗争的角度看，这是红绿联盟的一次成功突围，其获得在人口超过3万的30个城市进行执政的佳绩。此外，正是由于法共、绿党与社会党组成的左翼联盟的支持，社会党候选人以高于右翼共和党候选人达蒂7个百分点，即约49%的支持率[①]，再次赢得巴黎市长职位。左翼联盟还成功赢得了南特、雷恩、鲁昂、勒芒、第戎和阿维尼翁等人口超过10万的中大型城市的选举。反观前左翼阵线成员"不屈法国"，其表现可谓乏善可陈，远不及其在2017年总统选举中取得的成绩，故而"不屈法国"领导人梅朗雄在媒体上公开承认此次市政选举所采取的"大众推举候选人"策略是失败的。可见，法共放弃与以极左翼梅朗雄为代表的"不屈法国"在此次市政选举中组建联盟，转而再次与法国政治生态中传统左翼绿党、社会党形成左翼联盟，这样的选举策略在政治实践中是成功的，及时有效地扭转了法共在议会斗争进程中的颓势。

2. 进一步退两步——法共失守执政70年红色城市

尽管法共在此次市政选举中所采取的联盟策略获得成功，但它自身的支

---

① Nicolas Scheffer：《巴黎市政选举结果》，2020年6月29日，https：//www.rtl.fr/actu/politique/resultats－municipales－a－paris－7800636235。

持率则进一步下滑。从法国内政部提供的选举结果数据不难看出，法共自身没有取得绿党那样的优异成绩，也没有像社会党那样在巴黎这样的重要城市拿下市长职位，尽管法共夺回勃比涅、维勒瑞夫和诺兹勒塞克三座人口规模约为 5 万的城市，但法共常年驻守的红色城市奥贝维利尔和上皮涅马恩，在 2020 年市政选举中被右翼共和党一举拿下。这一结果令法国多家媒体哗然，毕竟法共在这两个城市执政近 70 年。这种突变说明以上两个城市的选民对法共以及法共施行的社会主义政策在现实层面提出质疑，要求法共深刻反思自身的市政管理政策，积极调整，有效回应民众内心的呼声。此外，1921 年法共就开始主政的圣德尼市也易主于法国社会党。损失如此之多的历史要塞对法共而言可谓重创，虽然新的左翼联盟成就了绿党的崛起和社会党的重整旗鼓，但法共重获选民的支持与认可之路可谓任重道远。

由此可见，一方面，法共采取的新型选举联盟策略取得了阶段性成功是不争的事实，法共可以积极配合绿党、社会党在法国巴黎、波尔多、斯特拉斯堡等多个重要城市展开市政管理，为进一步扩大法共在现实层面的政治影响力奠定了基础。但另一方面，法共在适应国情、选情以实现拓宽选民基础的同时，也将自身从一支"先锋党"转变为"群众党"。长期坚持这种中间化道路，导致法共的理论建设就像"由一片一片色彩迥异的意识形态碎片缝合起来，变得在很大程度上同其他党派一样了"。① 质言之，在议会斗争的进程中，失去共产党的意识形态身份特征，反而导致支持者迷失了方向，转投他党。

（四）新时期自身组织结构的完善

为有效地完善党的理论，并落实党的共产主义政治议程，法共中央委员会积极参与基层党组织工作，针对新时期资本主义的新变化，展开各种形式的讨论与分析，使基层的声音成为代表大会上的议案，或者议员们的提案。

---

① 姜辉、于海青：《21 世纪初欧洲共产党"新共产主义"战略的理论发展和面临的问题》，《教学与研究》2002 年第 7 期。

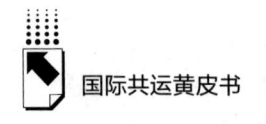

这项工作的意义，不仅在于及时地回应了来自基层组织的需求，还促进了党内团结，为共产主义从理论到现实的转变奠定基础。

近年来，"《人道报》节"和"马克思主义大学"是法共组织建设中较为重要的两大活动。以马克思主义大学为例，这一活动坚持了25年，其从过往仅在暑期举办，到现在演变成以暑期活动为主体，每个季度定期发布主题报告。2020年马克思主义大学在暑期举办的学习活动，加强了对马克思主义理论的普及与宣传，增强了党的凝聚力。

三 法国共产党面临的挑战

法国左翼政党受到的压力和困难是双重的，既有来自外部的挑战，也有其自身的因素。而且，从某种意义上而言，内因是决定性的。

（一）法国共产党面临的外部挑战

新兴政党的崛起、民粹主义力量的提升构成了法共被边缘化的外部挑战。其主要表现在新兴政党共和国前进党的目标取向更加务实，并采取了相对正确的策略。这是导致左翼力量不断被分流和受到削弱的一个重要因素。根据法国内政部的数据，总统马克龙的共和国前进党获得了国民议会577席中的309席，还有41个席位由其盟友"民主运动"党的代表获得，中右翼的共和党获得了98个议员席位，社会党为25席，中右翼的民主与独立派联盟18席，梅朗雄的"不屈法国"17席，法国共产党12席，勒庞的国民阵线为8席。① 从上述数据不难看出，马克龙开创的"一党独大"局面，彻底改变了法国传统的政治格局。传统左右翼政党的主导地位不复存在。第五共和国创建以来，国民议会内的基本格局是左右阵营对峙、轮流主导。这个格局被称为"两极化的多党体制"。马克龙所在的政党异军突起，把主流政党

---

① 法国内政部：《2017年法国议会选举结果》，2020年11月2日，https：//www.interieur.gouv.fr/Elections/Les-resultats/Legislatives/elecresult__legislatives-2017/(path)/legislatives-2017/FE.html。

置于边缘地位。共和党虽然保留了主要反对党地位，但是缺乏同多数派较量的实力。

此外，鉴于法国国内经济、政治、社会、文化问题积重难返，马克龙上台执政后步履维艰。以玛丽·勒庞为代表的国民联盟（原国民阵线）因其针对性和煽动性的政治纲领与政策在法国政坛中崛起，对法共的生存与发展构成了挑战。

（二）法国共产党面临的内部挑战

如果说法国政治生态的变化对法共这样的传统政党形成了外部挑战，那么其内部挑战则表现在两个方面：一方面，其指导思想缺乏鲜明的共产主义色彩；另一方面，在联盟策略上的摇摆不定，印证了其自身政治定位飘忽不定。即使为适应选情变化已经做出主动调整，但在摇摆的过程中，法共已经流失了不少支持者，大大损耗了原本有限的政治资源。

受社会党、绿党政策的影响，"新共产主义"理论包罗万象而缺乏核心理念，理论失去先导作用，致使法共在现实政策主张方面亦步亦趋。比如：在财富分配的问题上，法共与社会党都是在凯恩斯主义的框架之下进行社会财富管理；在绿色发展上，法共认为在全球化面前，生产主义和消费主义加速了生态系统的破坏，也间接导致了全球变暖、生物多样性丧失、慢性疾病增加、环境污染和社会不平等现象的倍增。① 这与绿党的理论纲领趋同。

失去核心理论指导的法共在理论政策上调整频繁、多变，造成党内思想混乱。党的三十二大上乔治·比费接任总书记后，对党的方针政策展开调整，在政治上逐步放弃了同社会党结盟的战略，转而奉行更为激进的路线，把反对新自由主义作为党的旗帜，把反对右翼政府的改革作为党的首要任务，突出党的战斗性。② 三十五大上任的皮埃尔·洛朗总书记，延续了这一

---

① 让-努马·迪康热、赵超：《法国社会党：2017年以来的法国社会民主主义力量现状》，《当代世界与社会主义问题》2019年第5期。
② 蒲国良、章德彪：《法国共产党90年兴衰启示》，《人民论坛》2011年第18期。

方针路线，提出建立左翼阵线，加强激进左翼政党及组织之间的合作，为危机背景下的法共提出具有共产主义色彩的解决方案。联盟行动结果不彰，法共在国内各种选举中损兵折将，被以梅朗雄为代表的"不屈法国"取代，进一步被边缘化。基于此，法共在第三十八次代表大会上及时调整策略，在2020年市政选举中，与中左翼社会党和绿党结盟，获得参与地方政府行政的权利。

面对内外双重挑战，法共中央委员会于2020年11月7日召开会议，根据党章规定，正式开启第三十九次代表大会筹备进程，并决定从2021年3月起启动代表大会筹备工作，进入秋季后正式召开大会。① 在此次筹备会讨论中，法共认为新冠病毒大流行背后隐藏的问题，使人类的发展面临前所未有的挑战，是人类发展史上的一次文明危机。资本主义全球化危机引发的一系列问题，正在唤醒民众反抗这一制度，法共应抓住这一契机，激发人们的潜力去构建和平、民主、公正的世界。但当下的社会运动正在被极右翼力量、伊斯兰恐怖主义所利用，民众与工人阶级难以通过可信的政治渠道反馈问题。因此，法共要在社会中发挥不可替代的积极作用，响应民众的呼声，让共产主义比以往任何时候更接近成为一种未来方向。与此同时，应进一步落实第三十八次代表大会所提出的左翼联盟政策，让这一联盟不仅仅是政党联盟，也必须是民众共同参与构建的反资本主义联盟。此外，法共强调第三十九次代表大会讨论的一项重要内容就是关于2022年法国总统选举和立法选举候选人。因此，法共号召全体党员通过各种渠道提出对第三十九次代表大会的建议与意见，要针对当下社会热点问题，形成决议草案。

结　语

法共成立百年以来的理论探索与实践斗争，始终围绕什么是社会主义以

---

① PCF：《第39次代表大会，一次充满雄心与动力的代表大会》，https：//www.pcf.fr/vers_un_39e_congr_s_ambitieux_et_novateur。

及在发达资本主义国家如何建设社会主义问题,有着诸多的经验与教训值得我们深思与借鉴。在实践层面,首先,针对国际、国内垄断集团和金融寡头的把持,围绕着反法西斯、反殖民化等现实问题,不断展开反帝国主义、反殖民主义、反垄断的斗争。其次,围绕民主集中制等问题,与共产国际、苏联有过复杂的分合历史。再次,在法国国内政治、经济、社会、文化、军事和意识形态斗争中,同泛左翼联盟联合。最后,在为工人阶级争取根本利益层面上,争取妇女投票权、38 小时继而是 35 小时工作制。基于发达资本主义国家特有的斗争现实,围绕什么是社会主义以及在发达资本主义国家如何建设社会主义等问题,法共业已形成特有的斗争策略——"法国色彩的社会主义""新共产主义""以人为先""共同法国"等。在发达资本主义国家如何进行指向社会主义的理论与实践,这是我们理解百年法共战斗史的钥匙。

进入 21 世纪以来,法共为提升国内政治话语权以及自身理论建设水平付出长足的努力。法共开展的"共同法国"理论与实践探索,不断就新条件下如何实现社会主义提出新看法,明确议会道路的核心斗争策略。法共虽没有打断"法国色彩的社会主义""新共产主义""以人为先""共同法国"等党的理论纲领的演进逻辑,但现实的实践结果未能进一步遏制法共被边缘化的趋势,反而令自身陷入新的困境。

未来,法共要有新的发展,应从以下三方面主动进行调整。一是明确自身政治定位,特别是明确法共同法国其他左翼政党之间的区别与联系,力争摆脱忽左忽右的身份困境。[①] 二是作为一个政党特别是共产党一定要加强党内团结,绝不能允许有组织的派别存在。[②] 一个松散的联合体,显然无法保证党中央的核心领导,也无法形成统一的指导思想和行动指南。[③] 三是加强

[①] 林颖峰:《2008 年经济危机以来法国共产党的发展困境》,《国外社会科学前沿》2020 年第 6 期。

[②] 法共党内先后至少有六个派系,包括多数派、正统派、再造派、反击派、于派和重建派。

[③] 蒲国良、章德彪:《法国共产党 90 年兴衰启示》,《人民论坛》2011 年 6 月下。

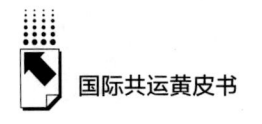

党的理论建设，构建"共同法国"理论核心思想，扛起反资本主义大旗，深刻揭露资本主义自我完善面纱背后的剥削本质。

参考文献

1. 李周：《探索中的法国共产党理论与实践》，中国社会科学出版社，2010。
2. 姜辉：《欧洲发达国家共产党的变革》，学习出版社，2004。
3. 胡振良、李其庆：《法国共产党新变化研究》，中共中央党校出版社，2014。
4. 柴尚金：《变革中政党：国内外政党建设的经验与教训》，经济科学出版社，2013。
5. 〔英〕唐纳德·萨松：《欧洲社会主义百年史》，姜辉、于海青、庞晓明译，社会科学文献出版社，2008。
6. 吴国庆：《法国政党和政党制度》，社会科学文献出版社，2008。

Y.16
土耳其共产主义运动的百年回顾与未来展望

袁群 王恩明*

摘 要： 作为国际共运组成部分和中东地区伊斯兰世界典型代表的土耳其共产主义运动，自1920年9月老土共成立以来，经历了兴起与发展、分化与裂变、重建与复兴、变革与转型的百年发展历程，其间涌现出老土共、土耳其工人党、土共（马列）、土耳其联合共产党、新土共等主要政党。各政党的组织运转、理论探索和实践斗争，共同汇聚成土耳其百年共产主义运动的历史洪流。

关键词： 土耳其共产主义运动 土耳其共产党 土耳其工人党 新土耳其共产党

2020年是土耳其共产主义运动兴起100周年，也是新土共十三大召开之年。站在这样一个极富纪念意义的历史节点上，将其置于世界社会主义运动与土耳其政治发展交汇的历史进程中进行审视和现实省思，既有助于我们深入了解土耳其不同共产主义政党和组织演变的历史背景、取得的阶段性成果、党际关系的变迁以及面临的现实挑战，也有助于我们客观把握当代中东地区伊斯兰世界共产主义运动的现状及未来走势。

---

* 袁群，云南大学马克思主义学院副院长、教授，主要从事当代世界社会主义、尼泊尔共产主义运动研究；王恩明，云南大学马克思主义学院博士研究生，主要从事当代世界社会主义研究。本文审读专家：中国人民大学国际关系学院郭春生教授。

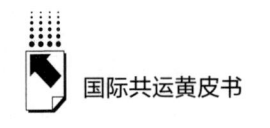

一　土耳其共产主义运动的百年回顾

（一）土耳其共产主义运动的兴起与发展

在第二国际和罗莎·卢森堡影响下，马克思主义在19世纪末开始传入奥斯曼帝国①；而土耳其早期工人运动和社会主义运动，则于20世纪初滥觞于帝国晚期统治下的保加利亚、亚美尼亚等巴尔干半岛各国少数民族群体以及犹太工人等非土耳其人中。②十月革命的胜利客观推动了土耳其第一批共产主义小组于1918年至1920年在土耳其伊斯坦布尔、安纳托利亚等地以及苏俄（以被俄军俘虏的土耳其士兵为中心）的陆续出现；而1920年9月共产国际巴库东方各民族代表大会召开直接促成土耳其共产党诞生。在同年9月10日召开的代表大会上，通过了将俄共土耳其支部及上述小组和组织合并为统一政党的决定③，宣布赞同共产国际决议，批准了纲领和章程，初步制定了战略和策略，选举产生了领导机关，有着"土耳其的列宁"之称的穆斯塔法·苏普希（Mustafa Suphi）和伊斯坦布尔组织领导人埃特赫·纳扎特（Ethem Nejat）分别当选土共首任党主席和总书记。

土共成立后积极投身本国民族解放运动中，但在1921年苏普希等人被暗杀后，土共遭到凯末尔当局以及此后多届土耳其政府的严厉镇压。共产国际执委舍费克·胡斯努（Şefik Hüsnü）于1924年12月在伊斯坦布尔秘密召开的土共三大上当选总书记。1926年5月土共在胡斯努的倡议下在奥地利维也纳秘密召开代表大会，批判党内"合法主义"倾向，通过了《土耳其共产党工作纲领》新党纲，决定"有步骤地"组织人民群众对资产阶级专

---

① Rosa Luxemburg, "Social Democracy and the National Struggles in Turkey (October 1896)", https://www.marxists.org/archive/luxemburg/1896/10/10.htm.
② Mark Mazower, Salonica, *City of Ghosts: Christians, Muslims and Jews, 1430 - 1950*, 2004, p. 287.
③〔奥〕尤利乌斯·布劳恩塔尔：《国际史》第三卷，杨寿国等译，上海译文出版社，1992，第280页。

政"展开不调和的持久的斗争""建立以工农联盟为基础的苏维埃政权"①。在1935年后，土共在接受共产国际七大建立反法西斯统一战线指示后，寻求成为土耳其政权中合法"进步"的一部分。

1951年，亲美反共的民主党政府在对土共提起"最大刑事案件指控"后，再次大批逮捕共产党人，1946年胡斯努被捕判刑后领导土共的巴什特马尔［Zeki Baştımar，1905～1973年，化名亚库普·德米尔（Yakup Demir）］等人被捕入狱，土共国内组织几乎全部瓦解，土共中央领导机构被迫转移到国外。1959年，曾多次被捕入狱的胡斯努在流放中去世。同年，巴什特马尔在出狱后逃至东欧，与国外党组织主要负责人伊斯梅尔·比伦（İsmail Bilen）等一起在东柏林重建中央领导机构，巴什特马尔出任总书记，同时建立"我们的电台"（Bizim Radyo）向国内广播。此后，比伦等流亡东欧的土共重要成员开始以土共名义参加1957年、1960年和1969年在莫斯科举行的各国共产党和工人党会议，1976年在东柏林召开的欧洲共产党和工人党会议以及1980年在巴黎举办的"欧洲国家共产党和工人党争取和平与裁军会晤"。

（二）土耳其共产主义运动的分化与裂变

1960年民主党门德列斯（Adnan Menderes）独裁政权倒台至1980年土耳其第三次军事政变爆发前的二十年，在东欧恢复活动并向国内积极发展组织的土共、土耳其工人党、土耳其革命工农党和土共（马列）等各党抓住国内政局出现重大变局、政治环境较为宽松的有利条件，先后登上该国政治历史舞台，土耳其共产主义运动进入分化和裂变时期。

1. 土耳其共产党

进入20世纪60年代，1959年在东欧恢复活动的土共，以秘密工作作为主要斗争方式，同时提出充分利用合法条件进行活动，逐步恢复和重建国内党组织。在苏共支持下，1973～1980年，是土共的黄金发展时期，巴什

---

① 中共中央对外联络部编印《各国共产党概况》，1980，第363页。

特马尔于1973年去世，次年比伦当选总书记，土共迅速扩大在革命工人工会联合会、土耳其教师协会、农村合作社协会、进步青年协会、进步妇女协会以及当政的、主张开放民主的共和人民党领导层中的影响力，先后召开新一届"大跃进"大会和土耳其科尼亚秘密代表大会，并通过了《土耳其共产党纲领摘要》①。1983年4月，土共中央全会选举39岁的海达尔·库特鲁（Haydar Kutlu）为总书记，在同年10月于莫斯科召开的五大上，土共制定了新时期的行动纲领、党纲和党章，提出党的当前任务就是"动员全民族参加抵抗运动"，推翻法西斯政权及其傀儡政府；由于政权法西斯化，反帝的人民民主革命已不可能通过和平方式实现，必要时不排除采用武力手段，但目前尚不具备立即进行武装斗争的主客观条件；提出"建立民族民主阵线""实现工人队伍团结""与农民与城市中间阶层合作"等口号②。

2. 土耳其工人党

在1961~1971年的大众反帝民主诉求中，土耳其学生运动发展迅速，工会获得某些自由，工人运动得到重大发展。1961年2月13日，12名伊斯坦布尔工会领袖组建以贝希契·博兰（Behice Boran）为创党主席的土耳其工人党。工人党除部分成员是工人外，大多数是知识分子。该党申明信奉"科学社会主义和国际主义"，主张土耳其政治和社会生活民主化、国家经济计划化，赞成土耳其改革及对工业、外贸、银行和保险业实行国有化，反对土耳其对美国的依附，要求建立自主的、社会主义的土耳其。③ 在1965年土耳其大国民议会选举中，提出社会正义、国家真正发展等口号的工人党，获得工人、青年知识分子、农民和库尔德少数民族民主派的支持，首次参选即获占总选票数3%的27万多张选票和15个议席，从而成为第一个在土耳其议会获得代表权的社会主义政党。但此后，曾作为"六十年代土耳

---

① 高放、张泽森、曹德成主编《当代世界社会主义文献选编》，中国人民大学出版社，1990，第821页。
② 中共辽宁省委党校党建教研室编《各国共产党情况简介》，1986，第86页。
③ Igor Lipovsky, "The Legal Socialist Parties of Turkey 1960–80", *Middle Eastern Studies*, 27 (1), 1991, pp. 94–111.

其最强大的左翼集团"①的工人党内围绕社会主义道路选择、"布拉格之春"事件评价、库尔德问题解决等进行了激烈的争论,再加上党内领导层争权夺利②,工人党在1969年大选中仅获2席,在1971年、1980年政变中两度被取缔,在1975年、1984年两度恢复重建。在1984年秋代表大会上通过的党章中,转入地下继续活动的工人党重申该党是"以马克思列宁主义和无产阶级国际主义为基础建立起来的土耳其工人阶级的先锋队组织"。③

3. 从土耳其革命工农党到土耳其爱国党

1966年,受土共影响的土耳其工人党青年组织"思想俱乐部联合会"的一批进步青年,在多乌·佩林切克(Doğu Perinçek)等人领导下和个别拥护胡斯努路线的土共地下党员参与下,起来反对工人党领导集团的"机会主义路线";在一些地区建立秘密党校和工农工作委员会,进行社会调查和学习马列主义毛泽东著作④;先后创办《土耳其左派》和《社会主义光明》杂志,宣传民族民主革命思想。1969年5月21日,佩林切克等人秘密成立土耳其革命工农党。1972年,佩林切克等250余名党员被捕后,该党决定开始公开活动,并以《光明报》和《土耳其现实》等党报党刊为宣传工具,公开宣传党的内外政策;到1974年4月,土耳其革命工农党在39个省建立省委,并在其中的18个省建立县委,党员扩大到1万多人。1975年,该党将维护民族独立作为中心任务,提出"不要美国,不要俄国,要独立民主的土耳其"的口号。1980年,革命工农党被取缔,佩林切克等领导人被捕受审。1988年2月,原革命工农党成员建立社会党。1989年7月,佩林切克重获政治活动权利后即被选进党中央领导机构⑤,并在1991年7月二大上当选党主席。1992年6月,社会党改名为工人党,并在2015年2月5日特别代表大会上正式更名为爱国党。

---

① 杨兆钧编《土耳其现代史》,云南大学出版社,2018,第274页。
② 李云鹏:《土耳其工人党研究》,《世界社会主义研究》2018年第7期。
③ 〔苏〕B. B. 扎格拉金娜、〔苏〕F. A. 基谢廖娃编《现代世界政党》,高桂芬、关国为等译,求实出版社,1989,第183页。
④ 廖盖隆等主编《社会主义百科要览》下,人民日报出版社,1993,第3618~3619页。
⑤ 王家瑞主编《当代国外政党概览》,当代世界出版社,2009,第568页。

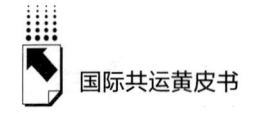

4. 土耳其毛主义共产党的兴起及其分化组合

1971年，以易卜拉欣·凯帕喀亚（İbrahim Kaypakkaya）为首的激进派向土耳其革命工农党中央提交了转向农村武装斗争的《十一条纲领》和"积极宣传后马上开展游击战"的建议，被拒绝后宣布脱党，并在1972年4月24日组建土共（马列）和土耳其人民解放军，在通杰利省、加齐安泰普省和马拉蒂亚省活动，致力于发动一场反对土耳其政府的土地革命战争。1973年1月24日，在凯帕喀亚被捕牺牲后，统一的土共（马列）开始裂变为土共/马列-运动（TKP/ML-H，1976年）①、布尔什维克党（北库尔德斯坦-土耳其）［BP（KK-T）］、土共/马列-革命无产阶级（1987年）、土共/马列（毛主义党中心）［TKP/ML（MPM），1987年］和土共（马列）（1994年）等毛主义政党。

（三）土耳其共产主义运动的重建与复兴

在苏东剧变后，老土共等左派组织最终宣告解散，新土共等社会主义组织开始登上历史舞台。

1. 从土耳其联合共产党到土耳其左翼党

1987年10月10日，流亡西欧的土共、土耳其工人党领导人在布鲁塞尔宣布两党正式合并为土耳其联合共产党，并在1990年6月4日建党大会上选举原工人党总书记尼哈特·萨尔根为主席、原土共总书记海达尔·库特鲁为总书记，同时强调土联共"反对剥削、战争、军备竞赛、压迫、不平等、种族和性别歧视以及暴力，愿与所有赞成和平、民主、民族主权和社会主义力量对话，建立合作关系"②。在向土内政部申请合法成立无果且遭土宪法法院取缔前，土联共最终决定自我解散，并呼吁所有党员和其他社会主义团体、社会主义者组成基础更为广泛的社会主义政党——社会主义团结

---

① 1978年，该党少数派脱党成立土共/马列（新建设组织）［Türkiye Komünist Partisi/Marksist-Leninist (Yeniden İnşa Örgütü)］。该党追随阿尔巴尼亚劳动党的政治路线，奉行霍查主义。1995年9月，该党并入马列主义共产党（Marksist-Leninist Komünist Partisi）。

② 廖盖隆等主编《社会主义百科要览》下，人民日报出版社，1993，第3619页。

党。此后,该党在1995年和其他左翼合并为统一社会党、1996年9月和原来的政治运动"革命道路"的一些骨干分子组成了自由和团结党,并最终于2019年12月更名为土耳其左翼党。

2. 从社会主义力量党到新土耳其共产党

1978年,一批被土耳其工人党开除的党员建立"社会主义力量",出版《社会主义力量》杂志,但在1980年政变后同其他政党共同被禁。1992年10月7日,"社会主义力量"决定成立公开政党——社会主义土耳其党,但不久后同样遭土宪法法院取缔。此后,该组织成员又以大学和工会为主要活动领域,于1993年8月16日发起成立社会主义力量党,并提出坚持"反对帝国主义、坚持集体主义(反对私有化)、反对宗教激进主义、独立于资本主义制度及其机构"①的四项原则。2001年11月11日,社会主义力量党六大决定继承老土共和土耳其革命运动的全部遗产和经验,更名为土耳其共产党,即新土共。2020年8月,新土共以"纪念我们革命性政党成立100周年"为口号,在伊兹密尔召开了党的十三大。

二 土耳其共产主义运动的变革与转型

进入21世纪特别是2008年全球金融危机爆发以来,土耳其共产主义运动以新土共、爱国党和左翼党为主要代表,逐步摆脱苏联影响、放弃激进纲领政策,在指导思想、斗争策略、运行机制和党际关系等方面进行系列变革以适应新形势发展要求。

(一)在指导思想上,从坚持马克思列宁主义到淡化意识形态色彩

就指导思想而言,新土共坚持共产主义、马克思列宁主义意识形态。2014年11月8日,新土共通过了名为"社会主义纲领"的新党纲,其中包括对社会主义历史的认识和评价、对资本主义危机的剖析、关于土耳其社会

---

① 《土耳其共产党(2001年)》,https://zh.wikipedia.org/wiki/土耳其共產黨_(2001年)。

主义革命与土耳其共产党的性质和任务、未来社会主义的构想等内容。① 爱国党宣称将继续坚持科学社会主义,"是工人阶级、农村劳动者和社会主义知识分子的政党,宗旨是通过民主革命建立人民民主政权,最终实现社会主义"②,但在国内政治生活中可以淡化自身共产党身份和形象③,对外更多展示其凯末尔主义、左翼民族主义、左翼民粹主义、反帝国主义、先锋主义和欧亚主义意识形态和政党形象。而左翼党在意识形态上更多强调社会主义、左翼民粹主义、反资本主义和世俗主义。

(二)在斗争策略上,从主张暴力革命到参与议会斗争

土耳其共产主义运动的百年历程就是一段不断流血牺牲、饱受摧残的历史。在凯末尔统治时期,成立不久的土共即在1921年"黑海事件"爆发后遭到当局的残酷镇压,1925年末被迫转入极端秘密状态后在土国内长期处于被查禁的地位,共产党人和信仰共产主义的社会党、工农党人亦时常遭受逮捕、审讯和监禁。土耳其曾在1960年、1971年、1980年、1997年和2016年先后爆发五次军事政变,政变期间及之后上台的政府大多扼杀民主、取缔政党、镇压共产党和左翼。面对恶劣的斗争环境,以土共(马列)为代表的毛主义政党,自20世纪70年代起特别是进入21世纪以来在西亚中东不断掀起武装斗争、暴力革命浪潮,但也遭到土耳其政府的持续残酷围剿。爱国党、新土共成立后,在斗争策略上转向议会斗争。爱国党主张通过议会斗争、利用议会讲坛宣传自己的政治主张,而新土共则"从组织社会的视角参加作为资产阶级议会体制的选举,并把这个实践经验作为向社会宣传社会主义的丰富手段",同时强调"土耳其的选举不是工人阶级夺取政权的唯一方式。从革命视角来

---

① 余维海:《新土耳其共产党纲领评析》,《中国矿业大学学报》(社会科学版)2016年第5期。
② 刘洪才主编《当代世界共产党党章党纲选编》,当代世界出版社,2009,第171页。
③ 余维海、唐志坚:《土耳其爱国党的历史演进、理论主张及实践活动》,《世界社会主义研究》2019年第6期。

看，土耳其共产党决定评估我国通过革命视角加强社会联系的客观机会"①。

（三）在党际关系上，从相对封闭到开放交往

近年来，新土共、爱国党和左翼党纷纷积极深化党际合作、不断扩大国际国内"朋友圈"。2016年10月，新土共参加由越共主办的第十八次共产党和工人党国际会议时，明确表示将继续发挥积极建设性作用，加强与出席国际会议的各个政党间的长期共存关系，各党要分享不同的政治经验，以便各党能在其他政党的经验指导下实现转变或提升。②为此，新土共先后承办两届世界共产党和工人党国际会议以及主办2019年欧洲共产党和工人党"倡议"会议，同时以联合举办会议、发表联合声明、致贺电和唁电等形式与希腊共产党、西班牙人民共产党、古巴共产党以及中东、高加索、巴尔干地区共产党和工人政党等加强交往。爱国党则重视同各国共产党和进步组织的联系，先后于1996年、2000年和2003年举办伊斯坦布尔"欧亚选择会议"，并在由24国38党参加的第二届会议上就建立一个由欧亚人民组成的反帝反霸联合阵线进行深入探讨，最终成立由朝鲜劳动党、印度共产党（马克思主义）、叙利亚共产党等代表不同地区的共产党组成的"行动委员会"，旨在建立欧亚进步力量联合阵线，维护世界和平③。左翼党不仅是土国内左翼政党联盟——联合六月运动（BHH）的主要成员，也是欧洲左翼党（PEL）的正式成员，曾派代表出席世界共产党和工人党国际会议和欧洲反资本主义左翼（EACL）会议。

---

① 余维海：《新土耳其共产党纲领评析》，《中国矿业大学学报》（社会科学版）2016年第5期。
② Communist Party, Turkey, "18 IMCWP, Contribution of CP, Turkey", https://drive.google.com/file/d/1oivXo-NegL88uPdVbmibm1VHc5re1wf3/view.
③ 于洪君主编《探索与创新——冷战后的世界社会主义》，当代世界出版社，2006，第358页。

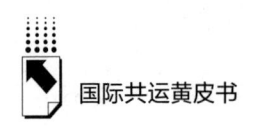

三 土耳其共产主义运动的主要特点

土耳其现存大大小小数十个共产主义政党,从政治地位来看,包括新土共等合法政党,以及主张用武力推翻土耳其政府的数量众多的非法的地下共产党;从指导思想和理论分野来看,包括以马克思主义、马克思列宁主义、托洛茨基主义、毛主义、霍查主义为指导的五种类型;而从革命道路选择来看,可以分为议会道路、议会道路和议会外斗争相结合、武装斗争三类。

(一)历史上曾深受苏联共产党和共产国际影响

土共是在十月革命胜利,在共产国际和苏共帮助与指导下,由受布尔什维克主义影响的土耳其左翼民族民主主义者于阿塞拜疆巴库建立起来的共产主义政党,土共最初的党纲党章就是在苏共版本的基础上形成的。正是由于这种渊源关系,土共在后来的发展进程中深受苏共影响。土共早期领导人中,从穆斯塔法·苏普希到舍费克·胡斯努,均担任过共产国际执委会委员。土共首任党主席苏普希流亡俄国时,加入了布尔什维克党并亲身经历十月革命,后担任斯大林领导的民族人民委员会东方各族人民中央局土耳其部领导人,将《共产党宣言》翻译为土耳其文,撰写了列宁传记和其他著作。① 而胡斯努也是在共产国际支持下于1924年当选总书记,并在此后领导土共长达三十余年。20世纪20年代末30年代初,土共党内发生了两次斗争,也与共产国际密不可分。1927年胡斯努在国内大搜捕中被捕入狱后,土共中央将以国内党组织领导成员维达特·内迪姆和谢克特·胥雷亚为首的"右派集团"开除出党;在1932年土共四大上,土共在共产国际支持下通过决议,将"托洛茨基主义工人反对派"清除出党。20世纪60年代中苏论

---

① 〔奥〕尤利乌斯·布劳恩塔尔:《国际史》第三卷,杨寿国等译,上海译文出版社,1992,第278页。

战后，土共则长期追随苏共领导赫鲁晓夫、勃列日涅夫反华，污我"分裂国际共运和民族解放运动""搞扩张主义""同美国勾结"[①] 等。

（二）各政党派系分合频繁，左翼政治碎片化持续

自 20 世纪 60 年代经历分化和裂变后，土耳其国内各政党先后兴起，如 60 年代的土耳其工人党、70 年代的土耳其革命工农党和土共（马列）、80 年代的各类毛主义政党、90 年代的社会主义力量党、21 世纪初的新土共等，各政党派系分合频繁、内耗严重，呈现左翼政治破碎化持续、多党派并立甚至对立的复杂局面。以土共为例，1979 年 7 月，土共领导集团在相关革命问题上发生重大分歧，分裂为以流亡英国的领导人于律克奥卢为首的少数派和以流亡东德的领导人比伦为首的多数派。21 世纪诞生的新土共在 2014 年 7 月发生分裂，形成埃尔坎·巴斯（Erkan Baş）、麦廷·卡豪古（Metin Çulhaoğlu）领导的土耳其人民共产党与凯末尔·奥库扬（Kemal Okuyan）、艾代米尔·居莱尔（Aydemir Güler）领导的共产党短暂并立局面。双方还决定停止使用土耳其共产党的名称和徽章。2017 年 1 月 22 日，上述两党决定结束分裂，重新共同以土耳其共产党的名义活动。同年 11 月 7 日，土耳其人民共产党前成员又建立了土耳其工人党。

（三）指导思想多元、意识形态多样

在土耳其共产主义政治谱系中，既有以左翼党为代表的以"社会主义、左翼民粹主义、反资本主义和世俗主义"为意识形态的政党，也有以土共、土耳其工人党、新土共为代表的信仰马克思列宁主义的政党，也有以土共（马列）、土耳其革命工农党为代表的信仰马克思列宁主义毛主义的政党，也有以革命工人党（Devrimci İşçi Partisi，2007 年）、革命社会主义工人党（Devrimci Sosyalist İşçi Partisi，1997 年）、工人民主党（İşçi Demokrasisi Partisi，2015 年）、劳动主义运动党、社会主义劳动者党倡议、争取社会主

[①] 中共辽宁省委党校党建教研室编《各国共产党情况简介》，1986，第 87 页。

义民主新道路、社会主义替代、阶级斗争、红色、革命工人联盟、马克思主义态度、社会主义平等为代表的以马克思主义、托洛茨基主义为指导思想的政党，还有以马列主义共产党（Marksist-Leninist Komünist Partisi，1994年）、劳动党（Emek Partisi，1996年）为代表的信仰马克思列宁主义、霍查主义的政党。其中，土耳其革命工农党在1977年9月秘密召开的一大上通过的系列文件中明确提出："党的纲领的指导思想是马列主义、毛泽东思想；党的基本路线是进行民族民主革命，推翻帝国主义、社会帝国主义的帮凶资产阶级和地主专政，建立人民民主专政，直接转入社会主义最终实现共产主义。三个世界理论是国际无产阶级运动的阶级路线。当前的中心任务是保卫土耳其独立和国家主权，支持人民争取社会解放，支持农民争取土地和自由的斗争。"①

四 土耳其共产主义运动的历史贡献及发展前景

（一）土耳其共产主义运动的历史贡献

土耳其共产主义运动，是在十月社会主义革命爆发后，随着世界无产阶级革命的持续高涨和土耳其民族解放运动的蓬勃发展，在共产国际的指导下，由土耳其年轻的工人阶级、知识分子和左翼世俗民族民主主义者中的先进分子发起的。自20世纪20年代兴起以来，土耳其共产主义运动先后经历兴起与发展、分化与裂变、重建与复兴、变革与转型，已经由一个初创时期仅有74名代表的弱小左翼运动发展成为在当前土耳其政治版图中具有较大影响的左翼政治势力，在争取民族独立、实现民主共和、反对帝国主义等方面做出重要贡献。

第一，争取民族独立。1918~1922年，正值土耳其资产阶级民族主义领袖穆斯塔法·凯末尔（Mustafa Kemal）领导的反帝反封建的民族解放战

---

① 中共中央对外联络部编印《各国共产党概况》，1980，第363页。

争时期，与凯末尔派团结合作的团体主要包括维权协会的左派、激进民主主义者及共产主义者。作为土耳其历史最为悠久的政党，土共创党时就号召人民为民族独立、为满足土耳其无产阶级和劳动农民迫切的政治和经济要求而斗争，成立后不久，就积极响应东方各民族代表大会进行反对帝国主义斗争的号召，在本国人民争取民族独立的历史征程中，"由其独立创立的军事组织——埃德海姆·泰武费克兄弟的'绿军'和伊布拉西姆领导的游击队，在同拥护哈里发的军队、希腊军等内外敌军的战斗中始终战斗在最前线"①，为解放运动的发展、土耳其共和国政府的成立与革命势力的发展奠定了基础。

第二，反对帝国主义。二战期间，土共广泛开展了反对土耳其共和人民党萨拉吉奥卢（Şükrü Saracoğlu）政府与德国法西斯勾结的斗争，争取同苏联建立睦邻关系。战后，土共提出"废除同美国签订的一切奴役协定""清除外国专家和顾问"等口号，号召为争取消除土耳其在政治上和经济上对帝国主义强国的依赖关系，争取国家退出北约军事集团，争取和平、民主和社会进步而斗争，并于1950年在国内发起了征集"斯德哥尔摩宣言"签名运动。1959年9月，土共致信中共，强调"在此十年中，伟大的中国人民在中国共产党及其杰出的领导人的领导下，在经济、社会和政治各方面取得了巨大的成就，成为一支巨大的维护世界和平的力量"②。

第三，实现民主共和。20世纪60年代，流亡海外的土共不仅参与领导了1960年4月全国规模的反对曼德列斯政府的示威，在1966~1971年多次发动群众性反美示威、各行业工人的经济性罢工和农民反抗封建剥削的斗争；还利用设在民主德国的"我们的电台"和"土共之声"电台以土耳其语和库尔德语每天向国内外广播、加强反对军政权的宣传，并组织在西欧的成员和同情者配合西欧人民的和平运动，开展了反对土耳其"冲淡'北约'工具"的斗争和声援被捕者的活动，以实现民主共和与争取国际舆论的支

---

① 〔日〕中野实：《革命——宏观政治学》，于小薇译，经济日报出版社，1991，第113页。
② 世界知识出版社编《中华人民共和国对外关系文件集 第6集 1959》，世界知识出版社，1961，第394页。

持。为加强左派力量之间的团结，土共等六个左翼政党于1984年12月宣布建立"土耳其和土耳其库尔德斯坦左翼团结"，以便组织民主的和爱好和平的力量结成广泛的战线，开展共同的斗争，争取用民主政府取代国内的独裁制度。

（二）土耳其共产主义运动的前景展望

展望土耳其共产主义运动的前景，其在今后土耳其政治图谱中的地位有待提高，但对国际共产主义运动的影响日益增强。

第一，作为左翼进步势力在土耳其的代表，以新土共为代表的共产主义政党日趋活跃，但仍有极大的发展空间。新土共2001年成立后，在国内政治舞台上，举行系列群众大会、参加伊斯坦布尔群众示威游行，反对埃尔多安政府新自由主义经济议程、对外扩张侵略和伊斯兰宗教保守主义；在居伦运动、土俄危机、土耳其与叙利亚等热点问题上积极发声；谴责土耳其国内发生的系列恐怖袭击活动；同时，新土共还建立起社会主义培训班（高校）、工会组织、阿拉维派劳动者组织、文艺组织、社会主义者大会、大学理事会联盟、希克梅特文化中心、希克梅特学会、马列主义研究中心等社会团体和群众组织①，同时注重利用党报《左翼报》和官方网站等大众传媒积极开展宣传。在2019年3月举行的地方选举中，新土共候选人当选通杰利省省长。

第二，作为近年来活跃于现代国际共产主义运动舞台的一支重要左翼力量，新土共国际影响力不断增强。具体而言，新土共利用参加和举办世界共产党和工人党国际会议、欧洲共产党和工人党"倡议"会议等平台，宣传本党政策主张和实践，声援委内瑞拉、古巴等左翼政府和共产党的正义斗争。2015年10月30日至11月1日，新土共在伊斯坦布尔以"共产党与工人党在加强工人阶级反对资本主义剥削、帝国主义战争和法西斯主义斗争中的任务，为了工人和人民的解放、为了社会主义而奋斗"为主题，举办了

---

① 聂运麟、余维海主编《国际共产主义运动年鉴（2016）》，华中师范大学出版社，2017，第437页。

第17届世界共产党和工人党国际会议,会议吸引了全球48个国家的58个共产党与工人党的104名代表参会。① 2019年2月16日至17日,新土共以"为共产主义奋斗:100年的政治遗产"为主题,在伊斯坦布尔主办了欧洲共产党和工人党"倡议"会议,会议吸引了来自欧洲的21个共产党和工人党参会。② 2019年10月18日至20日,新土共和希腊共产党在土耳其伊兹密尔以"共产国际创建100周年,争取和平与社会主义的斗争仍在继续"为主题,联合举办了第21届世界共产党和工人党国际会议,会议吸引了全球58国74个共产党与工人党的137名代表参会。③ 2020年7月25日,新土共与希腊共产党发表联合声明,强调两国人民必须享有在和平中生活的权利,反对为了资产阶级和帝国主义联盟利益的军事对抗。2020年10月13日,新土共参加由希腊共产党倡议召开的《国际共产主义评论》(ICR)编辑部关于委内瑞拉的事态发展的态度以及声援委内瑞拉人民和委内瑞拉共产党的电话会议,并联合发表《声援共产党、工人阶级和委内瑞拉人民》的声明。④

第三,土耳其共产主义运动面临着不利的外部发展环境。土耳其现行埃尔多安威权主义、正义与发展党一党独大的政党格局和日益保守化的政治生态以及共产主义与伊斯兰主义、世俗主义的对立冲突给其发展带来了很大的困难。值得注意的是,土耳其政府2013年1月解禁的2.3万册图书中,包括《共产党宣言》以及斯大林和列宁的一些著作。⑤ 土耳其共产主义运动自

---

① "17 IMCWP, Press Release of Communist Party, Turkey on the International Meeting of Communist and Workers' Parties in Istanbul (30 October – 01 November 2015) [En]", http://solidnet.org/article/8607a45c-e2d1-11e8-a7f8-42723ed76c54/.
② "Struggle for Communism: 100 Years of Political Heritage", https://www.initiative-cwpe.org/en/news/Struggle-for-Communism-100-Years-of-Political-Heritage/.
③ "Appeal of the 21st IMCWP 20 October 2019, İzmir", http://solidnet.org/article/8607a45c-e2d1-11e8-a7f8-42723ed76c54/.
④ "On the Developments in Venezuela and the Solidarity with the People and the CP of Venezuela", https://www.iccr.gr/en/news/On-the-developments-in-Venezuela-and-the-solidarity-with-the-people-and-the-CP-of-Venezuela/.
⑤ 陈宗伦:《土耳其解禁〈共产党宣言〉》,环球网,https://world.huanqiu.com/article/9CaKrnJyur3。

1920年兴起以来就饱受资产阶级政府的严重打压，曾多次被取缔解散。埃尔多安2003年出任土耳其总理、2014年出任土耳其总统并在2018年成功连任，土耳其在2017年4月通过修宪公投，将政治体制由议会制改为总统制，土耳其由此进入正义与发展党一党独大的政治时代。日益保守化的政治化不仅使得共和人民党等传统左翼政党发展出现颓势，而且给新土共、爱国党、左翼党等更为弱小的左翼政党发展带来更大的挑战。而新土共也将议会前四大政党正义与发展党、共和人民党、民族行动党和人民民主党视为反动的资产阶级政党，拒绝与其合作。2018年1月，4名共产党员因散发党报被捕入狱。同年，土耳其政府以侮辱埃尔多安为由，企图将新土共总书记奥库扬等送进监狱。同时，新土共的一些组织活动也遭到袭击，甚至被禁止以政党身份参加2019年大选。

结　语

一部土耳其共产主义运动史，就是土耳其一代代共产党人战胜重重困难、经历曲折考验、英勇顽强斗争并争取辉煌成就的历史。土耳其共产主义运动自1920年兴起以来，就试图在土耳其社会经济的特定背景下将马克思主义理论与实践结合起来，探索符合土耳其国情和时代主题的社会主义革命和发展道路。在这一进程中，涌现了穆斯塔法·苏普希等先驱人物，诞生了老土共、土耳其工人党、土共（马列）、革命工农党、新土共、左翼党等政党组织，其为实现争取民族独立、实现民主共和、反对帝国主义等做出不可磨灭的历史贡献。作为国际共产主义运动在西亚中东和第三世界国家发展的有机组成部分，土耳其共产主义运动和马克思主义土耳其化在一个世纪的历史进程中，为国际共产主义运动谱写了壮美的土耳其篇章，给世界社会主义谱系贡献了土耳其共产党人智慧，也给当代土耳其社会发展制定了社会主义方案。土耳其共产主义运动源于科学社会主义理论的创造性引入、立足于无产阶级及其政党的土耳其式实践，也给21世纪世界社会主义和亚非拉国家的发展提供了镜鉴。

参考文献

1. Laura Feliu and Ferran Izquierdo – Brichs, *Communist Parties in the Middle East 100 Years of History*, New York：Routledge，2019.
2. Igor p. Lipovsky, *The Socialist Movement in Turkey 1960 – 1980*，Leiden：E. J. Brill，1992.
3. Jacob M. Landau, *Radical Politics in Modern Turkey*，Leiden：Brill，1974.
4. 中共中央对外联络部编印《各国共产党概况》，1980。
5. 钟清清主编《世界政党大全》，贵州教育出版社，1994。
6. 聂运麟、余维海主编《国际共产主义运动年鉴（2017）》，华中师范大学出版社，2019。
7. 聂运麟主编《探索与变革——资本主义国家共产党的历史、理论与现状》，社会科学文献出版社，2014。
8. 郭长刚、杨晨、李鑫均、张正涵编著《列国志·土耳其》，社会科学文献出版社，2015。

Y.17
英国共产党的百年历程及其对国际共产主义运动的贡献

刘 健*

摘 要： 英国共产党在100年历史当中，始终代表工人阶级的利益，为了推翻资本主义实现社会主义不断奋斗；积极参与国际共产主义运动，为全世界人民的解放运动贡献自己的力量。受各种因素的影响，英共在二战后不断分裂，并于1991年解散，1988年分裂出去的"晨星派"继承了英共的传统。1992年来，英共保持着较低水平上的稳定状态。英共党纲《英国走向社会主义的道路》推动了各国共产党探索符合本国国情的社会主义道路。

关键词： 英国共产党 英国工党 英国共产主义运动 罗伯特·格里菲斯

英国共产党[①]成立于1920年7月，是20世纪国际共产主义运动中成立的第18个共产党。2020年是英国共产党建党100周年，回顾英共的百年历史，探析其当前状况，对于我们了解英国共产党如何探索本国走向社会主义

---

* 刘健，陕西师范大学马克思主义学院特聘副教授。本文审读专家：社会科学文献出版社祝得彬副编审。
① 本文将1920年成立的大不列颠共产党（Communist Party of Great Britain）及继承其衣钵于1988年成立的不列颠共产党（Communist Party of Britain）统称英国共产党。

的道路,以及由此洞察发达资本主义国家共产党的发展特征,有着重要的意义。

一 英国共产党的百年历程

2020年8月1日,英共举行了纪念建党100周年大会。来自多个国家的50多位与会者就反种族主义与反法西斯主义、环境与气候危机、国家医疗服务体系与公共卫生、反对帝国主义与军国主义、科学技术与未来的工作等13个议题进行了发言。大会最后由总书记格里菲斯做了"过去、现在和未来"主题报告。大会还决定举行一系列的线上会议来进一步开展庆祝活动。《晨星报》和《共产主义评论》都推出了纪念英共诞辰一百年的特版、特刊,英共还计划出版一本名为《红色生命》(*Red Lives*)的图书,以传记的形式回顾100年中为革命做出牺牲的共产党员以及他们的成就。

(一)坎坷中奋进(1920~1945年)

英国共产党是1920年7月31日~8月1日在伦敦召开的"共产主义团结大会"上成立的。参加大会的有来自英国社会党的代表96名、共产主义统一组织的代表25名、其他24个组织的代表36名。[①]他们代表了全英国的两三千名党员。英国共产党的成立受到十月革命的影响和列宁的指导,反映了英国工人阶级对马克思主义政党的客观需求。英共在1921年和1922年召开了四次代表大会,初步完成了党的理论和组织建设,从一个松散的社会主义组织转变为一个由马列主义指导的革命政党。

建党初期,英共斗争的环境非常恶劣,不仅遭到资产阶级国家机器的镇压,也遭到工党的反对。在国内,英共努力争取工人阶级的支持,倡导了工会内部旨在为进步政策而斗争的"少数派运动",领导了英国劳工运动史上震撼人心的1926年煤矿工人大罢工。在国际上,英共积极开展反法西斯斗

---

① 王杰:《英国共产党建党若干问题辨析》,《当代世界与社会主义》2016年第1期。

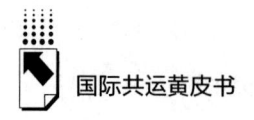

争。1936年英共组织了1500人的国际纵队英国营参加西班牙内战,其中半数以上是英共党员。在纳粹德国入侵苏联后,英共发布宣言,支持政府的一切战争措施,号召工人为战争加倍工作,争取反法西斯战争的胜利。这一时期,英共的力量发展迅速,党员人数在1942年达到巅峰5.6万。① 在英共最初的25年中,虽然坎坷,但总趋势是上升的。

(二)曲折中下降(1946~1967年)

战后初期,英国共产党在地方选举以及许多工会组织中的发展取得了显著进步。在1945年大选中,英共获得超过10万张选票,有两人当选下院议员。英共历史上总共有4名下院议员,1名上院议员。在第二年地方议会选举中,英共收获了50万张以上选票,地方议员人数从81名增长为215名。②选举方面的进步没有改变英国工党内部右翼势力对英共的反对态度,1946年工党再次拒绝了英共加入工党的申请。并且为了彻底消除英共加入工党的可能性,工党的新党章规定像英共这样有自己独立纲领、基层组织、可参加议会与地方政府选举的组织,不得加入工党。

1951年英共发表了新党纲《英国走向社会主义的道路》,动摇了俄国革命道路唯一性的传统观点,开启了各国共产党独立探索适合本国国情的革命道路之先河,有利于国际共运的健康发展。1956年,在苏共二十大、"波兹南事件"、"匈牙利事件"影响下,英共在国内遭受攻击,党内思想出现混乱,有七八千人退党。为了应对危机,英共提前召开党的二十五大,就对苏共二十大的评价、斯大林的错误和党内民主等问题进行了讨论,大会认为各国共产党应在马列主义指导下,根据本国国情制定政策,同时认为社会主义阵营的中心苏联是反帝斗争的主要力量。中苏论战爆发后,英共起初呼吁两国停止论战,之后开始批评中共,最后又指责苏联干涉捷克斯洛伐克的行为。后两个阶段都造成了英共内部的分裂。这一时期党员人数维持在两三万人。

---

① https://www.marxists.org/history/international/comintern/sections/britain/history.htm.
② https://www.marxists.org/history/international/comintern/sections/britain/history.htm.

（三）动荡中分裂（1968～1991年）

受国际共运大环境以及内部分歧的影响，英国共产党在这一时期不断分裂，并最终于1991年改旗易帜。

1968年4月，反对英共公开批评中共的英共执委瑞格·伯奇组建了"英国共产党（马列）"（Communist Party of Britain Marxist-Leninist）。1968年，苏联武装干涉捷克斯洛伐克，引起英共党内激烈斗争，英共内部形成了尖锐对立的两派：以总书记高兰为首的一派，反对苏军入侵，公开批评苏联；以《劳工月刊》主编杜德为首的一派支持苏共立场。这一对立最终导致1977年7月弗伦奇另立"新英国共产党"（New Communist Party of Britain）。到了80年代，英共又形成了以《今日马克思主义》主编马丁·雅克为首的多数自主派，和以《晨星报》主编托尼·蔡特为首的少数反对派。英共在1985年召开第三十九次特别会议上将反对派主要领导人大量开除。这一时期英共虽然深受分裂的困扰，仍积极参与了70年代初的工人反垄断反压迫大罢工以及1984年煤矿工人大罢工，它对工会的影响在1970～1974年保守党政府时期达到巅峰。

1988年被开除出党的希克斯召集掌握《晨星报》的少数派，成立"英国共产党"（Communist Party of Britain）。1991年，英共召开四十三大，更名为"民主左翼"（Democratic Left），宣告了英共的解体，解体前英共党员人数仅4000余名。

（四）边缘中求生（1992～2020年）

英共解体前，曾经分裂出三个共产党组织。其中英国共产党（CPB）的实力较另外两个组织强大一些，并且掌握了机关报《晨星报》。它在原英国共产党（CPGB）变为"民主左翼"后，逐渐把英国共产党的名称和旗帜接过来，声称继承了原英共的传统。它的组织规模在较低水平上保持着稳定，党员人数不超过1000名。根据英国选举委员会网站的记录，2019年英国共产党党员有761人，青年团员250人，总书记是罗伯特·格里菲斯（Robert

Griffiths），主席是利兹·佩恩（Liz Payne）。2019年英共总收入157109英镑，总支出139893英镑，总资产77146英镑，负债20605英镑。表1和表2是1993年到2019年英共的党员人数及2000年来英共在历次大选中的表现。

表1 1993～2019年英国共产党党员人数

年度	党员人数（名）	年度	党员人数（名）
1993	1234	2012	922
2004	811	2013	924
2005	852	2014	917
2006	916	2015	772
2007	930	2016	769
2008	967	2017	734
2009	955	2018	775
2010	931	2019	761
2011	915		

资料来源：2008～2019年数据来自英国共产党向英国选举委员会提交的报告；1993～2007年的数据来自王军、游楠《近百年来英国共产党党员人数变化及其原因分析》，《当代世界与社会主义》2014年第1期。

表2 2000年来英国共产党历次大选候选人数和所得选票

年度	候选人数（名）	票数（张）
2001	6	1003
2005	6	1124
2010	6	947
2015	9	1229
2017	英共未提出候选人	
2019		

资料来源：英国共产党向英国选举委员会提交的报告。

无论从党员人数，还是从选举表现来看，英国共产党都是一个不折不扣的边缘化政党。由于人数不多，英共所从事的主要是理论宣传工作，它积极地利用各种渠道去传播社会主义理念，扩大影响。它的官方网站制作精良，内容丰富，更新及时，是宣传和了解英共的一个重要窗口。除了发行党报

《晨星报》(世界上唯一的英文社会主义日报)和党的理论期刊《共产主义评论》外,英共还有四种电子出版物:《团结》(工会杂志)、《共产主义妇女》、《国际公报》、《共产主义教育》。它的共产主义青年团由 12~29 岁致力于共产主义事业的青年会员组成,也拥有自己的网站、杂志《挑战》、播客、电视频道等。

除了广泛的宣传工作,英共的主要活动有以下几个方面。

1. 议会外活动

英共的主要活动包括在伦敦和其他地区的动员活动,帮助其地区委员会组织地方党组织参加每年的工党全国性节日,如伦敦五一国际劳动节等。这些工作包括制作和分发《团结》杂志的专刊,动员党小组提升英共和《晨星报》在这些活动中的参与度等。英共支持工会,为其出版《团结》杂志,并在工会的大型会议上散发,以赢得工会对进步政策的支持。英共也支持人民议会(the People's Assembly)和全国妇女大会(the National Assembly of Women)的工作。英共赞助《晨星报》的出版,谴责包括 BBC 在内的媒体对该报的无视,并与马克思纪念图书馆合作,一同组织在海格特公墓举行的年度马克思演讲(Marx Oration)。英共通过共产党传承基金(Communist Party Heritage Fund)鼓励宣言出版社出版图书来记录共产党的历史。

2. 参加选举活动

英共最后一次参加大选是在 2015 年,推出 9 名候选人,共获得 1229 张选票,其中劳拉-简·罗星顿(Laura-Jane Rossington)刚满 18 岁,是全国最年轻的候选人。此后的两次大选,英共为了支持科尔宾领导的工党,再未提出候选人。英共在选举中面临诸多困难:简单多数的选举制度和选举保证金的征收导致英共难以在全国及地区选举中提出候选人;缺乏对媒体的掌控以及 BBC 等媒体的偏见等造成英共的曝光率严重不足;1983 年人民代表法案中提出的公共建筑可以免费用于公开选举活动的法规被忽视,为英共的选举活动设置了障碍。英共认为,以上因素使得选举有利于有实力的大党,像英共这样的小党难以在选举中有优异的表现。

在地方层面,英共的影响力更大一些,它一直积极参加苏格兰、威尔士

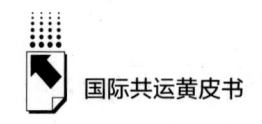

等地的选举活动。在2021年5月举行的英国地方选举中,英共获得了自上世纪八十年代以来最大的选举胜利之一,在英格兰、苏格兰和威尔士共获得了超过13300张选票。①

3. 就国际共运重大事件积极发声

2020年是恩格斯诞辰200周年,11月28日,英国共产党和德国共产党在曼彻斯特联合举办了纪念恩格斯诞辰200周年的线上会议。《晨星报》也发表了纪念恩格斯的文章。文章称赞了恩格斯对马克思主义和国际工人运动的贡献,特别强调了恩格斯对英国工人运动的影响,认为恩格斯是一个了不起的组织者和思想家。

2020年新冠肺炎疫情暴发以来,英共反应迅速,发表了数十篇评论,批评保守党政府在疫情中的表现,深刻揭露疫情暴露出的资本主义危机。3月18日,英国共产党政治委员会就新冠肺炎疫情发布了官方声明。声明指出,几十年来资本主义全球化和新自由主义经济政策使得英国和许多国家处境糟糕,私有化、金融化、为富人减税等措施导致国家卫生服务体系严重投资不足,造成医护人员及重症护理设施短缺,无力应对新冠肺炎带来的挑战。英共称赞了中国的抗疫表现,认为中国已经证明,大力扩大公共卫生和医疗供应,政府的果断干预和控制,尤其是在关键部门实行公有制的"计划经济",能够遏制病毒并挽救生命。中国正走在研制COVID-19疫苗的最前沿。

二 英国共产党对英国走向社会主义道路的探索

英国共产党总共制定过10个正式党纲,分别是1935年、1951年、1952年、1958年、1968年、1977年、1989年、2001年、2011年和2020年版党纲,以及1924年版和1949年版两个纲领草案,1929年版和1955年版两个竞选纲领。1935年的《为了苏维埃英国》(For Soviet Britain),是英共的第一个系统党纲,阐明了英共在二战前的路线。1951年的纲领《英国走

---

① https://morningstaronline.co.uk/article/b/cp-elections-round

向社会主义的道路》首次明确提出英国有可能通过"和平过渡"进入社会主义,以后各版党纲均以此为基础进行修改。

英共在100年中,始终坚持马克思列宁主义指导思想,坚信资本主义必将被社会主义取代,坚守民主集中制组织原则。至于英国如何走向社会主义,英共则根据国际国内形势的不断变化,与时俱进地提出相应战略。

(一)从无产阶级专政到"和平过渡"

英共成立伊始,就明确指出它的历史任务是消灭资本主义、夺取政权和建立社会主义,认为无产阶级专政是资本主义走向共产主义过渡时期打击反革命的必要手段,工人阶级要通过工人委员会的组织形式夺取政权。1935年2月,英共召开第十三次代表大会,通过了名为《为了苏维埃英国》的正式纲领。纲领提出工人应该通过革命赢得政权,革命是一个从经济斗争开始向政治斗争发展的连续过程。推翻资本主义后,用工人专政代替议会,建立各级工人委员会。这将给绝大多数人带来资本主义制度下从未有过的真正的民主。随着新社会每个公民成为工人,不再有任何阶级分化,"工人专政"向"工人民主"转化,最终随着国家的消亡而一起消亡。[1] 该纲领反映了彼时英共理论上的教条及受到苏共的深度影响。

从20世纪30年代后期起,英共内部对以苏维埃代替议会和通过国内战争走向社会主义的旧战略进行重新审查。通过一系列独立探索,1951年英共出台了新党纲《英国走向社会主义的道路》,主要内容包括:(1)世界大战既是不必要的也不是不可避免的;(2)英国及其殖民地应该摆脱一切剥削和压迫;(3)人民民主是英国走向社会主义的道路,英国人民将建立一个以真正代表人民的议会为基础的人民政府;(4)人民政府将实行与工党的国有化根本不同的更彻底的国有化,使英国决定性地从资本主义国家转为社会主义国家;(5)重组和扩大社会服务;(6)团结全体劳动人民,发挥

---

[1] For Soviet Britain, https://www.marxists.org/history/international/comintern/sections/britain/congresses/XIII/soviet_britain.htm.

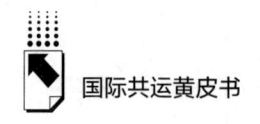

共产党的领导作用。[①]

1977年，英共出台了受到欧洲共产主义理论影响的党纲《英国走向社会主义的道路》第五版。它主张：（1）分阶段实现社会主义；（2）建立包括资产阶级下层在内的"广泛民主联盟"（之前称"广泛人民联盟"）；（3）坚持实行多党制，包括反对社会主义在内的政党都享有政治权利；（4）议会内外的斗争相互配合作为争夺政权的主要斗争形式；（5）新型工党政府建立后，依靠左翼在下议院的多数，逐渐改造国家机器。[②]

经过对党纲的多次修订，英共的"和平过渡"理论已经较为完整，比较系统和全面地回答了英国如何走向社会主义的一系列问题。

（二）英国共产党当前的理论动态

目前指导英共理论与实践的是2020年版党纲，它和之前的党纲一样以列宁的帝国主义论为理论基础对资本主义进行分析和批判，并提出了"左翼计划"（the Left-Wing Programme，LWP）作为指导当前行动的指南。

1. 英共对当前资本主义的批判

英共认为，历经200多年资本主义的统治之后，人类和地球面临着各种各样严重的危机，资本主义应该为这些危机负责。资本主义自19世纪后期进入帝国主义阶段后，又经过了几个阶段的发展。20世纪80年代起，资本主义国家推行以私有化、放松管制、强化剥削劳动力和资本自由流动为主要特征的"新自由主义"政策，使垄断利润最大化。现有的国际机构和机制，如世界贸易组织、国际货币基金组织和世界银行等，都被用来执行新自由主义政策。欧盟作为由最强大的国家垄断资本主义领导的联盟，在这一过程中发挥了主导作用。当前资本主义在区域和全球的危机主要是金融性质的。英美等资本主义国家越来越服从于金融资本的需要，而不是整个资产阶级的需

[①] The British Road to Socialism 1951, https://www.marxists.org/history/international/comintern/sections/britain/brs/1951/51.htm.

[②] The British Road to Socialism 1977, https://www.marxists.org/history/international/comintern/sections/britain/brs/1977/index.htm.

要。2007年英国和美国基于不安全、欺诈的金融证券和衍生品的巨大资本泡沫破裂，造成私人、家庭和政府债务枯竭，使资本主义周期性衰退变得更剧烈和突然。资本主义生产的不可解决的矛盾与全球范围的资本主义交换的深层矛盾相结合并加剧，共同构成了资本主义社会经济基础的永久性结构危机，这一危机也造成了世界范围内的结构性分配危机。在经济、社会、政治和文化上，资本主义早已不再在人类发展中发挥进步作用，而是威胁着人类生存的各个方面。垄断资本主义必须被推翻，因为它无法从根本上进行改革。只有社会主义是能够满足人民乃至整个人类基本需要的唯一的可替代的社会制度，工人阶级是推翻资本主义实现社会主义的唯一的领导力量。为了实现这一目标，英共提出了《经济和政治替代战略》以及"左翼计划"，作为当前的行动指南。

2. "替代战略"与"左翼计划"

1989年的党纲中首次提出《经济和政治替代战略》（the Alternative Economic and Political Strategy，AEPS，以下简称"替代战略"），作为指导当前运动、维护工人利益的战略。2001年的纲领对该战略进行了更全面的阐述。2011年和2020年的党纲将前两版战略的内容进一步细化和扩充，增加了在现阶段如何实施它的详细方案——"左翼计划"。"替代战略"和"左翼计划"是对"和平过渡"理论的继承与发展，是指导当前如何过渡的具体方案。

"替代战略"是一种将各方面政策联系起来，统一、协调、更有效维护工人阶级利益的战略。英共认为该战略不是立即实现社会主义的良方，而是反对资本主义国家垄断的行动纲领，是平衡现存资本主义框架内各种力量的起点。它包括经济和社会政策、民主政策和独立的外交政策等方面。在每一方面，英共都针对工人阶级面临的现实问题，提出了具体的改进措施。英共设想通过该战略动员实现变革的力量，将英国引上新的航程，进而按照符合人民利益的方式解决危机，扩大民主并打开通往社会主义革命的道路。为了实现这一战略，需要建立一个民主反垄断同盟，通过一系列群众斗争，选举出一个以工党、社会主义和共产主义人士为主的左翼政府。这样的政府当选

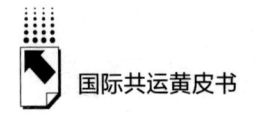

后，争取实施"替代战略"的斗争就成为争取社会主义的斗争。直到工人阶级真正掌握全部国家机器，并将其转化为实施其政策的工具，才有可能消除剥削的基础，代之以社会主义。①

2011年和2020年版党纲将"替代战略"的地位提升到宏观战略层次，认为它是替代资本主义垄断企业和英国政府的经济和政治战略。它要在经济、政治和意识形态等方面参与阶级斗争，还必须勾勒出争夺政治权力和社会主义革命进程所经历的各个阶段。新党纲中"替代战略"的具体政策通过新确立的"左翼计划"来实现。它包括经济、环境、社会、文化、金融、民主和外交政策等问题，目的是增进工人阶级和英国人民群众的利益，削弱资产阶级的财富和权力。"左翼计划"是"替代战略"的重要组成部分，它为所有反对右翼政策和资本主义垄断的人指明了方向——建立广泛民主的反垄断联盟来争取"左翼计划"的所有政策。革命的第一阶段将是支持"左翼计划"的工人阶级和反垄断联盟推动劳工运动持续左转；第二阶段是致力于实现"替代战略"及"左翼计划"的左翼政府的当选；第三阶段是在左翼政府上台后，依靠群众力量实现"左翼计划"。当工人阶级及其同盟者完成从垄断资产阶级手中夺取一切经济和政治权力后，社会主义建设就可以进行了。

2011年和2020年版党纲还有一些新的亮点，例如1951年后各版党纲都不再提的无产阶级专政一词重新出现。"全面的改革、重组和民主化措施将用一个代表工人阶级和全体人民利益的国家机器取代资本主义国家机器。这将建立马克思和列宁所说的'无产阶级专政'，他们指的只是工人阶级的统治，在英国这将是绝大多数人的统治。"②纲领结尾明确提出，英国共产党的追求是实现共产主义——"为了人类，未来是共产主义"，之前的党纲表述均是实现社会主义。总的来说，2011年和2020年版党纲是比前几版更为激进的党纲。

---

① 刘洪才主编《当代世界共产党党章党纲选编》，当代世界出版社，2009，第704~719页。
② Britain's Road to Socialism 2011, https：//www.marxists.org/history/international/comintern/sections/britain/brs/2011/index.htm#ch6.

三 英国共产党对国际共产主义运动的贡献

（一）高举马列主义旗帜，扎根资本主义大本营

英国是空想社会主义思想的发源地、科学社会主义的诞生地，长期以来没有像欧洲大陆那样，产生受马克思主义指导的工人阶级政党。这是一个很大的遗憾。英国共产党的出现填补了这一空白。尽管它的实力无法与欧洲大陆的一些共产党相提并论，但是它的作用及意义不容忽视。

英国作为最老牌的资本主义国家，它的工人运动的先进性和革命性曾远远走在欧洲大陆前面。但在宪章运动之后，改良主义逐渐在工人当中发展壮大。尽管如此，从19世纪后期开始，英国工人阶级不断为建立马克思主义政党进行艰苦奋斗。到20世纪初，随着大批左翼组织的建立与发展、俄国十月革命的胜利，英国共产党诞生的条件终于成熟了。

英共的成立是英国工人阶级自宪章运动时代以来所采取的最重要的一个步骤，它代表着工人阶级运动中一切最优良的传统，它接受了英国宪章运动的全部革命传统。从此，在马克思主义诞生的地方有了高举马克思主义旗帜的政党，英国也有了真正意义上的科学社会主义运动。

（二）坚守"全世界无产者，联合起来"的原则，积极参与国际共产主义运动

英国共产党始终坚信各国工人阶级有着共同的利益，应该联合起来反对剥削和压迫。在此思想指导下，英共一方面积极参与国际共产主义运动，另一方面支持全世界人民反剥削反压迫的运动。

英共一成立就加入共产国际，它亲历了20世纪国际共产主义运动几乎所有重大事件。1920年它加入"不许干涉俄国"的运动，为保卫第一个社会主义国家做出贡献。在反法西斯斗争方面，英共更是不遗余力。1936年参加西班牙内战的国际纵队中，200多名英共党员献出生命。二战结束后，

它反对英国军队镇压希腊共产党领导的反法西斯运动。在国际共产主义运动中，英共虽然受到苏联的重要影响，但仍能坚持自己的立场，多次反对苏联的政策。苏东剧变最终导致了旧英共的解体，继承英共遗产的"晨星派"仍然顽强地为共产主义理想而奋斗。

英共还致力于全世界人民的解放运动。它从成立开始就在爱尔兰、印度等殖民地反对英帝国主义，揭露英国的暴行。后来它还曾反对南非的种族隔离制度以及美国在越南的大屠杀。英共还帮助过智利、伊朗、伊拉克、哥伦比亚人民的反压迫和反独裁运动，并与古巴和委内瑞拉人民一起结成反对美帝国主义的团结组织。

当前，英共同世界近100个共产党和民族解放运动保持着同志般的关系，利用它的广泛联系，加强各国革命、工会与和平运动的联系。

（三）提出"和平过渡"理论，为各国共产党独立探索本国社会主义革命道路开创先河

英国共产党是发达资本主义国家共产党中第一个将"和平过渡"写入党纲的政党，以此来指导社会主义革命及建设，对国际共产主义运动产生了很大影响。

1. 系统阐述"和平过渡"理论，丰富社会主义革命道路

马克思、恩格斯在19世纪后期多次设想过像英国这样资本主义比较发达的国家，有可能通过和平的方式过渡到社会主义。列宁也表达过，马克思主义基本原理的具体应用在英国、法国、德国和俄国各不相同。但是，受时代所限，他们的预测只能是原则性的，无法就"和平过渡"的具体条件和策略给予准确说明。英共的可贵之处就在于立足时代背景和本国国情，在深入分析资本主义新特征的情况下，第一次比较全面系统地提出了英国和平过渡到社会主义的依据、条件、进程和策略等，构建了一个相对完整的理论体系。英共的"和平过渡"理论丰富了马克思主义的社会主义革命道路理论。

2. 开创各国共产党独立探索社会主义道路的先河

在英共"和平过渡"理论出台前，西欧所奉行的社会主义革命道路仍

是苏俄式的道路。英共依据战后世界新形势以及英国的具体国情，率先将党纲建立在和平过渡可能性上，为西欧的共产党树立了一个重要的榜样。继英共后，意共、法共、西共陆续提出通过和平民主方式走向社会主义的道路，并将其写入党纲。此外，《英国走向社会主义的道路》在社会主义阵营也引起强烈反响。1951年党纲发表后，苏联、波兰、捷克斯洛伐克、匈牙利等国家的党报都发表了这份纲领。波立特还曾同斯大林讨论过这个党纲的主要思想，特别是关于在英国和平过渡的思想，斯大林同意这些观点。① 总之，英共"和平过渡"理论的提出，开启了各国共产党独立探索符合本国国情的社会主义道路的先河。

（四）积极支持中国革命，充分肯定中国特色社会主义道路

英国共产党自成立起，就对中国革命给予支持。20世纪20年代英国共产党开展了"不许干涉中国"的运动，声援中国的五卅运动。1937年日本全面侵略中国后，英共组织对日本禁运。1949年"紫石英号"事件发生后，波立特向英国水兵讲解中国革命，捍卫解放军行动。

新中国成立后，英共与中共长期保持着比较友好的联系。波立特曾多次访华，与毛泽东、刘少奇等领导人进行会谈。他称赞中国共产党是一个比世界上任何其他共产党都斗争得更激烈、蒙受更多牺牲和遭受更多苦难的党，它在短短的时间内领导中国人民创造了奇迹。中苏论战期间，中英两党关系破裂。20世纪80年代后期，两党关系恢复正常。

当前英共密切关注中国共产党的活动，高度评价中国特色社会主义事业取得的伟大成就。英共在2020年版党纲中十四次提到中国，两次提到中国共产党。英共认为尽管帝国主义利用2007年的经济和金融危机对第三世界大肆剥削，中国仍然成为世界经济增长的主要引擎之一。中国已经证明了中央计划经济在促进科学教育和经济快速增长方面可以发挥至关重

---

① 中共中央党校科学社会主义教研室编《欧洲共产主义资料选编》（下册），中共中央党校科研办公室，1985，第268页。

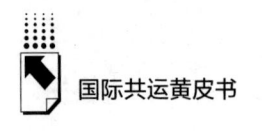

要的作用。中国共产党在不影响其政治领导的情况下，在扩大民主权利方面取得了进步。

英共总书记格里菲斯多次访华，积极参与各种政治及学术活动，如2018年纪念马克思诞辰200周年专题讨论会和2020年中国社会科学院主办的第十一届世界社会主义论坛等。格里菲斯在参加世界社会主义论坛时认为，中国共产党领导广大人民建设中国特色社会主义取得了巨大的成就。中国共产党始终秉持使广大人民受益的经济发展战略，习近平新时代中国特色社会主义思想指导下的脱贫攻坚和完成"两个一百年"奋斗目标具有重要意义。中国共产党提出的"人类命运共同体"和"一带一路"倡议为人类社会发展和共同克服全球性危机起到了重要作用。英国共产党愿意进一步加强与中国共产党的合作交流，为世界共产主义事业贡献力量。

英国共产党一百年的历史是英国工人阶级为了推翻资本主义，建立社会主义，结束剥削和压迫的不屈不挠、可歌可泣的奋斗史。尽管英共没有忘掉初心，但是由于以上所提到的因素，短期内英共难以在议会当中取得突破。目前它的工作重点仍是在议会外进行社会主义的宣传和教育。英共要想实现英国走上社会主义道路，依然任重道远。

此外，值得关注的是当前在英国打着共产主义旗帜的政党除了上述的英国共产党、新英国共产党和英国共产党（马列）以外，还有共产主义竞选联盟（Communist League Election Campaign）、直接民主（共产）党［Direct Democracy（Communist）Party］、英国革命共产党（马列）［Revolutionary Communist Party of Britain（Marxist-Leninist）］、大不列颠共产党（马列）［Communist Party of Great Britain（Marxist-Leninist）］和大不列颠共产党（Communist Party of Great Britain）五个政党组织。前三者在英国选举委员会登记在册，后三者都有自己的官方网站。这一现象反映了共产主义政党在英国存在一定群众基础，也说明英国的共产主义力量需要进一步团结。

参考文献

1. 帅能应主编《发达资本主义国家共产党的历史与现状》,中国人民大学出版社,1990。
2. 商文斌:《战后英共的社会主义理论及英共的衰退成因研究》,中国社会科学出版社,2010。
3. 中共中央党校科学社会主义教研室编《欧洲共产主义资料选编》(下册),中共中央党校科研办公室,1985。
4. 聂运麟主编《探索与变革——资本主义国家共产党的历史、理论与现状》,社会科学文献出版社,2014。
5. 〔英〕拉斐尔·塞缪尔:《英国共产主义的失落》,社会科学文献出版社,2010。
6. 英国共产党各版党纲,https://www.marxists.org/history/international/comintern/sections/britain/documents.htm。

Y.18
未竟的革命：印度共产党百年成败得失

王　静[*]

摘　要： 本文将印度共产党纳入印度政治百年历史发展的脉络，将之与主流资产阶级政党进行有机对比与分析，勾勒出印度共产党在印度政治中发展演进的基本路线和历史坐标。本文在对印度共产主义运动的政治路线和理论纲领展开分析研究的同时，介绍了印共的政治实践和历史成就。作者对印度共产主义运动反思认为，印共未能与国大党争夺民族独立运动领导权；未能实现马克思主义基本原理与印度本土实践的有机结合；其组织建设的羸弱导致印度共产主义力量始终无法集中统一。

关键词： 印度共产主义运动　印共（马）　印共（毛）　武装斗争　议会道路

　　一百多年前，俄国十月革命在1917年的胜利，使社会主义从理想变成现实的同时，也极大地改变了整个世界的政治版图。1929～1933年资本主义体系史无前例的大危机，对世界资本主义秩序产生巨大冲击，国际共产主义运动在全世界得以继续迅猛发展。为了应对内外危机，资本主义国家基本上采取两种战略：一种是以罗斯福新政为代表的进步主义模式，借鉴社会主

---

[*] 王静，中国社会科学院马克思主义研究院副研究员，清华大学人文学院博士研究生。本文审读专家：中联部柴尚金研究员。

义的某些做法，节制资本，缓和阶级与社会矛盾，建立福利社会；另一种则是走极右翼保守主义的道路，即采取法西斯主义模式，用暴力镇压左翼社会运动，用种族主义、民族主义、大国沙文主义组织团结民众，通过外部矛盾乃至战争方式转嫁社会危机。

第二次世界大战结束后，因为在反法西斯战争中的卓越贡献，以苏联为首的社会主义国家在全世界形成了与资本主义相抗衡的社会主义阵营。在"冷战"时期，在两极对立的国际政治版图中，以民主社会主义为代表的中间道路以及以罗斯福新政为代表的改良式资本主义模式在全世界获得较大的政治空间。在印度，以尼赫鲁为代表的左翼力量在作为世俗化民族主义政党的国大党中获得相对优势。而在共产党阵营内，走议会道路和推行"新型人民民主革命"的印度共产党（马克思主义）[简称印共（马）]也取得很大的政治进展。然而，随着20世纪80年代以来两个阵营相互角力、此消彼长，尤其是80年代末90年代初苏东剧变以来新自由主义秩序的全球性蔓延，政治极化趋势出现并持续发展，广大民众对原有资本主义政治经济秩序产生极大不满，中间道路遭遇极大冲击，以印度共产党（毛主义）[简称印共（毛）]为代表的极左翼和以印度人民党为代表的极右翼政治势力获得更加强劲的发展动力。

一　印度政治版图中的印度共产党

深入梳理与分析印度共产党的过去、现在、未来，不能简单地局限于印度共产主义运动的内部，而是需要将其纳入整个印度政治百年历史发展的脉络中进行有机的对比与分析。通过将印度共产党与有着悠久历史传统的印度国民大会党（简称国大党）和目前印度第一大党印度人民党（简称印人党）分别就发展规模、党员分布、执政经历进行粗线条比较，我们可以初步勾勒出印度共产党在印度政治中发展演进的基本路线和历史坐标。

国大党成立于1885年，是亚洲历史最悠久的政党，是一支世俗民族主义资产阶级政党，也是印度民族主义运动的主导力量。国大党在民族独立运

动时期就构筑了广泛的社会基础,"是一支把触角伸到全国每一个角落的党;是一个巨大的彩虹似的政治组织",① 独立后国大党传承和巩固了这块大阵地。目前国大党党员人数为3000多万。国大党自独立以来在印度长期执政,后伴随印人党势力上升,2014年至今丢失政权。

印人党是人民党分裂的产物和印度教民族主义势力印度人民同盟的继承者,印人党的前身印度人民同盟偏居印度北部几个邦。在冷战时期,印度教民族主义势力发展缓慢。1980年印人党成立时,主要代表印度北方印地语地区几个邦,后来从北方到南方,影响力拓展至全国。2003年党员人数已经高达3000多万。2014年,印人党已经成长为国大党替代性力量。2014年印人党击败国大党组建中央政府后,迅速发起"扩党运动",党员数量从3350万人飙升至1.1亿人。2020年7月印人党再次扩员,党员人数升至1.8亿。

印度共产党1920年在塔什干成立,当时是一支海外流亡共产党。1925年印度共产党在本土成立。1934~1942年印共被英国政府宣布为非法,政党活动和发展规模受到极大压制。1942年解禁之后,党员规模达到4500人左右,1943年初增加至9200人,1943年年中增加为1.5万人,1945年为3万人,1947年为6万人。印度独立后,印共党员的增长速度逐渐加快,从1948年的8.9万人,增长到1957年的12.5万人。1964年印共出现了一次重大的分裂,分裂为印共和印共(马)。后来在印度共产主义运动中扮演重要角色的印共(马)在1964年成立时党员是11万人,1978年上升为16万人,1992年增至60万人,1997年为71万人,2002年十七大时达到80多万人,2006年达到94万人。根据印共(马)的官方数据,目前党员人数为106万。据不完全统计,包括印共(马)在内,当前印度各支共产党党员总量维持在200万左右。

印共在全印度力量分布失衡,特别是在广大的印地语地带整体力量薄弱。1967年4月,印共中央委员会会议指出:"党的整体力量薄弱,这些较为稀薄的力量主要分布在喀拉拉邦、西孟加拉邦、特里普拉邦、安得拉邦和

---

① 曹小冰:《印度特色的政党和政党政治》,当代世界出版社,2005,第159页。

泰米尔纳杜邦。而在其他地区，从严格意义上讲，共产党的力量根本算不上一支有组织的政治力量。"1978年，印共（马）在西孟加拉邦和喀拉拉邦的党员数量占党员总数的68.5%，1991年这一数字变成71.8%。2000年以来，印共（马）在喀拉拉邦、西孟加拉邦、特里普拉邦、安得拉邦和泰米尔纳杜邦的党员人数占党员总数的89.5%。

印共（马）及其领导的左翼民主阵线在喀拉拉邦、西孟加拉邦和特里普拉邦长期执政，尽管未在中央执政，但在印度政坛仍有一席之地——排在国大党和印人党之后，属于印度政坛中"第三力量"。印共（马）及其领导的左翼民主阵线在西孟加拉邦实现了长达34年连续执政，在喀拉拉邦实现了和国大党轮流执政，在特里普拉邦实现自1993年到2018年长达25年连续执政。

另外一支不可忽视的共产党力量——印共（毛），自2004年合并成功以来，力量分布于28个邦中的22个，其核心力量集中在切蒂斯格尔邦、比哈尔邦、西孟加拉邦、贾坎德邦和安得拉邦。

二 印度共产主义运动中的政治路线与理论纲领

1947年印度独立伊始，印度共产主义运动就已经出现了裂隙。印度共产党激烈反抗的头号敌人英国殖民力量退出南亚次大陆前后，针对时代特征、印度社会性质和矛盾、革命手段和革命目标，印共展开一系列讨论。随后，围绕印度是否获得了真正的独立，共产党内部出现分歧：一部分人认为，英国人撤出后，印度获得了真正的独立；另一部分人将这场独立称为"假独立"——帝国主义仍然通过代理人间接统治印度，印度从一个旧殖民主义国家变为新殖民主义国家。从20世纪50年代中期开始，围绕"国大党统治的性质"，印度共产主义运动中的分歧加剧了。在新的历史背景下，共产党人应该与世俗资产阶级国大党合作并结盟，还是应该发动武装斗争推翻政权？围绕对国大党的认识分歧，1964年印共发生了第一次分裂。反对国大党的共产党力量派别被迫更名为"印度共产党（马克思主义）"，支持国

大党的共产党力量保留"印度共产党"的名称。① 1969 年，印共（马）中主张暴力推翻国大党统治的激进分子，又成立了印度共产党（马克思列宁主义）[简称印共（马列）]。

印共、印共（马）和印共（马列）分别代表印度左翼意识形态光谱上的右翼、中左翼和极左翼。印共和印共（马）在后来的议会道路中取得了相当的成就，而印共（马列）的武装斗争道路也对印度政治产生了深刻的影响。尽管印共（马列）后来又多次出现分化重组，但印度共产主义运动的力量格局和意识形态格局已基本奠定。印共（马列）在纳萨尔巴里起义失败后碎片化，后在 21 世纪重新在印度全境整合为印度共产党（毛主义）[简称印共（毛）]。

"冷战"结束以来，走议会道路的民主社会主义路线逐渐行不通，无论是欧洲的社民党还是美国的民主党，都在这一时期转向了新自由主义发展模式。在印度，通过议会政治在三个邦执政的印共（马）及其领导的左翼联盟虽然较好地执行了土地改革，但是由于缺乏中国和苏联那种强有力的国家政权，在推动工业化和发展经济方面收效甚微，21 世纪以来也不得不采用某些新自由主义手段来发展经济，从而丢失了大量传统选民，并被民粹主义和印度教民族主义政治力量所取代。与此同时，走武装斗争道路的印共（毛）由于迅猛发展，成为国大党政府和印人党政府的国内头号政治威胁，印共（毛）由此也成为印度政治版图中不可忽视的力量之一。比较中左翼的印共（马）和极左翼的印共（毛）的纲领和路线，有助于我们深入了解长久以来印度共产主义运动中的主要思想理论争论，并在此基础上深入理解印度共产主义运动的现状。

按照经典马克思主义，对所处历史时代的、社会性质和革命性质作出战略判断，是共产主义政党制定方针、政策、路线的理论基础。

在对帝国主义的认识上，印共（马）认为，21 世纪的中心矛盾仍然是

---

① 王静：《印度共产党（毛主义者）的理论与实践研究》，社会科学文献出版社，2016，第 54 页。

帝国主义与社会主义之间的矛盾。苏联解体后，执行新自由主义政策的帝国主义加大了对全球的统治力度。在新自由主义全球攻势下，帝国主义国家同第三世界国家的矛盾不断加剧。印共（马）认为，以尼赫鲁为首的资产阶级国大党左翼，冷战时期在美苏之间左右逢源，但是在苏联解体后基本上投入帝国主义的怀抱。① 在对印度社会性质和革命性质的判断上，印共（马）认为独立后，资产阶级的双重性质体现在与地主阶级结盟，以及与帝国主义相冲突和勾结。在印共（马）看来，发达国家的资本主义都是在前资本主义社会的灰烬中成长起来的，但印度的资本主义在很大程度上是强加在前资本主义社会之上的。不论在英国殖民统治时期，还是在印度独立之后，资产阶级都没有尝试粉碎前资本主义社会。因此，现在的印度社会是垄断资本主义统治与种姓、社群和部落民的独特结合。印共（马）认为，在工人阶级领导下，要团结一切可以摧毁前资本主义的进步力量促成民主革命的完成。印共（马）主张进行由工人阶级组织和领导的反帝、反封建、反垄断性质的"新型人民民主革命"。"新型人民民主革命"的首要任务是实行彻底的土地改革；第二个紧迫任务是摆脱帝国主义和垄断资本主义的控制。在印共（马）看来，大资产阶级领导下的资产阶级和地主阶级政府无法建设社会主义，只有在无产阶级领导下才有可能走向社会主义。但是，鉴于印度经济发展水平，工人阶级及其组织政治思想的成熟程度，摆在人民面前的任务是联合所有反封建、反垄断、反帝力量，建设工人阶级领导的、基于工农联盟的人民民主。最重要的目标是用人民民主国家取代现有的资产阶级地主国家。只有这样才能完成印度革命尚未完成的民主任务，为国家走上社会主义铺平道路。② 在革命手段的选取上，印共（马）认为，工人阶级及其盟友将通过和平手段——发展强大的革命运动，结合议会和议会外形式的斗争，实现人民民主的建立和社会主义的改造。在印共（马）看来，尽管印度的议会制度是资产阶级统治的一种形式，但议会制也体现了进步，为人民维护自身利

---

① CPI（M），"Party Programme"，https：//cpim.org/party-programme.
② 王静：《印共（毛）的思想理论和战略战术》，《重庆邮电大学学报》（社会科学版）2015年第1期。

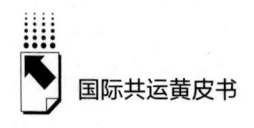

益提供了一定机会。鉴于此，印共（马）主张成人普选权、议会和立法机关可以作为人民政权为民主权而斗争的工具。①

在对帝国主义的认识上，印共（毛）旗帜鲜明地认为，当今世界"基本上是帝国主义时代"。"自马列毛定义的资本主义和帝国主义以来，世界确实发生了一些重要变化或新发展。然而，关于时代的特征，我党认为没有本质的变化，仍然是帝国主义和无产阶级革命时代。"同时，印共（毛）也指出，帝国主义发生了一定的变化，但主要是"控制方法的变化"。"二战以后的时期里，帝国主义采取了'新殖民主义'的形式，在20世纪80年代又采用了'帝国主义全球化'的形式。"印共（毛）认为，与旧殖民主义相比，这些新形式仅仅是控制方法、控制手段的变化，帝国主义的本质和基本特征没有变化。而帝国主义的新特点造就了更有利的革命形势，落后国家将成为世界革命风暴的中心，帝国主义的唯一替代是无产阶级革命。② 在对印度社会性质和革命性质的判断上，印共（毛）对印度社会的基本性质和基本矛盾有着非常鲜明的分析。印共（毛）认为，"1947年的'独立'是个谎言"，不过是英帝国主义者将其权力转移到其忠实的代理人——代表官僚买办资产阶级和大地主阶级的国大党手中。当今印度社会仍然是帝国主义执行新殖民主义间接统治、剥削和控制下的半殖民地半封建国家。印度社会存在四大主要矛盾：（1）帝国主义与印度人民之间的矛盾；（2）封建主义和广大人民群众之间的矛盾；（3）资本家与工人阶级之间的矛盾；（4）统治阶级之间的矛盾。这四大矛盾之中，前两大矛盾是主要的基本矛盾。这两大矛盾必须用新民主主义手段解决。印共（毛）的指导思想是马列毛主义。印度社会的第二大矛盾即封建主义与广大人民群众之间的矛盾被印共（毛）视为当前主要矛盾，需要通过武装的土地革命，即持久人民战争来解决。印共（毛）主张，印度革命要经历两个阶段：第一个阶段的任务是通过解决

---

① 王静：《印共（毛）的思想理论和战略战术》，《重庆邮电大学学报》（社会科学版）2015年第1期。

② 王静：《印共（毛）的思想理论和战略战术》，《重庆邮电大学学报》（社会科学版）2015年第1期。

印度当前社会的两大基本矛盾，使半殖民地半封建社会转变为独立的新民主主义社会。"新民主主义革命的核心是土地革命。""新民主主义革命为资本主义开辟了道路，为社会主义创造了必要条件"；第二个阶段则要建立社会主义制度，并为在世界范围内实现共产主义的崇高目标而前进。① 革命手段的选取上，在印共（毛）看来，印度根本不存在资产阶级民主。印共（毛）总结历史过程认为，印度50多年以来的历史经验证实，任何试图利用议会来批判议会制度的想法本身是一种妄想，任何想利用议会的企图都是幻想。印共（毛）主张，人民群众通过持久人民战争道路获得政权，这是解决一切问题的关键，印度走武装革命斗争道路具有历史必然性。②

三 印度共产主义运动的政治实践与历史成就

印度独立以来，印度共产主义运动所取得的政治实践成果主要可划分为议会道路的地方执政成就和武装斗争建立平行政权两个方面。

（一）印共（马）的地方执政成就

喀拉拉邦 在喀拉拉邦，共产主义运动有着悠久的传统，可以说是与该邦的历史并行发展的。喀拉拉邦的历史与共产党领导的共产主义运动存在深刻的内在联系，共产主义运动不仅在邦的政治历史上，也在其社会文化结构的形成过程中留下了不可磨灭的印记。

喀拉拉邦于1956年基于马拉雅拉姆语形成。独立前，印度共产党曾领导该地区农民进行了长达几十年反对封建地主制的斗争，形成了一定的阶级基础。在该地区工人和农民运动的支持下，印度共产党赢得了1957年第一次议会选举，组建了全世界第一个通过选举上台的共产党地方政府。执政后

---

① 王静：《印共（毛）的思想理论和战略战术》，《重庆邮电大学学报》（社会科学版）2015年第1期。
② 王静：《印共（毛）的思想理论和战略战术》，《重庆邮电大学学报》（社会科学版）2015年第1期。

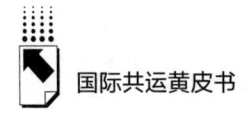

的共产党推出了土地改革法——《喀拉拉邦土地关系法案》。该法案内容包括：向农民提供永久土地所有权，规定土地持有上限，确定合理的租金，给予佃农购买耕种土地的权利。① 喀拉拉邦实施的土地改革法塑造了喀拉拉邦几十年的社会政治生活。1969 年全国《土地改革修正法案》通过时，只有喀拉拉邦对土地改革进行了贯彻执行，而在其他邦，土地改革仅停留在纸面上。喀拉拉邦的土地改革打破了占主导地位的种姓地主制，提高了广大农民和农业工人的生活水平；对教育和医疗卫生的公共投资促使识字率和健康指标大幅提高。从 20 世纪 70 年代中期开始，国际学术界注意到喀拉拉邦的历史性进步，并由此提出了"喀拉拉模式"的概念。

西孟加拉邦 印巴分治后，大量难民从巴基斯坦流向印度西孟加拉邦。西孟加拉邦的共产党人站在战斗的最前线，为难民申请住房和投票权。共产主义者在 20 世纪 50 年代领导了一场食品运动和反对驱逐佃农、保护佃农土地的运动，这些政策使得越来越多的穷人支持共产党。1977 年，印共（马）和印共以及其他一些左翼政党组成的联盟——左翼民主阵线赢得选举并组建了政府，由乔蒂·巴苏担任首席部长。此后整整 34 年内，共产党人不断赢得选举胜利并领导西孟加拉邦政府。在政治上，左翼民主阵线政府通过土地改革和农村地方自治改变了农村阶级力量对比，极大地削弱了地主和放债人的统治地位。在很长时间内，贫农、贱民和部落民在议会中所占的比例远远超过其在人口中的比例。左翼民主阵线政府推进了土地改革措施，从而确立了佃农的权利。在印度《土地改革法》颁布后，受益者总数中的 50% 来自西孟加拉邦②，从这一事实可以看出左翼民主阵线在西孟加拉邦实施土地改革方案的规模和绩效，也可以看出国大党政府土地改革的失败。复兴农业是西孟加拉邦左翼民主阵线政府的另一项重要成就。由于农村公共投资的大幅增加，原本只

---

① One Hundred Years of the Communist Movement in India, SEPTEMBER1, 2020, https://www.thetricontinental.org/dossier-32-communist-movement-in-india/.
② One Hundred Years of the Communist Movement in India, SEPTEMBER1, 2020, https://www.thetricontinental.org/dossier-32-communist-movement-in-india/.

收获一季作物的土地每年能够收获三季作物,西孟加拉邦由此成为印度大米的主要生产地。

特里普拉邦　长久以来,印度东北部各邦军事叛乱频发。与之形成鲜明对比的是,左翼政府治理下的特里普拉邦的军事叛乱却得到有效控制。保护部落民的权利以及实现了部落和非部落人民之间的团结,是特里普拉邦共产主义和民主运动最重要的亮点。

1947年印巴分治之后,来自东孟加拉的孟加拉人大量涌入,逐渐改变了特里普拉邦的人口结构。外来的孟加拉人数量超过了土生土长的部落民,超过40%的部落民土地被政府拿走用于难民安置,部落民日趋边缘化。这引发了孟加拉移民和部落民之间长久的对抗。20世纪70年代末80年代初,以"特里普拉民族志愿军"和"特里普拉民族解放阵线"等为代表的反抗武装大量涌现。

印共(马)领导的左翼民主阵线于1978年在特里普拉邦掌权。左翼民主阵线政府发起了一系列包括全面实施土地改革在内的措施,其中着重点是停止非法转让部落土地,恢复部落土地,通过《1979年土地改革立法修正案》确保佃农的权利,并将多余土地重新分配给无土地者和贫困农民。左翼民主阵线政府通过经济和政治手段,诸如大规模政治运动、反叛乱措施和推动部落地区发展,逐渐消除了暴力武装存在的土壤。此外左翼政府还帮助部落民引进了可大规模种植的橡胶,并建立了保障部落民权利和身份的"特里普拉部落地区自治区域委员会"(TTAADC)。这两个政策设计有效将边缘化的部落民纳入政治主流。总体来看,特里普拉邦在扫盲、教育、卫生、人均收入和民主分权方面取得了重大成就。

(二)印共(毛)通过武装斗争建立的平行政权

印度共产主义运动史上有三次武装斗争高潮,分别是:1946~1951年特伦甘纳农民武装斗争;1967~1971年"纳萨尔巴里运动";2004年至今印共(毛)领导的席卷半个印度的"毛主义运动"。"纳萨尔巴里运动"主

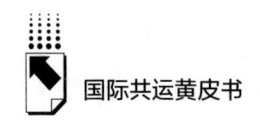

要由印共（马列）领导，后以主要领导层遭到削弱为转折点走入低潮。后马宗达时代的"纳萨尔巴里运动"经历了一系列的冲突、分裂与合并，构成21世纪印度"毛主义运动"复兴的前奏和基础。

马宗达去世后，印共（马列）不断陷入新的分裂。"人民战争集团"是后马宗达时代"纳萨尔巴里运动"所有的分裂派别中最重要的一支力量。今天印度毛主义运动所执行的主导路线就是"人民战争集团"的思想路线。可以说，今天毛主义运动之所以成为印度政府在国内的最大的安全威胁，印共毛主义运动"平行政权"的建立，都可以归因于"人民战争集团"当年的战略，正是"人民战争集团"的出现，推动了整个印度毛主义运动战略的一系列调整。

"毛主义共产党中心"是印度毛主义运动光谱上的另外一支重要政党。"毛主义共产党中心"成立于1969年10月20日，属于"纳萨尔巴里运动"的一部分，但由于与印共（马列）之间的战略分歧，该党从未加入被视为毛主义共产党之母的印共（马列）。"毛主义共产党中心"发源于印度的西孟加拉邦，在将近30年间该党吸收和团结了印度众多的革命者和革命团体。该党将武装斗争作为主要斗争形式，将发动持久人民战争作为党的主要任务。2003年"毛主义共产党中心"与"印度革命共产党中心－毛主义"合并为"印度毛主义共产党中心"。[①]

"人民战争集团"始于安得拉邦和泰米尔纳杜邦，在将近30年间团结了几乎全国各地的革命者，其组织网络延展至全国各邦。2004年9月21日，印共（马列）"人民战争集团"和"印度毛主义共产党中心"合并为印度共产党（毛主义），即印共（毛）。

印共（毛）自2004年成立以来，活动遍及印度40%的国土，主要集中在中部、东部和南部的多个邦。根据印度官方估算，这支武装大约有5万名战斗人员。

---

① 王静：《新世纪的印度"毛主义"运动》，《世界知识》2017年第12期。

四　印度共产主义运动百年反思

（一）关于和国大党争夺民族独立运动领导权问题

印度共产党人是印度完全脱离英国统治主张的主要传播者。国大党内部存在温和派和极端派的斗争，温和派不赞成完全独立，极端派则赞成完全独立，在大多数情况下，温和派在国大党中占主导地位。在拉合尔会议上，在共产党和尼赫鲁等国大党左翼领袖的压力下，甘地被迫承认了完全独立的决议。在民族独立斗争的整个阶段，共产党人独立地领导了工农运动，并同国大党一起，成为民族革命斗争的主要力量。

尽管做出巨大牺牲，并且在独立斗争中发挥了积极作用，共产党人仍未能成为民族独立运动的领导者或决定性力量。一个重要原因在于，印度共产党在"退出印度"运动中犯了历史性的错误。第二次世界大战爆发时，英国将印度拖入战争，战争给印度人民带来了巨大的灾难。印度共产党坚决反对战争，并组织了大规模抗议活动，英国政府开始大规模逮捕共产党人。到1941年5月，几乎所有的印度共产党领导人入狱了。但是，在纳粹德国于1941年6月22日对苏联发动进攻之后，战争的性质发生了变化——从帝国主义之间的战争变成了全世界范围内的反法西斯战争。共产国际呼吁所有国家的共产党"认识到希特勒法西斯主义是主要的敌人，苏联与英美联盟发动的战争是一场为了捍卫世界革命基础的战争"。

随着日本军队向印度推进，并占领了属于英国占领区的新加坡、缅甸、马来西亚和安达曼群岛，日本入侵的威胁越来越大。为了迫使英国迅速妥协，国大党发起了"退出印度"运动，要求英国殖民统治者必须"退出印度"。然而印度共产党人反对国大党倡导的"退出印度"运动。面对法西斯势力的全球推进，他们认为这一呼吁不合时宜，担心英国人空缺的位置可能被日本帝国主义填补，反法西斯同盟的削弱会对反法西斯战争产生负面作用。也鉴于此，1942年7月英国当局解除了自1934年以来对印度共产党的

禁令。印度共产党的这一举动导致自身丧失了渴望与英国人开展一场毫不妥协战斗的爱国者的支持，给印度人民留下了共产党人并不急于推翻英国统治的印象。1943年，印度共产党召开第一次代表大会，提出一切为了反法西斯斗争的需要，与英国人全面合作。①

印度独立后，印度共产党对二战中的这一立场进行了反思，认为自身在"退出印度"运动中犯了严重的错误。在国际范围内支持人民战争的同时，共产党人应该支持印度人民要求英国殖民者"退出印度"的正义主张。

印度共产党在二战中的失误与盲目听从苏联的指示有关。与印度面临的局面类似，在1937年12月中共中央政治局会议上，王明代表共产国际曾提出"一切服从抗日民族统一战线"的右倾路线，这些错误主张被毛泽东所代表的领导人所抵制，否则中国共产党也会在抗日战争中面临边缘化的局面。对于印度共产党不能成功领导印度独立运动，印度共产主义运动创始人之一穆贾法尔·阿迈德在他的回忆录中反思，主要问题是印度共产党在理论上的缺乏："我们的领导人在理论上不如中国共产党领导人认识深刻……我们关于工人阶级在民主革命中的领导权问题、阶级与种姓的关系、民族问题、国际主义与民族主义的关系、资产阶级的作用的理解认识水平不高，在某些情况下做出的判断是非马克思主义的和非辩证的。"②

归根结底，印度共产党当时并没有从理论上提出无产阶级在民族革命和民主革命中的领导权问题，其赞成并追随印度资产阶级民族主义，从未做出通过工人阶级领导取得独立运动胜利的决议。由于印度资产阶级民族民主革命的不彻底性，印度独立后封建主义、殖民主义的遗毒未得到全面的清理，印度共产主义运动始终面临着未完成的革命任务。与之形成对照的是，中国共产党在革命进程中，通过马克思主义基本原理与中国革命实践的结合，实现了理论创新，提出了"新民主主义论"，在

---

① One Hundred Years of the Communist Movement in India, SEPTEMBER1, 2020, https://www.thetricontinental.org/dossier-32-communist-movement-in-india/.
② One Hundred Years of the Communist Movement in India, SEPTEMBER1, 2020, https://www.thetricontinental.org/dossier-32-communist-movement-in-india/.

第三世界国家率先成功地实现了通过新民主主义革命向社会主义社会的过渡。

（二）未能实现马克思主义基本原理与印度本土实践的有机结合

印度独立以来，印共的数次大分裂，对印度共产主义运动产生了极为严重的不利影响。理论的分歧是组织分裂的重要根源，结合国际共产主义运动史可以发现，印度共产主义运动议会道路的代表——印共（马）——当时深受苏联赫鲁晓夫"和平过渡"理论的影响，因此在实际政治实践中较多地依赖议会模式，虽然依靠印度共产主义运动强大的影响力取得了很多成就，但是并未成功地探索出印度版本的社会主义道路。

作为印度共产主义运动的另一支重要力量，印共（马列）及后来的印共（毛）在理论上更多地借鉴了中国共产党革命斗争时期的理论资源。然而，如果说20世纪前半叶中印两国有很多相似之处，那么印度独立后的国际环境和国内政治经济条件已经与独立前有很大的不同。借鉴中国革命道路，仍然需要有一个印度本土化的过程。但即便是与武装革命时期的中国共产党相比，印共（毛）在辩证地处理武装斗争和统一战线相互关系方面的能力仍然是欠缺的，这体现在印共（毛）在城市范围内影响力较小、在小资产阶级和民族资产阶级中缺乏足够的支持者等众多方面。

总之，由于缺乏理论创新能力，印共（马）丧失了大批更加激进的共产党人的支持，而印共（毛）相对激进的理论主张，也并没有在印度共产主义运动中获得压倒性优势。在几十年的历史发展进程中，两支共产主义力量虽然一度形成了各自富有生命力的势力范围，但是二者相互攻击、互相抵消，比如印共（毛）曾经长期批评并抵制印共（马）的议会选举，而印共（马）也曾经积极支持并参与国大党政府对印共（毛）发动的围剿。这种对印度共产主义运动发展非常不利局面的出现，与今天国际共产主义运动整体处于低迷状态不无关系，但印度共产主义运动本身的内部缺陷仍然是最主要的因素。

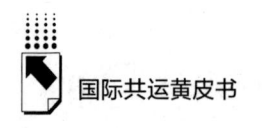

(三)组织建设的羸弱导致印度共产主义力量始终无法集中统一

组织建设始终是困扰印度共产主义运动的重要问题。印度独立以来,共产主义运动在印度一度发展迅猛,但是由于自身思想理论和组织建设的不成熟,无论是外部的冲击还是内部的分歧,都导致印度共产主义运动根本性的分裂乃至碎片化趋势。与其他各大国的共产党相比,印度共产党的分裂显得格外突出。

1947年前后,印度共产党内部围绕应采取何种态度对待尼赫鲁政府产生了旷日持久的分歧和争论。在1962年中印边界军事冲突及中苏论战的全面升级冲击下,印度共产党在1964年产生了大分裂,由此导致了印共(马)的产生。1969年印共(马)中又分裂出印共(马列)。"纳萨尔巴里运动"失败后,印共(马列)到80年代初已经分裂成大小27个派别。这些不断分裂和碎片化的过程,极大地消耗了印度共产主义运动的基本能量,使印度共产主义运动的内在潜力没有在印度政治实践中得到最大程度的发挥。

对于自身组织建设的不足,印共(马)也逐渐有了明确和清晰的认识。2019年大选受挫后,印共(马)反思失败原因时认为:"党未能扩大政治影响力、增强组织力量、增强政治干预能力。"①

在一些选区,印共(马)所得票数甚至远远低于该地区外围群众组织数量。这就出现了一个矛盾的现象,印共(马)党员和群众组织人数在不断增加,但其组织力和号召力并未提高。

莫迪政府执政以来,世纪现象级大罢工、学生运动和农民抗议活动频发。尽管有大量民众被动员起来参与罢工,但参与罢工的工人和抗议群众并未转化成印共(马)的选民。这说明通过媒体宣传和政治宗教动员,很多印度工人和群众对穆斯林等群体的仇恨远远大于新自由主义政策(而这恰

---

① CPI(M), Review of the 17th Lok Sabha Elections, http://cpim.org/review of the 17th lok sabha Elections.

恰是其贫困的根源），由此可见印人党挑唆教派冲突的策略比印共（马）的左翼议会政治模式更加成功。

参考文献

1. 〔美〕奥佛斯特里特、文德米勒：《印度的共产主义运动》，商务印书馆，1964。
2. 王静：《印度共产党（毛主义者）的理论与实践研究》，社会科学文献出版社，2016。

Y.19
不断发展壮大的南非共产党

刘向阳*

摘　要： 南非共产党（SACP）是当今诸多资本主义国家中的百年大党，虽然几起几落，但是坚持团结统一，组织规模不断扩大，对南非政治事务的影响力不断增强。SACP参与领导南非民族民主革命，致力于南非各民主进步力量的团结合作，为反种族主义的斗争提供理论、纲领和策略的指导。SACP领导非国大的"民族之矛"，在南非民主突破中发挥重要作用。民主突破后，SACP参与国家管理，探索南非特色的社会主义理论，为未来社会主义创造一些条件和机会。SACP面临的主要困难和挑战有南非及非洲大陆普遍存在的反共倾向、南非的社会主义基础薄弱和党自身发展的问题等。

关键词： 南非共产党　非国大　执政联盟

南非共和国位于非洲大陆的最南端，有"彩虹之国"的美誉，也有种族隔离之恶名。南非共产党（South African Communist Party，SACP）从1921年成立起就致力于反对种族主义的斗争。1994年南非民族团结政府建立，南非共产党作为三方执政联盟的一方，从此成为"参与国家管理的党"。近年来，南非共产党的党员人数不断增加，对南非政治事务的影响力不断扩

---

* 刘向阳，中国社会科学院马克思主义研究院助理研究员。本文审读专家：中共中央党史和文献研究院许宝友研究员。

大，SACP 继续巩固和深化南非民族民主革命的成果，同时探索未来南非的社会主义发展道路。

一 南非的政治生态图谱

南非陆地面积 122 万平方公里，自然资源丰富，其矿产资源以种类多、储量大、产量高而闻名于世。南非是非洲大陆最大、最发达的经济体，因经济相对自由开放，南非成为国际资本投资的热点地区。1967 年南非进行世界上第一例心脏移植手术，2020 年新冠肺炎疫情期间，南非从 8 月起自行生产 2 万台无创呼吸机，成为非洲首个能自行设计和生产无创呼吸机的国家。南非的农业、工业、金融、基础设施的现代化程度较高，能够生产猎豹战斗机、号角主战坦克和军舰，甚至能够制造原子弹。从非洲大陆来说，南非"彩虹之国"的美誉名不虚传。

同时，种族隔离的遗毒、贫富悬殊与各种矛盾冲突成为南非政治生活的常态。据 2020 年南非统计局预测，南非全国人口为 5960 万，黑人占南非总人口的绝大多数，达到 80% 以上。世界银行 2018 年发布的贫困及不平等报告显示，南非的贫富差距最大。南非最富有的 10% 人口占据财富的 71%，而最贫穷的 60% 人口仅占据 7% 的财富。南非大多数可耕种土地在白人手中，占总人口 7.8% 的南非白人拥有全国 72% 的土地，而占总人口 80.8% 的黑人只有 4% 的土地。① 长期以来处于弱势地位的南非黑人，在种族隔离制度被废除后的今天，仍属于低资产、低技术、低工资、高失业群体，种族矛盾越发突出。南非共产党总书记布莱德·恩齐曼德（Blade Nzimande）在第 19 次世界共产党和工人党国际会议的发言中指出，南非资本主义政治经济结构中的深层扭曲是：高度集中的资本垄断；基于种族主义的经济结构与种族隔离时代的社会结构一样坚固；南非仍然是全球资本主义链条上半外围的商品输出

---

① 数据来源于《南非民主廿五年 种族平等梦仍远》（《大公报》2019 年 5 月 13 日），根据南非国家统计局报告（http://www.statssa.gov.za）修改。

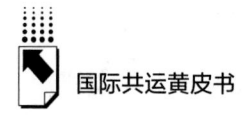

国。这些结构性特征的相应结果是，基于种族的失业、不平等和贫困仍在继续。

南非2019年第六次全国大选中，参加竞选的党派48个，分别代表不同的种族和阶层。登记选民达2675.7万，实际参与投票的人数1767.2万，投票率连续下降至66.05%。以（南非）非洲人国民大会（ANC）为首的"3+1"竞选联盟获得57.5%的选票，但支持率连续下降；民主联盟以20.77%的得票率维持第二大党地位；第二次参与全国大选的经济自由战士党获得10.79%的得票率，继续保持国民议会第三大党地位，在南非的政治影响明显上升；排名第四的因卡塔自由党支持率连续下降为3.38%。[①] 南非共产党参加以非国大为首的联合竞选，没有单列得票率，被公认为南非的第四大政党。

非国大在1994年民主转型后的南非政治格局中一直处于主导地位。南非大多数黑人支持非国大，一是受种族认同的影响，二是因为非国大在改变广大黑人经济边缘地位上所取得的成绩。此外，南非共产党、南非工会大会等政治力量的支持，也是非国大长期执政的重要原因。非国大在南非民主转型之前深受南非共产党的影响，现在非国大和南非共产党的政治联盟依然巩固，在非国大和各级政府中任职的南非共产党党员有很多。但两者之间的矛盾和分歧日益明显，如南非共产党指责非国大高高在上"吃老本"、党内派系斗争、联盟内耗加剧，等等。

民主联盟、经济自由战士党和因卡塔自由党是南非政治生活中的三大反对党。民主联盟于2000年由民主党、联邦联盟党和新国民党三党合并而成，主要成员为白人，代表荷兰裔白人农牧场主和英裔白人工商金融界利益，也反对种族主义。民主联盟长期在西开普省执政，通过直接执政或与其他政党联合执政取得了许多市政的控制权。为淡化其白人政党色彩，民主联盟不断吸纳黑人党员，现任党主席也是黑人。经济自由战士党由朱留斯·马勒马（Julius Malema）于2013年建立，他曾担任非国大青年联盟主席，因与前总

---

① 张凯：《大选落定 南非政治走向新变化》，《中国投资》（中英文）2019年第10期。

统祖马的政治分歧而被开除出党。该党主张进行彻底的经济解放，如无偿征收白人的土地，对白人控制的矿山、银行等实行国有化。因卡塔自由党是以夸祖鲁－纳塔尔地区的祖鲁族为主的黑人民族主义政党，与非国大在政策主张上存在很大分歧，推崇以地区自治为核心的联邦制。该党曾经充当白人种族政府对付非国大的筹码，后来又与民主联盟联手参加地方竞选。

南非共产党坚持社会主义的工人阶级政党性质，与非国大结成政治同盟，在争取民族独立和反种族主义斗争中不断发展壮大。2012 年党的第十三次全国代表大会召开时党员为 154220 人，2017 年十四大召开时人数达到 284554 人。截至 2019 年 12 月党员近 32 万人[①]，支部众多，组织健全，党员的性别、年龄等结构比较合理。南非共产党十四大组织报告中的党员资料表显示，女性党员占 45%，20 岁到 59 岁的党员为 82%。南非共产党认为南非是一个经过特殊殖民主义发展的、依附性较强的资本主义社会，当前的任务是推进以黑人彻底解放为目标的民族民主革命。

从意识形态来说，非国大自我定位为"社会民主党"，决心走宪政民主之路；民主联盟偏向"自由主义"，同时带有社会民主党色彩；经济自由战士党自称是马列主义和法农主义（黑人至上的泛非社会主义）者，但是在 2016 年南非地方选举后该党与民主联盟联手对付非国大，甚至号召"拿起枪杆子推翻南非政府"；因卡塔自由党曾经是南非共产党极力争取和团结的对象，因该党的地方主义和部族主义抗拒历史潮流，在南非难有前途。南非共产党追求的是阶级革命，主张黑白同志团结。而经济自由战士党追求的是种族革命，是完全排斥白人的黑人至上主义政党。经济自由战士党指责南非共产党包庇白人，后者则称两党是资本家利益的代言人，马勒马是（黑色）种族主义的"法西斯"。在南非的政治生态图谱中，执政党与反对党之间、各反对党之间、执政联盟内部，利益诉求不同，矛盾冲突在所难免。南非的现实政治生活比较复杂，仅从意识形态来区分，难以一概而论。

---

① SACP 4th Special National Congress（December 2019），"…Representing 319000 Party Members…" https：//www.sacp.org.za/.

二 南非共产党的百年奋斗历程回顾

南非共产党长期处于严峻复杂的斗争环境中，审时度势，以灵活的策略战术参与领导南非民族民主革命，对南非民族民主运动始终保持着强大的影响力。南非共产党加强自身团结统一，致力于南非各民主进步力量联合行动，组织反对种族主义的统一战线。南非共产党以大局为重，竭力促成各方进行和平谈判，在南非民主突破进程中发挥了重要作用。

（一）参与领导南非民族民主革命

1921年南非几个白人革命团体在开普敦联合召开会议，组建南非共产党。到1928年黑人党员占绝大多数。二战期间，南非共产党反对国际法西斯主义和南非政府的法西斯倾向，赢得白人小资产阶级阶层和许多工会活动分子的支持，党的力量得到恢复。1946年南非共产党再次组织兰德矿工大罢工，显示了南非共产党领导下的工人阶级的巨大力量和战斗精神。大罢工之后，南非政府逮捕了南非共产党总书记和中央委员会全体成员，并对他们进行了长达两年的审判。1949年南非共产党首次参加南非联邦议会竞选，有两名党员当选议员，此次事件引起南非白人种族政府极大恐慌。1950年5月，南非执政当局颁布《镇压共产主义条例》，宣布共产党为非法组织。该条例把南非联邦内包括真正的共产党员和不是共产党员在内的九种人全部认定为共产党员，并特别规定：因共产主义活动而被指控的人，在没有证明自己无罪之前就被认为有罪。从此，南非共产党失去公开合法地进行反对种族主义斗争的条件。面对如此严峻的局面，南非共产党中央在未征询基层组织意见的情况下做出关于党自行解散的决议，但是许多党员仍然以非国大等合法组织作掩护继续从事斗争活动。1953年初，南非共产党重新秘密建立党的地下组织，并改为现名。秘密重建后的南非共产党同时采取公开和地下两种方式进行斗争。但是，随着白人种族当局不断加大对南非共产党的打击力度，越来越多的领导人被捕，地下组织也日益受到严重破坏，大部分领导人被迫长期流亡国外。尽管如此，南非共产党对南非民族民主运动始终保持着强大的影响力。1990年2月南非当局宣布解除对南非共产党的禁令，1991年12月南非共产党在约翰内斯堡召开第八次全国代表大会，这是南非共产党被禁41年以来首次在国内进行的合法活动，标志着南非共产党进入新的发展阶段。①

南非共产党参与领导南非的民族民主运动，为南非人民反种族主义的斗争提供理论、纲领和策略的指导。即使在被南非当局血腥镇压的困难时期，南非共产党通过派遣党员秘密回国、在国内建立秘密组织等方式，直接参与领导学生、工人等群众性的反种族隔离运动。南非工会大会就是在南非共产党的影响下成立的，其反种族主义的斗争绝大多数是在南非共产党的直接和间接领导下发动的，其主要领导人是南非共产党员，其下属产业工会的领导层成员也有不少是南非共产党党员。1962年11月第五次全国代表大会通过《通向自由之路》新党纲，指出民族民主革命的基本内容是"（南非）非洲人的民族解放"。1979年11月党中央扩大会议提出，党的当前任务是建立包括一切爱国力量和反种族主义力量在内的广泛阵线，加强党同群众的联系，强调党是"以非国大为首的探索民族解放的革命联盟的重要组成部分"。1984年底第六次全代会强调党要在实践、政治和思想方面同工人运动相结合，以保证南非工人阶级"能够担负起从资产阶级手中夺取政权，进而建设一个社会主义的使命"。1989年6月第七次全代会的《通向权力之路》新纲领提出消灭民族压迫和争取社会主义斗争的战略方针，强调南非共产党是南非工人阶级的政治领导力量。第八次全代会指出，与白人统治当局进行多党制宪谈判的结果，不取决于谈判本身，而是取决于谈判方各自的实力。制宪谈判的基本方针，就是通过联合各种进步力量，积极创造参与国家管理的机会，掌握谈判的战略主动权。通过历届党代会的纲领和策略，南非共产党及时指导了南非人民反种族主义斗争的发展，鼓舞和坚定了南非人民斗争的信心和决心。

---

① 许宝友：《南非共产党与南非工人阶级》，《国际共运史研究》1992年第1期。

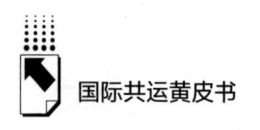

(二)坚持反对种族主义的团结合作

南非共产党从建党初期到现在,致力于南非各民主进步力量联合行动,组织反对种族主义的统一战线。1929年在南非共产党倡议下,成立"非洲民族权力同盟",非国大主席担任联盟主席,党的总书记为联盟书记。在被白人种族主义政府取缔期间,南非共产党仍然坚持联合南非其他进步力量推动反种族主义运动的深入发展。1955年南非共产党与非国大、印度人大会、(南非)非洲人民组织(有色人)、民主人士大会(白人)共同建立统一战线——"人民大会联盟运动",共同反对白人种族主义的统治。共同起草的斗争纲领《自由宪章》规定,反对种族主义斗争的目标是在南非建立一个代议制的民主政府,保证所有成年公民都有国家立法机关所赋予的选举权与被选举权,实现所有公民不分种族、肤色和性别一律平等。南非共产党认为,党是以非国大为首的探索民族解放的革命联盟的重要组成部分。除了与非国大、南非工会大会长期合作外,南非共产党与南非国内的非政府组织同盟、全国公民组织、印度人大会等组织也有密切合作。对以前的敌人因卡塔自由党,南非共产党在1991年八大上采取了团结合作而不是对抗的态度,使其支持成立新政府的立场。此外,南非共产党同国外许多进步组织建立了联系,发展了与各种社会运动组织、社区组织、非政府组织、宗教组织的团结合作关系。

(三)发力于南非民主突破的斗争

南非共产党领导非国大的"民族之矛",通过宣传鼓动与武装斗争相结合,使南非共产党与激进的工人和青年密切联系起来。1960年3月南非黑人反对《通行证法》的大规模游行示威遭到血腥镇压。南非种族主义政府决定以一切手段包括以赤裸裸的武力来镇压非洲人的非暴力斗争,使得和平、合法的斗争在南非无法存在。非国大和南非共产党不得不思考新的战略和斗争方式,号召以武装斗争推翻南非反动政权。1961年2月非国大授权曼德拉组建武装力量"民族之矛",其核心领导成员有后来担任南非共产党总书记的乔·斯洛沃和克里斯·哈尼等共产党员。"民族之矛"的领导小组认为南非存在"薄弱环节",现代化基础设施容易受到破坏,如大面积停电、交通阻断将造成经济生活的瘫痪,因此优先实施"破坏方案"。破坏经济设施,如有组织、有计划地破坏能源工厂,干扰铁路运输和电信业,吓跑外国资本,使南非经济遭受严重损失。这种对南非国家经济生活的极大消耗,无疑会促使选举人考虑自己的处境,迫使白人政府重新考虑其种族政策。在苏联等社会主义国家的援助下,"民族之矛"的战斗力大增,向南非当局发动强大攻势,迫使推行种族隔离的白人统治层回到谈判桌。"民族之矛"的重要性虽然一直是在政治上而不是在军事上,但是依然沉重打击了种族隔离反动势力。以非国大为代表的民族解放运动日益得到国内各个民主力量和国外进步力量的广泛支持,为后来的制宪谈判和民主大选获得胜利夯实了反种族主义的社会根基。

南非共产党作为制宪谈判中的一支主要力量,在谈判中发挥了重要作用。在南非制宪谈判中,斗争异常激烈残酷。1993年4月10日,南非共产党总书记哈尼在自己的寓所前遇刺身亡,时年50岁。哈尼因其反对种族隔离政权的战斗精神和激烈言行,在非国大的普通成员,尤其是黑人青年中享有很高威望。他当选南非共产党总书记以后,参加了与政府的和谈,并且采取了比以前温和得多的立场。[①] 哈尼遇刺事件险些在南非引发内战,但南非共产党仍然坚持既定方针,竭力促成各方进行和平谈判。南非民主大选之前,经过错综复杂的斗争,谈判各方最终就临时宪法达成协议。1993年12月南非议会通过了临时宪法,1994年4月南非举行了历史上首次平等、民主和多种族的大选,非国大以绝对优势赢得胜利。根据临时新宪法,非国大负责组阁,成立民族团结政府。南非民族团结政府的建立,标志着南非300多年种族隔离制度的彻底结束,也

---

① 许宝友:《已故南非共产党总书记——克里斯·哈尼》,《国际共运史研究》1993年第2期。

标志着南非人民反对种族主义统治的斗争取得决定性的胜利，为南非共产党以"和平为主"争取社会主义的革命方式创造了有利条件。

三 南非共产党取得的成就与面临的挑战

南非实现民主突破后，南非共产党通过参与国家管理、引领群众运动、扶助弱势群体等实践活动，取得了许多显著成就：一是组织规模不断扩大，二是对南非政治事务的影响力不断增强，三是形成具有南非特色的社会主义理论，四是为未来社会主义创造一些条件和机会。同时，南非共产党也面临许多困难和挑战，主要是南非及非洲大陆普遍存在反共倾向、南非工人阶级多层化、南非的社会主义基础薄弱和党自身存在问题等。

（一）近年来南非共产党取得的成就

1. 参与国家管理

对南非共产党来说，从非法状态到合法状态，再到参与国家管理，是质的飞跃。自1994南非民主政府建立以来，南非共产党成为以非国大为首的执政联盟的重要一方，成为"参与国家管理的党"，在社会生活中发挥重要作用，为南非人民争取民主和开创社会主义事业奠定了政治基础。

南非共产党对南非政治事务的影响力日益增强，突出表现为在议会中拥有较多议席、党员在各级政府中担任要职、党员以个人身份加入非国大等政治组织和群众组织并任要职等。在南非第一次民主大选和第一届民主政府中，南非共产党成员约占议会席位的1/5，总书记当选民族团结政府的内政部长，还有7名党员在中央政府担任部长职务。南非共产党在非国大全国执委中占1/3，非国大总书记、副总书记都是南非共产党党员。南非现任总统西里尔·拉马福萨（Cyril Ramaphosa）曾是南非共产党的领导人，他认为南非共产党应该成为执政联盟中的"思想领导者"，吸引一些有较强的思想倾向的活动家。① 南非共产党总书记恩齐曼德担任拉马福萨政府的高等教育和科学创新部部长。2020年12月中央委员马希洛（Mashilo）博士被任命为林波波省的省长特别顾问，南非共产党特别发文表示祝贺和勉励，希望他在工作中坚持党的原则，尽职尽责做好每一件事。②

南非共产党在执政联盟内部对非国大施加影响的途径主要有三个方面。一是参与非国大的决策过程。南非共产党不少成员在非国大权力及决策机构任职，党要求这些党员必须积极参加讨论，努力贯彻执行党的路线、方针和政策。二是与非国大、南非工会大会定期举行联盟峰会，就国家的发展方向和重大政策方针进行沟通与协调，表明党的立场。三是要求在各级政府、议会中担任职务的党员通过自己的努力影响政府的决策。

南非共产党从外部对非国大领导的政府施加影响的方式主要有两个方面。一是南非共产党对国家重大问题、政府重要政策公开表明自己的立场，提出反对或批评意见，以约束和影响非国大政府的施政行为。二是与南非工会大会等群众性团体一道，通过游行示威、罢工、群众集会等方式向非国大领导的政府施加压力，改变其不利于工人阶级和广大贫苦大众的决策。南非共产党通过上述途径和方式，不断扩大自己对整个国家和社会的影响力。

2. 引领群众运动

在南非共产党的领导下，南非的主流群众运动在对资方和政府施压的同时，对南非经济社会生活没有造成严重的干扰和破坏。如2017年9月，南非共产党、南非工会大会发起要求祖马下台的全国游行示威活动，近万名民众载歌载舞表达着他们的"诉求"。

工人罢工已成为南非日常生活的组成部分。南非是世界上贫富分化最严重的国家之一，赤贫现象较为普遍。自种族隔离制度结束后，南非人民并没有迎来所期望的美好生活。严重的社会不平等和贫困问题，是南非工人运动

---

① 《专家解读南非共产党成功秘诀 总书记定未来方略》，参考消息网，http://www.cankaoxiaoxi.com/china/20150807/894990.shtml。

② SACP congratulates Dr Mashilo on his new appointment and wishes him all the best (3 December 2020), https://www.sacp.org.za/.

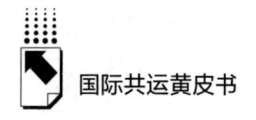

活跃的主要原因。2020年，南非遭受严重的新冠肺炎疫情冲击，仍然像往年一样发生多次大罢工。10月7日南非工会联合会、南非工会大会联合举行反对腐败和失业的全国性大罢工，直接原因是南非政府和工会组织之间薪资谈判的破裂。由于新冠肺炎疫情，南非工会大会要求成员待在家里以支持这一行动。同日，南非四家工会联盟联手举行全国性大罢工，要求政府打击腐败，打击暴力犯罪，解决就业问题，提高工资。此次游行影响南非众多部门与行业，其中包括部分政府行政机构、学校、交通运输、有色金属冶炼制造和汽车工业等。11月26日南非全国教育、卫生和联合工人工会举行大罢工，指责财政部长姆博韦尼（Tito Mboweni）完全改变了工人们来之不易的利益，他们表示永远不会接受工资冻结的决议。南非工人罢工提出的要求主要是增加工资、反对不平等、反对腐败和打击犯罪。但是在疫情好转、南非经济亟待复苏的情况下，如此频繁的大规模罢工的代价过于沉重。从政府来看，增加工资的经常性罢工不利于南非打造安全稳定的营商环境，从而有损于南非的长远发展。对参与国家管理的南非共产党和执政的非国大来说，支持或反对工人罢工是个两难选择。实际上，过于频繁的罢工已经威胁到南非民主政治的正常运转。正如南非学者韦斯利（Wesley Hill）在批评香港暴乱时所指出的，"作为世界上制度最为自由的国家之一，南非民众享有过分程度的自由，却不了解与其权利相对应的责任和义务。新南非成立25年以来，南非的民主正面临着定时炸弹式的威胁"。①

3. 扶助弱势群体

自1999年起，南非共产党每年10月发起"红十月运动"，通过全国性群众运动的方式推动政府解决人民生活质量问题，救助失业者、穷人和中下阶层。"红十月运动"的目标是增强工人阶级在南非政治经济和社会生活中的影响力，争取在南非早日实现民主和社会主义。2020年的主题是消除饥饿、健康、住房和洁净水，新冠疫情中南非弱势群体的基本生存受到严重威

---

① 《香港暴乱绝非民主，只会削弱其经济》，人民网，http://world.people.com.cn/n1/2019/1222/c1002-31517239.html。

胁，提出这样的主题恰逢其时。南非是非洲新冠疫情最严重的国家之一，疫情期间就有包括3名部长、2名副部长和3名省长在内的政府要员被感染，甚至总统也因接触新冠确诊病例而自我隔离。

总统拉马福萨宣布自2020年3月26日开始实行全国封锁。同一天，南非共产党发出呼吁，要求政府采取切实措施，重点关注失业者、穷人和中间阶级的下层。南非共产党认为，新冠疫情不仅在公共卫生领域，而且在经济和社会领域也造成了负面影响，急需一套帮助穷人、失业者、雇佣工人和中间阶级下层的措施，如为失业者提供紧急收入保障和粮食保障，特别要关注郊区、非正规定居点和乡镇地区；筹集更多失业保险资金并重新调整用途，以补偿民众因新冠肺炎疫情导致的收入损失；延缓抵押债券或住房贷款、汽车等其他贷款的偿还期限；南非储备银行进一步放宽货币政策，为工人和社区合作社、中小型和微型企业提供直接财政支持；向所有地区，特别是郊区、非正规定居点和乡镇地区提供清洁的饮用水；等等。① 这些建议体现了南非共产党的务实精神，既向政府提供了合理化建议，又给政府留下了有弹性的操作空间。拉马福萨政府为应对疫情冲击，还实施了恢复社会经济发展的举措，如紧急调配各种医疗资源；进行社会救助，加强社保网络，缓解饥饿与社会困境；提供经济扶持，开展税收减免，帮助企业及雇员度过时艰；等等。这些措施基本符合南非共产党的呼吁要求。在南非上下的共同努力下，7月以后南非新冠疫情的严重局面很快得到扭转。12月中旬南非出现传染性更强的变异新冠病毒501Y.V2，疫情有反弹的迹象。

4. 争取社会主义未来

南非共产党认为，南非革命的性质仍然是民族民主革命，处于向社会主义过渡的进程之中，现阶段革命的主要任务是捍卫、推进和深化民主突破的成果，提出"未来属于社会主义，建设自今日开始"的政治纲领。南非共

---

① SACP Calls for Measures Focusing on Assisting the Unemployed, Poor, Workers and Lower Sections of the Middle Class during the COVID-19 Nationwide Lockdown, https://www.sacp.org.za/.

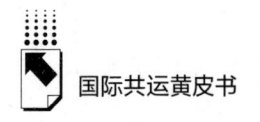

产党主张通过革命性改良，使整个南非社会由民族民主革命因素占主导地位逐步转变为政治、经济、文化、社会、生活等各个方面社会主义因素占主导，为争取社会主义未来持续创造有利条件。

南非共产党从理论和实践两个维度积极探索南非社会主义的发展道路。一方面，南非共产党期望并要求成千上万的党员在各级机构中接受管理挑战，在不丧失自己共产主义身份的前提下团结同盟伙伴，遵守非国大的纪律、原则和道德准则。同时特别期望并要求所有党员，不管是部长、高级党员还是公共部门的普通劳动者都能成为国家机构内部的模范共产主义者，通过共产党员的模范带头作用，扩大南非共产党社会主义理念的影响，增强南非普通民众对社会主义的理解和热情。因此，南非共产党特别强调，要大力加强党员的能力建设，让这部分党员更有效地为各级政府和各种组织做出贡献，以此为加深民族民主革命和推进社会主义的条件。另一方面，南非共产党认为南非工人阶级是现阶段革命的领导力量，是争取民族民主革命的彻底胜利、建立社会主义南非的决定性力量。在工作场所确立工人阶级的领导权是在全社会范围内确立工人阶级领导权的关键。为争取社会主义未来，在工人阶级工作零散化的现实下，在南非各个工作场所建立强大的基层组织，将是一项长期而又艰巨的任务。南非共产党认为，任何工业发展模式必须以发展型人力资源策略为中心，保障处于弱势地位的最广大工人阶级的经济利益和政治权利。强调利用工会运动来促进边缘化和非正式工人阶层的组织发展，同时以工人阶级团结一致夺取领导权为支撑，来推动公共和私营部门职场的发展和转型。以上这些行动纲领，目标是增强工作场所中工人阶级的领导权。南非共产党唯有深入工人的工作场所中，才能有效发挥自己作为社会主义先锋党的作用。

此外，为了争取社会主义未来，南非共产党在经济上积极发展"具有社会主义倾向的经济形式"，通过促进国有企业发展、扶持合作银行和推进城乡合作社等方式，为未来社会主义奠定必要的物质基础。

（二）南非共产党目前面临的问题与挑战

1. 财政困难制约未来发展

南非共产党财政拮据，生存环境严峻。南非共产党是穷人的贫困政党，没有自己独立的办公大楼，在南非工会大会总部内租房办公。主要经济来源是南非工会大会的捐赠，仅仅依靠党员的党费是难以真正实现经济自主的。第一副总书记马派拉曾公开承认，南非共产党并不宽裕，资金都是党员们凑的。① 根据南非共产党十四大组织报告中的党员资料表，自有住房的党员占38%，失业的党员占比高达66%，每月能支付100兰特（相当于43元人民币）以上党费的党员只有2383人，占党员总人数不到0.01%。由于缺乏活动经费，许多党支部不能正常进行组织活动，不能对党员进行常态化的教育和培训，进而难以提高党员的政治觉悟和工作能力。此外，南非共产党大量雇佣保镖，使经费更加吃紧。仅仅是2017年，南非共产党为了保护自己的领导人，就花费了至少200万兰特。2012年，在这方面的开支仅有27万兰特。② 党的一些领导人相继遭到死亡威胁，雇用保镖实属不得已而为之。由此可见，南非的政治生态并不平静。2020年7月1日西开普省党委的领导人希瓦纳（Sivana）与女儿在家中被人射杀，同时还有3人被打伤。死者的妻子表示，希瓦纳是一名无私的领导者，一直为社区事务奉献自己的力量。12月12日比勒陀利亚高等法院要求司法部长拉莫拉（Ronald Lamola）必须废除之前禁止瓦鲁斯（杀害哈尼的凶手）假释的决定，并在两个月的时间内重新考虑是否批准瓦鲁斯的假释。恩齐曼德、马派拉、财务总监马罗帕等党的领导人都曾遭到死亡威胁。上述情况表明，南非共产党的生存环境是比较严峻的。但是恩齐曼德表示，"虽然如此，南非共产党仍然会坚持与垄断资本和腐败现象展开斗争，我们是绝对不会退缩的"。

---

① 《南非共产党辟谣：鄙党虽穷 但欠租金那是谎言》，央广网，http://world.cnr.cn/gnews/201411/t20141121_516816121.shtml。
② 《南非共产党大量雇佣保镖经费吃紧》，华人头条，https://www.52hrtt.com/za/n/w/info/D1500629104447。

党的社会生存基础存在严重缺陷。工人党员的比例仅为10%，专业人才占比不到3%，这种现状不符合南非共产党工人阶级先锋队的政治定位。南非共产党做了规划，要求各级党组织积极发展工人和专业人才加入组织，到党的十五大召开时，以上两类党员分别达到30758人和4600人。从以往党员总数快速增加的情况来看，这两类党员的增加幅度很小，如期完成既定目标将是一项比较艰巨的任务。一般而言，专业人才和每月能支付100兰特党费的人群，代表着先进生产力。一个追求人类进步事业的共产党，如果没有众多的思想先进的青年知识分子的关注和加入，其未来发展前景是令人担忧的。总之，财政困难与社会基础薄弱是南非共产党长期面临的问题与挑战。

2. 参政议政与独立性有待加强

当前南非执政联盟面临多重挑战。南非共产党认为自己一直充当"管理型政党"的角色，不是执政党的角色。南非共产党在十二大政治报告中提出了作为参政党参与竞选的三个指导原则：一是南非共产党是社会主义先锋党，并非基于狭隘的选举主义而形成；二是在当前斗争阶段，南非共产党选举的方式受到捍卫、推进和深化民族民主革命（南非通往社会主义之路）这一整体战略的指导；三是南非共产党关于国家政权的战略目标是确保国家实行工人阶级专政而非政党政治。但是，因派系之争和贪腐问题非国大领导民族民主运动的能力和意愿遭到质疑，因南非工会的分裂工人阶级的团结统一受到威胁，因浓厚非洲主义倾向的民粹势力壮大而带来的外部冲击，这是南非执政联盟面临的挑战，也是南非共产党探索未来社会主义战略路径面临的困境。

在执政联盟中如何保持独立性。由于有着现实利益的资本势力对非国大的影响，南非共产党的干部被迫游离于非国大核心领导层之外，在省级和区级联盟中表现得非常明显。因此，南非共产党面临着"怎样才能有效保持独立"以实现党的目标和任务的问题。为了保持自身在执政联盟中的独立性，南非共产党对非国大采取既联合又斗争的方式，明确要求南非共产党在各级议会和行政机构中有一定的配额，南非共对这些党员有直接的控制权。

南非共要求参政的干部应有意识地寻求各种支持，包括为社会组织进入议会创造必要条件。担任部长和国会议员的南非共产党党员，必须遵循党的原则和纪律，必须毫不犹豫地参加大规模群众运动，即使这些群众运动是反对政府或议会的。南非共产党在其2019年年终声明中表示，要使工人阶级和穷人富裕，需要持续积极的群众行动、进步的工会团结和加强反对资本主义剥削及新自由主义政策体制的斗争。南非共产党必须进一步深化这场斗争，其中一个重要部分是打击掠夺国家和其他形式的腐败、犯罪、父权制和基于性别的暴力。因此，南非共产党需要把自己建设成一个有适应性和灵活性、能应对一切可能情况的政党。

南非共产党独立竞选的执政可能性。在十三大政治报告中，南非共产党强调，"南非共产党认为自己是执政党就无异于自杀。南非共产党唯一动力是建立社会主义政权后使民众富强"。南非共产党的参政议政方式是由南非的政治现实决定的，非国大成为联盟领导者的主要原因，是非洲大陆现实存在狭隘民族主义和反共产主义思潮。此外，南非共产党及南非社会主义的社会基础薄弱是另一个重要原因。南非共产党的工人党员和知识分子占的比例很小，具有双重身份的被非国大管理的党员比例高达48%，这部分党员变数很大。特别是党员占南非总人口的比例才0.5%，占南非登记选民人数不到1.2%，说明南非共产党目前还得不到南非大部分工人阶级的认可，更不用说代表南非全体国民的意志。如果南非共产党独立参加竞选，其独立执政的可能性是不言自明的。基于这些原因，南非共产党深化和加强三方联盟，继续参政议政，同时保持自己的独立性。通过这一途径南非共产党才能找到进一步宣传社会主义的机会和条件。

结论与启示

与其他资本主义国家的共产党相比，由于南非的特殊国情，南非共产党处于更严峻、更复杂的斗争环境，但是南非共产党坚持独立自主的发展道路，坚持把马列主义基本原理与南非国情相结合，坚持不断加强自身建设以

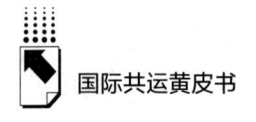

保持党的团结统一，使自己成为一个较为成熟的马克思主义政党。南非共产党植根于南非社会，脚踏实地，审时度势，曾先后采取请愿示威、非暴力不合作、武装斗争、对话谈判和参政议政的策略战术，进行反对种族主义斗争和探索南非的社会主义道路。在南非共产党的成长过程中，虽然有来自党内外的各种冲击，但是南非共产党坚持团结不分裂，没有发生重大失误，成为苏东剧变以来极少数得到发展壮大的资本主义国家的共产党，是当今世界非执政共产党通过参政议政推进本国社会主义发展的一面旗帜。从南非共产党的成功经验可以得出结论：资本主义国家的共产党组织不是少数先进知识分子的学术沙龙，只要坚定信念、与时俱进、团结统一、脚踏实地，还是可以有所作为的。

和平、发展与合作是21世纪的主流，也是人类命运共同体的主题，国际环境和国内形势决定了南非共产党会继续巩固以非国大为首的执政联盟，不断扩大组织规模，在坚持共产主义理想的同时进一步提高参政议政的能力，在根除种族隔离遗毒的斗争中为未来社会主义创造更多的条件和机会。

参考文献

1. 程光德：《种族主义制度废除后南非共产党对社会主义的新探索》，中国社会科学出版社，2014。
2. 郑家馨：《南非史》，北京大学出版社，2010。
3. 孙红旗：《土地问题与南非政治经济》，中央编译出版社，2011。
4. SACP 14th National Congress Organisational Report, https://www.sacp.org.za/.
5. SACP Declaration, Resolutions & Political Report of the 4th Special National Congress, https://www.sacp.org.za/.

资料篇
Appendix

Y.20
2020年国际共产主义运动重大事件（50项）

重要纪念活动

1. 世界各国共产党纪念恩格斯诞辰200周年

2020年11月28日是马克思主义的创始人之一、世界无产阶级伟大导师和领袖弗里德里希·恩格斯诞辰200周年纪念日。尽管受到新冠肺炎疫情的影响，恩格斯的故乡、中国以及世界各国共产党仍然通过开展纪念活动，发表重要讲话、声明、纪念文章，举办研讨会等多种方式纪念这位伟人，对恩格斯的贡献给予高度评价。2020年11月26日，由中央党史和文献研究院牵头承办，中央党校（国家行政学院）、中央党史和文献研究院、教育部、中国社会科学院联合举办的"纪念恩格斯诞辰200周年理论研讨会"在北京召开。与会代表围绕传承和弘扬恩格斯崇高科学精神、学习恩格斯的马克思主义观、学习恩格斯的精神风范感悟真理力量、恩格斯的党建思想及

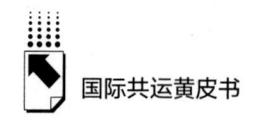

其当代价值、学习恩格斯的军事科学思想、恩格斯对马克思的科学评价及其当代启示等主题进行了深入交流。

世界各国共产党对恩格斯进行了广泛纪念，肯定了恩格斯及其思想理论的贡献。它们认为恩格斯是全世界无产阶级和劳动人民的革命导师，是马克思主义政党的缔造者和国际共产主义运动的开创者和引路人，是坚持和发展马克思主义的光辉典范。恩格斯是历史上最杰出的思想家和领导人之一，是社会主义思想家和领袖。世界各国共产党高度评价了恩格斯对国际共产主义运动的领导和指导，认为恩格斯推动了国际共产主义运动的发展，为国际工人运动大联合创造条件；指导和帮助一些国家社会主义政党的创建和发展；帮助和指导了一大批工人运动的革命家、活动家和理论家。

2. 世界各国共产党纪念列宁诞辰150周年

2020年4月22日是伟大的无产阶级革命导师列宁诞辰150周年纪念日。如何看待和维护列宁的理论遗产，客观评价列宁在国际共产主义运动中的重要贡献，深刻阐释列宁思想的精神实质，正确把握列宁思想的当代价值，成为世界各国共产党的讨论主题和关注焦点。在新冠肺炎疫情席卷全球的背景下，世界各国共产党以发表主旨演讲和讲话、发表纪念文章、发布声明、组织研讨会、举行纪念性活动、发行纪念邮票和出版物等多种形式纪念列宁诞辰150周年，对列宁同志致以最崇高的敬意，对列宁思想的历史贡献和时代意义做出科学评价。2020年8月21日，由中央党史和文献研究院牵头承办，中央党校（国家行政学院）、中央党史和文献研究院、教育部、中国社会科学院联合举办的"纪念列宁诞辰150周年理论研讨会"在北京召开。与会学者围绕列宁关于党的建设的思想、列宁对马克思主义理论发展和创新与教育现代化、列宁对社会主义道路和建设的探索及其启示、列宁的人格风范、列宁对马克思主义政治经济学的重要贡献、列宁主义的哲学创新、列宁的东方社会发展理论、列宁的帝国主义论与构建人类命运共同体等主题进行了深入探讨。

世界各国共产党立足于当今世界形势的新发展、新阶段和新变化，高度评价了列宁对马克思主义的继承和发展及其对国际共产主义运动的历史贡献。它们认为，列宁领导的俄国十月革命取得伟大胜利，指导了各国共产党的建立和发动民族民主革命运动，推动了殖民地半殖民地国家民族解放运动的发展。各国共产党在解读列宁的帝国主义论、新型马克思主义政党理论、国家理论等的过程中，重新认识列宁思想的科学内涵。各国共产党还充分肯定了列宁思想的现实意义，强调列宁思想仍然是变革资本主义制度的行动指南，是现实社会主义国家改革的思想武器。

3. 多国纪念世界反法西斯战争和中国人民抗日战争胜利75周年

2020年是第二次世界大战相关事件，如解放奥斯威辛集中营、广岛和长崎原子弹爆炸、反法西斯战争胜利以及纽伦堡审判75周年。在当前全球极右翼思潮盛行、面临法西斯主义卷土重来危险以及近年来一些欧洲国家和组织历史虚无主义泛滥的关键时刻，隆重纪念二战系列事件尤其具有现实意义。由葡萄牙共产党发起、多国共产党签署的联合声明强调，反法西斯斗争的胜利应归功于"苏联的决定性贡献，得益于人民群众参与的苏维埃政权的阶级性、共产党的领导作用以及社会主义制度所展现的优越性"，是"革命运动的重要历史遗产"。

中国人民抗日战争是世界反法西斯战争的一部分，中国举行了多种形式的纪念活动。9月3日，党和国家领导人同各界代表一起出席纪念活动，向抗战烈士敬献花篮仪式在中国人民抗日战争纪念馆举行。9月3日下午，中共中央、国务院、中央军委在北京人民大会堂举行座谈会，纪念中国人民抗日战争暨世界反法西斯战争胜利75周年。中共中央总书记、国家主席、中央军委主席习近平出席座谈会并发表重要讲话。他强调，中国人民在抗日战争的壮阔进程中孕育出伟大抗战精神，向世界展示了天下兴亡、匹夫有责的爱国情怀，视死如归、宁死不屈的民族气节，不畏强暴、血战到底的英雄气概，百折不挠、坚忍不拔的必胜信念。伟大抗战精神，是中国人民弥足珍贵的精神财富，将永远激励中国人民克服一切艰难险阻、为实现中华民族伟大复兴而奋斗。中国的理论界也开展了一系列的纪念活动。

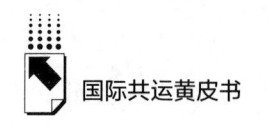

社会主义国家重要事件

4. 中国全面建成小康社会实现首个百年奋斗目标

2020年中国全面建成小康社会，标志着"十三五"规划和"两个一百年"第一个百年奋斗目标的实现。全面建成小康社会是实现中华民族伟大复兴中国梦的关键一步，对于中国社会主义和世界社会主义来说，都是具有里程碑意义的大事。中国全面建成小康社会，启动了中国走向现代化的新征程，在世界社会主义发展史上具有重大意义。

5. 中共召开十九届五中全会开启中国特色社会主义新征程

2020年10月26～29日，中国共产党第十九届中央委员会第五次全体会议在北京举行。会议宣告"十三五"规划目标任务即将完成，全面建成小康社会胜利在望，标志着中国进入新的发展阶段。新发展阶段，就是全面建设社会主义现代化国家向第二个百年奋斗目标进军的阶段。十九届五中全会透彻分析了中国现阶段所面临的国际国内机遇与挑战，制定了"十四五"时期经济社会发展指导思想和必须遵循的原则，提出了"十四五"时期经济社会发展的六大主要目标：经济发展取得新成效、改革开放迈出新步伐、社会文明程度得到新提高、生态文明建设实现新进步、民生福祉达到新水平、国家治理效能得到新提升。本次会议开启全面建设社会主义现代化国家的新征程，中国向第二个百年奋斗目标进军。

6. 中国纪念中国人民志愿军抗美援朝出国作战70周年

1950年10月25日，中国人民志愿军打响入朝后的第一次战役，以光荣的胜利拉开了伟大的抗美援朝战争的帷幕。1951年党中央决定将10月25日定为抗美援朝纪念日。2020年10月23日，纪念中国人民志愿军抗美援朝出国作战70周年大会在北京人民大会堂隆重举行。中共中央总书记、国家主席、中央军委主席习近平在会上发表重要讲话，指出伟大的抗美援朝战争，抵御了帝国主义侵略扩张，捍卫了新中国安全，保卫了中国人民和平生活，稳定了朝鲜半岛局势，维护了亚洲和世界和平。我们要铭记抗美援朝战争伟大胜利,从中汲取攻坚克难的坚定决心和奋勇前行的强大力量,弘扬伟大抗美援朝精神,向着全面建设社会主义现代化国家新征程,向着实现中华民族伟大复兴的中国梦继续奋勇前进。

为了铭记伟大胜利,捍卫和平正义,中国人民银行在2020年10月22日发行了一套中国人民志愿军抗美援朝出国作战70周年金银纪念币。10月25日,中国人民革命军事博物馆举办了"铭记伟大胜利、捍卫和平正义——纪念中国人民志愿军抗美援朝出国作战70周年"主题展览。同日,国家邮政局发行了"中国人民志愿军抗美援朝出国作战70周年"纪念邮票。

7.《共产党宣言》在中国翻译出版100年

1848年2月,马克思恩格斯为共产主义者同盟起草的纲领《共产党宣言》在伦敦第一次出版。这是第一部阐述科学社会主义原理的伟大著作,矗立起一座马克思主义精神丰碑。1920年8月,由陈望道翻译的首个中文全译本《共产党宣言》在上海出版,为引导大批中国有志之士学习、了解马克思主义,树立共产主义理想、投身民族解放事业发挥了重要作用。在《共产党宣言》中文首译本出版100周年之际,中国各界举办了多种纪念活动,《人民日报》发表《"真理的味道非常甜"——纪念〈共产党宣言〉中文首译本出版一百周年》、新华社发表《永恒的明灯——写在〈共产党宣言〉中文首译本出版100周年之际》等文章;"传承宣言精神 践行育人使命——纪念陈望道翻译《共产党宣言》首个中文全译本100周年、学习习近平总书记重要回信精神"学术研讨会7月17日在复旦大学举行,"复旦大学望道研究院"揭牌成立。此外,中国邮政于2020年8月22日发行了"《共产党宣言》中文全译本出版一百周年"纪念邮票1套1枚,共同纪念和传承这束真理之光。

8.越南共产党举行建党90周年庆祝活动

自1930年2月3日胡志明组织在香港九龙成立越南共产党,至2020年越共已经走过90年历程。建党90年来,越共在越南民族解放革命、建设与革新进程中发挥着不可替代的作用。在越南共产党的领导下,越南人民经过多年的浴血奋战，最终取得民族解放斗争的胜利，建立起越南民主共和国，实现国家的南北统一。1986年越共提出国家全面革新路线，结合本国国情，牢牢把握和创造性运用马列主义基本原理和胡志明思想，发展社会主义定向的市场经济，努力建设"属于人民、来自人民和为了人民的越南社会主义法权国家"。革新35年来，越南从一个物质技术基础和经济社会基础设施落后、发展水平低的贫困国家，一跃而成中等收入的发展中国家，文化和社会持续得到发展，人民的物质和精神生活得以改善，党和政治系统的建设取得新突破，全民大团结事业不断得到巩固，政治社会稳定，国防安全与主权独立得以维护，越南的国际地位和威望也日益提升。

2020年2月3日，越南共产党成立90周年纪念大会在河内隆重举行。越共中央总书记阮富仲在大会上回顾了越共建立90年的光辉历程。阮富仲的讲话还强调了越共执政的必然性，"在越南，除了越南共产党，没有哪个政治力量能有足够的本领、智慧、经验、威望和能力来领导越南战胜各种困难和挑战，并取得越南民族革命事业一次又一次的胜利"。

9. 越南纪念胡志明诞辰130周年

胡志明（1890年5月19日~1969年9月2日），越南义安省南坛县金莲乡人。原名阮必成，学名阮必成，从事革命活动时改名阮爱国，用过李瑞、王达人、胡光、宋文初等化名，1943年改名胡志明。是越南无产阶级革命领袖，越南共产党创始人，越南民主共和国缔造者，第一任越南社会主义共和国主席、总理，越南劳动党（今越南共产党）中央委员会第一任主席，国际共产主义运动史上的著名人物。胡志明结合越南实际情况，创造性地运用和发展了马列主义，开创了一条适合越南国情的革命道路。主要著作有《革命之路》《狱中日记》等。1987年，胡志明被联合国教科文组织（UNESCO）授予"越南民族解放英雄和杰出文化名人"称号。1991年6月越共七大文件中首次正式提出"胡志明思想"，并把"党以马克思列宁主义和胡志明思想作为思想的根基和行动的指南"写进党的纲领和章程。

2020年5月18日，越南共产党和政府在河内举行典礼隆重纪念胡志明诞辰130周年，对胡志明及其思想给予了高度评价。越共中央总书记阮富仲在纪念大会上发表讲话，称胡志明是"越南民族之父、天才领袖、越南革命的伟大导师、民族解放英雄、世界文化名人、共产主义战士的典范、世界热爱和平与进步民族的亲密朋友"。越南各地举办了各种纪念活动，学界举办了纪念胡志明诞辰130周年国家级学术研讨会，也推出大量纪念文章。

10. 越南庆祝建国75周年

1945年9月2日，胡志明在河内巴亭广场上宣读《独立宣言》，宣告越南民主共和国成立。1976年越南统一后，改国名为越南社会主义共和国。越南民主共和国的成立，是越南历史上划时代的伟大历史事件，越南历史发展开启了新纪元。

2020年8月28日，越南政府在河内举行典礼庆祝越南成立75周年。越南政府总理阮春福发表讲话时表示，越南在75年光荣的革命道路上大步前进，努力实现"民富、国强、民主、公平、文明"的目标，取得了许多重要成就，经济增长始终保持较高水平，人民生活水平不断提高，政治和社会稳定，国防安全得到保障，法律制度日趋完善，扩大外交关系，积极融入世界，为地区乃至全球的和平与合作做出积极贡献。

11. 越南纪念抗美战争胜利和南北统一45周年

2020年是越南抗美救国战争胜利和南北统一45周年（1975年4月30日~2020年4月30日），在越南，亦称南方解放暨越南南北统一。1975年越南取得抗美战争的胜利，越南南方解放，南北统一，是越南历史的重大转折点。2020年4月30日，越南党和国家领导人在河内先后向胡志明主席陵和英雄纪念碑敬献花圈。胡志明市委、市人民委员会、人民议会及越南祖国阵线委员会在统一宫举行典礼，隆重纪念抗美救国战争胜利和南北统一45周年，越共中央政治局委员、国会主席阮氏金银，政治局委员、政府常务副总理张和平等高层领导出席了典礼。越共中央政治局委员、胡志明市市委书记阮善仁发表讲话时强调，1975年春季大捷是越南民族建国和卫国史上的伟大篇章，越南就此完成了解放南方、统一南北的光荣历史使命，从此开启国家独立、统一、领土完整和建设民富、国强、民主、公平、文明的社会主义越南的新纪元。越南还举办了升国旗等其他重要纪念活动，申明了抗美救

国战争胜利对越南争取民族独立和在国家统一事业中的伟大地位和重大历史意义，肯定了越南共产党和胡志明的正确领导是抗美救国战争取得伟大胜利的决定性因素。

12. 越南抗美战争爆发65周年

20世纪50年代，随着社会主义制度在中国的确立，美国总统肯尼迪把越南看作"自由世界在东南亚的柱石、拱顶石和提防要塞"，他声称如果"赤色浪潮"淹没了越南，东南亚国家乃至印度、日本的安全会受到严重威胁。为了"阻止共产主义向东南亚地区蔓延"，美国以"北部湾事件"为借口，在1955年发动了对越南的战争。这场战争经历了20年（1955～1975年），越南称为抗美战争，美国称为越战。战争范围从越南扩大到老挝、柬埔寨等国，是二战后美国参战人数最多、影响最大的战争，对亚洲国际政治产生了深远的影响。在中国、苏联和其他社会主义国家的帮助下，经过20年艰苦卓绝的战斗，越南人民军和越南南方民族解放阵线最终推翻了越南共和国，并统一了越南南北。1973年3月，美国正式将地面部队撤出越南，但在越南南方留下2万多名军事顾问，支持阮文绍傀儡军蚕食解放区。但越南人民反对美国侵略，1975年4月30日解放西贡，取得了民族解放战争的最后胜利，实现了国家统一。之后不久，老挝也获得解放并建立了社会主义制度，加入以苏联为首的社会主义阵营。美国越战是其在海外最为惨痛的一次失败经历，至今为止依然是美国人不愿提起的伤痛。

13. 朝鲜劳动党建党75周年

2020年是朝鲜劳动党建立75周年。为此，朝鲜各界举行了诸多庆祝活动。朝鲜最高人民会议常任委员会发布相关政令，对被判有罪人员实施大赦，大赦从2020年9月17日起正式实施；10月10日举行了盛大的夜间阅兵庆祝活动，金正恩出席阅兵式并发表讲话。金正恩指出，在因长期制裁而面临资源短缺的情况下，朝鲜不仅需要进行紧急防疫，还要克服自然灾害、重建家园。党将继续落实增进人民福利、更多惠及人民的政策与措施，早日建成复兴繁荣之理想社会。为了遏制敌对势力持续的核威胁等危险企图，将持续强化作为自卫正当防御手段的战争遏制力。在这次阅兵式中，朝鲜人民军着新礼服和新作训服，携带新模块化单兵装备和新战略武器，操练新式正步出现在世人面前。金正恩的讲话明确了朝鲜未来的主要任务和方向，朝鲜人民军的惊艳亮相所暗示的内涵很丰富，表明朝鲜党和政府正努力改变现状，为加强经济建设和改善民生做出切实的战略转变。

14. 朝鲜纪念中国人民志愿军抗美援朝出国作战70周年

2020年朝鲜以多种形式隆重纪念中国人民志愿军抗美援朝出国作战70周年，朝鲜领导人、朝鲜群众对伟大的抗美援朝精神给予高度评价。12月16日，"致敬最可爱的人——朝鲜主题油画展"在北京民族文化宫开幕，朝鲜艺术家原创的70幅参展画作以近现代各个主要历史阶段朝鲜人民的生活情景为基调，展现中朝友谊和中国人民志愿军的伟大历史功勋。12月21日，金正恩前往朝鲜平安南道桧仓郡的中国人民志愿军烈士陵园敬献花篮。同日，朝方以金正恩名义向平壤中朝友谊塔敬献花篮，并于12月22日分别向辽宁沈阳抗美援朝烈士陵园、丹东抗美援朝纪念塔敬献花篮。朝鲜党、政、军相关机构也向平壤、桧仓两处纪念设施敬献了花篮。朝鲜劳动党机关报《劳动新闻》和朝中社报道了北京的纪念大会，称赞中国人民志愿军发扬的牺牲精神，并表示朝鲜人民永远不会忘记献出自己青春与生命的中国人民志愿军勇士，朝鲜人民深切缅怀并回顾他们留下的丰功伟绩。

15. 老挝庆祝人民革命党建立65周年

成立于1955年的老挝人民革命党是老挝目前唯一政党和执政党。老挝人民革命党以马列主义、凯山·丰威汉思想为指导，旨在领导老挝人民开创革新事业，发展人民民主制度，建设和平、独立、民主、统一和繁荣的老挝。该党现有党员约31万人，党组织1.9万个。

2020年3月22日，老挝人民革命党举行了建党65周年庆祝活动。老挝人民革命党总书记本扬在纪念讲话中指出，老挝人民革命党的创立与发展是老挝民族独立斗争与马列社会主义革命道路相结合的必然成果，65年来老挝人民革命党完成了光荣使命，带领老挝进入新纪元。本扬号召全党继续发扬团结统一的优良传统，加强党的建设，严明党的纪律，确保党对老挝社会主义事业的坚强领导，促进全党全国全民族大团结，迎接2021年党的十一

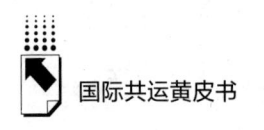

大的召开。老挝人民革命党在2020年还围绕革新成就与经验、十大决议和"八五"规划的执行情况等议题，召开了党的十届十中、十一中、十二中全会。

16. 老挝庆祝人民民主共和国成立45周年

2020年12月2日，老挝人民民主共和国成立45周年庆典在首都万象举行。老挝党和国家领导人和各界代表1000余人参加庆典活动。老挝人民革命党中央总书记、国家主席本扬·沃拉吉在讲话中表示，1975年12月2日老挝人民民主共和国的成立是老挝人民革命党领导下的老挝革命事业的伟大胜利，标志着国家和人民获得彻底解放，老挝各族人民从此站起来当家做主，这一划时代重大历史事件令人感到骄傲和自豪。

本扬·沃拉吉总结了老挝人民民主共和国成立45周年来老挝经济社会发展、社会主义革新事业、保卫国家和建设国家方面取得的辉煌成就。他强调，在老挝人民革命党的英明领导下，45年来特别是党的十大以来在社会主义定向革新路线指引下，老挝保持了国内政局稳定、经济平稳发展、社会和谐安定、民族团结繁荣的良好局面；2020年，虽然受到新冠肺炎疫情的严重影响，但是老挝坚持走适合自己的发展道路，发挥社会主义制度优势，战胜诸多困难和挑战，保持了3.3%的经济增速，国内生产总值（GDP）达到176.6亿美元，人均GDP达到2664美元；老中铁路、高速公路、机场、桥梁、电力等基础设施建设正将老挝从一个"陆锁国"转变为"陆联国"；以民生为重点减贫工作、基层公共服务和基层文化建设取得实效，基层群众生活水平逐步提高；对外交流与合作迈上新台阶。

17. 老挝纪念凯山·丰威汉诞辰100周年

凯山·丰威汉（Kaysone Phomvihane）1920年12月13日出生于老挝南部的沙湾拿吉省坎塔布里县（2005年改为凯山·丰威汉市）纳赛村，1992年11月21日在首都万象逝世。1955年至1992年他一直是老挝党和国家最高领导人。2020年12月13日是凯山·丰威汉诞辰100周年纪念日。12月2日，老挝在万象隆重集会纪念凯山·丰威汉诞辰100周年，老挝党和国家领导人及各界代表1000余人参加了纪念大会。12月13日，老挝人民革命党中央总书记、国家主席本扬·沃拉吉，政府总理通伦·西苏里等党和国家领导人及各界群众300余人在凯山·丰威汉纪念馆参加佛教慈善活动，纪念凯山·丰威汉诞辰100周年，113名高僧应邀参加了活动。老挝人民革命党中央总书记、国家主席本扬·沃拉吉在讲话中对凯山·丰威汉在不同历史时期的丰功伟绩给予高度评价，他指出，凯山·丰威汉为老挝党的发展壮大、革命和革新事业奉献了一生，他不仅是老挝党、国家和人民最敬爱的领导人，而且是一位伟大的爱国主义者和杰出的革命战士，具有精明强干、聪明睿智、审时度势、敢于斗争、忠诚为民、积极革新的崇高品质，是老挝的民族英雄，是老挝各族人民的优秀儿子，永远的至爱。本扬·沃拉吉强调，新时期，凯山·丰威汉仍然是全体党员干部和革命战士的光辉榜样和信仰力量，凯山·丰威汉思想是老挝各族人民心目中永不熄灭的火炬，是照亮老挝走向伟大新征程的灯塔。

18. 古巴共产党在抗疫中发扬国际主义精神

2020年，在古巴共产党的坚强领导和古巴人民的团结互助下，古巴国内疫情防控成效显著优于地区其他国家，在战疫斗争中所展现的国际主义精神受到国际社会的高度评价。3月，在加勒比多国拒绝英国涉疫邮轮靠岸后，古巴政府在第一时间决定为该邮轮提供力所能及的人道主义援助。3月17～18日，在古巴政府的全力支持下，英国"布雷马"号邮轮上约1500名外国旅客及船员在古巴境内成功实现了从海路到陆路再转航路的接驳，邮轮人员最终从哈瓦那何塞·马蒂国际机场乘坐英国政府提供的4架包机返回英国。疫情暴发以来，古巴向全球多国派出医疗队，并在病患救治和疫苗开发等方面分享经验。截至11月底，据古巴官方报道，古巴是拉美唯一研制出新冠疫苗的国家，具有4款处于临床试验阶段的新冠候选疫苗。截至12月，古巴已向全球40多个国家派出由3000余名古巴医护工作者组成的53支抗疫医疗队。此外，古巴驻全球59个国家的2.8万名医护人员也积极参与到各国的新冠疫情防控工作中。古巴政府及人民的人道主义关怀和国际主义精神得到受援各方及国际社会的高度评价。

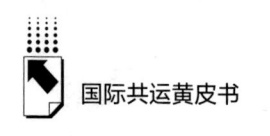

各国共产党建党纪念日

19. 法国共产党成立100周年

1920年12月25日至30日,法国社会党在图尔举行代表大会,在关于无条件加入第三国际问题上党内发生分裂。以马塞尔·加香为首的多数派与社会党决裂,成立了法国共产党。2020年适逢法国共产党建立100周年,法共利用各种方式纪念并庆祝这一重大事件。法共在2020年相继出版专著《红色政党——法国共产党历史(1920~2020)》《法国共产党百年》《共产主义政党:1920年至今的法国共产党历史》,并在党刊《共同理由》上刊出以百年历史回顾与展望为专题的文章多篇。法共还在其总部举办了两次大型百年历史回顾展,以艺术的形式向公众普及与推广法共的共产主义理念,并决定从2020年11月起,每逢周二与周四,通过网络平台,针对文化、意识形态斗争、国际关系及共产主义等问题展开为期一个月的讨论。法共总书记法比安·鲁塞尔(Fabien Roussel)接受媒体采访,积极宣传法共百年历史,并结合现实热点问题,提出共产党人的解决方案。在党成立百年纪念日前夕,法共总书记法比安·鲁塞尔发表题为《共产主义是世界的青年人》的在线演讲,指出,"如同一百年前一样,2020年的共产主义仍然是世界的年轻人。面对资本主义旧体系,我们需要新思想","法国共产党仍然是一个关注现在和未来,而非过去的党","资本主义已经终结,一个新时代必须开启,共产主义正是人类希望的代名词",号召广大斗争者团结起来,继续为摆脱资本主义的桎梏、迎接人类幸福发展的新纪元而不懈奋斗。

20. 英国共产党成立100周年

1920年7月31日至8月1日,英国社会党、社会主义工党中的共产主义统一派及南威尔士共产主义委员会的157名代表在伦敦召开了"共产主义团结大会",建立了英国共产党。2020年,英国共产党为庆祝成立100周年,举行了多种形式的庆祝活动。诸如:从2020年3月21日起开设教育课程,包括"马克思主义、共产党和工人运动""共产党史:共产党——社会主义百年纪念",同时举办"百年文化之夜"活动,《晨星报》和《共产主义评论》还推出纪念英共诞辰百年特版及特别增刊等。在8月1日召开的纪念建党100周年大会上,来自多个国家的50多位与会者就反种族主义与反法西斯主义、环境与气候危机、国家医疗服务体系与公共卫生、反对帝国主义与军国主义、科学技术与未来的工作等13个议题进行了发言,英共总书记格里菲斯做了"过去、现在和未来"主题报告。

21. 土耳其共产党成立100周年

1920年9月10日,伊斯坦布尔、安纳托利亚和在苏俄活动的土耳其共产主义组织于巴库联合召开代表大会,宣布成立土耳其共产党。

为纪念建党100周年,继承了原土共所有遗产与经验的新土耳其共产党于2020年8月9日在伊兹密尔召开了第十三次代表大会,主题就是"纪念我们革命性政党成立100周年"。大会提出了在新冠肺炎疫情下党的主要斗争任务,并做出两个重要决定:一是建立"统一工会"(Unity Trade Union)。这是在土耳其共产党领导的工人团结联系网的基础上,在工会运动中进一步加强土耳其共产党领导的尝试,其目标是重建土耳其工人阶级的集体身份,但土耳其共产党也强调,"统一工会"并不是土耳其共产党的附属组织,而将依据其自身动态确立发展经验。二是筹组"团结大会"(Solidarity Assembly)。会议旨在推动"土耳其爱国的、亲启蒙的、社会主义积累的集体行动","会议将是世俗主义、亲共和主义和社会主义价值观的代言人",将"有原则地创造一种集体主义和参与性文化"。会议强调土耳其共产党将在国际主义的基础上加强与兄弟国家人民的关系,以实现本地区的和平。大会还就建党100周年和即将到来的斗争作出一些决策。

22. 加拿大共产党(马列)成立50周年

1970年3月31日,哈迪亚尔·贝恩斯(Hardial Bains, 1939~1997年)带领持有毛主义立场且强烈反对"苏联修正主义"的积极分子成立了加拿大共产党(马列)[Communist Party of Canada(Marxist-Leninist)]。加共(马列)的党员主要是从20世纪60年代独立于加拿大共产党(Communist Party of Canada)的左翼知识分子和学生运动中发展起来的。从20世纪70

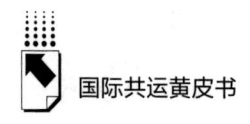

年代后期至20世纪90年代初期，加共（马列）一直拥护阿尔巴尼亚共产党领导人恩维尔·霍查（Enver Hoxha）尖锐的反修正主义立场。在阿尔巴尼亚共产党下台之后，加共（马列）提出了"我们是我们自己的榜样"的口号。加共（马列）非常赞赏古巴和朝鲜对社会主义的探索。如今，加共（马列）已经很少引用毛泽东、列宁、斯大林和霍查的思想理论，而是以其提出的"当代马列主义思想"为参照。加共（马列）自1974年起参加加拿大联邦选举至今，尚未有候选人赢得足够支持以成为加拿大联邦各级议会议员。为避免与加拿大共产党混淆，加共（马列）在选举中使用的名称为加拿大马列主义政党（Marxist-Leninist Party of Canada）。

23. 丹麦共产党成立100周年

1920年11月，建党一周年的丹麦左翼社会党更名为丹麦共产党，并加入共产国际。2020年是丹麦共产党建立100周年。20世纪20年代，由于工团主义和无政府主义影响，丹共党内分歧严重，分裂不断。进入20世纪30年代后，丹共加强了党的政治和理论建设，党内趋于团结，并在议会选举中取得了突破。凭借20世纪40年代在"抵抗运动"中赢得的声誉，丹共一度参加了1945年5~11月的联合政府。到20世纪50年代，由于围绕苏共二十大赫鲁晓夫秘密报告、波匈事件等产生的分歧，丹共内部出现了巨大分裂，组织力量遭遇严重削弱。因此，自1960年至1973年，一直未能进入议会。由于丹共所领导的卓有成效的议会外斗争，如和平运动、示威游行、罢工运动等，1973年其再度进入议会。但此后直至20世纪80年代末，丹共的政治组织发展一直在低潮中徘徊。苏联解体、东欧剧变给丹共带来了几近毁灭性的打击。1991年，党组织结构和功能被改造为一种"联络网"。直到2002年，丹共才与世界社会主义运动恢复了联系，并于次年发布了题为《二十一世纪阶级斗争的共产主义愿景》的纲领性文件。但是，丹共一直未能摆脱党内分歧和党员流失的困扰，国内政治中极度边缘化处境至今未有改善。

24. 澳大利亚共产党成立100年

1920年10月，澳大利亚共产党（Communist Party of Australia）在悉尼

成立。澳大利亚共产党的成立是澳大利亚工人阶级自1890年开展劳工运动以来不懈斗争的结果。1922年，澳大利亚共产党加入共产国际。该党是澳大利亚历史上第一个为土著人争取平等权利的政党，也是澳大利亚反法西斯主义和反帝国主义斗争的主要力量。20世纪三四十年代，澳大利亚共产党在领导国内工人运动的同时，还参与了援助西班牙人民的国际纵队和反法西斯斗争。20世纪60年代，受国际共产主义运动的影响，澳共逐步放弃了马列主义原则和民主集中制，主张以和平方式向社会主义过渡，并由此出现了组织分化。20世纪80年代，该党试图建立左翼联盟但未能实现，并于1991年解散。

进入21世纪以来，澳大利亚有十几个共产主义政党。这些政党虽提出了争取左翼团结和实现社会主义的主张，但组织力量分散，尚未形成有影响力的左翼联盟。其中，以共产党命名的政党有澳大利亚共产党（马列）[CPA（M-L）]、澳大利亚共产党（CPA）和澳大利亚人共产党（ACP），三者均与原澳大利亚共产党有一定的历史渊源。

25. 伊朗人民党发表声明庆祝伊朗共产党成立100年

伊朗共产党成立于1920年6月，在组建十余年后被迫解散。作为伊朗共产党继任党的伊朗人民党在2020年发表声明，庆祝伊朗共产党建立百年，回顾伊朗共产党发展历程，高度赞扬伊朗共产党在引入和推广马列主义科学世界观过程中发挥的作用，及其在推动土地改革，组织劳工和工会运动，维护政治和经济主权、社会正义、民主和自由、文化发展等基本和紧迫问题上的先锋作用。伊朗人民党表达了继承伊朗共产党遗志，高举捍卫民族和人民利益旗帜，与各进步、自由和革命力量联合行动，终结"独裁统治"的决心。

26. 印度共产党成立100周年

印度共产党1920年在塔什干成立，当时它还主要是一支海外流亡共产党。1925年印度共产党在本土成立。1947年印度独立伊始，共产主义运动就出现了裂隙。1964年和1969年印共分别发生了两次大分裂，形成三支共产党力量，分别是：印度共产党、印度共产党（马克思主义）、印度共产党

（马克思列宁主义），这三支党分别为右翼、中左翼和极左翼代表。印共和印共（马）在后来的议会道路中取得了相当的成就，印共（马列）的武装斗争道路也对印度政治产生了深刻的影响。尽管印共（马列）后来又多次出现分化重组，但印度共产主义运动的力量格局和意识形态格局已基本奠定。印共（马列）在纳萨尔巴里起义失败后转而进行零散小股斗争，后在21世纪重新整合为印度共产党（毛主义）。印共（马）目前是资本主义世界最大共产党和走议会道路的典型代表，长期在西孟加拉邦、喀拉拉邦和特里普拉邦执政。在10月17日当天，印共（马）在其执政的喀拉拉邦召开在线会议，该党总书记亚秋里发表全国演讲庆祝党的百岁生日，并围绕左翼运动诸方面问题如左翼替代、左翼如何对农民产生影响等同与会者展开讨论。

27. 乌拉圭共产党成立100年

1920年，从乌拉圭社会主义党（1910年成立）分离出来的部分党员组建了乌拉圭共产党（Partido Comunista de Uruguay，PCU）。该党以马列主义为指导，是乌拉圭工人阶级政治和意识形态的先锋队。受国际共产主义运动和国内政治形势的影响，20世纪的乌拉圭共产党历经沉浮与调整。2020年，乌拉圭共产党就国内外形势发表声明，认为新冠肺炎疫情的大流行表明资本主义不但无力满足人类需求，还加剧了贫困与两极分化；玻利维亚、智利、古巴、委内瑞拉、哥伦比亚和危地马拉等国的拉美人民为对抗资本主义和帝国主义的进攻，在疫情暴发之年进行了艰苦斗争；乌拉圭共产党对这些斗争表示声援，并坚决捍卫各国人民的自决权和发展权。乌拉圭共产党还表示，该党将与所有"阵线主义"者团结一致，共同开展纪念"广泛阵线"成立50周年的活动。2021年，乌拉圭共产党将召开党的第三十二届全国代表大会。

目前，除该党外，乌拉圭共产主义政党还有乌拉圭革命共产党（El PCR del Uruguay）和乌拉圭共产党（马列）（Partido Comunista Marxista Leninista de Uruguay，PCMLU），前者为马列主义和毛主义党，后者为马列主义党。这些党均与乌拉圭共产党有一定历史关联，但在理论主张和斗争路线上存在一定的差异。

28. 菲律宾共产党成立90年

菲律宾共产党成立于1930年11月7日，其前身是菲律宾进步工人党。20世纪40年代菲律宾被日本占领后，菲共组织了"菲律宾抗日人民军"，与日本侵略者作战，菲共在反抗日本侵略的过程中力量不断壮大。二战结束后，由于菲共的不断壮大威胁到美国及其扶植的菲律宾政府的利益，菲共遭到残酷镇压。1967年菲共发生分裂，后于1968年在西松的指导下重建，即成立信奉毛泽东思想的"新菲共"。"新菲共"有两大武器，一是"武装斗争"，即1969年3月29日成立的"新人民军"；二是"统一战线"，即1973年4月24日成立的"菲律宾全国民主阵线"。前者与菲律宾政府战斗了半个世纪，后者在菲律宾公开合法地存在，并对主流社会产生了非常广泛和深远的影响。

29. 哥伦比亚共产党成立90周年

哥伦比亚共产党（Partido Comunista Colombiano，PCC）成立于1930年。1935年，该党加入共产国际。哥伦比亚共产党以马列主义为指导，奉行自治、爱国和国际主义原则，旨在实现哥伦比亚的民主、和平、进步与公正。20世纪40~70年代，受国内外政治形势的影响，哥伦比亚共产党经历了多次分化与重组，斗争路线从游击战转向合法斗争。20世纪80年代，该党主张通过国家选举改革、土地改革和宪法改革，维护哥伦比亚的主权独立与民主化进程。其间，该党通过组建民主阵线和爱国联盟，在工人运动和议会斗争中取得了一定进步。

苏联解体东欧剧变后，哥伦比亚共产党遭到右翼迫害，组织力量受到极大削弱。与此同时，20世纪后半期从该党分离出来的多支革命力量坚持武装斗争，对哥伦比亚的社会政治稳定造成了一定冲击。进入21世纪后，哥伦比亚共产党召开了多届党代会，进一步明确了党在新时期通过政治联盟争取政治空间的斗争路线。2017年，哥伦比亚共产党召开了第二十二届代表大会。2020年，哥伦比亚共产党在其官网开辟了纪念建党90周年专栏。2021年，哥伦比亚共产党将召开第二十三届代表大会。

各国共产党左翼党重要活动

30. 欧洲共产党和工人党"倡议"发表纪念列宁诞辰150周年声明

2020年4月22日是列宁诞辰150周年纪念日。为纪念这位伟大的无产阶级革命领袖，欧洲共产党和工人党"倡议"于4月16日发表声明进行纪念。声明回顾了列宁的突出贡献，包括创立了一个新型政党和世界上第一个社会主义国家，第一次提出有必要建立一个具有马克思主义世界观的新型革命政党，在理论上进一步发展和指明了马克思主义的所有组成部分，即哲学、政治经济学和科学社会主义，领导建立的第三国际成为国际共产主义运动的基石，等等。声明指出，与以往任何时候相比，当前我们更要强调社会主义的必要性。因为社会主义是当代世界共产党以及各国工人阶级及其盟友斗争的答案和指南。欧洲共产党和工人党"倡议"最后表示，将继续在列宁的鼓舞和引导下，坚定不移地朝着社会主义道路前进。

31. 美国共产党批判美国政府社会问题

美国共产党联合主席乔·西姆斯撰文批评疫情和新自由主义一样在摧毁美国。他说，数以万计的人被夺去生命这一事实提醒人们：和其他权利一样，自由呼吸并非理所当然，也是需要抗争才能获得的。这次疫情造成的危机以及公众的反应说明美国社会需要认真进行反思。美国共产党认为美国战疫不力：对疫病致死人数轻描淡写、在媒体关于疫情的报道中充斥谎言、特朗普政府缺少全国范围的综合应对措施，这些导致了数十万美国人无辜死亡。另外，资本家在现代最致命的瘟疫暴发之时，唯利是图，罔顾工人生命安全。反观社会主义的古巴、越南和中国都把人民的生命放在首位，抗疫措施得力、社会井然有序。资本主义的意识形态无时无刻不在分化工人，在生产过程之外阻止工人的集体合作，鄙视任何意义上的共同体。由此，资本主义意识形态和资本主义的社会机构习惯性地坚持工人要保持社交距离，与此同时资本家和富豪却在幕后官官相护。资本家惧怕工人团结一致形成的伟大力量，他们制造毒品麻醉工人的头脑，制造极端主义分散工人的团结，制造贫困阻碍工人的创造力,这种种手段不外乎在工人中制造相互恐惧。西姆斯认为2020年美国总统大选表明,民主党的政纲在平等、助学贷款、全球变暖、医疗和集体谈判等方面发生左转,这在很大程度上受伯尼·桑德斯等人的影响,但更重要的是迫于民众的压力不得已而为之,更何况政纲仅仅是愿望清单而已,如果没有自下而上的强大压力敦促落实,这些愿望都只不过是说说罢了。

32. 巴西共产党批评巴西右翼政府抗击疫情不力

自2018年以来,巴西国内生产总值(GDP)直线下降,巴西共产党认为巴西右翼政府要为此负责。2020年新冠肺炎疫情期间,巴西总统雅伊尔·博索纳罗(Jair Messias Bolsonaro)利用政治仇恨言论来维持其社会基础的支持,并因为其与制药公司间千丝万缕的联系,在抗疫期间罔顾医学事实,一味吹嘘使用氯喹和羟氯喹类药物,并且抛出"疫苗禁令",造成巴西抗疫成效低下,社会秩序混乱。为此,巴西多地爆发抗议示威游行,要求弹劾博索纳罗。同时,巴西共产党及其他党派计划起诉总统博索纳罗禁购中国疫苗一事。

巴西共产党认为,当前世界形势总体上讲对巴西不利,前有美国前总统唐纳德·特朗普对美巴贸易的政策反复,现有美国总统乔·拜登对巴西的旅游和来访禁令。巴西经济遭受重创,社会矛盾频发。但同时,巴西共产党强调,中国抗疫中的表现是世界社会主义运动的强心针,为巴西共产党注入信心。巴西共产党党员、马拉尼昂州长弗拉维奥·迪诺(也是巴西共产党的区域主席)表示有意参与2022年的总统大选,届时巴西共产党将和其他党派联盟。

33. 俄联邦共产党领导人呼吁在抗疫斗争中汲取苏联经验

2020年3月31日,俄联邦共产党中央委员会主席根纳季·久加诺夫于国家杜马会议召开之前就全球疫情问题发表讲话。他表示,新冠肺炎疫情需要政府各部门采取最有力的措施,以及需要所有地区进行协调行动,但俄罗斯推行的防疫措施存在诸多不足。

久加诺夫提醒公众注意,20世纪20年代苏维埃国家为抗击传染病付出巨大努力：早在1918年，萨拉托夫便成立了一家著名的病毒研究所，随后伊尔库茨克、罗斯托夫、斯塔夫罗波尔等地也创建了同类机构，总数量达到20个。1934年，苏联科学家玛格达列娜·波克罗夫斯卡娅成功研制出一种新型疫苗，扑灭了远东地区的鼠疫。在对抗伤寒、霍乱和疟疾的斗争中，苏联科学家也取得巨大成功。此外，苏联政府创建了独特的民防体系，民防活动遍及全国各地的所有企业，各级管理人员均接受了特殊培训。所有大学女生都必须接受医学培训，以便能够进行预防性医学检查并提供急救。

久加诺夫认为，苏联的病毒学研究和医疗服务为整个国家和整个世界树立了榜样，中国有效地利用了苏联经验来抗击新型冠状病毒疫情。然而，现今俄罗斯舆论界却对此保持沉默，维系着自20世纪90年代以来根深蒂固的反苏维埃思维，仍然拒绝告诉俄罗斯民众苏联抗击流行病的成功经验。唯有正视历史和现实，才能更好地应对当前席卷全球的新冠肺炎疫情。

34. 南美共产党发表抗疫联合声明

2020年3月30日，南美洲12个共产党发表了应对新冠肺炎疫情的联合声明。参与签署联合声明的拉美共产党包括阿根廷共产党、玻利维亚共产党、巴西共产党（PCdoB）、巴西的共产党（PCB）、哥伦比亚共产党、智利共产党、厄瓜多尔共产党、巴拉圭共产党、秘鲁共产党、秘鲁共产党（红色祖国）、乌拉圭共产党和委内瑞拉共产党。声明指出，新冠肺炎疫情表明，拉美大多数国家的公共卫生系统存在严重缺陷，卫生部门的商业化和私有化服务了垄断集团的利益，却无法满足人民对基本卫生服务的需求；各国应对新冠肺炎疫情的现实再次揭露了新自由主义的反社会性与寄生性，凸显了国家在重要领域不可替代的主导作用。声明认为，在疫情期间，各国政府应调整财政紧缩政策，维持必要的经济活动，确保工人、失业者和穷人的权利，并呼吁国际货币基金组织和国际银行减免拉美国家外债。声明还肯定了中国、古巴和俄罗斯等国在抗疫中的积极作为，表达了对古巴、委内瑞拉和尼加拉瓜遭受制裁或不公的声援。

35. 世界各国政党就加强抗击新冠肺炎疫情国际合作发出共同呼吁

2020年4月2日，中国共产党同世界上100多个国家230多个政党联合就加强国际抗疫合作发表共同呼吁。该共同呼吁指出，面对新冠肺炎疫情在全球范围快速蔓延及其对人类卫生健康以及世界和平发展带来的最严峻挑战，各国政府要根据本国国情制订紧急计划和举措，动员全社会力量共同抗击疫情；在防控疫情的同时，统筹做好经济社会发展工作。同时，强调各国需要进一步树立共商共建共享的全球治理观，加强国际合作，努力打造人类卫生健康共同体，打赢疫情防控的全球阻击战。这是新冠肺炎疫情暴发以来世界主要政党首次就国际抗疫合作发出共同声音，是21世纪以来第一次，是党的十八大以来第一次，更是疫情发生以来第一次，是世界政党交往史上的一件大事。病毒没有国界，不分种族，国际社会只有形成合力，才能战而胜之。

36. 世界共产党工人党发布保护人民健康和权利的联合声明

2020年3月30日英国共产党、新英国共产党、意大利共产党、共产党（意大利）、瑞典共产党、美国共产党等80多个共产党工人党联合发表《共产党和工人党联合声明：立即采取措施保护人民的健康和权利》，对资本主义制度的弊端进行了批判：新冠肺炎疫情的暴发揭示了所有资本主义国家的卫生系统之前就已经存在严重短缺的状况。这些短缺不是偶然发生的，它们是各国政府为服务大资本而推行的反人民政策的结果，旨在将卫生事业商业化和私有化，以支持垄断集团的盈利能力。这一政策破坏了当今满足人民所有预防和保健需要的巨大科技能力。新冠肺炎疫情的暴发和应对揭示了资本主义的反社会性和寄生性，突出了以人民群众的需要为基础的社会主义中央政府科学计划的优越性。

37. 日本共产党召开第28次全国代表大会

2020年1月14~18日，日本共产党第28次全国代表大会在静冈县热海市召开。大会邀请了11个国家的大使、外交官，以及国内的立宪民主党、国民民主党、社民党、参议院派·冲绳风、碧水会三党·两派等友好政党和团体代表出席。大会审议通过了中央委员会报告、《日本共产党纲领》(2020)、《日本共产党第28次大会第一决议（政治任务）》和《日本共产党第28次大会第二决议（党的建设）》，选举产生了由193名中央委员、28名候补

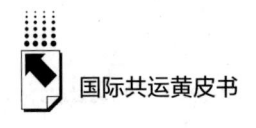

中央委员组成的新一届中央委员会，志位和夫、小池晃分别当选党的委员长和书记局长。党内外有62000多人通过互联网直播观看了本次大会。

本次大会时隔16年再次修改了党纲的部分内容，引发党内外高度关注。其中，删去2004年党纲中关于中国、越南、古巴等是"开始了以社会主义为目标的新探索"国家，并删除这一新探索"将成为21世纪世界史上重要的一部分"的表述，尤为引人注目，标志着日共对中国及当今主要社会主义国家的认识发生重大转变，即全面否定了世界上还存在为实现社会主义目标而努力的国家，更加否定了当今世界有社会主义国家、社会主义制度的存在。日共的这一重大转变将可能在思想上、行动上带来一系列新变化，需要予以特别关注。

38. 智利共产党召开第26届全国代表大会

成立于1912年的智利共产党是拉丁美洲创立时间最长的无产阶级政党。自1990年以来，再度合法化的智利共产党通过加强左翼政治联盟不断扩大政治影响。自2010年进入国会后，智利共产党先后产生了9名众议员和两名政府部长。2020年12月，智利共产党召开了第26届全国代表大会。吉列尔莫·特里耶尔和劳塔罗·卡莫纳分别当选智利共产党主席和总书记。大会《政治报告》指出，当前资本主义危机重重，世界格局正发生深刻变革；面对右翼的镇压，智利人民为争取民主和主权进行了不懈斗争；工人阶级是推进社会政治变革的核心力量，反新自由主义社会运动也在不断壮大；智利共产党将把政治联盟工作视为现阶段的中心任务，不断加强党的建设，坚持民主集中制原则，重视共青团的发展，从而更好地服务智利人民。

39. 南非共产党发表对南非疫情及国际形势的看法

2020年3月26日，南非共产党发出呼吁，要求政府采取切实措施，重点关注失业者、穷人和中间阶级下层。南非共产党欢迎南非政府对新冠肺炎疫情采取的果断措施，认为这是打破新型冠状肺炎传播链的重要手段。疫情不仅在公共卫生领域，而且在经济领域和社会领域产生了负面影响。当前南非正处于一场宏观经济危机之中，这场危机所导致的高失业率将直接影响1040万名左右的求职者，同样影响数以百万计的失业者和穷苦劳动者，十分需要一套直接的、专门的，旨在帮助穷人、失业者、雇佣工人和中间阶级下层的相关措施。

2020年5月2日，南非共产党第一副总书记马派拉表示，美国政府近期不断在南海、涉港、涉藏和台湾等问题上对华进行挑衅攻击，南非共产党及世界所有爱好和平的人民对此强烈反对。中国支持非洲国家抗击疫情，积极推动世界各国携手，共同佑护人民生命和健康，是对人类命运共同体理念的积极践行。中国共产党取得的成就举世瞩目，影响了广大亚非拉国家，对世界发展具有重要意义。

重要左翼和社会运动

40. 意大利二十一世纪马克思政治文化协会成立10周年

二十一世纪马克思政治文化协会是意大利马克思主义学者及其他左翼学者于2010年在罗马组建的左翼文化阵地。协会的主旨是在意大利推动世界马克思主义和其他左翼思想研究的发展及相关成果的出版传播，并为意大利马克思主义者和共产主义者与其他反资本主义流派的政治团结构建理论和文化基础平台。协会下设同名出版社和网站，近年来公开翻译出版或发布多部有关中国特色社会主义的著述。其中影响较大的有《中国特色社会主义为什么行?》（2018年）、《"一带一路"倡议下的新政治经济前景与新全球化》（2017年）、《中国马克思主义者访谈录》（2017年）、《"中国道路"与国际格局》（2016年）、《中国道路——成就、原因、问题、对策》（2015年）等。

41. 智利原阿连德社会主义政权成立50周年

智利阿连德政府（1970~1973年）是人类历史上第一个通过民主选举产生的社会主义政权。1970年11月，作为人民团结阵线候选人的萨尔瓦多·吉列尔莫·阿连德·戈森斯（Salvador Guillermo Allende Gossens，1908~1973年）成功当选智利总统。阿连德在任期间，智利实行了土地改革和经济国有化，教育事业得到长足发展，与第三世界国家的往来更加密切，并成

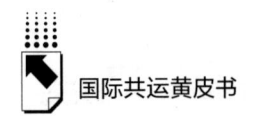

为首个与中国建交的南美国家。阿连德执政后期，智利经济形势恶化，政局动荡。1973年9月，阿连德政权被皮诺切特策动的军事政变推翻，阿连德在政变中不幸身亡。阿连德社会主义政权的成立是19世纪中叶以来智利左翼政党不懈斗争的结果，是智利社会主义运动达到历史高潮的重要标志，对拉美左翼及社会主义运动产生了深远影响。2020年，在阿连德社会主义政权成立50周年之际，拉美左翼就其历史意义和经验教训进行了广泛而深入的讨论。

42. 白俄罗斯纪念十月革命103周年

2020年11月7日是十月革命103周年纪念日。当天，白俄罗斯首都明斯克及其他一些城市举行向列宁像献花等纪念活动。上午，白俄罗斯国民会议代表院、明斯克市和明斯克州议会机构、白俄罗斯共产党、白工会联合会及白共和国青年联盟等社会组织的上千名代表在明斯克市中心集会，向位于政府大楼前的列宁雕像敬献花篮和鲜花，纪念十月革命103周年。白俄罗斯总统卢卡申科于本日向国民发表节日致辞，指出十月革命这一历史性事件体现了各族人民争取民族复兴和社会平等的重要意义，十月革命后，白俄罗斯人朝着建立主权国家迈出决定性一步。同日，白俄罗斯戈梅利、布列斯特、维捷布斯克和新波洛茨克等地也都举行向列宁像献花等群众纪念活动。

43. 印度爆发历史上最大规模罢工

莫迪上台执政7年来，社会矛盾日益激化，印度工人、农民、知识分子和学生反抗运动高潮迭起，不断刷新史上抗议规模纪录，出现了全印度乃至全球有史以来最大规模罢工运动以及史上规模最大、时间最长农民抗议运动。2020年1月和11月，印度分别爆发2.5亿工人大罢工。这两次罢工打破了2019年印度创造的2亿工人规模的罢工纪录。回溯两次罢工，直接原因分别为抗议印度政府将国有资产自由化和稀释劳工法，以及表达对持续升温的印度农民运动的支持；根本原因是莫迪上台后不断推行激进的新自由主义政策，社会矛盾日趋激化。

44. 圣保罗论坛成立30周年举行纪念活动

2020年，拉美左翼地区性组织圣保罗论坛成立30周年。圣保罗论坛是拉美和加勒比地区重要的左翼政党和进步组织论坛之一，其发展历程集中体现了苏联解体、东欧剧变后拉美左翼30年来的思想轨迹、实践探索与发展诉求。旨在寻求替代发展、反思斗争经验的圣保罗论坛，不但见证了拉美左翼的低潮、徘徊与复归，更成为凝聚左翼共识、加强左翼团结的重要平台。面对拉美多元的政治传统和复杂的地缘局势，圣保罗论坛始终在团结抑或分化、斗争抑或妥协的艰难抉择中历练和发展。未来，以圣保罗论坛为依托的拉美左翼力量，仍将面临自身调整和地区博弈的双重考验。

2020年5月8日，圣保罗论坛工作组围绕"新冠肺炎疫情下的复杂形势与协同合作"召开了首次视频会议，并发表了题为《疫情下的反帝国主义统一与团结》的会议宣言。会议宣言指出，新冠肺炎疫情是不分国界、意识形态和发展水平的全球性挑战；为应对当前危机，世界各国应摒弃政治分歧，加强国际团结与合作；各国政府应把人民生命健康置于市场之上，制定保障人民主权和粮食安全的国家政策；新自由主义再次证明其作为一种社会模式的失败，而国家在维护国家利益和保护弱势群体方面的领导力及有效性至关重要。7月28日，包括古巴国家主席迪亚斯－卡内尔在内的多国左翼领导人召开线上会议，庆祝圣保罗论坛成立30周年，深入探讨拉美左翼联合策略与社会主义运动前景。

45. 新冠肺炎疫情重创美国

截至2021年1月25日，全球新冠肺炎确诊患者累计99192353人，其中美国"独占鳌头"，为25374301人，约占总人口的7.7%，美国50个州悉数沦陷。面对汹涌而来的病毒，美国人早就需要全力以赴开展抗疫行动，但是由于美国资本主义制度的固有弊端，新冠肺炎疫情有愈演愈烈之势。此次疫情应对，充分暴露了资本主义制度的无能。这可从以下四个方面究其根源。首先，美国政治体制的最大特色是三权分立并相互制衡，联邦、州和郡三级政府无一例外，尤其在联邦层面，三权分立与两党竞争纠缠不清，这导致政府在作出决策时必须首先考量党派利益，无法形成有效协作，自然也不利于开展防控工作。其次，党派斗争影响了防疫工作。美国实行联邦、州和郡三级政府分层治理，各州保有相当广泛的自主权，有自己的法律体系和政

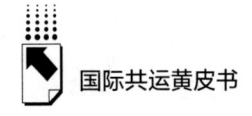

府机构等，独立于联邦政府。民主党主政州与共和党主政州各自为政，难以出台协调一致的战略遏制疫情、重振经济。再次，面对危机考验，美国的政客不是以人为本，而是利益至上，甚至利用危机追逐更多的利益。最后，美国新冠肺炎疫情危机进一步激化了种族、阶层等矛盾，对新冠肺炎疫情持不同观点的人互相攻击，甚至连是否配戴口罩都无法取得一致意见。

46. 美国爆发多场社会运动，美式民主受到质疑

2020年，随着新冠肺炎疫情在美国的蔓延，美国的社会矛盾日益加剧，并爆发了多场社会运动。

2020年5月25日，非洲裔男子乔治·弗洛伊德之死引发了美国的反种族主义抗议浪潮，"黑人的命也是命"（BLM）运动烧遍全美。6月6日，各地的抗议达到最高峰，50多万美国人走上街头。抗议者为了表达对种族主义的愤怒，还在美国各地掀起了"推倒资产阶级代表人物雕像"运动。6月14日，在美国俄勒冈州波特兰，部分示威者推倒了当地的杰斐逊高中内的杰斐逊雕像，并且在底座喷上了乔治·弗洛伊德的姓名等涂鸦。6月18日，波特兰的示威人士推倒了美国第一任总统乔治·华盛顿的雕像，示威者们还把美国国旗盖在他的雕像上，并且将其付之一炬。2021年1月6日，美国首都华盛顿发生大规模示威活动，数百名示威者强行攻入美国国会大厦并与警方发生暴力冲突。拜登发表电视讲话，直言民主遭到"前所未有的攻击"。这些社会运动的发生表明，标榜"自由""平等"的美式民主的虚伪性越发明显，并日益受到质疑。

重要学术活动

47. 中国社会科学院举办第十一届世界社会主义论坛

2020年11月17日，由中国社会科学院主办的第十一届世界社会主义论坛暨《世界社会主义黄皮书》《世界社会主义小丛书》发布会在北京举行。本届论坛主题为"中国共产党百年与百年大变局"，大会以线上与线下相结合的形式召开。来自中央党校（国家行政学院）、北京大学、清华大

学、中国人民大学、中国社会科学院、中国社会科学院大学（中国社会科学院研究生院）等单位的40余位专家学者参与会议研讨。同时，来自尼泊尔、俄罗斯、越南、英国、乌克兰、意大利、日本、黎巴嫩、老挝的13位国外专家学者参加了线上会议。与会专家学者围绕论坛主题，就"中国共产党百年光辉发展历程及经验启示""中国共产党对社会主义的理论探索和实践贡献""新时代中国特色社会主义的国际贡献与世界意义""百年大变局中世界社会主义的机遇、挑战与发展前景"四大议题进行了深入探讨。世界社会主义论坛举办十余年来，已经在世界各国共产党、左翼学者以及关注中国特色社会主义发展的学者中产生广泛影响。

48. 中国国际共运史学会举办2020年年会

2020年12月29日，中国国际共运史学会2020年年会在北京召开，会议主题是"中国特色社会主义与世界社会主义的新发展"。与会专家就十九届五中全会精神、恩格斯诞辰200周年、习近平新时代中国特色社会主义思想对马克思主义的发展、"四个自信"与中国特色社会主义制度的优势、中国特色社会主义对世界社会主义的贡献、"中国之治"与中国之制、全球治理与世界左翼、左翼政党的新发展等议题展开了深入讨论。

49. 中国科学社会主义学会当代世界社会主义专业委员会在浙江举行年会

2020年11月14日，中国科学社会主义学会当代世界社会主义专业委员会2020年年会在浙江杭州召开。本次年会由中国科学社会主义学会当代世界社会主义专业委员会、浙江金融职业学院与《科学社会主义》杂志社联合举办，主题是"学习社会主义发展史的重大意义"。与会学者围绕这一主题，深入探讨了对社会主义改革历程的回顾与反思、当代世界社会主义新发展、中国特色社会主义的世界意义、马克思恩格斯思想多角度探析及意义、人类命运共同体构建等重大问题。

50. 《国际共产主义运动发展报告(2019~2020)》出版发行

2020年7月18日，由中国社会科学院马克思主义研究院和社会科学文献出版社共同主办的"《国际共产主义运动发展报告（2019~2020）》新书发布暨2020年国际共产主义运动形势研讨会"以视频会议形式召开。与会

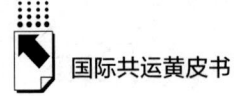

专家对第二册国际共运黄皮书给予高度评价，认为其较上一册内容更加充实，体例更加统一，集中展现了2019年国际共产主义运动和世界社会主义发展形势，展示了国际共运学科的最新发展成果。本次会议还围绕"疫情背景下世界社会主义与国际共产主义运动发展态势"进行了研讨。近百位与会专家就全球抗疫与世界社会主义发展新格局、世界社会主义的历史进程及其阶段性特征、世界共产党发展的新态势新特点、抗击疫情中社会主义制度优越性的彰显、新冠肺炎疫情与两制关系的新态势等问题进行了热烈讨论。

（资料篇编撰人：潘金娥、贺钦、刘海霞、潘西华、邢文增、李凯旋、遇荟、王游、王子凤、王静、刘向阳、刘鑫鑫、牛政科、韦丽春、方文、谭晓军等）

Abstract

In 2020, the international communist movement showed new vitality in the turbulent changes of the world.

Xi Jinping, General Secretary of the Central Committee of the Communist Party and president of China, pointed out: "The world today is experiencing great changes unseen in a century. The global pandemic COVID – 19 has accelerated the great changes, and the world has entered a period of turbulent change." From the beginning of 2020, the world is experiencing changes unseen in a century. Against the background of great changes, an unprecedented pandemic COVID – 19 has swept the world. Global protectionism has risen, the world economy has fallen into recession and downturn, and the international environment has undergone profound changes. Socialist countries such as China, Vietnam, Laos, and DPRK took the lead in the control of the epidemic, and achieved economic growth, and the superiorities of socialist system was able to be demonstrated; while the epidemic in Western capitalist countries led by the United States was rampant and the economy fell into a severe recession. There has been a serious social division. In the context of the COVID – 19, the advantages and disadvantages of the two systems of socialism and capitalism have been highlighted, and the pattern of the two systems and the comparison of international forces have shown a trend of "the eastern countries are rising while the western ones are descending". Thirty years ago, Francis Fukuyama, the American political scholar who predicted that human history would come to an end in capitalism, published a paper with an adverse judgment: *Rotten to the Core? How America's Political Decay Accelerated During the Trump Era*!

2020 is also a memorable year with many important events in the history of the international communist movement. This year coincides with the 200th birthday of Friedrich Engels, and the 150th birthday of V. I. Lenin, 2 great mentors of the international communist movement. This year is also the 100th anniversary of the founding of the Communist Party of India, the Communist Party of South Africa, the Communist Party of France, the Communist Party of England, and the Communist Party of Turkey, ect.. 2020 is also an important year to commemorate the establishment of the new sate and unification of Vietnam and Laos, and the establishment of the Workers' Party of Korea. Although many activities are restricted in the context of the epidemic, the communist parties of various countries have held various forms of celebrations and commemorative activities through the Internet. Through the commemorative activities, all parties reviewed the historic contributions and great personalities of Marxist mentors and revolutionaries, and strengthened the ideals and beliefs of communism and their determination to continue on the road of socialism. Marxism has been innovated and developed in the inheritance. At the same time, 2020 is also the year to prepare for a new party congress of 4 world socialist countries such as Vietnam, Laos, DPRK, Cuba. The ruling parties of the 4 countries persist to under the guide of Marxism, continue the path of socialist development, and draw new blueprint of the coming years.

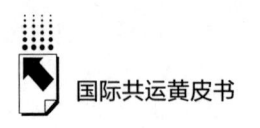

In 2020, under the strong and unified leadership of the Communist Party of China, China has struggled to overcome the impact of the epidemic, won the final victory in poverty alleviation and built a moderately prosperous society in all respects according to the original plan, creating a miracle in the world history. At the same time, the third volume of "*Xi Jinping: The Governance of China*" was published, marking the new height of the theoretical system of socialism with Chinese characteristics and the continuation of a new chapter in Marxism in the 21st century. The achievements of socialism with Chinese characteristics have important theoretical and practical significance for world development and the international communist movement.

In early 2021, as the COVID-19 epidemic continues to spread in the West, socialist countries have basically controlled the epidemic. DPRK, Laos, Vietnam, and Cuba successively hold new Party congresses to elect a new leading collective of the party and country. China has entered the first year of the "14th Five-Year Plan", launched a new journey of socialist modernization, and celebrated the 100th anniversary of the Communist Party of China. The new US government began to take power at the beginning of the year. Although the new US President Biden intends to change Trump's unilateralist policy, he is committed to pushing the so-called "democratic coalition" into practice, and the intention to launch a "new cold war" is obvious. In this context, socialist countries have proposed to strengthen unity and cooperation to jointly respond to new challenges. The international communist movement is facing both opportunities and challenges.

Keywords: The International Communist Movement; The Superiority of the Socialist System; The Struggle Between the Two Systems; COVID – 19 Epidemic

Contents

I General Report

Y.1 The International Communist Movement in a Period of Turbulent Change
—Analysis and Forecast of the Development of the
International Communist Movement from 2020 to 2021
Jiang Hui, Pan Jin'e / 001

Abstract: In 2020, under the superimposed influence of the COVID - 19 epidemic and great changes unseen in a century, the world has entered a period of turbulent change. China, Vietnam and other socialist countries in the world have effectively managed the epidemic and achieved economic growth, demonstrating the superiority of the socialist system. Meanwhile, the spread of epidemics in Western countries, frequent social movements, the widening gap between the rich and the poor, and more prominent social inequality have exposed the shortcomings of capitalism, and the world pattern of "the eastern countries are rising while the western ones are descending" is even more obvious. From the beginning of 2021, the COVID - 19 epidemic continued to spread in the West, while the 4 world socialist countries successfully held new Party congresses. The Communist Party of China is embarking on a new journey in welcoming its centennial birthday. After the US Biden administration came to power, it has been committed to promoting the so-called "democratic alliance", and the intention to launch a "new cold war" is obvious. The international communist movement is facing both opportunities and challenges.

Keywords: The International Communist Movement; The Superiority of the Socialist System; The Struggle Between the Two Systems; The COVID – 19 Epidemic

Ⅱ Hot Spots in Focus

Y.2 Engels in the Horizon of the International Communist Movement: Perspectives from Countries all over the World

Yuan Xiuli, Li Juan / 034

Abstract: In 2020, on the 200th anniversary of Engels' birth, the Communist Parties and the left wing all over the world held a variety of activities to commemorate Engels, review Engels' great contribution to the international communist movement. They have affirmed Engels' care and guidance of Marxist political parties' in various countries The establishment and development of socialist political parties greatly promoted the growth of the international communist movement. The systemic crisis, the polarization between the rich and the poor, and the crisis of social identity in contemporary capitalism have caused chaos and turmoil, and the whole world is facing an increasing number of risks and challenges. Engels' thought has great guiding significance beyond the times.

Keywords: Engels; Marxism; International Communist Movement; Communist Party; Workers' Party

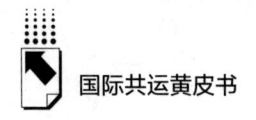

Y.3 The Historical Contribution and Contemporary Value of Lenin and His Thought

——*Communist Parties and Left-wing Parties around The World Commemorate The 150th Anniversary of Lenin's Birth*　　　　　*Wang Zifeng / 050*

Abstract: 2020 is the 150th anniversary of the birth of Lenin, the great teacher of the proletarian revolution. Communist parties and left-wing parties around the world have solemnly commemorated the 150th anniversary of Lenin's birth by issuing important speeches and statements, holding commemorative events and seminars. Based on the new developments, new stages, and new changes in the current world, they spoke highly of Lenin's inheritance and development of Marxism, profoundly explained Lenin's important contribution to the international communist movement, emphasized the scientific significance of Lenin's thought, and fully affirmed the importance of Lenin's thought for the further development of the international communist movement.

Keywords: Lenin 150th Anniversary; Communist Party; Left-wing Party

Y.4 New Development of Xi Jinping Thought on Socialism with Chinese Characteristics for a New Era　　*Lin Jianhua / 064*

Abstract: Seeking liberation for mankind is the theme of Marxism and the international communist movement. The key words of the international communist movement are to establish a political party and promote its construction, to acquire political power and advance the construction of this power, to carry out socialist construction and promote socialist reform. The construction of the Marxist governing party, the concept of people-centered development, and the socialist modernization drive are the key words to continue the new chapter of socialism with Chinese characteristics. What's more, Socialism with Chinese characteristics and socialism with Chinese characteristics for a new era are the themes of *Xi Jinping: The Governance of China III*. To insist on building confidence in the path, theory, system, and culture of socialism with Chinese characteristics, to achieve the great rejuvenation of the Chinese nation, and to promote the building of a community with a shared future for mankind are the implications and fundamental goals of Xi Jinping Thought on Socialism with Chinese Characteristics for a New Era, after seeing the world is undergoing profound changes unseen in a century.

Keywords: New Era; Socialism with Chinese Characteristics; Marxism; International Communist Movement

Y.5 Successful Control of COVID -19 in Socialist Countries Highlights the Superiority of the System *Pan Xihua* / 083

Abstract: At the beginning of 2020, the COVID -19 swept the world. Faced with the sudden outbreak of the epidemic, the Chinese government took decisive action to control the epidemic in a timely manner. Vietnam, Cuba, Laos and DPRK are far better than capitalist countries, especially developed capitalist countries, in controlling the epidemic, which demonstrates the superiority of the socialist system. Marxism not only describes what the future society will be like for us, but also guides the realistic practice of socialist revolution and construction as a scientific theory. Especially in the process of prevention and control of the COVID -19, it provides a theoretical basis and institutional guarantee for effective prevention and control of the COVID -19 in socialist countries.

Keywords: COVID -19; Socialist Countries; Superiority of Socialist System

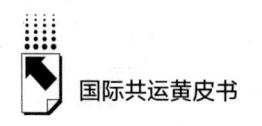

Y.6 Epidemic and Institutional Crisis of Capitalism in the View of Foreign Left Wing   *Xing Wenzeng* / 098

Abstract: The COVID - 19 epidemic in 2020 fully exposed the disadvantages and crisis of the capitalist system. On the basis of reflecting the capitalist system, the left wing of every country believes that the profit-oriented capitalist mode of production has led to the spread of the epidemic. The epidemic has made the inequality of capitalist society more prominent, and the long-term implementation of neoliberal policies has made capitalist system facing more and more serious crisis. In contrast to the capitalist system, the performance of the socialist countries in fighting the epidemic has clearly demonstrated the superiority of the socialist system and aroused people's interest in socialist alternatives.

Keywords: The COVID -19 Epidemic; Capitalism Crisis; Inequality

Y.7 The New Trend of the World Pattern and the Relationship between the Two Systems under the Background of the COVID -19   *Liu Haixia* / 114

Abstract: The outbreak of COVID -19 in the end of 2019 promoted the reconstruction of the relations between big powers and the geographical shift of power centers, thus accelerating the development of multipolarization and the evolution of world order. The risks of the new cold war between China and the United States are increasing. The two systems have shown new characteristics of competition and cooperation in many fields. The weakness of western countries' anti epidemic and the success of China's anti epidemic pattern have once again highlighted the superiority of the socialist system. Coping with the COVID -19 highlights the necessity and urgency of promoting the construction of the human destiny community. To correctly handle the relationship between the two systems, we should not only deeply understand the essence of international monopoly capitalism, but also see that the situation of the United States and the European Union in cracking down on socialism will not change in the short term. We should also see that China has strengthened international cooperation in international competition, and continued to play the role of the mainstay of socialism in the world.

Keywords: COVID-19 Pandemic; World Pattern; New Situation of the Two Systems Relationship

Ⅲ Reform and Development

Y.8 The Great Significance of China's Building a Moderately Prosperous Society in All Respects in the History of World Socialism *Lei Xiaohuan / 130*

Abstract: Since 18th National Congress of the Communist Party of China (CPC), the Central Committee of CPC made a decision. The decision is based on the new changes in the situation at home and abroad, the situation of China's economic and social development, and people's expectation. The Central Committee of CPC has proposed that by 2020, the rural poor will be lifted out of poverty, and all the poor counties will shake off poverty; by 2020, China will build a moderately prosperous society in all respects, with the GDP and the per capita income of urban and rural residents doubled that of 2010. They have been fully completed. Winning the battle against poverty and completing the building of a moderately prosperous society in all respects not only changed the image of China, but also had great significance in the history of world socialist development.

Keywords: Building a Moderately Prosperous Society in All Respects; Poverty Alleviation; Targeted Poverty Alleviation

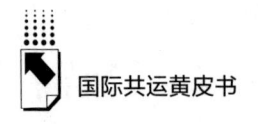

Y.9　Communist Party of Vietnam: Embarking on a New Journey in Inheritance and Integrity　*Pan Jin'e, Wei Lichun* / 143

Abstract: 2020 is a year to commemorate many major events in the history of socialist development in Vietnam, and it is also an important milestone in the course of innovation. Facing the challenge of the COVID-19 epidemic sweeping the world, the Communist Party of Vietnam organized various commemorative activities in an orderly manner and actively prepared for the 13th National Congress of the Communist Party of Vietnam, achieving the dual goals of successfully controlling the epidemic and rapid economic growth, demonstrating the superiority of the socialist system. In January 2021, the 13th National Congress of the Communist Party of Vietnam was held to elect the new leadership of the Party and the state, and set the mid and long-term development goals of Vietnam, which is the grand blueprint of striving to build a socialist-oriented developed country by the middle of 21st century. Looking forward to 2021, the National Assembly convened in the first half of the year will complete the rotation of the country's main leadership positions. Since the third wave of epidemics broke out in Vietnam at the beginning of the year, it has brought new challenges to the new Vietnamese party and state leadership.

Keywords: Communist Party of Vietnam; The 13th National Congress of the Communist Party of Vietnam; Ho Chi Minh Thought

Y.10　Cuban Model Updating under the COVID-19 Epidemic and the 8th Congress of the Communist Party of Cuba

He Qin / 166

Abstract: In 2020, facing the dual test of the COVID-19 epidemic and the US blockade, the Cuban party and government have promoted the coordination of the epidemic control and model updating. Under the strong leadership of the

Communist Party of Cuba and with the solidarity and cooperation among the Cuban people, the results of Cuban epidemic prevention and control is significantly better than the rest of Latin American countries. The internationalism demonstrated by Cuban medical brigade has been highly praised by the international community. Moreover the Cuban government has adjusted the socio-economic development plan appropriately based on epidemic situation and issued the "Socio-economic Development Strategy under the COVID -19 Epidemic". To welcome the 8th PCC Congress in April 2021, the Cuban Communist Party has advocated extensive discussions on key issues such as the results and challenges of the model updating, and Party building work. The 8th PCC Congress will fulfill the leadership changes of the Party, which is bound to be an event of great historical significance inheriting the past and opening future.

Keywords: Cuba Socialism; COVID -19; Model Updating; The 8th PCC Congress

Y.11 The New Development of DPRK Socialism since Kim Jong-un Came to Power *Fang Haofan / 183*

Abstract: Since Kim Jong-un came to power, the Workers' Party of Korea, under the leadership of Kim Jong-un, has held high the banner of Kimilsungism-Kimjongilism, taking "people firstism" as its ruling philosophy, and continued to move towards building socialism with Korean characteristics. In the new period, it has gone through the line of "simultaneous advancement of nuclear and economic growth", and then shifted the focus of work to economic construction, achieved new developments in DPRK's socialism, and improved China-DPRK relations. In the context of the successful fight against the COVID -19, the Workers' Party of Korea held its eighth congress in early 2021 and revised its Party constitution. Kim Jong-un was elected as the general secretary of the Workers' Party of Korea. Socialism in Korea will continue to move forward under the guidance of the ideological guidance of independence and self-reliance.

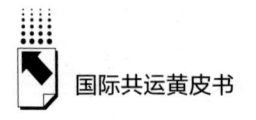

Keywords: Korean Workers' Party; Kim Jong-un; Korean Socialism

Y.12 Socialist Innovation in Laos under the Background of the
COVID −19 *Fang Wen, Hai Xian* / 201

Abstract: In 2020, the COVID −19 spread globally, and Laos was also severely affected and tested. In the face of the raging epidemic, with a high sense of responsibility for the life safety and physical health of the people, the Lao People's Revolutionary Party strengthened the Party's leadership over the work, made scientific plans and systematic deployment, quickly introduced a series of forceful measures, united with and led the people across the country to successfully resist the spread of the COVID −19, demonstrating the tremendous advantages of the socialist system. In the context of the comprehensive fighting against the epidemic, the Lao People's Revolutionary Party has, as always, adhered to a development path which suits its own national conditions, made breakthroughs, overcame all kinds of difficulties and obstacles, and continued to promote new economic and social development. Looking ahead, the Lao People's Revolutionary Party will take the 11th National Congress to be held in early 2021 as a new starting point in defense of socialism with Laos characteristics to furtherly strengthen party building, improve the party's ability to lead and govern, implement the innovation at a deeper level, promote economic and social development in high-quality, strengthen the unity of the people, improve citizens' living quality and strive to graduate from least developed country status.

Keywords: The COVID −19; Advantages of the Socialist System; Reform

Ⅳ Thoughts and Movements

Y.13 European Communist and Workers' Parties' "Greening" Adjustment and Prospects *Li Kaixuan / 218*

Abstract: In 2020, the COVID −19 epidemic swept the world. While criticizing the shortages and disorders of the European public health system, the European Communist Parties strongly appeal to the public to pay attention to the ecological crisis and climate changes, incorporating ecological rights as the new content of class struggle. In recent years, the European communist and workers' parties have accelerated the process of "greening" adjustment from the perspectives of theory, organizational structure and political activities. This kind of adjustment has produced a positive impact on the new development of Marxism in Europe, but it has not yet effectively pushed the European communist movement out of the low tide. How to promote the public's recognition of "Red is New Green" and break the vanguard role of the green parties in green politics and the challenge it poses to class identity are issues that the European communist and workers' parties should pay attention to in the future "greening" adjustment.

Keywords: European Communist and Workers' Parties; Ecological Crisis; Class Struggle; "Greening" Adjustment

Y.14 An Analysis of the American Socialist Trends and Movements under the Background of the COVID −19 *Zhuo Mingliang / 234*

Abstract: Under the background of the COVID −19 in 2020, the American left-wing political parties performed actively, realized the development and progress of the organizational strength, and on the whole presented a "steady and progressive"

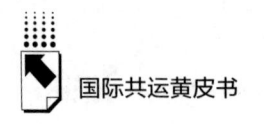

trend. The ideological trend of Sounders' Democratic Socialism continued to influence American politics, the anti-capitalist movement, which was inspired by the death of Black Floyd, and the anti-capitalist movement, whose main theme was "down with the statues of the representatives of the bourgeoisie", were intertwined with the anti-racism that swept across the country, put the United States in the global spotlight. From the perspective of development, the power of the left-wing political party and the socialist movement in the United States is scattered, it is difficult to achieve unity in the short term, the domestic political influence is limited, and is unlikely to influence the political trend of the United States in the short term.

Keywords: The COVID - 19 Epidemic; United States Left Party; Social Ideological Trend; Antiracism

Y.15 The Rise and Decline of the French Communist Party in a Hundred Years and Its New Exploration　　*Yu Hui* / 248

Abstract: 2020 is the 100th anniversary of the founding of the French Communist Party. Since its founding in 1920, the French Communist Party has insisted on taking Marxist theory as its guiding ideology, safeguarding the interests of the working class as its fundamental task, and achieving communism as its goal. It has carried out many explorations on the theoretical and practical levels, which is very representative. The Communist Parties of developed capitalist countries occupy an important position in the international communist movement. In the context of new changes in the French political ecology, the French Communist Party convened the 38th Congress to elect a new general secretary and put forward the new guiding ideology of "Common France". Strategically, the French Communist Party is actively exploring a new form of left-wing alliance, consolidating the party's class foundation and expanding its social influence. However, from a realistic perspective, the French Communist Party has a long way to go to get rid of the trend of being marginalized.

Keywords: The French Communist Party; Common France; League of the Left

Y.16 Turkish Communist Movement in a Hundred Years
—Retrospect and Prospect   *Yuan Qun, Wang Enming* / 265

Abstract: As a part of the international communist movement and a typical representative of the Islamic world in the Middle East, the Turkish communist movement has experienced rise and development, differentiation and fission, reconstruction and revival since its establishment in September 1920. The century-old development process of change and transformation, during which period of time emerged various distinctive socialist exploration paths led by the Türkiye Komünist Partisi, the Türkiye İşçi Partisi, the Turkish Communist Party (Marxist-Leninist), the Türkiye Birleşik Komünist Partisi, and the Communist Party of Turkey. The organizational operation, theoretical exploration and practical struggles of various political parties have converged into the historical torrent of the Century of Turkish Communist Movement.

Keywords: Turkish Communist Movement; Turkey Communist Party; Türkiye İşçiPartisi; Communist Party of Turkey

Y.17 The 100 Years of the Communist Party of Britain and Its Contribution to the International Communist Movements
Liu Jian / 282

Abstract: The Communist Party of Britain (CPB) has always represented the interests of the working class and made all efforts to overthrow capitalism and achieve socialism in its 100 years' history. It was very active in international communist movement and made great contribution to the liberation movement of people all over the world. Due to various factors, the CPB continued to split after World War II and was dissolved in 1991. The party which broke away in 1988 inherited the legacy of the CPGB founded in 1920. The CPB has remained stable at a lower level since 1992. Its party programme "the British Road to Socialism" has an important influence on the communist parties of different countries.

Keywords: Communist Party of Britain; Labor Party; British Communist Movements; Robert Griffiths

Y.18 Unfinished Revolution: the success and failure of the Communist Party of India in a century　　*Wang Jing / 298*

Abstract: This paper compares and analyzes the Communist Party of India and the mainstream bourgeois parties organically, outlines the basic line and historical coordinates of the development and evolution of the Communist Party of India in Indian politics. This paper also analyzes the political line and theoretical program of the Indian Communist Movement, and introduces the political practice and historical achievements of the Indian Communist Party. The author reflects on the Indian communist movement and holds that the CPI failed to compete with the Congress Party for the leadership of the national independence movement, the CPI failed to realize the organic combination of the basic principles of Marxism and Indian local practice. Its weakness in organizational construction has led to the inability to centralize and unify the Communist forces in India.

Keywords: Indian Communist Movement; CPI (M); CPI (Maoist) Armed Struggle; Parliamentary Road

Y.19 The Expanding South African Communist Party

Liu Xiangyang / 314

Abstract: South African Communist Party (SACP) is one of centennial parties in many capitalist countries today. Despite the ups and downs, it adheres to unity, the scale of its organization continues to expand, and its influence on South Africa's political affairs continues to strengthen. SACP has participated in leading the national democratic revolution, committed to the unity and cooperation of various democratic progressive forces, and provided theoretical, programmatic and strategic guidance for the struggle against racism in South Africa. SACP led the ANC's "spear of nations" and played an important role in the breakthrough of democracy in South Africa. After the Democratic breakthrough, SACP participated in national management, explored the theory of socialism with South African characteristics, and created some conditions and opportunities for future socialism. The main difficulties and challenges are the anti-Communist tendency in South Africa and the African continent, the weak socialist foundation in South Africa and the party's own development problems.

Keywords: SACP; ANC; Alliance in Power

Ⅴ Appendix

Y.20 Top 50 milestones of international communist movements in 2020 / 331

社会科学文献出版社

皮 书

智库报告的主要形式
同一主题智库报告的聚合

❖ 皮书定义 ❖

皮书是对中国与世界发展状况和热点问题进行年度监测，以专业的角度、专家的视野和实证研究方法，针对某一领域或区域现状与发展态势展开分析和预测，具备前沿性、原创性、实证性、连续性、时效性等特点的公开出版物，由一系列权威研究报告组成。

❖ 皮书作者 ❖

皮书系列报告作者以国内外一流研究机构、知名高校等重点智库的研究人员为主，多为相关领域一流专家学者，他们的观点代表了当下学界对中国与世界的现实和未来最高水平的解读与分析。截至2021年，皮书研创机构有近千家，报告作者累计超过7万人。

❖ 皮书荣誉 ❖

皮书系列已成为社会科学文献出版社的著名图书品牌和中国社会科学院的知名学术品牌。2016年皮书系列正式列入"十三五"国家重点出版规划项目；2013~2021年，重点皮书列入中国社会科学院承担的国家哲学社会科学创新工程项目。

中国皮书网

（网址：www.pishu.cn）

发布皮书研创资讯，传播皮书精彩内容
引领皮书出版潮流，打造皮书服务平台

栏目设置

◆ 关于皮书
何谓皮书、皮书分类、皮书大事记、
皮书荣誉、皮书出版第一人、皮书编辑部

◆ 最新资讯
通知公告、新闻动态、媒体聚焦、
网站专题、视频直播、下载专区

◆ 皮书研创
皮书规范、皮书选题、皮书出版、
皮书研究、研创团队

◆ 皮书评奖评价
指标体系、皮书评价、皮书评奖

◆ 皮书研究院理事会
理事会章程、理事单位、个人理事、高级
研究员、理事会秘书处、入会指南

◆ 互动专区
皮书说、社科数托邦、皮书微博、留言板

所获荣誉

◆ 2008年、2011年、2014年，中国皮书网均在全国新闻出版业网站荣誉评选中获得"最具商业价值网站"称号；

◆ 2012年，获得"出版业网站百强"称号。

网库合一

2014年，中国皮书网与皮书数据库端口合一，实现资源共享。

中国皮书网

权威报告·一手数据·特色资源

皮书数据库
ANNUAL REPORT(YEARBOOK) DATABASE

分析解读当下中国发展变迁的高端智库平台

所获荣誉

- 2019年，入围国家新闻出版署数字出版精品遴选推荐计划项目
- 2016年，入选"'十三五'国家重点电子出版物出版规划骨干工程"
- 2015年，荣获"搜索中国正能量 点赞2015""创新中国科技创新奖"
- 2013年，荣获"中国出版政府奖·网络出版物奖"提名奖
- 连续多年荣获中国数字出版博览会"数字出版·优秀品牌"奖

成为会员

通过网址www.pishu.com.cn访问皮书数据库网站或下载皮书数据库APP，进行手机号码验证或邮箱验证即可成为皮书数据库会员。

会员福利

- 已注册用户购书后可免费获赠100元皮书数据库充值卡。刮开充值卡涂层获取充值密码，登录并进入"会员中心"—"在线充值"—"充值卡充值"，充值成功即可购买和查看数据库内容。
- 会员福利最终解释权归社会科学文献出版社所有。

卡号：433556439612
密码：

数据库服务热线：400-008-6695
数据库服务QQ：2475522410
数据库服务邮箱：database@ssap.cn
图书销售热线：010-59367070/7028
图书服务QQ：1265056568
图书服务邮箱：duzhe@ssap.cn

S 基本子库
SUB DATABASE

中国社会发展数据库（下设12个子库）

整合国内外中国社会发展研究成果，汇聚独家统计数据、深度分析报告，涉及社会、人口、政治、教育、法律等12个领域，为了解中国社会发展动态、跟踪社会核心热点、分析社会发展趋势提供一站式资源搜索和数据服务。

中国经济发展数据库（下设12个子库）

围绕国内外中国经济发展主题研究报告、学术资讯、基础数据等资料构建，内容涵盖宏观经济、农业经济、工业经济、产业经济等12个重点经济领域，为实时掌控经济运行态势、把握经济发展规律、洞察经济形势、进行经济决策提供参考和依据。

中国行业发展数据库（下设17个子库）

以中国国民经济行业分类为依据，覆盖金融业、旅游、医疗卫生、交通运输、能源矿产等100多个行业，跟踪分析国民经济相关行业市场运行状况和政策导向，汇集行业发展前沿资讯，为投资、从业及各种经济决策提供理论基础和实践指导。

中国区域发展数据库（下设6个子库）

对中国特定区域内的经济、社会、文化等领域现状与发展情况进行深度分析和预测，研究层级至县及县以下行政区，涉及省份、区域经济体、城市、农村等不同维度，为地方经济社会宏观态势研究、发展经验研究、案例分析提供数据服务。

中国文化传媒数据库（下设18个子库）

汇聚文化传媒领域专家观点、热点资讯，梳理国内外中国文化发展相关学术研究成果、一手统计数据，涵盖文化产业、新闻传播、电影娱乐、文学艺术、群众文化等18个重点研究领域。为文化传媒研究提供相关数据、研究报告和综合分析服务。

世界经济与国际关系数据库（下设6个子库）

立足"皮书系列"世界经济、国际关系相关学术资源，整合世界经济、国际政治、世界文化与科技、全球性问题、国际组织与国际法、区域研究6大领域研究成果，为世界经济与国际关系研究提供全方位数据分析，为决策和形势研判提供参考。

法律声明

"皮书系列"(含蓝皮书、绿皮书、黄皮书)之品牌由社会科学文献出版社最早使用并持续至今,现已被中国图书市场所熟知。"皮书系列"的相关商标已在中华人民共和国国家工商行政管理总局商标局注册,如LOGO( )、皮书、Pishu、经济蓝皮书、社会蓝皮书等。"皮书系列"图书的注册商标专用权及封面设计、版式设计的著作权均为社会科学文献出版社所有。未经社会科学文献出版社书面授权许可,任何使用与"皮书系列"图书注册商标、封面设计、版式设计相同或者近似的文字、图形或其组合的行为均系侵权行为。

经作者授权,本书的专有出版权及信息网络传播权等为社会科学文献出版社享有。未经社会科学文献出版社书面授权许可,任何就本书内容的复制、发行或以数字形式进行网络传播的行为均系侵权行为。

社会科学文献出版社将通过法律途径追究上述侵权行为的法律责任,维护自身合法权益。

欢迎社会各界人士对侵犯社会科学文献出版社上述权利的侵权行为进行举报。电话:010-59367121,电子邮箱:fawubu@ssap.cn。

社会科学文献出版社